上海出版资金项目
Shanghai Publishing Funds

当代中国心理科学文库
总主编 杨玉芳

Wisdom of Evolution and Rationalities of
Decision Making

进化的智慧与决策的理性

王晓田　陆静怡　著

华东师范大学出版社

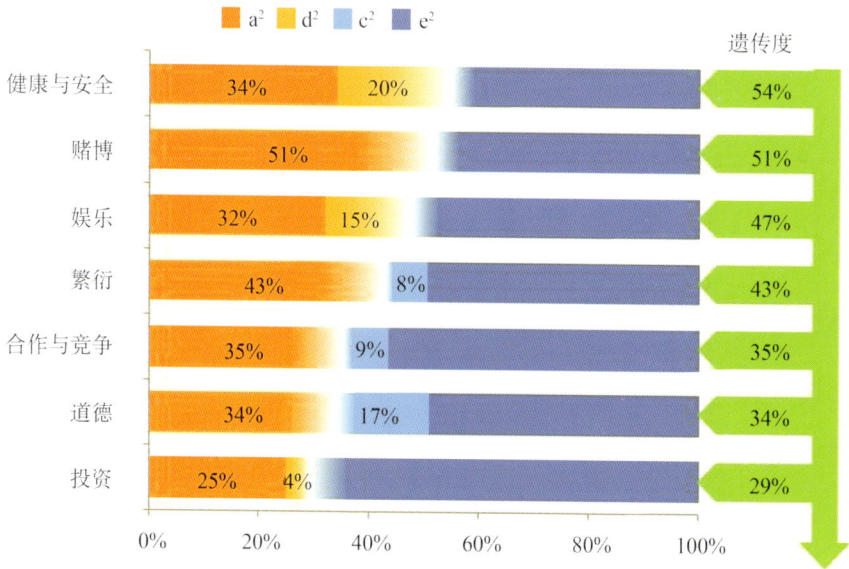

图 3 - 3 元分析显示的不同风险类别的遗传性

注：a^2、d^2、c^2、e^2 分别反映相加性遗传因素(additive genes)、
显性遗传因素(dominant genes)、共享的环境因素(common
environment)和非共享(独特)的环境因素(unique
environment)对相关行为的影响的比例。
(引自 Wang et al.，2014)

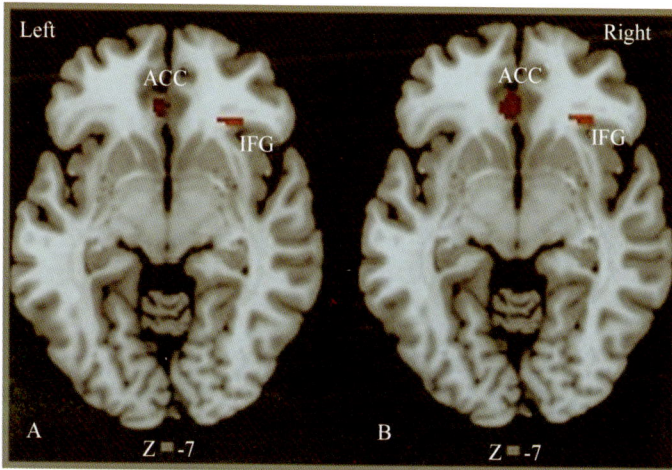

图 4 - 4 与框架效应相关的神经基础的元分析结果
(引自 Wang et al.，2015)

专家推荐

　　大多数能够留存下来的东西都是人类活动的结果而不是人类设计的结果。这个观点可以帮助我们理解为什么进化论的思想是如此重要。将进化论的理论运用于决策问题的研究，是目前决策领域非常前沿的方向，而王晓田教授便是在该方向上很活跃并且有重要贡献的学者。我本人非常推崇这本著作，因为你不需要很用心就可以发现许多可圈可点的新颖且有趣的内容。比如，"三参照点理论"由王教授原创后又被其他学者反复验证，但出现在本书中时却一改以往枯燥的学术外貌而变得亲民起来。另外，青年学者陆静怡的加入也为该书带来诸如自我—他人决策差异的最新解答。这既是一本名副其实的学术专著，同时也是可以用于指导我们日常决策的生活指南。

谢晓非

北京大学心理学系教授、教育部"长江学者"特聘教授

　　人类是进化的产物，自然选择不仅决定了人类的生理特征，也决定了人类的心智模式。经济学的一个基本假设是"人是理性的"，但长期以来，这一假设一直受到心理学家的质疑。或许，近几十年来发展的进化心理学为化解经济学家和心理学家之间的分歧提供了途径。一方面，自然选择亲睐理性，不理性的人在竞争中不具有进化适应性；另一方面，由于环境变化和认知能力的限制，人又不可能像经济学家假设的那样完全理性。王晓田和陆静怡的这本书为我们展现了进化心理学的最新研究成果（包括作者本人的贡献），读来受益匪浅，我愿推荐给经济学同行一读。

张维迎

北京大学国家发展研究院联合创始人、教授、经济学家

人的一生必然要有选择、判断、计划这些活动,从心理学的概念来说,这些都是决策。从这个意义看,凡是成功的人生,都是决策比较正确的结果,因此决策是任何人不得不有所了解的科学知识。王晓田和陆静怡的新作《进化的智慧与决策的理性》,集作者几十年研究决策心理学的成果,用殷实的科学实验证据和通俗易懂且风趣的语言全方位地总结了科学界对决策研究的过程、路线和最新成果,是所有研究心理学的人和对自己与他人的心理有兴趣的人都应该读一读的好书。

张 侃

国际心理科学联合会副主席、中国心理学会前理事长

总主编序言

　　《当代中国心理科学文库》(下文简称《文库》)的出版,是中国心理学界的一件有重要意义的事情。

　　《文库》编撰工作的启动,是由多方面因素促成的。应《中国科学院院刊》之邀,中国心理学会组织国内部分优秀专家,编撰了"心理学学科体系与方法论"专辑(2012)。专辑发表之后,受到学界同仁的高度认可,特别是青年学者和研究生的热烈欢迎。部分作者在欣喜之余,提出应以此为契机,编撰一套反映心理学学科前沿与应用成果的书系。华东师范大学出版社教育心理分社彭呈军社长闻讯,当即表示愿意负责这套书系的出版,建议将书系定名为"当代中国心理科学文库",邀请我作为《文库》的总主编。

　　中国心理学在近几十年获得快速发展。至今我国已经拥有三百多个心理学研究和教学机构,遍布全国各省市。研究内容几乎涵盖了心理学所有传统和新兴分支领域。在某些基础研究领域,已经达到或者接近国际领先水平;心理学应用研究也越来越彰显其在社会生活各个领域中的重要作用。学科建设和人才培养也都取得很大成就,出版发行了多套应用和基础心理学教材系列。尽管如此,中国心理学在整体上与国际水平还有相当的距离,它的发展依然任重道远。在这样的背景下,组织学界力量,编撰和出版一套心理科学系列丛书,反映中国心理学学科发展的概貌,是可能的,也是必要的。

　　要完成这项宏大的工作,中国心理学会的支持和学界各领域优秀学者的参与,是极为重要的前提和条件。为此,成立了《文库》编委会,其职责是在写作质量和关键节点上把关,对编撰过程进行督导。编委会首先确定了编撰工作的指导思想:《文库》应有别于普通教科书系列,着重反映当代心理科学的学科体系、方法论和发展趋势;反映近年来心理学基础研究领域的国际前沿和进展,以及应用研究领域的重要成果;反映和集成中国学者在不同领域所作的贡献。其目标是引领中国心理科学的发展,推动学科建设,促进人才培养;展示心理学在现代科学系统中的重要地位,及其在我国社会建设和经济发展中不可或缺的作用;为心理科学在中国的发展争取更好的社会文化环境和支撑条件。

根据这些考虑,确定书目的遴选原则是,尽可能涵盖当代心理科学的重要分支领域,特别是那些有重要科学价值的理论学派和前沿问题,以及富有成果的应用领域。作者应当是在科研和教学一线工作,在相关领域具有深厚学术造诣,学识广博、治学严谨的科研工作者和教师。以这样的标准选择书目和作者,我们的邀请获得多数学者的积极响应。当然也有个别重要领域,虽有学者已具备比较深厚的研究积累,但由于种种原因,他们未能参与《文库》的编撰工作。可以说这是一种缺憾。

编委会对编撰工作的学术水准提出了明确要求:首先是主题突出、特色鲜明,要求在写作计划确定之前,对已有的相关著作进行查询和阅读,比较其优缺点;在总体结构上体现系统规划和原创性思考。第二是系统性与前沿性,涵盖相关领域主要方面,包括重要理论和实验事实,强调资料的系统性和权威性;在把握核心问题和主要发展脉络的基础上,突出反映最新进展,指出前沿问题和发展趋势。第三是理论与方法学,在阐述理论的同时,介绍主要研究方法和实验范式,使理论与方法紧密结合、相得益彰。

编委会对于撰写风格没有作统一要求。这给了作者们自由选择和充分利用已有资源的空间。有的作者以专著形式,对自己多年的研究成果进行梳理和总结,系统阐述自己的理论创见,在自己的学术道路上立下了一个新的里程碑。有的作者则着重介绍和阐述某一新兴研究领域的重要概念、重要发现和理论体系,同时嵌入自己的一些独到贡献,犹如在读者面前展示了一条新的地平线。还有的作者组织了壮观的撰写队伍,围绕本领域的重要理论和实践问题,以手册(handbook)的形式组织编撰工作。这种全景式介绍,使其最终成为一部“鸿篇大作”,成为本领域相关知识的完整信息来源,具有重要参考价值。尽管风格不一,但这些著作在总体上都体现了《文库》编撰的指导思想和要求。

在《文库》的编撰过程中,实行了“编撰工作会议”制度。会议有编委会成员、作者和出版社责任编辑出席,每半年召开一次。由作者报告著作的写作进度,提出在编撰中遇到的问题和困惑等,编委和其他作者会坦诚地给出评论和建议。会议中那些热烈讨论和激烈辩论的生动场面,那种既严谨又活泼的氛围,至今令人难以忘怀。编撰工作会议对保证著作的学术水准和工作进度起到了不可估量的作用。它同时又是一个学术论坛,使每一位与会者获益匪浅。可以说,《文库》的每一部著作,都在不同程度上凝结了集体的智慧和贡献。

《文库》的出版工作得到华东师范大学出版社的领导和编辑的极大支持。王焰社长曾亲临中国科学院心理研究所,表达对书系出版工作的关注。出版社决定将本《文库》作为今后几年的重点图书,争取得到国家和上海市级的支持;投入优秀编辑团队,将本文库做成中国心理学发展史上的一个里程碑。彭呈军社长是责任编辑。他活跃机敏、富有经验,与作者保持良好的沟通和互动,从编辑技术角度进行指导和把关,帮助作者少走弯路。

在作者、编委和出版社责任编辑的共同努力下,《文库》已初见成果。从今年初开始,有一批作者陆续向出版社提交书稿。《文库》已逐步进入出版程序,相信不久将会在读者面前"集体亮相"。希望它能得到学界和社会的积极评价,并能经受时间的考验,在中国心理学学科发展进程中产生深刻而久远的影响。

杨玉芳

2015 年 10 月 8 日

目　录

第三编　社会理性：合作与竞争、亲疏远近与心理距离

第四编　决策的适应性:整合理性

序

风险中的理性：用进化心理学解读决策的行为规律

列夫·托尔斯泰在《安娜·卡列尼娜》一书的开篇之处说："幸福的家庭都是相似的，而不幸的家庭各有各的不幸。"然而，对于书籍而言，平庸的著作大多是相似的，而优秀著作各有特色。我们的写作初衷，在于为读者提供一部具有自身特色的书。

这本书是对作者多年来研究工作和思考的一个介绍和总结。除了面向从事心理学和行为科学研究的读者之外，我们也试图能够和更为广大的读者群体有所交流。进化心理学和行为决策是当代心理学研究中发展迅速而又各自独立的两个领域。在这本书中，我们融合了这两个领域的研究成果，并介绍了作者如何在理论的基础上用实证和实验的方法研究决策心理和风险行为；梳理进化中的风险，分解决策的理性。本书借助达尔文理论的力量，聚焦人际和社会文化问题，探讨理性决策的依据与特征，并在此基础上，试图帮助读者拓展视野，与读者分享研究的感悟以及生存与生活的哲理。行为学的研究着重于人们"如何"选择以及选择的偏好与偏差，进化心理学则着眼于决策的功能以及人们"为何"会有选择的偏好与偏差。这两者的结合有助于我们知己知彼，避免或减少判断和决策的失误。

一个人或一个组织的命运，取决于一个接一个的不可避免的抉择。尽管在有些情况下，人们能够主宰自己的选择；但是，更多的决策需要在不确定的情况下做出。这些无法控制和预知的情况在生活中无处不在，比如，天灾、股市和出身。那么，在不确定和不可预知的环境中，决策理性的标准是什么？人们如何在风险中形成偏好并做出选择？这些选择是否符合理性的标准？《进化的智慧与决策的理性》一书力求为研究人类决策提供一个新视角，为决策偏差寻根溯源。我们在书中探讨了决策与进化的关系，决策心理的进化环境、进化机制，并通过进化及适应性的理论解读决策行为及其信息处理机制。达尔文的进化论150多年来经受了严格的科学检验，是目前唯一横跨自然科学和社会科学两大领域而未被证伪的理论。进化论为我们研究人类行为提供了理论的框架和聚焦的指南。这就使得归纳性的科学探索有了演绎推论的基础,从而避免了盲人摸象的困境。从这个意义上讲,进化心理学与其他社会科学的研究可以相辅相成。

本书的主要内容包括:(1)进化的智慧和综合适应性(包括从天演的弱肉强食到自私的基因,从市场调节的无形的手到塑造行为的自然选择和性选择)。在进化论的透视镜下,通过亲缘选择理论、性选择理论、觅食理论、个体生命史理论和进化博弈论了解人们的思维习惯和行为规律,以及为应对不确定性而衍生的适应性机制和社会规范。(2)梳理归纳决策的理性(包括经济理性、生态理性、社会理性和有限理性)并量化价值观和适应性。(3)用适应性理论整合多种看似独立的心理现象,解读判断与决策的误差。(4)借助进化认知心理学和进化社会心理学近年来的研究成果(包括近年来在脑成像和双生子等研究上的发现)更深入地了解从择偶与合作到投资决策,从自我控制到具身认知的行为规律。(5)探讨如何在风险决策和管理沟通中运用功能性的决策参照点和具有生态效度的简捷启发式。

如果你的思考曾涉及以上这些问题,相信你能从本书得到一些启示和收获。这本书既可作为本科生、研究生的教材或参考书,也可作为一般科普读物。当然,读者可以自行决定阅读过程。如果你更加关注本书的中心思想和综合性的论述,不妨着重阅读第1章至第4章,以及第8章和第13章。这些章节面向对行为科学、经济学和人文学科有兴趣的广大读者。其余各章则着重介绍作者基于相关理论所做的具体的实证研究,希望能对从事心理学和决策研究的学者和同行有所启发。我们也真诚地希望能够得到各类读者的反馈和指正。

一次写作就像是一次徒步跋涉;是在精神世界中的一次旅行、探险和游历。这个过程既是艰辛的又是快乐的。而与英语写作相比,母语写作因为语言与思想的互动更为微妙,为这个过程带来了额外的愉悦。

我们感谢每一位书中提到的研究合作者和参与过研究的数以千计的被试们,感谢《当代中国心理科学文库》主编杨玉芳和副主编李纾研究员的邀请,以及两位对本书建构布局上的建议;感谢北京大学张维迎教授对本书初稿提出的宝贵意见。

王晓田,陆静怡

2016 年 1 月

第一编

进化与决策

第1章　进化的智慧

市场的背后有一只看不见的手,操控着变化多端又有迹可循的经济现象。而人类行为进化的背后有一双看不见的手,右手叫做自然选择,左手叫做性选择。

——作者

1.1　进化的智慧表现在综合适应性上

我们的身体结构是人类进化的结果,这是大多数科学家认可的一个研究结论。进化心理学家在此基础上进一步认为,不仅是我们的身体,我们的心智和行为也是人类进化的适应性结果。对于任何一种行为现象的解读都有着远源与近因之分。动物行为学家、诺贝尔奖获得者 Nichol Tinbergen(1951)提出了对行为的四重生物学解释:生理的、发育的、进化的和功能的。前两种解释着重于行为的近因而后两种解释则着眼于行为的远源。比如,雄鸟的鸣唱行为就可以从以上这四个方面加以研究。虽然鸟都可以发出叫声,但只有雄鸟可以唱出各自所属的种系独有的曲调。对这一现象的生理学研究发现,雄鸟的脑内有一个核团专门控制鸣唱的功能。雌鸟脑内的这个核团则很小或缺失。而雄性激素可以刺激雌鸟脑内的这个部位的发育,并使雌鸟也能够鸣唱。从发育发展的角度进行研究,则发现雄鸟只在春季唱歌。新出生的雄鸟只要在特定的时间段内(比如,出生后三周至两个月)听到父兄们的歌声,就能在下一个春天来临时也唱出自己种系独特的情歌。而进化的研究则发现,情歌的相似度可以帮助了解不同鸟类进化的同源关系。而鸟类的歌声有两大功能:歌声既有标示领地的功用,也是雄性求偶的工具。此外,歌声可能反映了雄鸟身体的健康状态,同时还有催发雌鸟生蛋的作用(Kalat, 2015)。

要真正了解一种行为,就需要对其远源近因进行综合的分析。进化的智慧表现在综合适应性上,也就是行为、环境和遗传的共同进化,身体和心智的共同适应。进化的智慧不一定是意识层面的,而是润物细无声,成事于无形。这一点可以从以下的例子中得到佐证。

镰刀型细胞贫血是一种由隐性基因造成的遗传性疾病。患者血液中的镰刀状异形红细胞失去了携带氧气的功能,并阻滞血流,从而造成贫血、感染和脑血栓等急性或慢性疾病。世界卫生组织的数据显示,每年大约有 30 万的新生儿患有镰刀型细胞贫血,2013 年约有 17.6 万人死于镰刀型细胞疾病。3/4 的镰刀型细胞贫血发生在非洲赤道附近的地区。为什么自然选择没有在进化的过程中淘汰这种有害生存的隐性基因? 为什么这种基因的携带者大多是非洲人和在其他地区的非洲人后裔? 带着这些问题,研究人员对镰刀型细胞贫血的适应性进行了探索。首先被发现的是镰刀型红细胞对疟疾感染有很强的抵抗力(Ferreira et al. , 2011)。在一些疟疾流行的非洲地区,携带一个镰刀型细胞等位基因的杂合子的个体对于环境的适应性高于没有镰刀型细胞的个体(Durham, 1982)。在这一生物学发现的基础上,人类学家前往非洲的镰刀型细胞贫血多发的地区做了进一步的实地考察。在这些地区,人们的主要食物是一种红薯。红薯的收获季节是在雨季开始的时候。但是,根据宗教的禁令,这些收获的红薯必须储存起来,直到雨季结束时的庆典之日才可以开始食用。令人感到不解的是,尽管有足够量的红薯,人们却要在雨季中忍饥挨饿等待庆典之日才能食用这些红薯。尽管宗教的约束可能已经存在了千百年,但当地的人们并不知道红薯中含有缓解镰刀型细胞贫血的成分(Houston, 1973)。也就是说,对于镰刀型细胞基因的携带者,红薯不仅是他们的食物还是药物。那么为什么在雨季中不能食用红薯呢?这种源于宗教的行为管束也是整体适应性的一部分:因为雨季正是蚊子传播疟疾的高峰期,所以也是最需要镰刀型红细胞抵抗疟疾的时候。

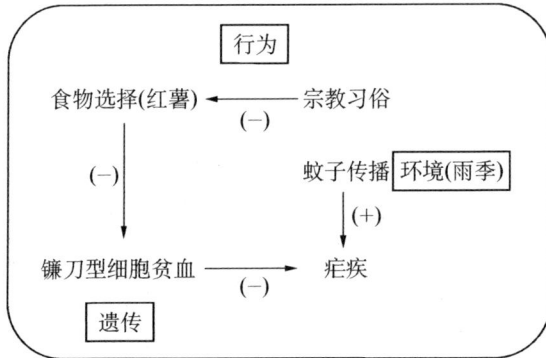

图 1-1　行为、遗传与环境的适应关系
注:(一)表示抑制,(+)表示加强

　　如图 1-1 所示,因为对疟疾有更强的抵抗性,隐性基因遗传造成的镰刀型红细胞在进化中得以保留。镰刀型红细胞的这一功能在蚊虫肆虐的雨季尤为重要。雨季过后,镰刀型红细胞带来的贫血等健康问题可通过食疗(红薯)加以医治。而宗教习俗则规范了食疗的时段必须在雨季之后,从而保证了对可能致命的疟疾风险的控制。
　　这个例子告诉我们,进化适应的思路有助于我们发现看似无关的事件之间的联系,从而进一步了解行为与环境和遗传之间的因果关系。

1.2　理性是人类的特征

　　从生物学的意义上看,进化的智慧在于延续生命,存在的意义在于繁衍后代。在生物的本质上,人类和其他动物相同。然而,人与禽兽不同,有目标,有灵性,有使命,有理性。正是那与猩猩不同的 2% 的基因,给了人类独有的理性。*Homo sapiens*(智人)这个生物学的名词告诉我们,智力和理性是人类的定义性特征。因为有了理性,人类也就有了其他动物所没有的欢乐和苦痛。在《动物趣谈》一书的引言中,作者(Mitchinson & Lloyd, 2008)准确地描述了这一人类与动物的不同:"动物之间通常都是这样的:与人类不同,它们在一生中度过的每一天、每一小时、每一分钟所表现的都仅仅是它们自己。一只雨蛙……在早上醒来时不会因认为自己在刚刚过去的夜晚曾是一只坏雨蛙而内疚,也不会把时间浪费在希望自己变成一只袋鼠或者一只大蚊子上。它们只是在做着自己作为一只雨蛙所应该做的事情,而且它们做得非常好。而我们人类呢? 哦……我们从来没有满足过,总是感觉到心虚,几乎没有做好大自然要求我们作为现代人所应该做的事情。"

由此看来,人类与其他动物的主要区别在于我们的生活有目的和目标,我们会对自身的行为和结果进行反省,并由此而产生了对情和义的追求。情义二字正是人类所特有的,体现了人类的社会性。那么在人类进化的历程中,是何种独特的生态和社会环境使得情义无价?又是哪些人类进化的特性束缚了兽性而让理性成为可能?

人类的生存与繁衍有着明显的特点:人类个体成长期远远长于其他动物,依赖于父母无微不至的照看,而维系这种长期的亲子关系的心理纽带是亲情。人类作为这个星球上的后来者,在残酷的资源竞争中既处于食物链的末端又处于体能的弱势地位,这使得工具的使用和团队的合作变得尤为重要。工具的使用挑战智力,而合作则需要沟通,前者促进了智力的发展,而后者推动了语言的进化。智力、语言和理性成为人类在复杂的群居环境中得以繁衍的精神武器,而情义则成为在人类群体合作与竞争中的心理保证。

1.3 进化的智慧如何帮助我们了解风险和把握决策理性

在复杂的自然与社会环境中,人类如何依靠智力、语言和理性把握自身的行为?我们总结了心智进化如何影响决策行为的八条路径和基本原则。

1.3.1 特性基于共性

E. O. Wilson(1975)在其《社会生物学》一书中曾经设想一位来自火星的科学家将会如何观察和了解地球上生物的行为规律。这样的科学考察只能从地球上各种生物的行为共性入手。在了解了共性之后,特性就会自然显露。人类作为动物界的一个种系并不超脱于生命进化的自然法则。

截止到2003年,人类基因组计划的测序工作已经基本完成。其间,2001年人类基因组工作草图的发表被认为是人类基因组计划成功的里程碑。目前的数据显示,在人类基因组中只有大约20 000至25 000个基因,远远低于大多数科学家先前的估计。人类基因组图谱的另一个令人吃惊的发现是,人类和猩猩的基因有98%是一样的。这两个发现揭示了进化机制的简洁高效和生物进化的共性。

根据生物进化的共同起源的假说,生物的进化有着同源的机制。这些共性的生物特征是生物体在进化过程中面临反复出现的相似的生存挑战而形成的。而每一个种系又有各自在种系分化过程中面临的特殊问题。这一点可以从人类胚胎发育和形成中窥见端倪。个体胚胎的发育和变化反映了人类从海洋生物到两栖动物再到直立行走的进化历程。而我们独特的大脑皮层是包裹在哺乳类动物所共有的边缘系统之上的;而边缘系统等"哺乳动物大脑"又是建构在脑干等"爬行动物大脑"和"原始大脑"之上的。因此人类的生理结构和心理特质既有和其他生物体的相同之处又有自身的特征:它们都是被自然选择和性选择保留下来的用于解决不同的生存与繁衍问题的机制。这些与人类生存和繁衍息息相关的问题包括觅食、择偶、哺育、亲缘识别、同性竞争、互惠合作、资源分配、亲本投资等等。

1.3.2　进化的理性在于基因的传递

行为的终极目的在于基因的传递。达尔文在 1859 年发表了划时代的巨著《物种起源》,也引发了知识界持久的热烈讨论。达尔文的进化论学说有三点主要的逻辑关系:变异为选择提供了基础;对有限资源的竞争为选择提供了途径;适应是选择的标准。其中,(1)变异是指物种中个体间在生理和行为的表现上存在差异,生物亲代和子代之间、代代之间皆有变异;(2)物竞天择指的是个体对生存资源和繁殖资源的竞争;而(3)适者生存则使得高适应性的表现型获得选择和繁衍,并推进了物种的进化。但是,达尔文对变异和选择的洞见是建立在个体水平的分析之上的,对于其内在的遗传学机制并不了解。这个问题的答案在《物种起源》发表 6 年后揭晓了。1865 年孟德尔(Gregor Mendel)发表了他对豌豆杂交遗传的研究。然而,当时的学术界并没有把这两项重要的工作联系在一起。直到 35 年之后的 1900 年才引起学术界的广泛重视。

1900 年是孟德尔遗传理论的再生之年。三位来自不同国家的植物学家各自用不同的植物独立完成了对孟德尔提出的遗传机制的检验。这三位互不相识的欧洲学者 Hugo de Vries(荷兰)、Carl Correns(德国)和 Erich von Tschermak(奥地利)都具有严谨的科学态度,他们在发表自己的实验结果之前,分别通过文献检索发现了孟德尔发表于 1865 年的文章,便都在各自的文章中引述了孟德尔的发现,并同时表示自己的工作只是对孟德尔提出的遗传规律的进一步验证(Roberts, 1929)。其后,1910 年 Thomas Morgan 等人用果蝇做实验证实了细胞核染色体中基因的存在;1918 年 Ronald Fisher 开启了遗传理论与达尔文进化论的"现代合成"(Fisher, 1930; Huxley, 1942/2010);1944 年 DNA 作为基因的物质基础被成功分离;1953 年 James Watson 和 Francis Crick 首次证明了 DNA 的双螺旋结构。到 2003 年,人类基因组计划(Human Genome Project)成功完成了对人类全部基因的化学结构和成分的破译,测定了人类染色体中所包含的 30 多亿个碱基对组成的核苷酸序列,从而绘制出人类基因组图谱,达到了破译人类遗传信息的目的。但是需要指出的是,人类基因组计划破译的只是基因蓝图的语言书写,如何完全掌握这门语言并读懂字里行间的含义,却依然任重而道远。这也许是人类科学所面临的一项终极挑战。

基因作为人类遗传性状的载体,自然成为自然选择的目标。道金斯(Dawkins)在《自私的基因》(1976/2006)一书中说:"它们存在于你我之中,是它们创造了我们的身体和心灵,它们的延续是我们存在的终极理由。这些自我复制者们从远古一路走来,它们现代的名字叫做基因,而我们则是保证它们生存的携带者。"也就是说,生物个体是基因们生存的卫士,是基因的信使和基因传递的携带者。

1.3.3 行为的特性在于适应人类进化的典型环境

人类进化的典型环境称为进化的适应环境(environment of evolutionary adaptiveness, EEA)。在人类从能人(*Homo habilis*)到直立人(*Homo erectus*)再到智人(*Homo sapiens*)的大约200多万年的进化史上,男人狩猎女人采摘和以亲缘关系组成小群体的生态环境的占了90%以上的时段。人类心智的进化因而是一个适应EEA的过程。人类的心智既不是任由环境的彩笔描画的一张白纸,也不是一部用于解决各类问题的智能计算机。人类的心智包括了解决进化中反复出现的重要问题的各种模块和线路板。这也回答了为什么我们在解决某些计算问题(比如辨认面孔和表情)时得心应手,游刃有余,而在处理另外一些计算问题(比如记住20个随机的数字)时捉襟见肘,不得要领。当我们"反推"生活在EEA中的祖先们时,可以想象出识别面孔的重要和无法识别面孔的后果,却难于想象默记随机数字的重要适应性意义。

对进化心理学有开创性贡献的考斯梅蒂丝(Cosmides)和图比(Tooby)(1992,1994)认为,人类的心智不可能是一个可以解决各种问题的普适性系统,而是为应对人类进化中长期存在的众多生存挑战而形成的一一对应的适应机制的集合体。近30年来,进化心理学和生物学的研究使我们对这些EEA中重要的任务有了一定的了解。以下是一个对这些驱动心智进化的任务和挑战的简要列表:觅食、择偶、亲子依恋、亲子投资、社会交换、狩猎、摘采、群体内合作与竞争、群体间合作与竞争、亲友识别、测谎、心智解读(theory of mind)、资源分配(Buss, 2005; Pinker, 1997)。

史蒂芬·平克(Steven Pinker)在《心智探奇》(*How the mind works*)一书中指出:"自然选择是通过千万代人而实现的(物竞天择,万代之功)。在其存在的99%的历史中,人类是生活在小型的游牧族群中的觅食者。人类的大脑适应的是那漫长的但目前已经消亡的生存形态而不是农业和工业文明。大脑的网络设计并非为了应对大量的陌生人、学校教育、文字书写、政府、警察、法庭、军队、现代医疗、正式的社会机构、高科技,以及其他的现代社会的新事物。现代人的心智所适应的不是计算机时代而是旧石器时代,因而我们并不需要为我们所做的每一件事找出适应性的解释……现代城市人的恐惧来自过去的危险而不是来自现实世界的危险。我们本应当对枪支、高速行驶、开车不系安全带、液态气体和在浴池边的吹风机,而不是蛇或蜘蛛,更感到害怕……然而,当问到芝加哥的小学生们他们最害怕什么时,孩子们列举了狮子、老虎和蛇,而不是他们的父母反复警告他们要避免的诸如追逐滚到马路上的皮球之类的事情。"(Pinker, 1997)又比如,我们与生俱来的对于甜味的偏好,使我们在狩猎—摘采时代的祖先们能够辨别和选择有营养和能量的食物。但是由于现代农业和工商业的结合使纯化的糖得以大量的生产和销售,这一科技的进步也改变了我们的味觉偏好和适应性之间的关系,使其成为可能导致现代健康问题的隐患。

1.3.4 决策的价值观始于亲友理性

达尔文理论与遗传学的新合成中具有里程碑意义的是海墨尔顿(William Hamilton)的亲缘选择(kin selection)或亲缘利他(kin altruism)理论。达尔文在《物种起源》一书中曾注意到某些社会性昆虫比如蜜蜂中会有专门照看姐妹的后代而自身绝育的工蜂,并因此想到了亲缘选择的可能性。Fisher(1930)和 Haldane(1932)分别对亲缘选择的进化做了数学推导。海墨尔顿则最终确立了亲缘选择理论在进化生物学中的地位。海墨尔顿定律($C < rB$)是一个"加权"的不等式。这个式子中的 r 就是一个小于 1 的加权(权重)系数,它反映的是施惠人与受惠人之间的血缘关系。C 是利他行为对施惠一方带来的损失,而 B 是利他行为为受惠一方带来的获益。就是说,一个救助他人的行为是否在进化中被选择取决于这个行为对自身生存与生殖的损害(失)是否小于这一行为给受益人的生存带来的利益乘以 r 的乘积。因此,r 也是一个折扣系数。从遗传学的角度看,一个生命所携带的决定个体特征的基因同样存在于两个有 0.5 血缘关系或四个有 0.25 的血缘关系的个体之中。如果一种利他行为违背了海墨尔顿定律,就会因为对自身的生存弊大于利($C > rB$)而难于在进化的过程中得到选择,因此也就不能成为一种群体的普遍行为。无条件的利他只能在没有竞争的真空世界中存在,而无法在生存竞争中抵御自私行为的入侵。然而,如果一种利他行为能够通过帮助与自己有血缘关系的个体的生存与繁衍而扩大自身基因的遗传,这种利他行为就会受到自然选择的青睐,而得以遗传。Haldane 曾半开玩笑地说过:他愿意为拯救两个兄弟或八个堂兄弟而牺牲自己的生命(Connolly & Martlew, 1999)。这种兼容适应性(inclusive fitness)维持着亲缘个体之间的互助与利他行为。

亲缘选择的理论为我们研究决策行为提供了独特的视角。比如,亲缘关系的不确定性是涉及基因传递和亲子投资的一个重大的风险。这种繁衍风险的程度越高,对利他行为的折扣就应该越高。一个反映亲缘关系不确定性的概念叫做父系不确定性(paternal uncertainty)。也就是说,母亲对其子女与自己的亲缘关系比父亲更为确定。进化心理学家研究了父系不确定性的高低对投资决策的影响。比如,从祖父到父亲(FF)再到下一代的子女,血缘关系上经过了两次父系不确定性的影响;而从外祖母到母亲(MM)再到下一代的子女,血缘关系上没有任何父系不确定性的影响;其他两种情况,即从外祖父到母亲(FM)或是从祖母到父亲(MF)再到下一代,血缘关系上则经过了一次父系不确定性的影响。由此推论,祖辈对孙辈的投资(金钱、时间、感情)可能会与父系不确定的程度负相关。也就是说,投资的多少符合以下的关系:MM>FM=MF>FF。这一推论的确得到了来自德国和美国的一些实验证据的支持(Euler & Weitzel, 1996; Gaulin, McBurney, & Brakeman-Wartell, 1997; Michalski & Shackelford, 2005)。

另外,堂/表兄弟姐妹之间在父系不确定性上也不尽相同。按照堂/表亲的父母一辈来排列的话,父系不确定性从低到高的顺序为:姨<舅=姑<叔伯家的孩子。实验研究发现人们更关心和更愿意帮助父系不确定性低的母系的表亲。帮助意愿的高低的具体排列为姨家的孩子>舅舅或姑姑家的孩子>叔伯家的孩子(Jeon & Buss, 2007)。

父母亲对子女的投资同样受到父系不确定性的影响。亲子投资的一个指标是出生间隔(interbirth interval)。一个孩子出生后到下一个孩子的出生之间的间隔越长,则父母对第一个孩子的投资就越多。作者(Wang, 2002b)于一项在中国西北农村地区所做的调研中发现,如果父母认为一个孩子的长相(而非性格)与父亲相像,与那些长相不像父亲的孩子相比,这个孩子得到的父母投资的时间更长;其与下一个孩子的出生间隔也更长,平均出生间隔从 20 个月(n=51)增加至 47 个月(n=32)。

人类的利他行为不仅涉及亲人还包括朋友。朋友之间的交往体现在长期的互利共赢。维系这一关系的是称之为"友谊"的经历和情绪体验。而友谊的要素就在于否定"即时性的利益最大化";在不求即时回报的前提下帮助朋友。真正的朋友"雪中送炭"而无需"锦上添花"。而长期的回报则是有利于双方的。这就是在生物进化中友谊得以留存的社会理性基础。Trivers(1972)的研究证明了这种互惠利他(reciprocal altruism)的进化机制。成员之间有长期交往的小群体的社会生态促进了进化中互惠利他的自然选择。

1.3.5 博弈中的进化稳定策略与合作行为

理性的基因并不一味地自私。在人群中的个体需要通过彼此合作才能生存和繁衍。亲友之外,相识或不相识的人们之间也广泛存在着合作与竞争。没有血缘的人之间的合作需要一定的条件,因为,受益而不回报的背叛行为在一次性的零和博弈中才是一种进化稳定性策略。英国进化生物学家 Maynard Smith 首先提出了进化稳定性策略(evolutionarily stable strategy, ESS)的概念,也为决策理性的分析和博弈论的发展提供了一个重要的思路(Smith, 1982; Smith & Price, 1973)。假设一个社会种群中存在两类成员:鸽子和老鹰。两类成员相互博弈的生存策略不同。老鹰为了获取资源会主动进攻,在战斗中宁死不屈。而鸽子则从不主动伤害别人,遇到冲突和挑衅则退而避之。当老鹰遇到鸽子,老鹰将获得资源,鸽子有损失但不会受伤。当老鹰遇到老鹰,则两败俱伤。当鸽子遇到鸽子,两者互相观望直至其中一只离开,另一只会获得资源,但无人受伤。如果种群中都是鸽子,它们会相安无事,轮流获得资源(比如,更需要能量的鸽子可能会在获取食物是观望对峙的时间更长,从而获得资源)。但是,鸽子策略缺乏进化稳定性,如果由于基因变异出现了老鹰策略的话,这种策略将战胜鸽子策略并迅速在种群中传播。但是,老鹰策略同样缺乏进化稳定性,因为当群体中大多数的个体是老鹰时,同类策略导致两败俱伤,从而使鸽子策略又起死回生。因此,老鹰策略和鸽子策略都不是进化稳定策略。只有当某一种策略被种群中大多数成员采用后,或几种共存的策略被不同比例的成员选择后,仍然可以不被其他的新的变异策略入侵或改动,这一策略格局才具有进化稳定性。

Smith 和 Price(1973)指出,一个策略要成为进化稳定性策略需要满足以下两个条件之一:$E(S, S) > E(T, S)$,或 $E(S, S) = E(T, S)$ 且 $E(S, T) > E(T, T)$。也就说,对个体来讲,一种策略 S 被种群中大多数成员采用后,要比种群中有 S 和 T 两种策略更好。这也是典型的纳什均衡。此外,还有一种条件,虽不是纳什均衡,但满足进化稳定性,即一个纯 S 策略的种群与一个 S 和 T 策略共存的种群中的个体收益不相上下,但两者都要优于一个纯 T 策略种群中的个体。

有意思的是在激烈的获取资源的博弈中,合作的策略可以具有进化的稳定性。

Nowak(2006b)通过计算机模拟,总结了合作的五种进化机制:亲缘选择、直接互惠、间接互惠、联接互惠,以及群体选择。此外,实验和模拟的研究都表明,博弈的重复性、个人声誉的影响、组织或群体的大小,以及惩戒机制的运行是决定合作的程度和范围的四个重要因素(Fehr & Fischbacher, 2005)。在组织成员之间有长期交往的、声誉受重视的、背叛能够被惩戒的小群体中,合作最为普遍和稳定。我们会在下一章对此做更为详细的讨论。

1.3.6 觅食策略调节风险决策,生命史策略影响跨期决策

决策的研究主要涉及两类决策:风险决策和跨期决策。前者需要在风险规避选项和风险寻求选项之间做出抉择。比如,确定得到 1 000 元还是有 50% 的可能性得到 2 000 元。而跨期决策则涉及在不同时间点上的选项间做出取舍,比如,较快和较少(smaller and sooner, SS)的获益还是较迟和较多(larger and later, LL)的获益。

从进化的观点出发,人们对金钱的渴望是对食物的渴望的现代衍生物。因此,人

类与生俱来的觅食需求使人们对食物资源的稳定与变化十分敏感。根据风险敏感性觅食理论(Stephens & Krebs, 1986),动物对食物资源分布相当敏感。当蜜蜂或是小型的鸟类觅食时,它们需要选择觅食的地点,在有些地方总是能够获取少量的能量,而另一些地方食物的分布比较分散,有时可以获得大量的能量,有时则可能毫无收获。选择前者意味着规避风险,选择后者意味着冒险。蜜蜂或鸟类能够根据自身的能量状况调节对风险选项的选择:在维持生存所需的能量要求较高时,选择高风险的觅食点;而在身体能量要求较低时,选择低风险的觅食点(Kacelnik & Bateson, 1997; Real, 1991; Wang, 2002b)。这种对预期结果变异度的敏感使得风险决策可以通过追寻变异或是规避变异而增加适应性。

人类的决策也是如此,男女在繁衍成功上的变异不同,男性普遍在财富和生育数量上比女性有更大的变异度。男性的子代在数量上变化很大,多的可以上百,儿女满堂,少的则是零,无后而终。而女性则比较平均适中。这使得父母的投资决策可以根据家庭的经济状况对儿子和女儿做出有区别性的投资(Trivers & Willard, 1973)。从生育和致富的可能性上看,养儿就像是投资股票;养女则像是投资基金。作者的研究发现,和邻里家庭比较起来相对贫困的父母对儿子的投入和投资更高;而相对比较富裕的父母则对女儿投资较多(Wang, 2007)。对于贫困的家庭,脱贫致富和传宗接代需要更大的变异,因而儿子更有潜力;而对于相对富有的家庭,则不必太过冒险,女儿可以带来更为稳定的生活和生育回报。

觅食理论帮助我们了解风险决策,而个体生命史理论(life-history theory)为我们研究跨期决策提供了独特的视角(Kaplan & Gangestad, 2005; Wang, Kruger, & Wilke, 2009)。个体在生命过程中的不同发展时期,对于资源的获取和使用有着不同的优先性,比如,是把有限的资源用于身体的生长和社会学习还是用于择偶与生育(Stearns, 1992)。从生育适应性上讲,一个个体生命中最本质的权衡在于生育的早晚(Promislow & Harvey, 1990)。因此,生命史策略决定基本的跨期决策。个体在时间和能量资源的分配管理中,最为重要的是在躯体投入(somatic effort)和繁衍投入(reproductive effort)之间做出适应于特定环境的权衡和取舍。躯体投入包括个体在维持和发展身体以及学习(例如,知识、技能)上的投入,可细分为维持和成长两个维度;繁衍投入是指个体在同性竞争、求偶、繁衍以及子女养育上的投入,可进一步分为择偶(mating)和养育后代(parenting)两个方面(Griskevicius, Delton, Robertson, & Tybur, 2011; Kaplan & Gangestad, 2005)。

生命史理论还可以帮助我们对群体平均智力水平的变化做出独特的推论。被称为"Flynn effect"的现象引起了众多学者的注意,指的是百年来IQ测试的平均成绩持续上升的现象。对此的解释众说纷纭,莫衷一是(Pietschnig & Voracek, 2015)。根据生命史理论,可以对这一现象做出简单合理的解释。我们认为,IQ 的提高是群体的生命史策略由数量导向的"快策略"变为质量导向的"慢策略"造成的。工业革命后,特别是在发达国家,人们的生活水平和质量普遍提高,从而增加了在"成长"维度上的投入。这一生命史策略权衡变化的解释也与近百年来家庭平均人口下降、平均结婚年龄推迟、教育投入增加等趋势相一致。为了更形象地描述躯体投入和繁衍投入之间的关系,Kenrick 和 Luce(2000)将躯体投入比喻为"存款",而把繁衍投入类比于"取款"。当环境变富裕时,增多"存款"有利于将来的"取款",人们为了将来更好地繁衍而不断提高自身的资源积累,其中也包括了智力的提升。

与其他动物相比,人类生命史最大的特征在于出生后的缓慢的成长期。儿童智力成长的可塑性使得人类个体能够适应复杂多变的生存环境。发展心理学的研究发现,儿童比成人更可能不受常识的束缚,更可能发现不常见的逻辑关系(Gopnik, Griffiths, & Lucas, 2015)。

1.3.7 自然选择与性选择的信号交流

以色列动物学家在《障碍(缺陷)原则——达尔文谜题中一个缺失的谜底》(Zahavi, Zahavi, Zahavi-Ely, & Ely, 1997)一书中描述了一只在沙漠中觅食的羚羊在看到野狼和猎人时的不同反应。见到野狼向自己靠近,这只羚羊并不藏匿或是马上逃离,而是先挑衅性地炫耀自己的技能。它先是站起来并发出叫声,然后盯着野狼用前蹄猛烈地刨地,造成的震动在沙漠中能传播到很远的地方。如果这时野狼进一步靠近,羚羊仍然不跑,而是先上下跳动几次,然后在白色的臀部上甩动着清晰可见的黑色的短尾巴,从容不迫地绝尘而去。这一系列的额外的炫耀是不惜多花代价而发出的信号:我真的是一只健壮敏捷的、你无法追上的羚羊。与此形成鲜明对照的则是当羚羊遇到进化中新的危险时的反应。当它遇到一个开着吉普车的猎人时,它不再需要显示自己的本领,而是掉头就逃,以最快的速度沿着最可能掩护自己的地形尽可能无障碍地逃脱猎人的追捕。

对于进化中长期交往而且彼此了解的老对手,有代价的信号传递(costly signaling)才更可能是诚实的信号传递。人们对一个便宜的信号,比如随口可以喊出的"狼来了"的信号的可信性是怀疑的。要使一个重要的信号起到预想的作用,常常需要不惜工本、不惜代价,甚至是自残而达到目的。

有代价的讯息,才是有力量的讯息。比如,好莱坞拍摄的英雄主义大片《拯救大兵瑞恩》所讲的就是一个为人道主义不惜代价的故事。当军方得知瑞恩的两个兄弟都已阵亡,他是家里唯一的"命根子"时,决定派出一个小分队,穿越火线,寻找到这个士兵,并把他撤离战场。在做出拯救大兵瑞恩的决定时,军事指挥官们应该知道因此有可能会付出更多的牺牲,如果依照功利最大化的原则,这个拯救计划就应当撤消。的确,为了找到和保护瑞恩,小分队做出了重大的牺牲。这部电影通过演绎不惜代价的道义原则而成功地彰显了美国参加二战的正义性。由此可见,道德原则的功用也许在于凝聚人心,从而加强为族群的生存而战的利他行为。Richard Alexander 提出了道德系统生物学(biology of moral system)的概念。所谓的道德系统就是间接的互惠系统。他认为:"伦理道德概念之所以产生,是因为利益的冲突,并且——至少迄今为止——人们设计出道德体系是为了帮助群体成员,并且明确地不帮助其他有竞争关系的群体中的成员。"(1987,p. 1)Alexander 强调,群体之间的竞争与利益冲突促进了群体内的合作。因此,能够促进群体内忠诚和团结的儒家思想在群体建设中也同样起到了重要的作用,有助于本群体在与其他群体的竞争中取胜。

在现实生活中,有代价的信号传递还可能通过个体的风险行为间接地影响到公司的政策制定和业绩。Roussanov 和 Savor(2013)对两万多名公司 CEO 的调研发现,这些 CEO 的婚姻状况对公司风险管理有着显著的影响。与已婚的 CEO 治理下的公司相比,在单身的 CEO 治理下的公司其上市股票波动明显增高,更加偏好攻击性强的投资策略,并且缺乏对风险特征变化的反应。这种差别随着 CEO 的年龄增大而减小。这些发现说明,适婚而未婚的 CEO 可能会把个人的择偶策略带入公司的经营管理之中;把"炫耀"自身"强壮"的择偶信号有意或无意地通过公司的冒险决策加以传递。

一种信号或特征可以被自然选择也能被异性选择。如果某种信号或特征在择偶过程中得到异性普遍的青睐,这一信号或特征就会通过性选择得以遗传。性选择使得男女在身体和行为上出现系统的不同。在同性之间的零和竞争中,性选择使得获胜者的特征得以流传。这些性特征可以分为两类:装饰性的性特征和工具性的性特征。装饰性的性特征(比如,雄孔雀的彩羽尾屏)主要用于吸引异性;工具性的性特征(比如,雄鹿的鹿角)主要用于同性间竞争。这些性特征成为同性竞争和异性择偶中的信号,传递出携带者适应性的高低和繁衍的能力。

在人类的性选择中,女性是选择者而男性是被选择者。女性是生育资源的主要提供者所以更有选择权。从精卵结合、胎儿在母体内的孕育、临盆生产、母乳哺育到养育子孙后代,女性的付出远远大于男性。女性作为生育资源的提供者而男性作为这些资源的享用者,两性之间在资源获得和分配的心理机制和策略上也自然会有所不同。正如 Robert Trivers(1972)所说,亲子投资多的一方(女性)在择偶上将更为细致、谨慎和挑剔,而亲子投资少的一方(男性)将会为获得女性的生育资源而具有更强的同性竞争。Sarah Hrdy(1981)则说:"作为投资方的女性的喜好决定着人类潜在的进化方向。因为女性才是择偶中决定何时以及与何人交友的仲裁者。"

1.3.8 行为遗传的非基因机制与人类的特性

Jablonka 和 Lamb(2005)提出遗传和进化有四种途径:基因遗传(genetic)、基因外遗传又称表征遗传(epigenetic)、行为学习(behavioral)和信号传递(symbolic)的遗传。学习的效果可以通过符号系统加以传递。

除了直接改变基因的 DNA 结构之外,通过基因外环境的变化也可以影响基因的遗传表达。研究这一课题的是一门从 20 世纪 80 年代开始形成的新兴学科——表征遗传学(epigenetics),又译为"表观遗传学"、"外遗传学"等。这一学科为探讨行为的遗传机制开启了新的方向,对于了解心理和行为有着巨大的潜力。表征遗传学的成果显示,行为的遗传和进化不仅可以通过基因的突变、父母染色体的结合及孟德尔的遗传法则实现,还可以通过改变染色体和基因的外环境进而改变基因的激活和表达实现。也就是说,在不改变 DNA 序列的前提下,通过某些机制引起可遗传的基因表达或细胞表现型的变化。比如,一个孕妇的饮食可能影响到她的孩子某种基因的表达或不表达,这种对基因表达的调控甚至可以通过孩子再传给下一代(Spector,2012)。

表征遗传学是在研究与经典的孟德尔遗传学遗传法则不相符的许多生命现象过程中逐步发展起来的。表征遗传学研究的是对基因选择性转录表达的调控(比如,DNA 甲基化、基因印记、组蛋白修饰和染色质重塑)以及基因转录后的调控(比如,非编码 RNA、反义 RNA、核糖开关)。遗传学研究的是基因本身的 DNA 序列的变化,而表征遗传学研究的是基因在表达上的变化。表征遗传与传统遗传相比,表突变率比一般突变率更高,也更容易逆转。其中,基因印记(genomic imprinting)特别值得一提。

基因印记是一种不遵从孟德尔定律(有关等位基因的显性—隐性关系的分离定律以及非等位基因的自由组合定律)的遗传学现象,是一种依靠单亲传递某些遗传性状的现象。只有来自特定亲代(父亲或母亲)的基因得以表达。被打了印记的等位基因如同被噤声,无从表达相关的遗传性状。来自父母的基因在子代的体内往往并不和谐,而是存在着竞争的关系。比如,一种叫做 Igf2 的生长因子来自父系的基因遗传,而 Igf2 的受体则来自母系的基因遗传;父系基因促进胎儿生长,母系基因则控制胎儿生长。如果父系基因被打上印记(比如,被甲基化后而无法表达),胎儿出生时的体重仅有正常体重的 60%。而如果母系基因被打上印记,胎儿出生时的体重则是正常体重的 140%(Wilkins & Haig, 2003)。由此可以看到,基因印记现象反映出亲代(父母)的基因在子代(子女)身上的竞争。因此每一个自我都是一个带有多种冲突的矛盾综合体。

基因印记现象对了解人类行为的启示还远不止此。如图 1-2 所示,通过基因印记,表征遗传可以改变亲属之间在某些等位基因上的相似程度(r)。如果只有母系的等位基因得以表达,这一母系基因控制的遗传性状在母子之间的相似度便不再是50%而是100%,兄弟姐妹之间的母系基因的相似度便不再是25%而是50%。可以想象,这种遗传相似度的变化可能会使得个体之间的某些心理特征的相似度增加或降低,还可能使特定个体间的合作与竞争的关系因遗传相似度的不同而产生变化。

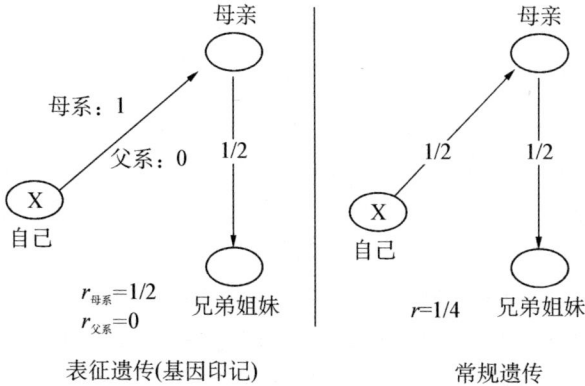

图1-2 表征遗传对亲属之间等位基因相似度的影响

鲍德温效应(Baldwin effect; Baldwin, 1896)反映了另一种环境——学习——基因的交互作用。在环境发生重大变化的情况下,学习能力高的个体对于新环境的适应将会更好。因此与学习能力有关的基因就会获得自然选择,并得以遗传。另外,如果在新环境中存活下来的个体的基因在传播过程中发生变异,而这种在下一代身上发生的变异正好造成了与适应性学习特性相似的表现型,那么这种基因变异也同样会获得自然选择,得以遗传。比如,社会合作可以通过上述机制得以传播(Baldwin, 1896)。对饮食环境的适应,也使得那些长期生活在食用乳制品地区的人们对乳糖的耐受性增高。这种代谢的适应性变化也许是一种鲍德温效应。

不仅遗传和表征遗传可以影响行为,行为的学习还可以通过文化代代相传;知识则可以通过文字信号系统加以保留和积累。然而,通过不同的遗传系统传递到下一代的信息有的是具体的结果和内容(比如,一首歌曲),而有的只是形式和能力(比如,感受音乐的能力)。日本作家渡边淳一曾经谈到过这种内容遗传和形式遗传的不同。比如,在人类社会长期的发展过程中,有一种东西是完全没有进步的,这就是人与人之间的爱。自然科学是前赴后继的,知识、文字、音乐都是可以传承的。但爱情却无法直接传承,它不可能做到前赴后继。比如父亲对爱情的领悟无法成为儿子爱情世界的基础。每一个人还是要从青春期开始,通过各自的经历,从骚动走向各自的成熟。因为,爱情不是一种知识,而是一种领悟(渡边淳一,2014)。

1.4 如何在进化心理学的框架内研究人类决策

进化论的思维使心理学家能够更加有的放矢。首先,研究的问题应当聚焦在识别人类进化的典型任务和典型风险。比如,Kruger、Wang 和 Wilke(2007)开发的五个进化类别的风险量表。五种典型的风险类别包括:组内竞争、组间竞争、自然界的风险、为了吸引异性的资源分配以及生育与繁衍的风险。第二,对于每一个进化的典型风险,我们都可以推论出可以用实证的方法加以检验的心理适应机制。比如,认知幻觉和决策偏差如何在进化的典型环境和非典型环境中消长(Wang, 1996a, 2008b)。第三,进一步了解在现时环境下启动或抑制这些适应性心理机制的因素。比如,生命史变量(性别、年龄、出生排行、兄弟姐妹的多少、是否已生育后代、生育目标的高低以及主观寿命预期的长短)如何影响人们对进化典型和非典型风险的偏好(Wang, Kruger, & Wilke, 2009)。第四,对于适应性行为的直接机制(情绪的、神经生理的和代谢的机制)进行探索。比如,运用脑成像技术研究决策中对不同的社会线索进行处理的脑区分布(Zheng, Wang, & Zhu, 2010),或是通过调节血糖水平对跨时选择中的延期折扣的代谢机制进行探索(Wang & Dvorak, 2010)。

至于如何通过实验实施和落实研究思路,我们认为需要注意以下几个问题。

(1) 行为研究方法的三足鼎立

研究的方法各有侧重,但是没有所谓高下之分。如果我们把心理学或行为学的研究视作一个三足鼎立的三角结构的话,那它的三个端点可以分别是准确性、普适性和真实性。一种研究方法无法同时兼顾到这三项指标。比如,实验研究的准确性高,可以验证因果关系,但真实性因实验控制而降低,普适性也因样本等原因而受到限制。案例分析和实地研究的真实性高,但因为揭示的是变量之间的相关关系而不一定是因果关系而降低了研究的准确性和普适性。理论研究和行为模型的建构则能够以高屋建瓴之势,收纲举目张之效。因为是纲,普适性高。也因为是纲,则不免抽象,因而使准确性和真实性降低。

心理学的研究方法还可以根据三个不同的维度进行分类(Hendricks, Marvel, & Barrington, 1990)。这三个维度分别是实验环境、数据收集的方法和研究设计。其中,实验环境包括实验室(L)和实地(F)两类,数据方法包括自我报告(S)和观测(O)两种,而研究设计则分为实验(E)、相关性研究(C)和描述性研究(D)三个类型。由此得出 12 种($2 \times 2 \times 3$)研究类型。依此分析,我们常用的实验性问卷研究可归入FSE 一类。对研究方法的分类既有助于我们认清自身研究的现状,又有助于对互补性研究进行规划。

（2）统计方法和实验设计：谁是本谁是末

一项研究就像一段探索的行程，有着自身的路径。其中的过程固然重要，但结果才是衡量成败的标准。如何从起点到达目的地的关键在于既要充分了解起点所处的位置，也就是历史的和目前的研究状况，又要推断目的地的远近和可能的通路。研究方法也就成了跋山涉水、披荆斩棘所需的工具，或是从 A 处到 B 处的桥梁。因此，研究的方法既不可能一成不变，又不可能预先设定。所以，许多实验方法论中提示的先选好统计方法再因材施料地设计实验的要求是一种本末倒置。

（3）高信度低效度的危险

一项研究的信度（reliability）主要指它的方法的可靠性和结果的稳定性（可重复性）。而一项研究的效度（validity）则主要反映在它的内容、标准和概念的正确性上。也就是研究观测的内容和指标是否真正反映了所想要探讨的问题。在心理学研究中，对信度和效度之间关系的一个常用的比喻是打靶（Trochim，2004）：射击的效度由着弹点与靶心的距离决定，正中靶心的射击成绩效度最高。射击的信度则反映在弹点之间的距离，着弹点越集中，信度就越高。图 1-3 显示了三种信—效度之间的关系。因为效度比信度更重要，研究者要格外注意高信度低效度的危险。

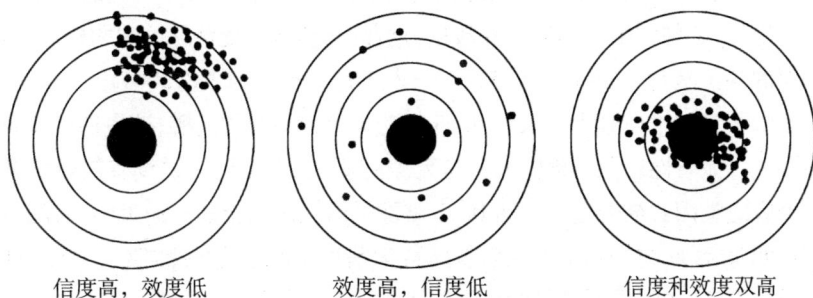

信度高，效度低　　　　　效度高，信度低　　　　　信度和效度双高

图 1-3　信度和效度的关系

（改编自 Trochim，2004）

高信度低效度的研究得出的任何结论很可能是无效的。这就像只在黑屋子里研究颜色视觉，得出的结果可以是可靠的，但得出的结论（被试没有颜色视觉）却是不正确的。避免研究中出现高信度低效度的问题的一个方法就是在理论的指导下对一种现象在多种环境或情境中进行验证，不仅要了解导致一种现象发生的前因后果，还要探寻抑制此种现象发生的条件。

（4）聪明的被试和无知的主试：期望效应的污染

作者曾多次听说国内一家大型的 IT 企业对组织行为学的研究十分重视；不仅对员工的能力考核十分详尽，而且配备了专职的人员帮助或替代企业外的研究人员在专门的测试中心进行实验和访谈。听了之后,作者既为研究工作在企业受到重视而感到高兴,却又禁不住为可能存在的隐患感到担忧。可以想象的是,当一群员工被请到企业的测试中心参加某项研究时,当员工们得知参加研究的时间工资照付时,当他们见到企业内的专职人员将成为主试人员时,这些员工很可能会感到一种组织压力或期望,也可能产生一种群体思维(groupthink)的倾向。面对主试人员提出的问题时就可能自觉或不自觉地"投其所好",因而使得收集到的数据出现期望效应的污染。

被试不是被动的,主试也可能不自觉地为被试所控。就是在有实验控制的情况下,如果数据的记录是人为的,期望效应的污染仍然可以发生。Rosenthal(1976)的研究告诉我们,主试(实验人员)对实验结果的预期可以明显干扰和降低实验结果的准确性和可靠性。在这样的情况下,"双盲"的实验设计可以使被试和实验记录者双方都不了解实验的目的,从而防止或降低期望效应对数据的污染。

(5)避免方法学和统计检验的规定成为束缚研究的新八股

近年来,一些学者开始质疑心理学中制度化了的显著性检验。我们常常用否定无差别假设(null hypothesis)的检验结果作为支持与之相对立的工作假设(alternative hypothesis)的证据。但是,显著性检验并没有对工作假说进行任何具体的评估。另外,心理学中常用的一些数据分析的方法无视统计理论中的根本性争论,把有争议的甚至是对立的统计理念混为一体(Gigerenzer,1998,2004)。

心理学著名学术期刊大多采用0.05作为显著性检验的门槛,这也造成了研究中的一些困境。显著性检验所检验的只是无差别假说;无差别假说没有被否定并不说明另一个假说就因此被否定了。这0.05就像是研究思路上的一道鬼门关,闯过去了便无需再回头,没闯过去则不再向前看。科学精神中所必需的批判性和怀疑性既不提倡轻易的否定,也不提倡轻易的肯定。因此,作为科学研究工具的统计分析和实验设计要避免成为一种新的科举式的死板框定。

(6)题目不是想法,方法不是思路

近年来,国内行为学和管理学的研究在掌握和应用实验设计和统计方法方面取得了长足的进步。但是,不少研究计划的不足之处在过于庞大,不够集中。研究者交流很少,各自为政。许多研究计划的套路相似,多是从问卷、深度访谈开始,到量表开发,再到信效度检验,最后用回归和结构方程从数据中找关系。这样既造成一定程度的重复和浪费,又因为铺得很开而不易深入。造成这种循环性浪费的一个潜在原因是这些研究不是从想法和灵感入手,而是在选题后直接进入到实验设计,在课题确定后便用研究方法开路。这种数据发掘(data mining)和撒大网捕鱼(fishing expedition)的策略很难形成理论体系。

Gerd Gigerenzer(1998, p. 202)说:"没有理论的数据就像没有爹娘的孤儿,它们的预期寿命也因此而短暂。"有想法再加上理论的指导才可能形成有价值的思路。在《改变心理学的 40 项研究》一书中,Hock(2009)介绍了 40 项著名的心理学研究的产生渊源和背景。这 40 项心理学实验都是有感而发,没有一项是淘金的结果。这些研究或起源于个人经历和经验的启发,或出于对一种普遍现象的好奇和质疑,或受到宏观理论或微观理论的启发,或得益于一种新的研究手段,或基于对某种行为的功能性设想,抑或是跨学科思想和成果的融合。这些影响深远的心理学研究提示我们题目(topic)不能替代想法(idea),方法不能替代思路。而有了想法和思路则可以因地制宜地寻找和发现有用的方法和工具。

胡适曾经倡导,多谈些问题,少谈些主义。我们认为做心理学实验则需要多谈些方法,少谈些方法学。在方法上,具体的研究问题需要具体分析。好的方法才能落实好的研究思路,细节决定成败。在有了好的想法的前提下,再去寻找有效的达成目标的路径。有了研究的需求,才有方法的进步;有了好的想法,方法才能跟上。

总之,进化与适应的思维不仅帮助我们有的放矢,同时有助于理解纷繁而有趣的行为差异。比如,各种各样的性别差异不单是心理学的课题,也是生物学、经济学、人类学、文学以及大众茶余饭后的话题。进化和适应的理论为梳理和把握男女之间的不同提供了独特的分析工具。首先,性选择理论告诉我们,女性作为生育资源的主要投资方,在择偶中扮演着选择者的角色,在选择的标准上将会更加着重于男方的经济能力和责任心;而男性因为在生育资源上的付出较少,且容易通过多名异性传播自己的基因,因而有更强的同性间的竞争,在择偶上更为"花心",更看重与生殖能力相关的"年轻貌美"等异性特征(Buss, 1989)。第二,在生育的结果方面也有着明显的男女差异。和财产一样,在繁育后代的数量上,男性之间的差异远远大于女性之间的差异。第三,从个体生命史的特性上看,男女之间存在两大不同:男性的寿命比女性短,而可生育期则长于女性。依据这些在生育的结果和生命史变量方面的男女差异,可以推论出男女在冒险、冲动性、计划性、利他性、婚姻忠诚度等多方面的行为差异(Daly & Wilson, 1983)。

人类的智慧有着深远的进化脉络。我们每一个个体都是种系繁衍的最新作品。决策的理性如果能够高瞻远瞩,那也是因为我们站在了巨人的肩膀上,这个巨人就是人类璀璨的进化与文明。

第2章 决策的理性

　　理性是决策者应对不确定性的工具,也是社会博弈的武器。作为价值观、性格和风险认知的三合一的有机组合体,理性帮助决策者驾驭风险、处理危机、掌控时局。这个有机组合始于遗传,成于学习和经历,又接受着环境的洗礼。因此,理性可以分解为不同的种类:经济理性、社会理性、生态理性和有限理性。传统的经济学和金融学的理论一贯强调的只是其中的经济理性。

——作者

2.1 致胜或致命的性格与价值观

　　为应对不确定性和风险性而做出的一个个的决策决定了一个人的命运。那么,任何对决策能够产生长期和相对稳定影响的因素,也就是影响和决定命运的因素。我们认为,对于决策的倾向性有长效影响的有两大因素:性格和价值观。什么是价值观? 价值观界定孰轻孰重。匈牙利诗人裴多菲的诗句"生命诚可贵,爱情价更高,若为自由故,两者皆可抛"谈的是价值观。孔子所说的"朝闻道,夕死可矣"反映的也是价值观。民间的格言,如"饿死事小,失节事大"、"人为财死,鸟为食亡"、"留得青山在,不怕没柴烧"、"牡丹花下死,做鬼也风流",反映的也是不同的价值观。

　　价值观是取舍的基础,性格是选择的引力场。性格中很大的一部分是与生俱来的,因此了解自己和他人的性格决定了一个人情商的高低。价值观决定为人,性格决定处事。

人类生活充满决策。努力并不能保证做出正确的决策。比如,一个不会水的人游泳,尽管努力,也会面临灭顶之灾。要成为一个成功的决策者,就要把握自己和他人的价值观,知道到底什么对我是重要的,什么对我是不重要的;知道什么是最重要的、重要的、比较重要的、锦上添花的、弃之可惜的、可放弃的、不重要的、无足轻重的、弊大于利的、有弊无利的、灾害性的或可能带来灭顶之灾的。

因为人们的价值观不同,才有了双赢的可能。在面临取舍和选择的时候,需要了解到底什么对"我、我们、他、她、他们"最重要。学会如何用各自的"次优"换来对方的"更优"。如果价值观都是一样的,就不可能做到双赢。由于价值观的不同,一个把"财"看得重于"名"的人与一个把"名"看得重于"财"的人之间有可能找到一个令双方都满意的,前者得财后者得名的纳什均衡。也就是说,任何一方单独改变现状,都无法获得更满意的结果。不仅个体如此,国家之间的博弈也可能基于价值观的不同而找到双赢的结果。1979 年埃及与以色列为结束两国战争状态而缔结的《埃以和约》(Egyptian-Israeli Peace Treaty)就是一个典型的例子。对于埃及,首要的是保持国家领土的完整,而以色列则更需要得到中东世界对其国家合法性的承认。于是两国之间通过"土地换和平"而达成了和平协议,取得了两国之间关系的长期稳定。以往的经济学理论完全建立在价格(值)的分析上;然而,在价值观层面上的分析才能更有效地整合经济、社会、政治和文化因素,找到双赢的基础,提高决策质量。

价值观是培养出来的,聪明是生来的,知识是学来的,智慧是悟出来的,道德是修出来的。与价值观相比,性格往往是与生俱来的,或是早期经历决定的。希腊哲学家赫拉克里特(Heraclites)说:"一个人的性格就是他的命运"。在做任何决定时,有的人更为宏观,有的人更为微观,有人乐观,有人悲观;有的人多疑,有的人轻信,有的人沉稳,有的人性急;有的人在自我调节方面具有提升焦点(promotion focus),有的人则着重防御焦点(prevention focus)。具有提升焦点的人在决策过程中更关注发展,也更可能冒险;而具有防御焦点的人更关注安全,也更倾向于规避风险(Higgins,1998)。有的性格使一个人容易在群体中受到欢迎;而有的性格可能会妨碍一个人的成功,一个性格特别各色的人,再聪明也难成功。

性格决定倾向,倾向决定行为,行为决定命运。

性格之外,对人一生有长期影响的就是价值观,正确的价值观是决策的关键。把握自身的价值观,了解决策对象的价值观才能在竞争中致胜。由于对农民的价值观的不了解,在 1928 年中国共产党领导的农民运动中曾有过惨痛的教训。中共组织的湘南暴动后,国民党军队向郴州的红色政权发起进攻。为了对付国民党军,中共湖南省委提出了一个极"左"的坚壁清野的"焦土政策",以使来犯之敌难以生存。结果,由于对农民的价值底线的错误估计,导致了原来支持共产党的农民以暴力反对共产革命,在坚壁清野的动员大会上发生了叛乱,许多共产党员和农会干部甚至包括十几岁的少先队员被暴动的农民们用梭标扎死,或是用泥土活埋。因为对农民意识也就是小农价值观的不了解,敌军还没有到,就已经自相残杀了(曾志,1999)。这个例子突显了价值底线与风险的关系。相反,"耕者有其田"和"包产到户"的政策则反映了对农民价值观的理解和尊重。

2.2 量化价值观

性格和主观价值都是可以测量和量化的。近百年来,心理学家研发出了许多人格的测试方法和量表,而对于价值的研究则集中在客观价值与主观价值的转换关系上。

现代决策研究中的价值权衡可以追溯到 17 世纪法国哲学家巴斯考(Blaise Pascal)的数学分析,这个著名的功利性的分析被称为"巴斯考的选择"(Pascal's Wager)。如表 2-1 所示,巴斯考的问题涉及当时人们普遍需要做出的一个重要决策,那就是信上帝还是不信,也就是是否信教。他给人们提供了一个二乘二的分析框架。定性的分析显示,选择做一个上帝的信徒的结果是[无限获益 + 有限损失],而不信的结果则是[无限损失 + 有限获益]。显然,前者优于后者。如果每个决策者根据自己的估计为这几种可能的结果打分,则可以量化每个选项。比如,给天堂 100 分,地狱 -100 分,有限的付出 -10 分,有限的获益 20 分。第一个选项的综合得分为 100 - 10 = 90,而第二个选项的综合得分为 -100 + 20 = -80。但是,这个分析缺乏对主观概率的考虑。如果一个人认为上帝存在的可能性只有 10% 而不存在的可能性有 90% 的话,第一个选项的期望值是[(100×0.10) + (-10×0.90) = 1],而第二个选项的期望值是[(-100×0.10) + (20×0.90) = 8]。第二个选项的得分高于第一个选项,这个人就应该选择第二个选项。由此可见,基于期望值理性选择是因人而异的。

表 2-1 巴斯考的选择

选项	可能的结果	
	存在上帝	不存在上帝
信上帝	上天堂(无限获益)	一些付出(有限损失)
不信上帝	下地狱(无限损失)	正常生活(有限获益)

巴斯考的分析引入了一个重要的决策概念——期望值(expected value, EV),即一个选择的每个可能的结果的概率乘以其价值的总和。

$$EV = \sum_{i=1}^{n} p_i V_i$$

$$期望值 = \sum_{i=1}^{n} (概率 \times 价值)$$

理性的决策的一个传统原则就是要使期望值最大化。最大化原则要求理性人在面临可能的选项时选择其中期望值最大的选项。

如果每个人的主观价值与客观价值是一对一的线性关系,期望值模型就能够有效地预测出决策者的选择。然而,从￥100 到￥1 000 的变化,在一个人的心理价值上的变化并不一定是 10 倍的关系,也许大于或小于 10 倍。

1713 年尼古拉·伯努利(Nicola Bernoulli)在给一个朋友的信中提出了一个概率期望值的悖论。其后,尼古拉的堂弟,数学家丹尼尔·伯努利(Daniel Bernoulli)在1738 年对这个悖论做出了解答。由于论文发表在圣彼得堡皇家科学院的一个期刊上,这个悖论就此被称为"圣彼得堡悖论"。悖论对期望值提出的挑战来自一种掷硬币游戏。假设投掷的结果为正面则为成功。游戏者如果第一次投掷成功,得奖金 2元,其后每一次成功奖金翻倍;一旦投掷出反面则游戏结束。尼克拉·伯努利提出的问题是,游戏的合理收费应该是多少?如果我们把每一个可能结果的得奖值乘以该结果发生的概率即可得到该结果奖值的期望值。游戏的期望值即为所有可能结果的期望值之和。随着 n 的增大,以后的结果虽然概率很小,但是其奖值越来越大,每一个结果的期望值均为 1,所有可能结果的得奖期望值之和,即游戏的期望值,将为"无穷大"。

$$
\begin{aligned}
EV &= 1/2(\$2) + 1/4(\$4) + 1/8(\$8) + 1/16(\$16) + \cdots + 1/2n(\$2n) \\
&= 1 + 1 + 1 + 1 + \cdots + 1 \cdots \\
&= \infty
\end{aligned}
$$

但是,实际上没有人愿意花大于 20 元的钱去玩这个游戏。人们愿意出的平均价钱也就是 4—5 元。这就出现了期望值与实际情况的不符,也对期望值理论提出了挑战。丹尼尔·伯努利认为游戏的期望值计算的不应该是金钱,而应该是金钱的心理价值,即期望效用(expected utility)。期望效用是期望值的某种函数。

$$EU = \sum_{i=1}^{n} p_i U(v_i)$$

如果用货币值的对数来表示:效用 = log(货币值)。如果用以 2 为底的对数,所有结果的效用期望值之和将为一个有限的货币值：

$$EU = 1/2\log_2(2) + 1/4\log_2(4) + 1/8\log_2(8) + \cdots + 1/2^n\log_2(2^n)$$
$$= 1/2(1) + 1/4(2) + 1/8(3) + \cdots + 1/2^n(2^n)$$
$$= 2$$

伯努利的分析对决策研究的发展主要有两点贡献。其一,任何选择结果的期望值在心理上会被转换为主观期望值(期望效用、期望功效),两者具有某种函数关系。第二,期望效用是递减的。与此相关,边际功效,即每单位消费的心理价值,也经常是递减的(边际功效递减)。第一块糖、第一桶金、第一次成功带来的心理价值要高于其后得到的同等的奖励;同等奖励的心理价值在重复获得的过程中依次递减。资源的获取和消费的心理价值与资源的总量成正比,但不是一种线性关系。

资源不仅是金钱,在第一章里我们探讨了人类生存生育的多种资源。如果进化的任务是多元的,那么决策的理性也是多元的。据此,我们可以对决策的理性进行分解。为清楚说明,我们从与金钱最为相关的经济理性入手。

2.3　分解理性

理性是决策的工具,不同的决策任务需要不同的决策工具。在人类心智的"适应性工具箱"(Gigerenzer & Selten, 2001)内,理性也有分工,因此,可以分解成不同的种类。

2.3.1　经济理性:趋利避害

"天下熙熙,皆为利来;天下攘攘,皆为利往。"这句出自《史记》的话,可以作为对基于经济理性的功利主义的注释。趋利避害是动物的本性。但是,能够称之为理性,光是趋利避害还不够,决定理性的是期望功效最大化的原则和保证选择偏好一致性的几个相关原则。如果要在两个赌注 A 和 B 之间做出选择,A 有 50% 的机会得到 100 美元、0% 的可能输掉 20 美元;而 B 有 50% 的机会得到 120 美元、50% 的可能输掉 30 美元。根据最大化的原则一个理性人应该选择赌 A,因为赌注 A 的期望值(120 美元 × 50% − 30 美元 × 50% = 45 美元)大于赌注 B 的期望值(100 美元 × 50% − 20 美元 × 50% = 40 美元)。在现实生活中,这个最大化原则往往意味着妥协与平衡。

经济理性所遵循的,除了最大化原则之外,还强调一个理性人的决策偏好要符合一致性的逻辑。保证决策一致性的理性原则最为主要的有四条,即支配性

(dominance)、传递性(transitivity)、独立性(independence)或相消性(cancelation)以及不变性(invaraince)。在多数的期望效用理论模型中,不变性和支配性是必须的,传递性是可以松动的,而独立性/相消性则已经被众多模型所放弃(Tversky & Kahneman, 1986)。

(1) 随机支配性。支配性原理假定,如果某一选项在一种情况下比另一选项更好,而在其他所有情况下至少和另一选项一样好,那么人们就应该选择这一占支配地位的选项。一种更强一点的支配性原则,称为随机支配性,它假定,对于单维风险选项,如果 A 的累积分布位于 B 的累积分布的右侧,则 A 为占支配地位的选项。支配性原则在决策的规范性理论中起到了基石的作用。支配性也许是有关理性选择的原理中最为显而易见的一条,但是一系列实验对于随机支配性提出了质疑。

(2) 传递性。在决策理论中,偏好的传递性是一个基本的假定。即如果 A>B 且 B>C,那么 A>C。然而,许多实证研究发现了违反传递性的情况,或者说不可传递性(Luce, 1992; Tversky & Kahneman, 1986)。如果不可传递性是一种常见的系统的现象,那么这一理论假设将被否定或者需要重新改写以符合人类决策的实情。但是从目前所知的实证研究来看不可传递性是一种不常见的特殊现象(Birnbaum & Schmidt, 2008)。

(3) 独立性/相消性。这一原则是期望效用理论中的一个具有核心意义的理性特征,它指的是选择不受选项中相同部分的影响,相同的部分可以从选项中消去。比如有两份套餐供你选择,套餐 A 包括鸡肉汉堡、薯条、和可乐;套餐 B 包括牛肉汉堡、薯条和可乐。一个理性人如果选择了套餐 A,那也意味着去除了两个选项中都有的薯条和可乐之后,他在鸡肉汉堡和牛肉汉堡之间会选择鸡肉汉堡。

经济理性有着明显的局限性。迈克·桑德尔在《公正:如何做才是对的?》(Sandel, 2010)一书中有许多这样的例子。比如,有个恐怖分子嫌疑人,掌握了一个会导致成千上万平民死亡的恐怖袭击的计划,只有拷打他才有可能获得真实的口供。在这种情况下,应不应该对他进行刑讯逼供?根据功效最大化的原则,为了多数人的福利,可以牺牲一个个体的权利。但是,如果无论你如何拷打他,他都不会招供,除非你对他三岁的小女儿实施酷刑,你还愿意做一个功利主义者吗?在成千上万平民的生命和一个小女孩的权利之间,你需要作出权衡。

有轨电车难题(trolley problem)也是一个检验功利主义最大化的例子。英国哲学家菲利帕·福特(Philippa Foot)在 1967 年首次提出这个问题,引发了在哲学与伦理学、心理学、认知科学与神经伦理学领域的广泛讨论。这个难题假设你驾驶一辆自己无法使其停下来的有轨电车,即将撞上前方轨道上的五个无法逃离的检修工人。你可以改变轨道,但是,备用轨道上有一个无法逃离的人。你是否会通过牺牲这一个人的生命而拯救另外五个人？大部分人的回答是"是"，这是一个利益最大化的选择。如果那五个人是罪犯，或是那一个人是你的亲人，你是否还会选择牺牲一个生命从而拯救五个生命呢？

如果把电车难题换为天桥难题，利益最大化的选择显著减少。假设你站在天桥上，看到有一台刹车损坏的电车。在轨道前方，有五个正在工作的人，他们完全没有意识到电车正在向他们冲来。这时你发现有一个很胖的路人正站在你身边，他的巨大体形与重量，正好可以挡住电车，让电车出轨，从而避免撞上那五个工人。你是否应把这个很胖的路人从天桥上推落，以拯救那五个工人生命，还是应该坐视那五个工人丧生？这个假想实验对功利主义和源自康德的道德义务论都提出了质疑。功利主义认为，为追求对最大多数人来说的最大效益，应该牺牲少数人来拯救多数人。因此，在上述两个版本的难题中，都应该要牺牲一个人，来拯救五个人。康德的道德义务论则认为，道德应该建立在必要的义务责任上。如果不可以杀人是一种道德义务，在上述两个版本的思想实验中，都不应该让一个人牺牲，即使后果是牺牲更多的人。而心理学家发现，大多数人在面对电车难题时做出了功利主义的选择，而在面对天桥难题时，则更可能做出符合道德义务论的选择。脑成像的研究则发现，大多数人在第一个状况中，与认知和记忆有关的脑区更为活跃，但在第二个状况下，与情感判断相关的脑区激活的程度较高。而情感判断部位受到损伤的患者在进行这项实验时，在两种状况下，都会以功利主义方式，决定牺牲一个人，以拯救五个人（Greene, 2013）。

以上的例子从不同的侧面反映出了功利主义和经济理性的局限性。但是，应当指出的是，受到质疑的经济理性假设，为不同理性之间的比较和理解决策的机制提供了重要的参考系统。

2.3.2 生态理性：天时地利

生态理性要求一个决策者能够利用环境的力量，了解环境的特性并为己所用。

以往的个体学习与发展理论较少考虑环境的作用。而生命史理论着重于个体生命发展中对环境的敏感性，以及为适应不同的生长环境而采取的特定的生命史策略（Belsky, Vandell, Burchinal, Clarke-Stewart, McCartney, & Owen, 2007）。早育多产反映的是一种快速发展的 r-策略，而晚育少产则是一种慢速发展的 K-策略。进化生物学中的 r-K 选择理论（MacArthur & Wilson, 1967）对自然选择塑造的繁殖策略进行了研究和模拟。该理论证明，在资源丰沛的环境中，个体生物倾向于利用资源早育多产的 r-策略，而当环境资源因人口密度增加而开始枯竭时，个体开始转向晚育少产的 K-策略。K-策略着重质量而 r-策略着重数量。在生存竞争激烈、不确定性高的环境中,个体更可能接受快速发展的 r-策略。比如,在单亲家庭和有继父的环境中长大的女孩初潮的时间提前,更为性早熟(Ellis, 2004; Ellis & Garber, 2000)。根据 Trivers(1972, 1974)的亲代投资理论,一个家庭中父亲的缺失使得子代的成长缺乏资源和保护,因而促使女孩更早地性成熟,以便从其他男性身上获取资源(Draper & Harpending, 1982)。在贫穷、动乱的环境中,抓住机遇,更早生育子女有助于避免个体在生育之前就死于恶劣的环境。

另一个有意思的现象是所谓的"口红效应"(lipstick effect; Koehn, 2001)。在经济萧条的时期,几乎所有消费品的销售都会下降,然而,女性消费品的销售却不降反升。Hill、Rodeheffer、Griskevicius、Durante 和 White(2012)认为,在经济衰退时期,对家庭投资能力高的男性数量减少,因而加剧了女性间的竞争。因此,女性增加在美容产品上的投入以便提高其择偶时的吸引力。

那些童年时成长于富裕家庭的个体更加注重未来的发展,并避免更多的风险;也更愿意为获得更大的但迟来的奖励而等待(延迟满足, delayed gratification)。相反,对于童年时成长于贫穷家庭的个体而言,死亡威胁相关的线索会促使其更加注重当下的生活,并更加追求眼前的利益;更愿意涉身风险行为(Griskevicius et al., 2011)。对自身寿命的预期高的人的风险倾向更低(Wang et al., 2009)。寿命预期短还可能减低个体的自我控制,进而增加其犯罪意向(Dunkel, Mathes, & Beaver, 2013)。来自美国芝加哥地区的统计数据表明,越是贫困和治安差的居民区,预期寿命越低,风险行为包括犯罪率也越高(Wilson & Daly, 1997)。

上述的例子反映了行为策略对环境生态的敏感性。这种生态理性可能是无意识的,也可能是有意识的,决策的成功有赖于决策者的生态理性。这样的例子在中国的历史典故中也可以看到。比如,辅佐秦王嬴政结束诸侯割据,实现统一大业的丞相李斯就是一个例子。与其说秦王嬴政是李斯的伯乐,还不如说是李斯选择了秦王。这次选择基于李斯早年的一次顿悟,更确切地说是有赖于他与常人不一样的生态理性。李斯原是楚国上蔡人,年轻时在家乡做了个小吏。有一次,李斯上厕所,看见厕所里的老鼠又脏又瘦,而且一看见人就吓得狼狈逃窜。这使李斯想起在官府的粮仓里看见的硕鼠,不禁感慨:"人之贤不肖譬如鼠矣,在所自处耳。"一个人一生能不能成就一番事业,就像老鼠一样,关键在他处在什么生态环境中。仓中的老鼠和茅厕中的老鼠在智力等各方面本不应有什么本质的不同,造成两者生活上的天壤之别的是它们身处的不同的生态环境。于是,不再甘当一名小吏的李斯对当时天下的生态版图做了一番分析,结论就是秦国才是他施展抱负的环境。

企业和事业能否做大做强,同样取决于它所在的环境的大小,更取决于决策者认知视野的大小。能想到、看到,才能做到。"我来、我见、我征服。"凯撒大帝正是这样说的。所谓的生态理性,反映的也是一种眼界的高低。能想到的才能看到,能看到的才能做到。

2.3.3 社会理性:知己知彼

利他行为与自身利益最大化准则相悖,这也成了新古典经济学假设的一个盲点。现代生物学对达尔文理论的贡献有助于解决这一悖论。现代生物进化论的一个重要成果就在于发现和解释了利他行为的进化机制(Axelrod & Hamilton, 1981; Hamilton, 1964; Trivers, 1971)。奇怪的是,这一成果没有被主流经济学家所借鉴,从而使现代经济学的理论进一步背离亚当·斯密着眼的经济发展与进化规律的研究思路,继续在分配与平衡的计量上反复做文章(参考张维迎有关"反思经济学"的文章及讲演:http://www.rmlt.cn/2014/0512/267127.shtml)。

经济学的一个核心概念就是"交换",只要双方可以自由地进行交换,各取所需,价值就产生了。因为财富并不取决于物质,而取决于人们对它的使用价值。主流经济学理论过度强调了自由交换的利己性定义,也就是"即时性的利益最大化"。然而,交换大多不是即时和一次性的。即时性的利益最大化忽略了社会交换中"合作"与"互助"的本质及其长期性。这一观点在实验经济学和博弈论的分析中也得到了验证。重复性的交往,也带来了名声的功用和共赢的心理学基础(张维迎,2013)。比如,朋友之间的交往的基础是互惠,体现在长期的互利共赢,而长期的回报则是有利于双方的。友谊的要素就在于否定"即时性的利益最大化"。在帮助朋友渡过难关的过程中,助人者可能少吃一顿午餐,而获助者则可能从饥寒中死里逃生。因此,总体来讲,"损己"的代价要比"利人"的获益小。而主流的经济学中的理性人假设则只适用于社会无限大,交往不重复的陌生人之间进行的简单交换。

利他行为反映了一种进化的社会理性。"老吾老,以及人之老;幼吾幼,以及人之幼。"这是孟子对于人类理想社会的描述和向往。作为人类社会的成员,我们的所有决策都是社会性的;它们不仅受时代风气和文化的熏陶,受社会风俗的引导,受人际关系的制约,同时也对社会关系和他人的利益产生不同程度的影响。因此,决策的社会性需要考虑的不仅是自身利益的最大化,还要考虑到决策波及的各方的心理反应和利益关系。换位思考的能力是社会理性的心理基础,也是一个决策者情商的基本构成之一。有一句反映管理智慧和常识的话叫做"知己知彼,百战不殆"。知己与知彼,哪个更难?《孙子·谋攻篇》中说:"知己知彼,百战不殆;不知彼而知己,一胜一负;不知彼,不知己,每战必殆。"孙子没有包括不知己而知彼的情形,因为只有知己才能知彼,欲知彼需先知己,知己之后,推己及人(换位思考)即可知彼。这和所谓的情商有关,情商的第一要素是知晓自己和他人的情绪。

尼采说:"人类最愚蠢的是用他人的错误惩罚自己。"要避免诸如此类的认知与情绪的偏差,成为一个知己知彼的决策者,需要有高度的适应性和决策理性。社会理性是"天时、地利、人和"中的"人和",人和则成,不和则危。

官渡之战中曹操以弱胜强,战胜了袁绍。获胜后曹操部下在缴获的书信中发现军中有些人曾在暗中与袁绍私通书信,于是建议:"可逐一点对姓名,收而杀之。"曹操回答说:"当绍之强,孤亦不能自保,况他人乎?"于是命部下立即将这些书信烧掉,从此不再过问。

曹操的这一决策体现了情商的三大要素:了解、控制与运用。情商的第一要素是知晓自己和他人的情绪;其二是要能够控制自身的情绪;其三,也是情商的最高层次,是要能够把握和利用自身和他人的情绪办事。就是说做事不要情绪化,而要利用情绪做事。然而如何去调节他人的情绪则因人而异。手段的选择则需要有道德原则的控制。有人晓之以理,有人动之以情,有人诱之以利。

老子说:"知人者智,自知者明;胜人者力,自胜者强。"反过来讲就是,智者知人,明者自知,力者胜人,强者自胜。这里面的"知人"、"自知"和"自胜"都是社会理性和情商的要素,也彰显了心理学的重要性。

所以人们常说,智商高而情商低,常常怀才不遇;情商高而智商低,常常有贵人相助;两者都高则成功可待。

情商的高低反映了一个人对自己和他人情绪本质的认知。其中之一在于了解情绪的偏差和不完美性。这也是辨别情绪真伪的一个标准。真情和玉石一样总有天然的瑕疵,总有"过之"或"不及"之处,而无法面面俱到。正如老子所言:"美好者不祥之器。"太完美了,要么有假,要么只能往坏处变化。

2.3.4 有限理性:化繁为简

新古典经济学的重要假设包括资源的稀缺性、边际功效递减和理性经济人(Homeeconomicus)等。其中理性人的假设最受诟病。新古典经济学假设的理性人的行为准则是自身利益最大化。这个经济理性人,是没有血缘、种族或任何社会联系的孤立的个人,而且是一种对相关信息无所不知的理性人,活动在一个没有制度限制的、零交易成本的世界中。这种真空式的理性在面临认知局限时,或是在经济价值体现在社会环境中时常常捉襟见肘。事实上,效用最大化的理性决策理论是一种规范性理论(normative theory),描述了个体在决策中应该遵循的规则,但是,它并不是一种能描述人们在特定环境中的实际决策行为的描述性理论(descriptive theory)。

上述对理性的定义受到赫伯特·西蒙(司马贺)(Herbert Simon, 1956)的批评。西蒙提出了有限理性(bounded rationality)的理论。他认为,在个体决策过程中,有两类局限限制了人们做出理性的选择。其一是人们的认知局限。例如,Miller(1956)发现个体的短时记忆容量有限,仅仅只有 7±2 个单位。这就是认知局限的表现。其二是环境局限。在许多时间和信息有限的任务环境中,人们不可能对所有的信息和各种可能的方案进行系统的理性思考和全面的运算。由于存在这两类局限,个体的决策并非遵循理想的最优化(maximizing)原则,相反,实际上,人们遵循的是满意(satisficing)原则,即选择令自己感到满意的选项,即使这个选项并不是所有选项中最好的。西蒙认为有限理性就像是一把剪刀,一个刀片是决策者认知的特征,另一个刀片是决策任务环境的特征。利用自己的认知局限甚至能做出比那些更有相关知识的人更为准确的判断。

下面的例子告诉我们,对于任务环境的把握可以帮助我们找到与之相适应的认知机制。而对于在进化典型环境(EEA)中任务特性的推论,则可以进一步帮助我们理解为什么我们的认知能力有所局限,以及什么样的信息表达形式适用于我们的认知程序。心理学中的传统观点认为,人们在根据线索对一个事件发生的可能性进行估计时,经常偏离正确的条件概率。比如,如果一个人的 HIV 检验呈阳性,这个人有多大的可能患有艾滋病? 人们因为不考虑人群中艾滋病的基础概率,只注意个体HIV 检测的可靠性,以至于近十倍地高估此人患有艾滋病的可能性(Koehler, 2010)。统计学中的概率可以理解为客观的频率,也可以理解为是主观的估计。不管是主观估计还是客观频率,都可以用贝叶斯定理(Bayes theorem)估算出正确的条件概率。贝叶斯公式(发表于 1763 年)为:

$$P(H/D) = [P(H)P(D/H)]/P(D)$$
$$P(D) = [P(H)P(D/H)] + [P(not\ H)P(D/not\ H)]$$

其中,P(D/H)为准确率,P(D/not H)为误诊率,P(H)从主观贝叶斯推理的角度讲,被称为先验概率,而从客观频率的角度讲,则称之为基础概率。

主观贝叶斯概率的观点认为,概率是一个人对某个事件发生可能性的主观估计。如果某人对一个事件一无所知,那么只能随便估计一个概率。如果有了新的信息,就会根据新信息对概率进行修正。这样的话,随着抽样和经历增多,对概率的估计也会越来越符合真实的概率。

吉仁泽(Gigerenzer, 1994)、考斯梅蒂丝和图比(Cosmides & Tooby, 1996)认为,在 EEA 中,人们对于各种事件或风险的记忆应该是以自然频数(natural frequency)记录的。比如,"20 个吃了这种果子的人中只有 1 个人生病了"(1/20),或者"我吃了20 次这果子,有 7 次吃完后生病了"(7/20),或者"我来到这个新地方后,遇见的 8个人中有 6 个对我表示友好"(6/8)。这种自然取样的频数与转化为单一事件的概率

(比如,6/20 转换为 0.35)不同,保持有作为参照系的分母。因此,人们对一个事件基本概率的忽视,可能是由于信息的形式不对而造成的。这就好比在一个用十进制进行运算的计算器上输入二进制的数字,结果可想而知是错误的;因为对这个计算器而言,输入的是垃圾,输出的也是垃圾。

那么,用自然频数估算的可能性真的会比用主观概率的运算更容易、更准确吗?事实的确如此,使用自然频率而不是单一事件的概率表述问题,明显提高了人们估计条件概率的准确性。这一效应不仅在学生被试中得到了反复的验证,而且也提高了医生根据 HVI 检验结果做出的诊断的正确性,和法官根据 DNA 检验结果做出的司法判断的准确性(Hoffrage, Lindsey, Hertwig, & Gigerenzer, 2000)。这个例子说明,通过对 EEA 的任务推论可以帮助研究者找到任务环境对认知机制的要求,从而发现在现实生活中能够帮助我们提高判断能力的信息形式。

通过对进化典型环境中的典型任务的推论导致了对心理学中一些传统的结论的质疑,从而也使传统的理论得到了拓展。对于空间认知能力的性别差异的研究就是一个范例。传统的观点认为男性平均的空间认知能力要高于女性。然而,一些研究者从进化典型环境中男女不同的典型任务出发,重新审视这一结论。他们首先通过进化典型环境对空间认知的要求推论空间认知的适应性。也就是说,在进化典型环境中什么样的空间认知能力对生存和繁衍最为重要? 我们的男性祖先作为猎人和女性祖先作为采摘者在空间上的任务上有什么基本的不同? 在此之前,多数的研究者认为男性在各种空间认知上都会优于女性。然而进化心理学的思维帮助我们找到了女性在空间认知上生存位置(利基,niche)。狩猎的成功有赖在快速追捕中能够通过心理旋转保持自身的位置感,而采摘的任务则要求对路标和采摘物的变换保持敏感。以此为由,研究者们发现,男性在三维的心理旋转任务上的确领先于女性,而女性则在发现和记忆物件的空间关系上领先于男性(McBurney, Gaulin, Devineni, & Adams, 1997; Silverman, Choi, & Peters, 2007)。Silverman 和 Eals(1992)分析、比较了来自 40 个国家和 7 个不同种族的男女在空间认知测试中的得分数据。结果发现,所有 40 个国家和 7 个不同种族的样本中,男性在心理旋转测试中的得分均高于女性。而在所有 7 个种族和 40 个国家中 35 个国家的样本中,女性在物件摆放的空间位置记忆的测试中得分明显高于男性。

上述的几个例子表明了有限理性中的环境特征和认知特性之间的关系及其对判断与决策的影响。通俗地讲,有限理性就是要知己知彼。知己是要知道自己的认知局限;知彼是要了解决策环境的风险特征。在做判断和决策之前需要用有限的认知把握最重要的任务信息。同时,掌握和运用环境的特征还可以帮助决策者减轻认知负荷。

第3章　分解风险

风险是生活的本色,是人们感知、感觉、思考和决策的原动力。风险要求人们做出选择,选择的权利带给人们自由。但是,自由是有代价的,因此要有风险控制和管理。

——作者

3.1　风险的认知

风险(risk),对于每个人而言都是非常熟悉的一个词。在现实生活中,风险无处不在。我们生活在各种风险之中:市场风险、制度风险、战略风险、营运/管理风险、金融/财务风险、法律风险、社会风险、关系风险、健康风险等等。一个人的命运取决于这些可知的和未知的风险。所谓命运,"命"属天意,是定数,无法选择(比如出身);而"运"则是运气,是变数,与个人的选择有关。

从这个意义上讲,命运 = 未知性(不确定性) + 概率性 + 确定性。根据 Knight (1921)的分类标准,决策包括三种类型:确定性条件下的决策、不确定性条件下的决策以及风险条件下的决策。其中的不确定性与风险的概率性的区别在于:在前者的情况下,我们虽然知道可能发生的结果有哪些,但不知道这些结果各自发生的概率;在后一种情况下,我们对于各种结果的可能性有一定的预期和把握。因此,孔子教导人们,既要"畏天命",还要"尽人事"。其中,"尽人事"就离不开对风险的认知和分析。

风险认知和分析在中国古代哲学中占据了重要的地位。整个《易经》都在讲风险的征兆和认知。风险的认知对了,结果是大吉大利;错了,结果则可能是"龙战于野,其血玄黄。"太极是中国思想史上的重要概念,主要继承自《周易》:"易有太极,是生两仪。两仪生四象,四象生八卦。"可见,《易经》中风险分析的架构完全是二元分类的递进。西方现代对风险的研究主要依靠的是概率论的分析。

在统计学、经济学和金融学领域,均值—方差(简称均差)的测量一直是描述不确定性和风险的有效工具(Sarin & Weber, 1993; Weber, Shafir, & Blais, 2004)。自从 Markowitz(1952, 1959)的开创性工作之后,预期的货币回报中的变动性就成了对于风险的一种主要衡量指标。与此相似,在管理类文献中,风险也常常被定义为决策的可能结果及其分布的变动性(March, 1988; Wang, 2002b)。

在风险认知领域的一篇经典文章中,以美国每年因某种风险而死亡的人数为参考,作者们发现人们对各种致命风险的主观估计显著偏离了客观数值(Lichtenstein, Slovic, Fischhoff, Layman, & Combs, 1978)。心理测量学(psychometrics)通过研究人们感知风险的心理特征维度解读主观评估的偏差。Fischhoff 等人在 1978 年的研究中指出了九种对于主观的风险判断起到重要影响的风险特征,包括:(1)承受风险的自愿性;(2)风险影响的即时性;(3)个人对于有关风险的了解程度;(4)科学上对有关风险的了解;(5)风险的可控性;(6)风险的新奇性;(7)风险效果的毁灭性(慢性影响个体还是急性大规模);(8)风险引发的情绪反应(恐惧的程度);(9)结果的严重性或致命性。这些风险特征的组合决定了人们的风险判断(Fischhoff, Slovic, Lichtenstein, Read, & Combs, 1978)。这是一种近因分析。我们还可以从进化的角度进行分析,根据各种风险在人类进化过程中的典型性做一个新的划分:进化中常见的风险和现代风险。通过这种新的划分可以看出,人们明显高估了的风险事件多为人类进化环境中的典型风险(比如,怀孕生产、飓风、洪水、食物中毒、火灾、蛇咬或凶杀)。而那些明显被低估的风险事件则多为现代风险(比如,糖尿病、胃癌、脑溢血、肺结核、哮喘或肺气肿)。其中有一个例外是雷电致死的人数没有被高估而是被低估了。

3.2 风险的测量

在过去的几十年中,研究者对冒险进行了大量的研究,也采用了较为丰富的手段对人们的冒险倾向进行测量。

由 Meertens 和 Lion(2008)提出的风险倾向量表是常用的测量冒险倾向的量表之一。他们把冒险倾向看作是一种人格特质,因此,被试在该量表上得分越高,表明个体越冒险。具体条目如表 3-1 所示。

表 3 - 1　风险倾向量表

条目	完全不同意				完全同意				
1. 保险第一。(反向计分)	1	2	3	4	5	6	7	8	9
2. 我从不以自身健康为代价去冒险。(反向计分)	1	2	3	4	5	6	7	8	9
3. 我更愿意规避风险。(反向计分)	1	2	3	4	5	6	7	8	9
4. 我经常冒险。	1	2	3	4	5	6	7	8	9
5. 我不喜欢那些不确定性高的情境。(反向计分)	1	2	3	4	5	6	7	8	9
6. 我常把风险看作是一种挑战。	1	2	3	4	5	6	7	8	9
7. 我认为自己是一个风险寻求者。	1	2	3	4	5	6	7	8	9

(引自 Meertens & Lion, 2008)

另外一些常用的风险量表包括感觉刺激寻求问卷(Sensation Seeking Scale; Arnett, 1994; Zuckerman, 1994)、对冒险的态度问卷(Attitudes to Risk Taking Scale; Grol, Whitfield, De Maeseneer, & Mokkink, 1990)、冒险倾向问卷(Risk-taking Propensity Scale; Jackson, Hourany, & Vidmar, 1972)、风险回避量表(Risk Avoidance Scale; Shure & Meeker, 1967)、被动冒险量表(Passive Risk Taking Scale; Keinan & Bereby-Meyer, 2012)和商业风险倾向量表(Business Risk Propensity Scale; Sitkin & Weingart, 1995)等。

此外,也有很多学者通过被试的行为选择评估他们的冒险倾向。他们通常给被试提供两个选项,一个选项为一定金钱数额的确定获益(或确定损失),另一个选项则为概率性的获益(或损失)。例如,确定获得 50 元,或 50% 的概率获得 100 元、50% 的概率获得 0 元。如果被试选择确定选项,表明他/她是风险规避的,相反,如果选择不确定的选项,则是风险寻求的。上述测量方法背后的逻辑是,变异大的选项具有更高风险,而变异小的选项的风险较低。

也有研究者沿袭了上述测量的思路,发展出更具生态效度的测量范式。例如,在 Zabel、Christopher、Marek、Wieth 和 Carlson(2009)的研究中,被试在假想的情况下,用现有的一定数额的金钱投资共同基金,共有 13 种基金可供选择,有些是高风险的(体现为高变异度和高标准差),有些是低风险的(体现为低变异度和低标准差)。冒险倾向的计算方式是用投资比例乘以标准差,再求和。例如,一名被试手头共有 10 000 元,他用 5 000 元(50%)买了 A 基金(标准差为 10.54),用另外 5 000 元(50%)买了 B 基金(标准差为 2.75),那么他的冒险指数为 (0.5 × 10.54 + 0.5 × 2.75) = 6.645。另一名被试手头也有 10 000 元,他用 3 000 元(30%)购买了 A 基金(标准差 10.54),用 7 000 元(70%)买了 B 基金(标准差为 2.75),那么他的冒险指数为 (0.3 × 10.54 + 0.7 × 2.75) = 5.087。冒险指数越高,决策者的冒险倾向越强。

由此可见,第一位被试比第二位被试更加冒险。

此外,还有一些常用的测量冒险倾向的任务,例如风险偏好指数(risk preference index; Hsee & Weber, 1997)、爱荷华赌博任务(the Iowa Gambling Task; Bechara, Damasio, Damasio, & Anderson, 1994)、模拟气球充气游戏(the Balloon Analogue Risk Test; Lejuez et al. , 2002)、哥伦比亚卡片任务 (the Columbia Card Task; Figner, Mackinlay, Wilkening, & Weber, 2009)和杯子任务(the Cup Task; Levin & Hart, 2003)等。下面举例介绍前三种测量方式。

风险偏好指数由 Hsee 和 Weber(1997)提出。他们给被试呈现七个问题(见表 3 - 2),每个问题包括一个确定的选项(例如,获得 2 000 美元)和一个风险选项(例如,通过抛硬币决定,可能获得 10 000 美元,也可能获得 0 美元)。在七个问题中,确定选项的数额依次递增,从确定获得 2 000 美元到确定获得 8 000 美元,每级增幅为 1 000 元。而风险选项的数额与概率恒定,概率为 50%,额度为 10 000 美元或 0 美元。在最初的实验中,七个问题的呈现顺序是 1—7—2—6—3—5—4。

表 3 - 2　风险偏好指数的测量

问题序号	确定选项	风险选项
1	获得 2 000 美元	掷硬币;获得 10 000 美元或获得 0 美元
2	获得 3 000 美元	掷硬币;获得 10 000 美元或获得 0 美元
3	获得 4 000 美元	掷硬币;获得 10 000 美元或获得 0 美元
4	获得 5 000 美元	掷硬币;获得 10 000 美元或获得 0 美元
5	获得 6 000 美元	掷硬币;获得 10 000 美元或获得 0 美元
6	获得 7 000 美元	掷硬币;获得 10 000 美元或获得 0 美元
7	获得 8 000 美元	掷硬币;获得 10 000 美元或获得 0 美元

(引自 Hsee & Weber, 1997)

为了满足不同实验的需要,实验者可以自行设定确定选项和冒险选项的金额大小。如果一个被试开始选择了风险选项,之后在第 X 题上转而选择了确定选项,那么他的风险指数就等于 X。例如,某被试在 1—4 题选择了风险选项,在 5—7 题选择了确定选项,这个被试的风险指数就等于 5。如果被试在所有问题中都选择了风险选项,那么风险偏好指数为 8。显然,风险指数越大,个体的冒险程度越高。

在损失的情况下,计算方法类似。确定选项为确定损失一定的金额,风险选项既可能损失更大的金额,也可能损失更小的金额。如果一个被试开始选择了确定选项,而从问题 X 开始选择了风险选项,那么他的风险指数就为 (8 - X)。同样,风险指数 (8 - X) 越大,个体的冒险程度越高。

爱荷华赌博任务在 1994 年由 Bechara 等人提出。最初,它被用于研究眶额叶(OFC)和腹内侧前额叶(vmPFC)皮层受损病人的决策障碍,后来则被广泛应用于冒险倾向的测量。该任务的具体操作如图 3-1 所示(Bechara, Tranel, & Damasio, 2000;严万森,李纾,隋南,2011)。计算机屏幕上会呈现 4 副牌 A、B、C、D。每幅有40 张牌,牌上印有相应的钱数。需要注意的是,每张牌上都包含收益的金额,但有些牌同时也有损失金额,有些牌不存在损失金额。在 A 和 B 中,每张牌的收益是 100美元,在 C 和 D 中,每张牌的收益是 50 美元,显然,A 和 B 的收益更大。但是,在 A和 B 中,每选 10 张牌的累计损失为 1 250 美元,C、D 中每选 10 张牌的累计损失是250 美元,换言之,A 和 B 的平均损失比 C 和 D 的大。因此,长远来看,A 和 B 的净收益为负值,是"坏牌",C 和 D 的净收益为正值,是"好牌"。

在 A 牌中,每 10 张牌有 5 张牌包含损失,数额从 150 美元到 350 美元。在 B 牌中,每 10 张牌有 1 张牌包含损失,数额为 1 250 美元。在 C 牌中,每 10 张牌中有 5 张牌包含损失,数额从 25 美元到 75 美元。在 D 牌中,每 10 张牌中有 1 张牌包含损失,数额为 250 美元。

被试的任务是要尽可能多地赢钱。他们每次可以点开屏幕上的一张牌。实验共有五个阶段,每个阶段包含 20 个试次(trial),每名被试总共要进行 100 次选择,但选择的次数在实验前并不告诉被试。被试每选一张牌后,屏幕上都会显示此次的收益数额、损失数额(如果有的话)和累计金额。爱荷华赌博任务的最终指标是净分数,它是指被试在每个阶段选择的"好牌"次数减去"坏牌"次数,即净分数 = (C + D) -(A + B)。比较不同阶段中的净分数变化趋势,就可以分析出被试的决策特点。一般而言,绝大多数被试一开始都会选择单次收益大的"坏牌"。但随着决策次数的增多,普通被试会逐渐转向选择"好牌"。长期选择"坏牌"的被试被认为是更愿意冒险

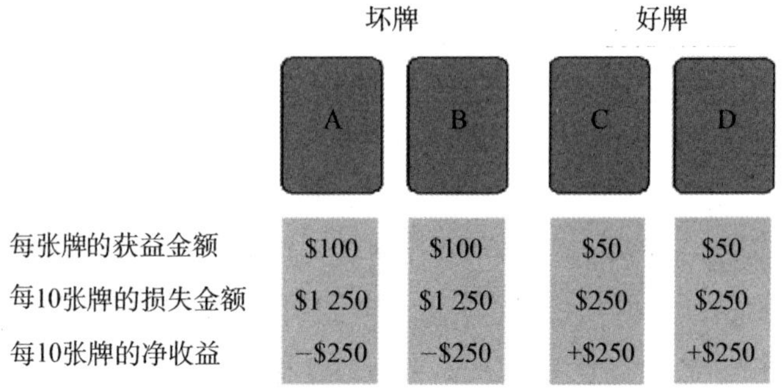

图 3-1 爱荷华赌博任务的实验界面
(引自严万森,李纾,隋南,2011)

(Hart, Schwabach, & Solomon, 2010)。也就是说,冒险指数 = (C + D) − (A + B),分数越高代表越冒险倾向越低。与正常人的控制组比较,腹内侧前额叶损伤的病人更多地选择"坏牌"。

爱荷华赌博任务具有较高的生态效度,能模拟现实生活中的决策情境(Bechara, Damasio, Damasio, & Lee, 1999),但同时也比较复杂,对被试的理解能力有较高的要求(Bowman & Turnbull, 2004)。针对爱荷华赌博任务的缺点,研究者们发展了一些较为简单的变式,从而降低任务的难度。

在 Cauffman 等人(2010)的研究中,他们在每次选择前选定某一副牌,被试决定要不要翻开这一副牌。这种操作的优点在于能更加清晰地反映个体差异(Peters & Slovic, 2000)。另一种变式是在反馈时不告诉被试每张牌的收益和损失,而是告诉净收益(收益−损失),这样能有效地减少被试的工作记忆负荷(Cauffman et al., 2010)。也有研究者推出了儿童版爱荷华赌博任务(Morrongiello, Lasenby-Lessard, & Corbett, 2009)。在该任务中,只有两副牌,每副有 50 张。牌的正面分为上下两个区域,上面画着若干笑脸,下面画着若干哭脸。有几个笑脸意味着儿童能获得几粒糖豆,有几个哭脸表示儿童将失去几粒糖豆。被试的任务是在两副牌中任选一张,一共选 10 次,他们的目标是要尽可能多地获取糖豆。在两副牌中,一副是"好牌",一副是"坏牌"。"好牌"始终画有一张笑脸,一个或零张哭脸。"坏牌"始终画有两张笑脸,零或四或五或六张哭脸。因此,选"坏牌"的频率越高表明被试的冒险倾向越强。儿童版任务很好地照顾到了儿童被试的特点,他们很容易理解这种简单的任务。

模拟气球充气任务由 Lejuez 等人(2002)提出。实验者会在电脑屏幕上给被试呈现一个气球(见图 3−2)。被试需要给气球打气。每按一次打气按键,气球就会变大一些,同时被试就能得到一定收益(例如,1 元钱)。但是,被试也面临着风险,因为气球可能会爆炸。在这种情况下,被试在这一轮中累计的收益将会清零。气球何时

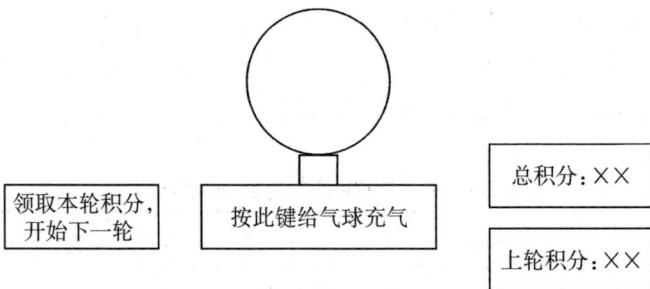

图 3−2 模拟气球充气任务实验界面
(引自 Lejuez et al., 2002)

爆炸是随机的,因此,被试需要决定何时停止充气。按键次数越多,表明个体越冒险。也有个别研究以平均按键次数作为指标(Vigil-Colet, 2007)。

模拟气球充气任务具有较好的信效度:与感觉刺激寻求量表的相关性较高(Lejuez et al., 2002),与自我报告的风险行为(酗酒、抽烟)发生频率也呈显著正相关(Lejuez, Aklin, Zvolensky, & Pedulla, 2003),对自我报告的风险行为发生频率有较好的预测力(Lejuez et al., 2002)。

3.3 风险的分类

在过去很长一段时间内,冒险倾向(risk-taking propensity)被看作是一种较为稳定的人格特质(Dyer & Sarin, 1982),指个体是否有可能从事具有风险的活动。有些人是风险厌恶(risk aversion)的,而另一些人则是风险寻求(risk seeking)的。然而,当使用不同的测量方法评估同一个体的冒险程度时,研究者却得到了不一致的结果(MacCrimmon & Wehrung, 1986,1990)。一个人也许在金融投资方面表现得非常冒险(比如,经常买股票、买彩票),而在健康方面从不冒险。而另一些人也许对社会性风险(与同事或领导发生冲突)非常谨慎,但经常从事与娱乐有关的风险活动(例如,蹦极、登山、高空跳伞)。如果我们问一个人你是一个爱冒险的人吗?相信很多人在这个问题前会面露难色。在有的方面,你也许非常冒险,比如愿意为交到新朋友而付出巨大的金钱成本。但在另一些场合,你又变得非常保守,例如,宁可选择银行定期存款,也不愿意投资基金或股票。

为了解决上述问题,越来越多的研究者开始寻求理解风险的新视角。Weber、Blais 和 Betz(2002)提出,人们对待风险的态度并不能一概而论,风险态度具有类别独特性(domain-specificity)。他们将风险划分成五个类别,分别为道德、金融(分为赌博与投资)、健康/安全、娱乐、社交。在其分类别风险行为量表中,有40道题目(见表3-2),被试需要在每道题目上表明自己参与这项活动的可能性(1 = 非常不可能,5 = 非常可能)、该活动对自己的吸引力(1 = 毫无吸引力,5 = 很大吸引力)以及该活动的主观风险程度(1 = 毫无风险,5 = 很大风险)。

表3-3　Weber 等人的分类别风险行为量表(可能性判断分量表)

条目	非常不可能				非常可能
1. 从商店里偷窃一件小商品(比如,一支唇膏或一支笔)。(道德)	1	2	3	4	5
2. 在所得税申报书上欺瞒大笔金额。(道德)	1	2	3	4	5
3. 非法复制一份软件。(道德)	1	2	3	4	5

条目	非常不可能			非常可能	
4. 将他人的工作成果据为己有。(道德)	1	2	3	4	5
5. 在考试中作弊。(道德)	1	2	3	4	5
6. 伪造某人签名。(道德)	1	2	3	4	5
7. 在一个付了钱的有线电视接头上再偷拉一个接头出来。(道德)	1	2	3	4	5
8. 与已婚者产生婚外恋。(道德)	1	2	3	4	5
9. 拿一天的收入去赌体育比赛结果(比如,棒球、橄榄球或足球)。(赌博)	1	2	3	4	5
10. 拿一个星期的收入去赌场里赌博。(赌博)	1	2	3	4	5
11. 拿一天的收入去赌马。(赌博)	1	2	3	4	5
12. 将一天的收入用在扑克牌赌博中。(赌博)	1	2	3	4	5
13. 将年收入的 10%投资到一个增长速度中等的基金。(投资)	1	2	3	4	5
14. 将年收入的 5%投资到一只波动性很大的股票上。(投资)	1	2	3	4	5
15. 将年收入的 5%投到一只保守的股票中。(投资)	1	2	3	4	5
16. 将年收入的 10%投资到政府债券(国库券)上。(投资)	1	2	3	4	5
17. 不涂防晒霜晒日光浴。(健康/安全)	1	2	3	4	5
18. 不带头盔骑摩托车。(健康/安全)	1	2	3	4	5
19. 购买非法毒品自己使用。(健康/安全)	1	2	3	4	5
20. 晚上独自步行穿过一个不安全的地带回家。(健康/安全)	1	2	3	4	5
21. 乘坐轿车时,坐在前排不系安全带。(健康/安全)	1	2	3	4	5
22. 发生性行为时不采取保护措施。(健康/安全)	1	2	3	4	5
23. 一个晚上喝掉大量含酒精的饮料。(健康/安全)	1	2	3	4	5
24. 经常食用高胆固醇的食物。(健康/安全)	1	2	3	4	5
25. 在有条件的情况下,驾驶自己的小飞机。(娱乐)	1	2	3	4	5
26. 在超出能力范围的情况下,在高难度的滑雪道上滑雪。(娱乐)	1	2	3	4	5
27. 在没有预先安排旅程和酒店食宿的情况下,到一个第三世界国家度假。(娱乐)	1	2	3	4	5
28. 独自在湍急的水流中漂流。(娱乐)	1	2	3	4	5
29. 为了拍摄戏剧性的照片,开车追逐龙卷风或飓风。(娱乐)	1	2	3	4	5
30. 到远离舒适环境的荒野中野营。(娱乐)	1	2	3	4	5
31. 至少尝试一次蹦极。(娱乐)	1	2	3	4	5
32. 定期进行危险的运动(如攀岩或跳伞)。(娱乐)	1	2	3	4	5
33. 相比一份名声好但乐趣少的工作,宁愿选择自己喜欢的工作。(社交)	1	2	3	4	5
34. 偶尔会穿性感的服饰。(社交)	1	2	3	4	5
35. 在重要问题上挑战你父亲的观点。(社交)	1	2	3	4	5
36. 当与朋友在某个问题上有完全不同的观点时,会和他(她)争论。(社交)	1	2	3	4	5
37. 表明自己的品味与朋友们的品味不同。(社交)	1	2	3	4	5
38. 告诉一个朋友,他/她的伴侣曾勾引过你。(社交)	1	2	3	4	5
39. 在社交场合,为一个你所深信却不受欢迎的观点辩护。(社交)	1	2	3	4	5
40. 要求你的上司给你加薪。(社交)	1	2	3	4	5

(引自 Weber et al. ,. 2002)

Weber 等人(2002)用上述量表在美国被试群体中施测,他们发现,普遍而言,男性比女性更加冒险。男性和女性的冒险平均分如表3-4所示。此外,个体在不同类别中的得分表现出明显的差异。

表3-4　男性与女性在五个类别中冒险倾向的平均值(标准差)

类别	男性	女性
金融	2.29(0.87)	1.93(0.63)
投资	2.75(1.08)	2.38(0.86)
赌博	1.82(1.01)	1.48(0.75)
健康/安全	2.45(0.77)	2.04(0.71)
娱乐	2.80(0.88)	2.49(0.82)
道德	1.98(0.68)	1.75(0.61)
社交	3.54(0.39)	3.71(0.56)
总体	2.93(0.39)	2.78(0.31)

(引自 Weber et al. , 2002)

此后,有学者采用上述量表,分别在德国(Johnson, Wilke, & Weber, 2004)和中国(Hu & Xie, 2012)进行了测试,结果与美国样本相似,表明这一量表具有较好的信效度。

Weber 等人(2002)的工作证实了冒险是一个具有类别独特性的行为,并且表明了每个人在不同类别的冒险性上有所不同,人与人之间的冒险性在各个冒险类别上存在明显差别(Hanoch, Johnson, & Wilke, 2006)。但上述风险分类是基于常识的分类,没有独特的理论依据。我们认为,进化的理论能帮助我们回答这些问题,并为界定人类进化中常见的典型的风险提供理论依据。

进化心理学强调,人们并不是一个能解决各种问题的无所不能的智能机器,而是针对进化中反复出现的特定问题有特定适应机制的集合体。因此,并不存在一个普适意义上的智能。所以,进化心理学看待问题的一个基本视角就是领域独特性。人类心智的适应机制不是一个万能的计算机,而更像一个适应性工具箱或带有不同功用刀片的瑞士军刀(Cosmides & Tooby, 1994)。从这个角度而言,现代生活中不同种类的风险会触发个体不同的心理算法,而这些算法是为了解决人类进化过程中反复出现的不同风险和不同问题而产生的。

Kruger 等人(2007)提出,个体在日常生活中的冒险倾向反映了进化过程中人类所面临的不同风险和挑战。因此,这些研究者试图用进化的观点确定冒险的种类,并基于进化常见风险的种类编制了分类别风险量表。根据进化心理学的文献,他们确定了五个类别,分别是组间竞争、组内竞争、择偶及为了吸引异性的资源分配、自然界的风险、生育与繁衍。

第一，组间竞争。在原始人类进化过程中，组间竞争从未停止。在黑猩猩身上，也能观察到类似的组间竞争，比如它们在领地边界上巡逻，又比如不同群体的黑猩猩互相攻击。有些研究者认为，组间竞争是人类面临的最大的进化选择的压力（Alexander，1979）。即使在当今社会，组间竞争也从未间断，战争、帮派暴力、体育竞赛等等都是组间竞争的现代体现。事实上，已有很多研究考察了内群体偏差（in-group bias；Ruffle & Sosis，2006）。例如，与现代城市人一样，新几内亚的土著人在经济决策游戏中都会对游戏中的"背叛"行为进行惩罚。但是，与来自同部落参与者的"背叛"行为相比，新几内亚的土著人会花费更大的成本惩罚来自其他部落参与者的"背叛"行为（Bernhard，Fischbacher，& Fehr，2006）。以色列基布兹部落的成员更愿意与同部落的成员合作，而不愿意与其他部落的个体合作（Ruffle & Sosis，2006）。事实上，人们觉得外群体成员不仅会对自身构成更大的威胁，而且还可能对自己的亲戚或盟友造成威胁。

第二，组内竞争。如果说组间竞争的目的是要消除来自其他社会群体的威胁，那么，组内竞争的目标则是力争在自己所在群体中获得更好的位置或排名。尽管组内竞争有时也包含暴力行为，但它与组间竞争有明显的区别。例如，在工业化前的亚洲各游牧民族中，如果组内竞争涉及暴力，常常会使用木棒，而在组间竞争过程中，则金属武器最为常用（Kruger et al.，2007）。前者导致死亡的可能性较小，因此不利于在与外群体斗争中取胜。虽然组内竞争看上去要"缓和"很多，但是其实质较组间竞争更为复杂，包含了其他形式的社会竞争。

社会地位的竞争在男性和女性中均存在，但可能更多地与男性相关。因为在人类进化过程中，男女在繁衍成功上的变异不同，男性普遍在财富和生育数量上比女性有更大的变异度，因而存在更强的同性竞争（Wilson & Daly，1992）。作为择偶中选择的一方，女性在寻求配偶时要求男性具有较高的社会地位，以此能够更好地增强自己后代的生存适应性。因此，男性的社会权力越大，对女性的吸引力就越大（Buss，1994；Hill & Hurtado 1996；Kenrick & Simpson，1997；Wiederman & Allgeier，1992）。在远古时期，掌握更多资源的男性可以娶到更多、更年轻的女性，并拥有更多的后代（Low，1998）。即使是在近代社会中，社会地位也会影响繁殖成功（Betzig，1986）：男性地位越高，繁殖成功的可能性越大（Hopcroft，2006）。

第三，为了吸引异性的资源分配。繁殖努力既包括投入到择偶过程中的努力，也包含了养育子代过程中投入的精力。因为资源有限，这两者常常是负相关的。与择偶有关的资源分配努力不仅包括生理上的投资，还包括与同类的直接竞争和为了财产和资源的间接竞争。住房是现代社会最值钱的资源，住房所有权可以被认为是一种父母投资的方式。豪华汽车、名牌服装和昂贵的珠宝则不仅是稀缺的资源,而且是择偶中吸引异性的资本。在社交过程中,人们往往通过这些物品来展现其经济实力。在择偶上的资源分配方面,不仅存在个体差异,还存在性别差异;女性在寻找配偶时更为看重对方的经济能力,而男性在寻找配偶时更看重对方反映生殖能力的年轻和美貌(Buss, 1994; Kenrick & Simpson, 1997; Wiederman & Allgeier, 1992)。

第四,自然界的风险。自然界的风险可能是最古老的一类风险,在人类祖先的进化过程中,他们不断面临来自环境的挑战。为了寻求食物、住所或更宜居的气候环境,人们往往需要探索未知的区域。就是在当代社会,自然界的风险也无处不在:天敌、灾难、寄生虫等等(Hill & Hurtado, 1996)。研究表明,个体会根据所处环境情况调整觅食策略(Kacelnik & Bateson, 1996; Stephens & Krebs, 1986)。可以想象,一个过于追求风险的觅食者也许会在觅食过程中死于事故,而一个过于规避风险的觅食者可能会死于饥饿。因此,在环境类别的冒险倾向上需要个体根据各自资源的状况进行调整。

第五,生育与繁衍。进化的最终目的不是生存而是繁衍。这一类别的风险主要表现为在不同类别的风险与生育风险之间进行取舍。比如,在经济奖励和不孕风险之间进行权衡。

基于上述分析,Kruger 等人(2007)分别编制了五个类别的风险条目(见表 3-5)。被试需要在每道题目上表明自己参与这项活动的可能性(1 = 非常不可能,5 = 非常可能)、该活动对自己的吸引力(1 = 毫无吸引力,5 = 很大吸引力)以及该活动的主观风险程度(1 = 毫无风险,5 = 很大风险)。统计检验发现,五因素量表具有较好的拟合指标[①],且比单因素模型的拟合程度更好[②]。也就是说,五个种类的风险各自相对独立,人们对不同类别风险的偏好的相对程度各不相同。实验还发现,人们对于各种不同风险的主观认知(事件的主观风险程度)并无明显差异,但在风险事件的吸引力和参与可能性上则存在明显的个体差异。

表 3-5　Kruger 等人的分类别风险行为量表

条　目	非常不可能				非常可能
生育与繁衍					
1. 为了获得更多的空闲时间和财务自由,做绝育手术。	1	2	3	4	5
2. 为了一份高薪工作,接触可导致生育缺陷的化学物品。	1	2	3	4	5

---

① $\chi^2(80) = 174.24$, GFI = .95, RSMEA = .050, SRMR = .054, CN = 327
② $\Delta\chi^2(10) = 723.17$, $p < .001$

条　目	非常不可能				非常可能
3. 参与一项酬劳很高的医学研究,尽管存在微小的丧失生育能力的可能性。	1	2	3	4	5
组间竞争					
4. 为了你所支持的球队的荣誉,不惜和另一支球队的支持者打斗。	1	2	3	4	5
5. 穿着自己支持的球队的队服,坐在众多对方球队球迷的中间。	1	2	3	4	5
6. 在晚上去和自己的大学有竞争关系的学校,把他们的校旗从校园中心的旗杆上偷走。	1	2	3	4	5
组内竞争					
7. 当你的老板对你不公正时,当着同事的面与老板争论。	1	2	3	4	5
8. 在你加入的每个团体里都试图成为领导者。	1	2	3	4	5
9. 当你的两个朋友开始因为争论而互相推搡对方时,立即站在他们中间阻止他们发生更大的冲突。	1	2	3	4	5
为了吸引异性的资源分配					
10. 用自己薪水买一部漂亮的敞篷跑车。	1	2	3	4	5
11. 在一夜情时不采取保护措施。	1	2	3	4	5
12. 和超过一名伴侣保持长期的浪漫关系。	1	2	3	4	5
自然界的风险					
13. 敲击锅碗瓢盆,把一只熊赶出你的野营地。	1	2	3	4	5
14. 在海里游泳时远离岸边。	1	2	3	4	5
15. 独自进入一个不了解的城市或乡镇。	1	2	3	4	5

(引自 Kruger et al. , 2007)

此外,研究者还考察了在每个类别中男性与女性的冒险倾向差异(见表 3 - 6)。与 Weber 等人(2002)的发现一致,在所有的领域中,男性显著地比女性冒险。

表 3 - 6　男性与女性在五个类别中冒险倾向的平均值(标准差)

类别	男性	女性
生育与繁衍	1. 90(0. 84)	1. 57(0. 71)
组间竞争	2. 80(0. 94)	2. 49(0. 91)
组内竞争	3. 68(0. 70)	3. 51(0. 72)
为了吸引异性的资源分配	2. 22(0. 83)	1. 89(0. 69)
自然界的风险	3. 29(0. 79)	2. 96(0. 77)

(引自 Kruger et al. , 2007)

在大多数物种中,相比雄性,雌性会为后代投资更多,而雄性则通过与同性的竞争吸引雌性(Bateman, 1948; Darwin, 1871; Trivers, 1972)。在人类行为中的规律类似,年轻男性多选择冒险行为是因为他们试图通过冒险提高社会地位,并掌握控制资源,从而吸引女性,最终增加繁殖成功率(Wilson & Daly, 1992; Wilke, Hutchinson, Todd, & Kruger, 2006)。

Kruger 等人(2007)编制的风险量表虽然不是第一个分类别的风险量表,但与之前研究不同的是,他们的风险分类是基于进化理论和实证研究的。现代人的冒险倾向反映了我们祖先在进化过程中面临的生存和繁衍挑战。对于某个个体而言,根据各自在生命史的不同阶段和各自环境的资源的多少,需要在冒险的类别上进行有适应性的组合和取舍。

我们介绍了 Weber 等人(2002)和 Kruger 等人(2007)的分类别风险量表。两个团队的研究者均认为,冒险倾向具有类别独特性,不可一概而论。但他们从不同的视角对冒险类别进行了区分。前者关注的类别(例如,金融、娱乐等)是在当代社会生活中常见的,而后者关注的类别更加古老,它们是人类在进化过程中反复遇到的问题(例如,繁衍与生育等)。那么,是否有可能将两者结合,编制一份既包含古老的风险又包含现代的风险的分类别量表?为此,Wang、Zheng、Xuan 和 Li(2014)编制了一份包括七个风险类别的冒险量表,并探究了冒险的起源。

七个类别分别为娱乐、健康与安全、道德、投资、赌博、合作与竞争、繁衍。前五个类别属于现代生活中常见的风险类别,条目来自 Weber 等人(2002)的量表;后两个类别与进化密切相关。每个类别包含四个条目,共 28 个条目,如表 3 - 7 所示。无论是学生被试[1],还是员工被试[2],该七维度模型均具有良好的拟合指标。量表具有较高的信度,内部一致性系数为 0.82。同时,量表的效度指标也较高,与感觉寻求量表的相关性显著[3]。

表 3 - 7　Wang 等人的分类别冒险量表

条　　目	非常不可能				非常可能
1. 为了拍摄到精彩的照片独自去高原无人区采风。(娱乐)	1	2	3	4	5
2. 在没有预先安排旅程和酒店食宿的情况下,到一个第三世界国家度假。(娱乐)	1	2	3	4	5
3. 在一个超出你能力范围或一个已关闭的滑雪道上滑雪。(娱乐)	1	2	3	4	5
4. 定期进行危险的运动(如攀岩或跳伞)。(娱乐)	1	2	3	4	5
5. 不带头盔骑摩托车。(健康与安全)	1	2	3	4	5
6. 不涂防晒霜晒日光浴。(健康与安全)	1	2	3	4	5
7. 常吃高胆固醇的食物。(健康与安全)	1	2	3	4	5

[1] $\chi^2(237) = 582.25$, GFI = .93, RSMEA = .050, CFI = .91, IFI = .91, $\Delta\chi^2(15) = 2\,107.02$
[2] $\chi^2(237) = 410.57$, GFI = .90, RSMEA = .050, CFI = .89, IFI = .89, $\Delta\chi^2(15) = 898.11$
[3] $p < .05$

条　目	非常不可能			非常可能	
8. 晚上路过一个有些不安全的地带,独自步行回家。(健康与安全)	1	2	3	4	5
9. 与已婚者产生婚外恋。(道德)	1	2	3	4	5
10. 在考试中作弊。(道德)	1	2	3	4	5
11. 将一个朋友的秘密透露给他人。(道德)	1	2	3	4	5
12. 将他人的工作成果据为己有。(道德)	1	2	3	4	5
13. 将年收入的 10% 投资到一个中度发展的共同基金。(投资)	1	2	3	4	5
14. 将年收入的 5% 投资到一只非常具有投机性的股票上。(投资)	1	2	3	4	5
15. 将年收入的 10% 投资到一个新创立的公司上。(投资)	1	2	3	4	5
16 . 将将年收入的 10% 投资到政府债券(国库券)上。(投资)	1	2	3	4	5
17. 拿一天的收入去赌体育比赛结果。(赌博)	1	2	3	4	5
18. 拿一星期的收入去赌场里赌博。(赌博)	1	2	3	4	5
19. 拿一天的收入去赌马。(赌博)	1	2	3	4	5
20. 将一天的收入投入大赌注的扑克牌赌博中。(赌博)	1	2	3	4	5
21. 毫不犹豫地站到两个激烈推搡的朋友中间,去阻止他们。(合作与竞争)。	1	2	3	4	5
22. 将一个月的收入借给一个急需用钱的朋友。(合作与竞争)	1	2	3	4	5
23. 在重要问题上与一位权威人物产生分歧。(合作与竞争)	1	2	3	4	5
24. 如果有人说你家乡的坏话,会不惜公开站出来反驳他。(合作与竞争)	1	2	3	4	5
25. 不生育,以便获得更多闲暇时间和花销上的自由。(繁衍)	1	2	3	4	5
26. 为获取高薪,在工作中接触有可能引起生育障碍的化学物质。(繁衍)	1	2	3	4	5
27. 为获得高额的报酬,参加可能影响生育的医药实验。(繁衍)	1	2	3	4	5
28. 为了事业发展得更好,等到 35 岁以后再生第一个孩子。(繁衍)	1	2	3	4	5

(引自 Wang et al. , 2014)

在编制了七类别的冒险量表后,Wang 等人(2014)进一步探讨了各个风险类别中的冒险倾向与基因和环境之间的关系。研究者从北京双生子库中选取了 151 对同卵双生子和 89 对异卵双生子,要求他们填写七类别的冒险量表。之后对基因与环境的影响程度进行了分析。

结果显示,在娱乐、道德、投资、繁衍、合作与竞争等类别中,同卵双生子的相关系数均高于异卵双生子,表明基因对这些类别的冒险倾向存在明显的影响。但是,在赌博、健康与安全等类别,同卵双生子的相关系数并未显著高于异卵双生子,表明这些类别的风险倾向主要受环境的影响。

在双生子研究之后,Wang 等人(2014)又进行了一项元分析,进一步探讨基因与环境对冒险倾向的影响。根据 91 篇有关文献的元分析结果显示(见图 3-3),遗传性从高到低的类别依次是健康与安全、赌博、娱乐、繁衍、合作与竞争、道德、投资。

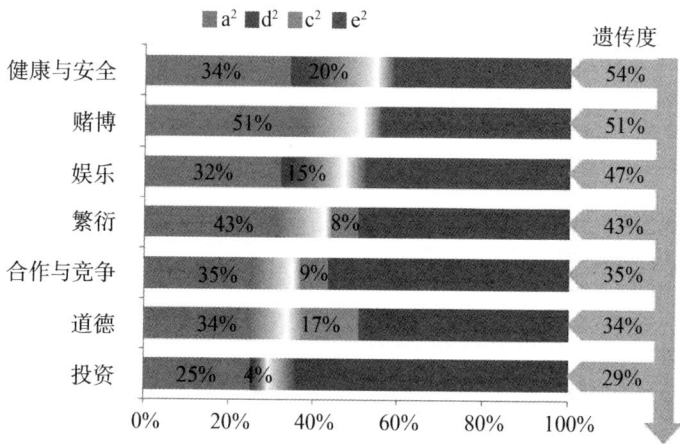

图3-3 元分析显示的不同风险类别的遗传性

注：a^2、d^2、c^2、e^2 分别反映相加性遗传因素（additive genes）、显性遗传因素（dominant genes）、共享的环境因素（common environment）和非共享（独特）的环境因素（unique environment）对相关行为的影响的比例。

（引自 Wang et al.，2014）

　　在娱乐、繁衍、合作与竞争、道德、投资等类别中，Wang 等人（2014）的双生子研究结果与元分析结果一致。但在赌博、健康与安全等类别中，结果有所不同。进一步的分析表明，在赌博类别中，基因更多地影响成瘾性赌博，而环境可能对正常人偶然性的赌博行为有更多的影响。在健康与安全类别中，对风险的预防性行为可能更受环境的影响，而对风险的应激性行为可能更受基因的影响。

第4章　经济理性的困境：
风险中的非理性

经济理性的原则为研究判断与决策的偏差提供了量化的工具，但对造成偏差的原因无法提供深层次的解读。经济理性强调决策的一致性和统一性，但是，决策问题往往各自独立，解决不同的问题需要使用不同的工具。决策的偏差虽然纷繁多样，但依然有迹可循，它们常常发生于现代生活与进化典型生态相冲突的交叉点上。

——作者

4.1　价值曲线的发展脉络

传统的决策理论对理性的界定带有明显的经济学痕迹。这一类规范性的经济学决策理论普遍认为，在纷繁复杂的风险情境中，需要一个量化的指标来反映人们的决策是否达到了理性的标准。那么，如何进行量化？期望效用理论（expected utility theory；Bernoulli, 1738/1954；von Neumann & Morgenstern, 1944）提出"效用"（utility）这一概念，从而达到量化的目的。所谓效用是指选项对决策者的价值。例如，投资 5 000 元购买某只银行股对决策者的价值就是该投资选项的效用。学生在考试时冒险作弊对其自身的价值则是这一道德决策选项的效用。那么，如何求得效用？在第 2 章已经讨论过的期望效用理论认为,每一个选项的效用都可以通过如下方程式概括为一个单一的数值。

$$E[U(x)] = \sum_{i=1}^{n} P i U(x_i)$$

其中,$U(x)$ 表示决策者的效用函数,x 表示事件存在 n 种可能的结果,P 表示客观概率。因此,每一个可能的选项都有一个效度值。根据最大化的原则,理性的决策者应当选择效用值最大的那个选项。

假设某位彩民去买彩票,摆在他面前的有两个选项。如果购买体育彩票,据统计,有 0.000 1% 的概率中 100 000 元,有 0.001% 的概率中 10 000 元,有 0.01% 的概率中 100 元,有 0.1% 的概率中 20 元,有 99.888 9% 的概率什么都得不到。如果购买福利彩票,据统计,有 0.002% 的概率中 5 000 元,有 0.05% 的概率中 500 元,99.948% 的概率什么都得不到。那么,根据期望效用理论,购买体育彩票的效用为 0.000 1% × 100 000 元 +0.001% × 10 000 元 + 0.01% × 100 元 + 0.1% × 20 元 + 99.888 9% ×0 元 = 0.1 元 + 0.1 元 + 0.01 元 + 0.02 元 + 0 元 = 0.23 元;而购买福利彩票的效用则为 0.002% × 5 000 元 + 0.05% × 500 元 + 99.948% × 0 元 = 0.1 元 + 0.25 元 = 0.35 元。因此,一个理性的彩民就应当选择福利彩票。但是,做出这个选择的前提是,这位彩民的主观价值与客观价值(彩票的金额)是一对一的线性关系。但是,很显然,这在心理学上是不现实的。1 万元与 10 万元是十倍的关系,但是,在某个具体决策者的主观价值上,从 1 万元到 10 万元的关系也许高于十倍,也许低于十倍。这就是 $U(x)$ 所表现的客观价值的主观转换函数。自从期望效用理论被提出后的近 200 年的研究中,学者们提出了各种不同的 $U(x)$ 函数,但因为价值观的个体差异和社会及环境的各种因素影响,目前,尚未得出公认的、具有普适意义的效用函数。

此外,这一公式中的另一个变量是概率。在概率评估上,同样存在主观和客观概率的转换关系。也就是说,人们在做决策时,需要考虑每个选项的可能性,并根据主观可能性,给予不同结果不同的权重(Anderson, 2003; Hastie & Dawes, 2013)。主观概率越高的结果,被赋予的权重就越大。因此,公式中的 p 值也存在主客观的转换。加入这种转换关系的期望效用公式被称为主观期望效用公式(subjective expected utility, SEU; Savage, 1954)。

$$SEU = W(p_i)U(x_i)$$

其中,$W(p_i)$ 为客观概率转换为主观概率的函数。

期望效用理论抓住了风险决策的两个主要特征:结果的价值与结果的概率,从而为根据经济理性的决策提供了简单可行的方法。然而,这种模型也存在若干重大的局限。

第一，期望效用理论的最大局限在于，为了获得期望效用的单一值而牺牲了有关风险分布的信息。比如，一个10万元的固定回报，其分布范围是一个点，而一个从5万元到15万元正态分布的风险选项，其分布范围是10万元。如果一个决策者的目标要求是12万元，他应该选择风险选项；而如果他的目标是8万元的话，则应该选择固定回报。因此，由于风险结果分布信息的缺失，期望效用理论失去了决策的一个重要依据(Wang, 2002b; Wang & Johnson, 2012)。

第二，不是所有选项的结果都可以用数值量化。在很多情况下，人们可能无法对选项的结果进行准确的量化。试想，某人得了一种疾病，如果采取手术治疗的话，有80％的可能性治愈该病，但还有20％的可能性会使其恶化，如果采取保守治疗的话，病情的发展将得到控制，将维持现有状态。在这个例子中，如何量化三种可能的结果——"治愈"、"恶化"与"维持现有状态"？这一问题变得非常棘手，似乎很难像彩票决策那样赋予"治愈"、"恶化"与"维持现有状态"具体的数值。在日常风险决策中，类似的例子数不胜数。事实上，为了有效应用效用最大化的原则，期望效用理论对现实生活中的风险进行了简化与抽象化，常常硬性地赋予不同的结果某种具体的期望值，因此每一个选项的估值都会带入新的噪音，以致最后算出的效用不够准确，甚至产生对相关决策的误导。

第三，基于认知局限和时间压力，复杂的效用计算公式经常会造成过高的信息负荷。因此，一个真实的决策者使用的是有限理性，而非无所不知、无所不及的复杂的效用概率模型(Simon, 1955, 1956, 1990)。在上文的彩票例子中，福利彩票可能会带来三种结果，体育彩票更是可能会带来五种结果，并且，较小的概率与较大的结果值大大增加了计算难度。并非所有的决策者都能在较短的时间内做出非常精确的计算(Peters, Västfjäll, Slovic, Mertz, Mazzocco, & Dickert, 2006; Reyna, Nelson, Han, & Dieckmann, 2009)。在现实生活中，很多风险决策的复杂程度远胜于上述这一例子。

第四，即使在决策者的计算能力范围之内，人们真的会对决策的选项进行加权求和吗？到目前为止仍然缺乏这方面的实验证据。有的研究发现，决策者并不会像期望效用理论假设的那样如此"理性"地遵循加权求和的计算过程。很多时候，决策是基于感觉或具有不同效度的线索而做出的(Breiter, Aharon, Kahneman, Dale, & Shizgal, 2001; Glöckner & Herbold, 2011; Li, 1996, 2004; Newell, Weston, & Shanks, 2003; Rao, Li, Jiang, & Zhou, 2012; Rao, Zhou, Xu, Liang, Jiang, & Li, S, 2011; Su, Rao, Sun, Du, Li, & Li, 2013)。

4.2 经济理性的原则与决策的"非理性"

如第2章所述,期望效用理论和主观期望效用理论包含了四个关于经济理性的独立假设,它们分别是相消性(又称独立性)、传递性、支配性与不变性。值得注意的是,虽然这四条假设在规范性决策模型中被视为理性的四个支柱,但在决策模型的发展沿革中,它们被接受的程度有所不同。相消性饱受研究者的质疑,传递性与支配性被不少决策模型所采用,而不变性则被大多数研究者所认同(Tversky & Kahneman,1986)。

作为上述四条标准中最被认同的两条原则,不变性和支配性是否得到了实验证据的支持? 首先来看一种违背不变性原则的情况,Tversky 和 Kahneman(1986, p. S254)介绍了 McNeil、Pauker、Sox 和 Tversky(1982)关于医疗决策偏好的研究。在实验中,被试假想自己不幸得了肺癌,目前有两种医疗手段可供选择。实验者向被试提供两种治疗方法的统计信息。对于一部分被试,采用"死亡率"来描述这两种治疗手段,而对于另一部分被试,则采用"存活率"来描述。在读完信息后,被试需要表明自己在两种方案中的偏好。具体的描述方式如下:

存活率框架

手术:在100名接受手术的病人中,术后有90人存活,术后一年有68人存活,术后五年有34人存活。

放射疗法:在100名接受放射疗法的病人中,预后所有人都存活,预后一年有77人存活,预后五年有22人存活。

死亡率框架

手术:在100名接受手术的病人中,术后有10人死亡,术后一年有32人死亡,术后五年有66人死亡。

放射疗法:在100名接受放射疗法的病人中,预后没有人死亡,预后一年有23人死亡,预后五年有78人死亡。

显然,虽然两种描述方式(框架)不同,但决策问题的本质并没有发生改变,陈述的是相同的事实。但令人惊讶的是,不同的描述框架竟然导致了截然不同的选择偏好。在"存活率"框架中,只有18%的被试(N = 247)选择了放射治疗法,而在"死亡率"框架中,偏好放射治疗法的被试比例(N = 336)显著上升至44%。仔细来看,在

"存活率"框架中,相比手术治疗的短期存活率90％,放射治疗在短期存活率上更有优势(100％);在"死亡率"框架中,相比手术治疗的短期死亡率10％,放射治疗的短期存活率也更有优势(0％)。但实验结果却说明,在决策者的主观知觉层面,放射治疗的短期存活优势在"死亡率"框架下比"存活率"框架下的优势来得更大。

很显然,上述研究揭示了人们决策的非理性。无论用存活率描述问题,还是用死亡率描述问题,两种疗法的客观效果并没有发生任何改变,但是,决策者的偏好却发生了明显的偏移。可见,人们的决策并不一定遵循经济理性的不变性原则。

也许有人会认为,病人违反经济理性的标准情有可原,毕竟他们不是医生,无法客观地理解关于不同疗法的统计信息。此外,他们的计算水平可能也有限,对数字的敏感性不够。但是,实验者邀请经验丰富的医生或具有统计学背景的商学院学生来参加实验,结果显示,在他们身上,上述框架效应(framing effect)并未减小。不难发现,这种不理性的现象并非只在某些特定人群中存在,而是具有普遍性的。

接下来来看一种违背支配性原则的情况,这一例子源自 Tversky 和 Kahneman (1981, p. 454)关于金钱决策的研究。他们以斯坦福大学和英属哥伦比亚大学的 150 名学生为被试。每名被试需要做两个选择,其中一个是在获益的情况中决策,另一个则是在损失的情况中做决策。问题如下:

假设你同时面临以下两个决策问题。请先仔细阅读两个问题,然后回答在每个问题中分别偏好哪个选项。

获益情境

A. 确定获得 240 美元[84％]

B. 25％的可能获得 1 000 美元,75％的可能什么也得不到[16％]

损失情境

C. 确定损失 750 美元[13％]

D. 75％的可能损失 1 000 美元,25％的可能什么也不损失[87％]

方括号里的百分数表示选择每个选项的被试百分比。在获益情境中,绝大多数被试表现出风险规避,而在损失情境中,绝大多数被试的偏好发生了反转,表现为风险寻求。综合之前的一些研究(Fishburn & Kochenberger, 1979; Hershey & Schoemaker, 1980),研究者发现了一个规律:在涉及获益的决策中,人们往往更加倾向于规避风险,而在涉及损失的决策中,人们往往更加愿意冒险。当然,这一规律也有一定的前提条件,那就是获益或损失的概率处于中等水平,而非极端概率(Kahneman & Tversky, 1979)。

需要注意的是,获益和损失情境中的决策问题是同时呈现给被试的。多数被试偏好选项 A 和 D。但是,被拒绝的选项 B 和 C 恰恰是占有支配性地位的选项。将选项 A 和 D 合并,B 和 C 合并。合并之后的选项变成以下形式。

A 和 D:25% 的可能获得 240 美元,75% 的可能损失 760 美元。

B 和 C:25% 的可能获得 250 美元,75% 的可能损失 750 美元。

当选项以这种合并的形式呈现时,哪一个选项占有支配性地位谁被支配则一目了然。然而,当分别呈现时,有 73% 的被试在两种情况下都选择了受支配的选项(A 和 D),只有 3% 的被试在两种情况下都选择了支配选项(B 和 C)。

这一结果既表明决策者违反了支配性原则,也表明他们违反了不变性原则,因为在获益和损失情境中,决策者的风险偏好发生了反转。

至此,读者也许已经发现,即便是被研究者广为认同的不变性原则与支配性原则也并非能够经受实证的检验。在实际决策过程中,人们往往会违反期望效用理论所提出的这些经济理性的原则。经济理性仿佛就是经济学家们描绘的美好蓝图,而经济理性的神话又是如此脆弱。尽管经济学模型要理性人追求效用最大化,并遵循理性原则,但事实上,人们往往会表现出多种非理性的决策偏好。而且,这并非只是个例,对于每个人而言,在很多情况下都会表现出"不理性"的现象。Tversky 和 Kahneman(1986)指出,上述违反经济理性原则的行为"是如此普遍地存在,以至于无法被忽视,是如此系统地存在,以至于无法被看作为随机误差"(p. S252)。

4.3　前景理论

从上文的一些例子中可以看出,规范性决策理论具有很大的局限。事实上,在研究人类决策时,相比规范性理论,我们更加需要一些描述性理论,客观地描述人们的实际决策,哪怕它们是不理性的。在这一背景下,Kahneman 和 Tversky(1979)提出了前景理论(prospect theory),以此描述人类的实际决策过程。

前景理论认为,决策过程可以细分为两个阶段:首先是构架(framing)与编辑(editing)阶段,其次是评估(evaluation)阶段。在第一个阶段中,人们对决策问题进行初步分析,包括对有效的行为、不确定性与结果进行建构。如何建构取决于决策问题的呈现方式,此外,也取决于社会规范、决策者的习惯及预期。第一阶段还包括一些其他重要的过程,例如,依据独立性原则,消除不同选项中相同的成分;依据支配性原则,排除处于被支配地位的选项等。

在第二个阶段中,决策者需要对建构完成的选项进行评估,选出具有最高效价的选项。究竟如何对选项进行评估,我们将以实例来说明。假设结果 x 出现的概率为 p,结果 y 出现的概率为 q,结果为 0(维持现状)的概率则为 $(1-p-q)$。根据前景理论,决策者会依据决策会带来获益还是损失来确定选项的价值 v,而根据概率来确定权重 π。因此,一个选项的总体价值就等于 $\pi(p)v(x)+\pi(q)v(y)$。换言之,评估包含了三个步骤(Hastie & Dawes, 2013):第一为估价,即确定每一个结果的价值;第二为加权,即根据结果发生的客观概率对估价后的后果进行加权;第三为整合,对加权后的结果进行求和。

根据前景理论,人们会把现状设置成参照点(reference point),并将其赋值成零,再考察可能出现的结果是正向还是负向偏离这一参照点,若正向偏离则视作获益,若负向偏离则视作损失。尽管对于不同的决策者而言,主观价值存在一定的差异,但 Kahneman 和 Tversky(Kahneman & Tversky, 1979; Tversky & Kahneman, 1981, 1986)认为,总体来看,价值函数是一条 S 型曲线(见图 4-1),在参照点之上的部分为凹函数(concave),在参照点之下的部分为凸函数(convex)。S 型价值函数说明,获得 5 元与获得 10 元之间的差异大于获得 105 元与获得 110 元之间的差异;损失 5 元与损失 10 元之间的差异也大于损失 105 元与损失 110 元之间的差异。凹函数表明决策者在获益的情况下倾向于风险规避,因为成倍的获益并没有带来心理价值成倍的增加。而凸函数则表明决策者在损失的情况下倾向于风险寻求,因为成倍的损失并未造成心理价值成倍的递减。

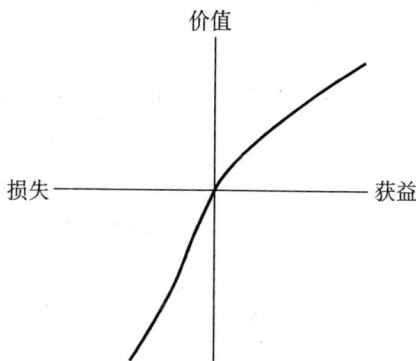

图 4-1　前景理论的价值函数
(引自 Kahneman & Tversky, 1979)

前景理论价值曲线的另一个特征是损失部分的曲线比获益部分的曲线更陡峭。这说明人们对损失的反应比对获益的反应更为极端。换句话说,损失一定量的钱带来的痛苦程度要大于获得相同数量的钱带来的喜悦程度。因此,损失的心理权重大于获益的心理权重。这一现象被称作"损失厌恶"(loss aversion)。需要注意的是,损失厌恶不是厌恶损失,前者表现为损益在心理上的不对称,而不是对损失的厌恶情绪。

下面将以 Tversky 和 Kahneman(1986, p. 258)文章中的一个例子来说明上文所提到的前景理论价值曲线的特点。

获益问题(N＝126)

假设你比你现在的情况更富裕,多拥有300美元,你需要在以下两个选项中做选择。

A. 确定获得100美元[72％]

B. 50％的可能性获得200美元,50％的可能性什么都得不到[28％]

损失问题(N＝128)

假设你比你现在的情况更富裕,多拥有500美元,你需要在以下两个选项中做选择。

A. 确定损失100美元[36％]

B. 50％的可能性什么都不损失,50％的可能性损失200美元[64％]

注:N表示参加实验的被试人数,方括号里的百分数表示选择每个选项的被试百分比。

实际上,获益问题和损失问题的钱数相同,选择其中的一个选项确定能得到400美元,选择另一个选项则可能得到500美元也可能得到300美元。唯一的不同在于,在获益问题中,起点是300美元,而在损失问题中,起点是500美元。根据前景理论,决策者会将设置一个参照点,然后将选项可能带来的结果与该参照点进行比较,从而将决策问题表征为获益或损失。因此,在获益问题中,300美元被当作参照点,而在损失问题中,500美元被当作参照点。我们也可以把参照点理解为基线水平,那么,选项带来的结果就要和这种基线水平做比较。所以,在获益情境中,被试的风险偏好取决于S型价值函数的凹函数部分,表现为风险规避,而在损失情境中,他们的风险偏好取决于S型价值函数的凸函数部分,表现为风险寻求。上述例子表明,在获益和损失情境中,人们的风险偏好的确与S型价值函数的预测一致。

此外,在如何对待概率这一问题上,前景理论与期望效用理论也有很大的差异。期望效用理论直接以结果出现的概率对不确定的结果进行加权处理。例如,50％的可能性得到100元,那么赋予100元这一结果0.5的权重便能得到这一结果的价值。但是,在前景理论中,不确定的结果需要乘以一个决策权重$\pi(p)$,$\pi(p)$是概率p的正相关的非线性函数,并非概率本身。如图4-2所示,加权函数π具有以下特征。

第一,对于不可能发生的事情,主观概率和客观概率均为0,也就是说$\pi(0)=0$。对于确定会发生的事情,主观概率和客观概率均为1,也即$\pi(1)=1$。

第二,对于小概率事件,$\pi(p)>p$,但是,$\pi(p)+\pi(1-p)\leqslant1$。在图4-2中表现为在$p$接近零的部分,$p$的加权函数曲线在对角线之上,且非常陡峭。换句话说,人

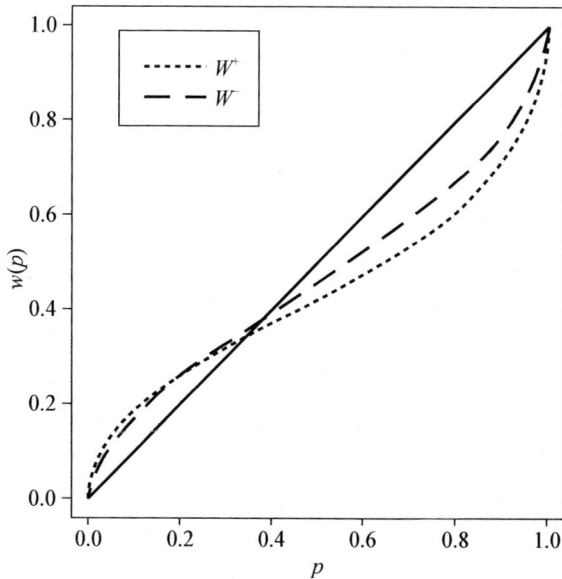

图 4 - 2 前景理论的权重函数

注:W^+=对获益结果的权重函数,W^-=对损失结果的权重函数
(引自 Tversky & Kahneman, 1992)

们赋予小概率更大的权重,而赋予中等概率和大概率较小的权重。这也就是为什么人们对发生概率非常小的危险更为敏感的原因(Hastie & Dawes, 2013)。高估小概率事件可能造成以特例为范例的偏差。相反,人们对于中等概率的变化非常不敏感。例如,当概率从 0.5 上升为 0.6 时,人们可能会忽略这种变化。

第三,人们如何区分小概率与中等概率? 大概在 0.2 左右的地方,存在一个拐点。小于 0.2 的客观概率常常被高估,而大于 0.2 的客观概率则开始接近中等概率,决策者对其的敏感程度降低。

第四,当客观概率接近 1 的时候,主观权重函数开始变得陡峭。也就是说,任何事件如果从确定性($p=1$)稍微下降变为可能性事件,主观感觉上的变化程度要大于客观变化的程度。这一现象称为"确定性效应"(certainty effect)。这也许能够解释人们为什么相对于转账而更喜欢接受现金结汇。同时,确定性效应也能部分解释为什么人们愿意买保险以预防概率极小的危险事件。

4.4 从前景理论看决策偏差:非理性的多种表现

作为一种描述性理论,前景理论提出,决策者对获益与损失的心理感受存在很大差异。相比获益,人们对损失更加敏感,即赋予损失更大的心理权重(损失厌恶)。正是因为价值函数与权重函数的非线性特征,人们的实际决策与期望效用理论的理性标准存在明显的差异。研究者把这些现象叫做"决策偏差"(decision bias)。前景理论一经提出,就引发了对决策偏差的研究热潮。经过几十年的探索,研究者们已经证实了几十种决策偏差的存在。下文将介绍几种经典的决策偏差。

首先介绍框架效应。它指的是,对同一问题不同的描述方式所造成的判断与选择偏好的不同。对于框架效应的元分析表明,存在三类不同的框架效应:风险选择框架效应(risky choice framing effect)、属性框架效应(attribute framing effect)以及目标框架效应(goal framing effect)(Levin, Schneider, & Gaeth, 1998)。风险选择框架主要影响风险偏好,属性框架主要影响人们对产品的评估,目标框架主要影响信息的说服力。

"亚洲疾病问题"(Tversky & Kahneman, 1981, p. 453)是风险选择框架效应的一个经典范例。问题如下:

> 假设美国正准备应对一种罕见的亚洲疾病,这一疾病的爆发预计将使600人丧生。目前,有两种针对该疾病的治疗方案。据准确的科学估计,两种方案会导致的结果如下。
>
> 结果分别用两种框架表述。
>
> **正性框架**
> 假如采用 A 方案,200 人会被救活。[72%]
> 假如采用 B 方案,1/3 的可能 600 人会被救活,2/3 的可能没有人能被救活。[28%]
>
> 你选择哪种方案?
>
> **负性框架**
> 假如采用 C 方案,400 人会死亡。[22%]
> 假如采用 D 方案,1/3 的可能没有人会死亡,2/3 的可能 600 人死亡。[78%]
>
> 你选择哪种方案?
>
> 注:152 名被试回答了正性框架下的亚洲疾病问题,155 名被试回答了负性框架下的亚洲疾病问题。方括号里的百分数表示选择每个选项的被试百分比。

实际上,正性框架和负性框架表述的是相同的问题。600 人中 200 人获救和 600

人中400人死亡是同一件事情。但是,很显然,在两种框架下,人们的风险偏好是相反的。在正性框架下,大多数人选择了确定性事件(风险规避),而在负性框架下,大多数人选择了风险选项(风险寻求)。

上述结果清楚地表明,人们的决策违反了期望效用理论的不变性原则。选项A和C描述的是同一种结果,而选项B和D描述的也是同一种结果。但结果却是,大多数人选了A而没选C,大多数人选了D而没选B,从而出现了非理性的风险偏好反转。

如果用前景理论的S型价值曲线来分析,在获益部分,价值函数曲线在接近零的地方比较陡峭,此后越来越平缓。因此,600所对应的主观价值小于200的主观价值的三倍。换言之,确定救活200人比1/3的可能救活600人更有吸引力。在损失部分,价值函数在接近零的地方非常陡峭,此后变得较为平坦。所以,−600的主观价值高于−200主观价值的三倍。也即风险性选项比确定性选项更有吸引力。

自从框架效应提出后,众多研究者采用"亚洲疾病问题"范式或其变式重复验证了框架效应(Bohm & Lind, 1992;Highhouse & Yuce, 1996;Jou, Shanteau, & Harris, 1996;Larrick, Smith, Yates, 1992;Levin & Chapman, 1990;Maule, 1989;Reyna & Brainerd, 1991;Takemura, 1994),虽然存在一些调节变量,例如风险决策对应群体的大小(Wang, 1996a, 1996c)、概率大小(Miller & Fagley, 1991)、性别(Miller & Fagley, 1992)、决策的努力程度(Takemura, 1994),但总体来看,框架效应是稳定存在的(Levin, Gaeth, & Schreiber, 2002;Levin et al., 1998)

框架效应是一种典型的决策偏差,此外,还存在不少决策偏差,例如禀赋效应(endowment effect)与现状偏差(status quo bias)。两者都可归因于前景理论提出的损失厌恶。

禀赋效应的一个常见例子是,人们对同一物品的要价要高于出价(Kahneman, Knetsch, & Thaler, 1990, 1991;Thaler, 1980)。在Kahneman等人(1990)的一项实验中,他们以康奈尔大学的本科生为被试,随机分给其中一半人一个印有康奈尔大学校徽的咖啡杯(在康奈尔大学的书店中可以购买到此杯子,售价为4美元),要求他们扮演卖家,给出愿意接受的最低价格(willingness to accept);另一半学生则扮演买家,表明其愿意给出的最高价格(willingness to pay)。咖啡杯交易的模拟实验一共进行了四次。结果发现,对于卖家的出价而言,四次交易的中位数均为5.25美元,而对于买家的出价而言,在四次交易中,有三次中位数为2.25美元,另外一次为2.75美元。由此可见,当人们拥有某件物品或财产后,这一物品或财产在人们心目中的价值会增高,也即所有权给予了物品或财产显著的附加值。

根据损失厌恶的概念,对于卖家而言,卖出咖啡杯是一种损失,而对于买家而言,买入咖啡杯是一种获益。由于损失带来的痛苦程度远远大于等量获益带来的愉悦程度,这部分多出的痛苦需要由额外的价格加以弥补,从而出现了买家与卖家之间的差异。

禀赋效应的出现也有可能是因为所拥有的物品对卖家的吸引力增加。但这一假设没有得到实验的支持。Loewenstein 和 Kahneman(1991)给一半被试一支钢笔,给另外一半被试一个代币,代表某种礼物。接下来,被试被告知在之后的实验中他们可能会得到六种奖品,其中包括了钢笔,他们需要评价这六种奖品的吸引力大小。实验结束后,被试可以选择得到一支钢笔或者两条巧克力。结果显示,之前得到钢笔的被试更加偏好钢笔,有 56％的人选择了钢笔,而在之前得到代币的被试中,只有 24％的人选择了钢笔。但是,在吸引力评价方面,钢笔的得分却没有显著高于其他礼物的得分。由此可见,在拥有某个物品后,其吸引力并未得到显著提升。禀赋效应更可能反映的是人们在面对损失时体验到的附加的痛苦。

另外,所有权变化也可能导致禀赋效应(Wang, Ong, & Tan, 2015)。所有权使人们对自己拥有的物品或财产更加在意,甚至产生感情,因此,从心理上讲,这些物品或财产变成了自我(self)的一部分。

禀赋效应的另一种解读是“现状偏好”。比如,人们一旦拥有了咖啡杯,就不愿意改变“已经拥有”的现状。这一分析的视角也引出了另外一种决策偏差——现状偏差,它是指人们倾向于维持现状而不愿意进行变革(Samuelson & Zeckhauser, 1988)。Samuelson 和 Zeckhauser(1988)在他们的文章中列举了现实生活中现状偏差的实例:作者的一位同事在每个工作日都去当地同一家餐厅选同样的午餐,直至有一天,午餐的选择因故发生了变化。从此之后,这一新的选择又变成了他的常规选择。这一事例表明,这位同事的选择并不是由更喜欢哪款午餐所造成的,而是纯粹出于对现状的依赖和偏好。

此后,Samuelson 和 Zeckhauser(1988, pp. 12 - 13)用实验证明了现状偏差。他们告诉一部分被试:

无现状对照版本

你从叔叔那里继承到一笔财产,打算用这笔钱进行投资。你会选择哪种投资?

(A) 中等风险的公司 A

(B) 高风险的公司 B

(C) 国库券

(D) 地方政府债券

但是,分别告诉另外几组被试:

现状版本 1

你从叔叔那里继承到一笔财产,打算用这笔钱进行投资。你叔叔选择的是(A),你会选择哪种投资?

(A) 中等风险的公司 A

(B) 高风险的公司 B

(C) 国库券

(D) 地方政府债券

现状版本 2

你从叔叔那里继承到一笔财产,打算用这笔钱进行投资。你叔叔选择的是(B),你会选择哪种投资?

(A) 中等风险的公司 A

(B) 高风险的公司 B

(C) 国库券

(D) 地方政府债券

现状版本 3

你从叔叔那里继承到一笔财产,打算用这笔钱进行投资。你叔叔选择的是(C),你会选择哪种投资?

(A) 中等风险的公司 A

(B) 高风险的公司 B

(C) 国库券

(D) 地方政府债券

现状版本 4

你从叔叔那里继承到一笔财产,打算用这笔钱进行投资。你叔叔选择的是(D),你会选择哪种投资?

(A) 中等风险的公司 A

(B) 高风险的公司 B

(C) 国库券

(D) 地方政府债券

在无现状对照版本中,不存在现状选项,而在其他现状版本中,现状的选项(叔叔的选择)分别为选项(A)、(B)、(C)和(D)。结果发现,在无现状对照版本中,选择各选项的人数比例大致相等。而在其他现状版本中,现状的提示明显影响了被试的选择,选择现状选项的被试比例显著高于选择其他几个选项的比例。由此可见,单单把一个选项暗示成现状,就会增加人们对它的偏好。

4.5 决策偏差的 AA 假说

为什么人们的决策会表现出各种各样的偏差?它们的出现是否存在一些先决条件?以框架效应为例,框架只是描述问题的方式,无论采取何种方式陈述问题,其实质并不会发生任何变化。框架作为语言表述的线索,本不应该对决策产生实质性的影响,但是,为什么这些次要线索会对决策偏好产生明显的作用?这就涉及另一个问题:在大千世界中,面对同时存在的成千上万条线索时,人们如何对它们进行取舍并加以使用?

Brunswick(1940)认为,如果线索与决策目的相关,这些线索组合起来就能帮助决策者进行有效的选择。但是,很显然,在数量庞大的线索面前,人们无法对其中的每一条都给予同等程度的关注。Simon(1956,1990)的有限理性思想认为,人们的认知能力存在局限,不可能像编好的计算机程序那样对所有的信息或线索进行比较、计算和处理。用 Simon(1990)的话来说,决策者"必须使用恰当的方法来解决大多数任务"(p. 6)。这也就意味着,在决策过程中,人们无法穷尽每一条线索,有限的认知能力只能要求人们去除大量的冗余信息,尽可能地简化决策流程,选择性地利用其中的一些线索,而放弃大量次要的线索,并根据挑选出来的线索,基于满意原则进行因地制宜的决策。

在这几十年里得到快速发展的快速与简捷启发式(fast and frugal heuristic)观点整合了 Brunswick 与 Simon 的思想。快速与简捷启发式的提出者 Gigerenzer、Todd 和 ABC 研究小组(1999)认为,人们在面对不同的决策任务时会采用步骤明确的启发式。这些不同的启发式就像是心理工具(mental tool),适用于不同的决策问题。通过这种认知捷径(shortcut),人们能够使用数量有限的信息并做出快速和有效的判断与决策。

进化心理学的研究表明,决策者会根据线索的生态效度,对线索进行取舍(Barrett,Dunbar,& Lycett,2002;Buss,2004,2005)。Gigrenzer 和 Goldstein(1996)发现,人们在做选择时,通常只使用单一的线索。Loewenstein、Weber、Hsee 和 Welch(2001)指出,决策者倾向于基于整体感觉(holistic feeling)而不是理性的分析来做决策。Shanteau(1992)发现,专家在做决策时所使用的信息远远少于普通被试。

既然决策者无法整合所有的决策线索并对其中的每一条都加以有效的利用,那么,他们会给予哪些线索优先权,又会忽略哪些线索? 或者说,哪些线索才是进化认知心理学认为的"重要的线索"? 有关启发式的研究发现,人类在进化典型过程中所经常遇到的社会及环境线索对人类决策具有重要影响,我们在决策时往往优先关注这些线索(Gigerenze et al., 1999)。究竟哪些是与进化典型环境有关联的线索? 举例来说,人类是群居动物,觅食、狩猎等有助于生存的活动都需要群体成员合作完成。但是,人们往往只和特定的小群体成员有较多的联系,这些小群体可能是家人、亲戚或朋友。因此,小群体就是一个在进化上具有重要意义的环境。决策者会优先关注小群体信息,并基于这些信息做选择。因此,与某一风险有关的人数(6 000 人、6 个人或 6 个亲人)反映的是不同的组织结构和人际关系。

简而言之,人们需要在纷繁的决策线索中做遴选,给予与进化有关的生态环境信息优先权。在这一思想下,Wang(2008b)提出了模糊与矛盾假说(ambiguity and ambivalence hypothesis, AA 假说),以此来解释为何会出现决策偏差。这一假说认为:(1)决策者会依据优先性(priority)对决策线索进行挑选并使用。(2)线索优先性(cue priority)指某一线索对特定的决策任务是否具有进化及生态意义上的重要性。(3)在风险沟通中,主要线索(primary cue)具有进化、生态与社会意义的重要性,它们决定了决策参照点的设置,而次要线索(secondary cue)是指语言交流的方式(比如,问题的框架、面部表情、语音、语气等),它们对决策参照点有微调的作用。(4)但是,如果主要线索缺失(称作"模糊"情境)或者不同的主要线索相互冲突(称作"矛盾"情境),人们则更加依赖次要线索,并根据次要线索进行决策,从而产生决策偏差(比如框架效应)。

假设你从小到大生活在北京,现在面临两个选项:(A)获得去巴黎旅游的机会;(B)获得在北京旅游的机会。相信很多人都会选择选项 A。在该决策中,旅游目的地的吸引力是一条主要线索。现在,请再想象另一个情境。假设你从小到大生活在北京,现在面临两个选项:(A)获得去巴黎旅游的奖励;(B)获得去巴黎旅游的奖励并加上价值 5 元的巴黎旅游向导手册。根据支配性原则,估计绝大多数人都会选择 B 选项,因为它比选项 A 多了一本向导手册。在这一例子中,决定选择的主要线索是"获得去巴黎旅游的奖励",次要线索是"获得巴黎旅游向导手册",因为如果没有去巴黎旅游的奖励,单看旅游向导手册的话,它的吸引力小之又小。但是在第二个问题中,由于两个选项在主要线索中表现相同,因此次要线索成为决定偏好的关键因素。换言之,在没有其他更好的标准或线索时,次要线索才会对决策发挥作用。

现在,让我们用 AA 假说来进一步解释为何会出现诸如框架效应的决策偏差。

在"亚洲疾病问题"中,存在一个具有生态效度的线索,那就是患病群体的大小。进化及人类学的研究表明,在人类进化的典型环境中,群体大小极少超过两位数(Dunbar, 1992, 1993)。实验发现,如果患病人数为 6 人或 60 人,框架效应就会消失。不管决策结果是用正性还是负性框架表述,人们都普遍选择风险性选项,以图救活小组中的每一个人。然而,当患病人数为 600 人或 6 000 人甚至更多人时,则出现了明显的框架效应(Wang, 1996a, 1996c; Wang, Simon & Brédart, 2001)。

实验结果如表 4 - 1 所示,很好地验证了上述假设。当群体规模在两位数范围之内,人们处在对进化有意义的环境之中,此时,他们的偏好毫不模糊,清楚地知道应该选择冒险还是保守,所以对问题的表述方式并不会对风险选择产生影响。但是,当群体规模在百人之上时,这种环境并不具有进化上的意义。在缺失主要线索的条件中,决策者自身的偏好变得模糊。此时,外部环境中的任何改变都可能会左右决策。作为风险沟通的重要因素,问题的呈现方式就会对决策偏好产生不可忽视的影响,表现出典型的框架效应。这一发现表明,小群体线索具有较高的生态效度,预示着患病者与决策者之间的关系,比如说,朋友、家人,他们之间的依赖关系更高。损失 2/3 的成员也许意味着功能性死亡,因此需要选择风险选项。而当患病人数超过两位数时,由于这种线索的进化非典型性,人们更加依赖次要线索,因此出现框架效应。

表 4 - 1 风险决策的群体规模效应:选择冒险选项的被试百分比

	美国样本 1(Wang, 1996c)			
	群体规模 = 6 000 人	群体规模 = 600 人	群体规模 = 60 人	群体规模 = 6 人
正性框架	40.9%($n = 44$)	40.0%($n = 50$)	67.5%($n = 40$)	64.0%($n = 50$)
负性框架	61.4%($n = 44$)	68.0%($n = 50$)	65.0%($n = 40$)	70.0%($n = 50$)
框架效应	存在	存在	不存在	不存在
	美国样本 2			
	群体规模 = 6 000 人	群体规模 = 600 人	群体规模 = 60 人	群体规模 = 6 人
正性框架	38.7%($n = 31$)	41.9%($n = 31$)	57.6%($n = 33$)	66.7%($n = 30$)
负性框架	66.7%($n = 30$)	76.5%($n = 34$)	66.7%($n = 30$)	75.8%($n = 33$)
框架效应	存在	存在	不存在	不存在
	比利时样本(Wang et al., 2001)			
	群体规模 = 6 000 000 000 人	群体规模 = 6 人		
正性框架	36.0%($n = 50$)	70.0%($n = 50$)		
负性框架	66.0%($n = 50$)	70.0%($n = 50$)		
框架效应	存在	不存在		

(引自 Wang, 2008b)

除了群体规模,Wang还通过对比专家与新手的决策来揭示模糊性的作用。丰富的经验能使决策者更多地依赖从记忆中提取的重要线索,而更少地依赖言语线索。因此,相比新手,专家应该会更少地受困于框架效应。Wang(2008b)分别向香港某商学院的一年级学生和MBA课程班中的高级管理者呈现两个管理决策情境。其中一个是合资情境,另一个是诉讼情境。在每个情境中,都会分别用正性框架和负性框架对问题进行描述。

合资情境给被试提供两个选项:与某个公司合作或与某个公司竞争。在正性框架中,被试被告知"我们获得高市场份额的可能性很大,有1/3的机会获得高市场份额"。在负性框架中,被试则被告知"我们获得低市场份额的可能性很大,有2/3的机会获得低市场份额"。

诉讼情境则告诉被试A公司准备起诉另一公司违反专利权。A公司目前还未正式向法院起诉,它提出一次性赔偿方案,等待被诉公司的反应。如果被诉公司不同意赔偿方案,A公司会提起诉讼。假设被诉公司败诉,将会导致更高额的赔偿。假设被诉公司胜诉,则不用支付任何费用。在正性框架中,被试被告知"据律师估计,我们有1/3的可能将胜诉"。在负性框架中,被试被告知"据律师估计,我们有2/3的可能将败诉"。

实验结果符合AA假说的推论,在新手(学生)身上出现了框架效应(见表4-2)。他们在威胁框架下表现出风险规避(在合资情境中35.7%的被试选择了风险选项,在诉讼情境中40.5%的被试选择了风险选项)而在机会框架下表现出风险寻求(在合资情境中73.8%的被试选择了风险选项,在诉讼情境中89.1%的被试选择了风险选项)。但是,在专家(高级管理者)身上并未出现框架效应。无论在何种框架下,专家的选择都比较稳定,他们一致偏好确定选项。

表4-2 管理经验与管理决策中的框架效应

被试	情境	选择风险选项的人数与百分比		框架效应
		威胁框架	机会框架	
学生	合资	15/42 = 35.7%	31/42 = 73.8%	有
学生	诉讼	17/42 = 40.5%	41/46 = 89.1%	有
管理者	合资	11/34 = 32.4%	5/29 = 17.2%	无
管理者	诉讼	11/33 = 33.3%	13/31 = 41.9%	无

(引自Wang, 2008b)

上述发现同样表明,当主要线索缺失时,框架效应出现,从而验证了AA假说中决策偏差出现的第一个先决条件,即决策偏好的模糊性。另外一个先决条件是决策偏好的冲突性和矛盾性。根据 AA 假说,当风险沟通中的主要线索会导致矛盾的结果时,人们倾向于寻求次要线索,结果引发诸如框架效应之类的决策偏差。正如 Simon(1956)所说,"决策线索的冲突通常导致决策机制的瘫痪"(p. 137),因此,矛盾性和模糊性会对决策偏好带来相似的效应。

在一项研究中,Wang 等人(2001)采用"亚洲疾病问题"范式,对病人群体的构成进行操纵,从而在同一个被试身上引发了不一致的决策偏好,以此考察矛盾性对框架效应的影响。被试被告知,6 个人感染了某种致命的疾病。这 6 个人的组成有五种不同的情况:6 名亲人、3 名亲人 3 名陌生人、2 名亲人 4 名陌生人、1 名亲人 5 名陌生人或者 6 名陌生人。此外,用"存活率"框架或"死亡率"框架描述问题。实验采用被试间设计,每位被试只读到一个版本的决策问题。

研究者认为,有血缘关系的近亲对人类而言具有重要的遗传意义,因此,当亲人遭遇疾病时,决策者的参照点(底线)设置更高(至少需要救活的成员在群体中所占的百分比),因而更可能选择风险选项。当 6 名患者都是亲人时,被试的风险偏好非常明确,倾向于风险寻求。此时,无论用何种框架描述问题都无法左右被试的偏好,即不存在框架效应。而针对陌生人的底线设置相对较高,因此确定性选项更可能满足底线的要求,决策者更可能倾向于风险规避。当患者既包括亲人又包括陌生人时,决策者可能会表现出矛盾的偏好。因为针对亲人的选择偏好为风险寻求,而针对陌生人的风险偏好为风险规避。因此,在混合的异质性群体中,决策者的偏好出现矛盾,导致人们对次要线索的依赖性增强,从而出现框架效应。

实验结果如表 4-3 所示,基本验证了研究者的假设。当群体构成都为亲人或都为陌生人时,决策者的偏好非常稳定,问题描述框架并不会影响选择,因此框架效应消失。当群体中有 3 名亲人和 3 名陌生人时,同样不会出现框架效应。研究者认为,被试把这一群体也知觉成亲人群体。有意思的是,当群体中仅有两名亲人或一名亲人时,亲人线索和陌生人线索发生了冲突,因而出现了框架效应。

表 4-3 群体构成与框架效应

实验条件	选择			框架效应
	确定选项	风险选项	样本量	
6 名亲人-正性框架	15(30%)	35(70%)	50	无
6 名亲人-负性框架	15(30%)	35(70%)	50	
3 名亲人-正性框架	17(34%)	33(66%)	50	无
3 名亲人-负性框架	14(28%)	36(72%)	50	
2 名亲人-正性框架	26(52%)	24(48%)	50	有
2 名亲人-负性框架	13(26%)	37(74%)	50	

实验条件	选择			
	确定选项	风险选项	样本量	框架效应
1 名亲人-正性框架	28(56%)	22(44%)	50	有
1 名亲人-负性框架	12(24%)	38(76%)	50	
0 名亲人-正性框架	22(44%)	28(56%)	50	无
0 名亲人-负性框架	20(40%)	30(60%)	50	

(引自 Wang, 2008b)

除了通过改变群体构成来验证 AA 假说,Wang(2006)还进行了另外一项研究,通过引发情绪与认知的矛盾进一步为 AA 假说提供证据。对风险的情绪反应与理性分析往往是相互冲突的(Damasio, 1994; Epstein, 1994; Loewenstein et al., 2001),这种冲突对风险认知与风险决策有重要的影响。如果 AA 假说成立,在情绪与认知发生冲突时,更可能出现框架效应等决策偏差,而对于那些未产生情绪与认知矛盾的被试,依据主要线索就足够做出选择了,无需再搜索并使用次要线索。

在 Wang(2006)的研究中,被试想象他们面临两个决策问题:疾病问题与恐怖袭击问题。在每个问题中,都有 600 人存在生命危险。被试需要在确定选项和风险选项中做选择,两者的期望值相等。与别的研究不同,被试并非是做一次性的选择。他们首先需要回答,根据自己对问题的情绪反应,他们偏好哪个选项。接着再回答,基于对问题的理性分析,他们偏好哪个选项。最后,基于对情绪和理性的综合考虑,被试做出最终选择。与"亚洲疾病问题"范式类似,每个问题都有两种描述方式:"存活率"的正性框架与"死亡率"的负性框架。因此,除了对框架效应的分析之外,可以考察决策最终选择是更为依情还是更为依理。

如果在同一个问题中,被试基于情绪反应与理性分析的选择有矛盾(例如,基于情绪反应选择了确定选项,但基于理性分析选择了风险选项;或者基于情绪反应选择了风险选项,但基于理性分析选择了确定选项),他们被标记为"矛盾的被试"。相反,如果被试对同一个问题的情绪反应与理性分析的选择一致,他们则被标记为"一致的被试"。接下去要考察的是,矛盾的被试还是一致的被试更容易出现决策偏差。根据 AA 假说,矛盾的被试应该要比一致的被试更多地受到框架描述等次要信息的影响。

实验结果如表 4-4 所示,验证了 AA 假说。具体而言,无论是疾病问题还是恐怖袭击问题,一致的被试的风险选择未受框架的影响,而矛盾的被试则出现了明显的框架效应。由于主要线索会引发矛盾的态度,因而他们不得不进一步参考次要信息,以便确认自己的偏好。

表4-4 情绪—认知矛盾与框架效应

自然疾病问题 选择风险选项的被试			
一致的被试		**矛盾的被试**	
正性框架 57.1%(16/28)	无框架效应	36.4%(12/33)	有框架效应
负性框架 67.9%(19/28)	$\chi^2 = .686$, $p < .408$	68.4%(26/38)	$\chi^2 = 7.30$, $p < .007$

恐怖袭击问题 选择风险选项的被试			
一致的被试		**矛盾的被试**	
正性框架 46.9%(15/32)	无框架效应	25.0%(9/36)	有框架效应
负性框架 66.7%(20/30)	$\chi^2 = 2.47$, $p < .116$	56.8%(21/37)	$\chi^2 = 7.60$, $p < .006$

(引自 Wang, 2008b)

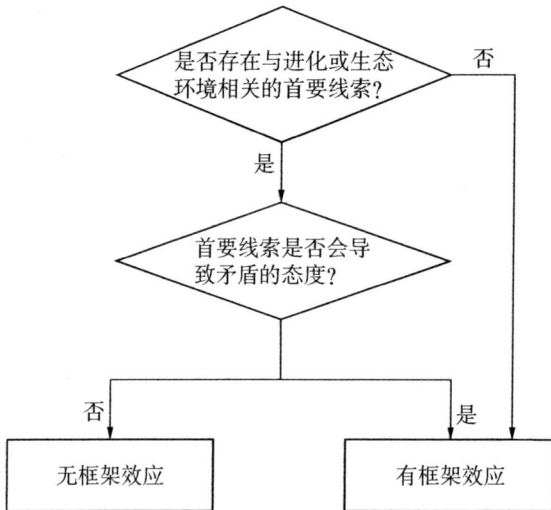

图4-3 首要线索与框架效应

综上,Wang用四个实验分别考察了模糊性和矛盾性对风险决策的影响,从而验证了AA假说。回到这一节开始部分提出的问题:决策偏差是否必然存在? 以框架效应为例,根据AA假说,要判断是否会出现框架效应需要两步。如图4-3所示,第一步,判断是否存在与进化或生态环境相关的首要线索。如果没有明确的首要线索,决策者的偏好变得模糊,他们就会搜寻次要线索,把次要线索作为决策的重要依据,从而出现框架效应。如果有明确的首要线索,就要进入第二步判断,即首要线索是否会导致矛盾的偏好。如果不会引发矛盾的偏好,决策则不受次要线索的影响,所以不会出现框架效应。相反,在出现矛盾的偏好时,决策者就会从次要线索中寻找决策的依据,故而产生框架效应。

根据上述理论,在实际生活中的风险沟通过程中,为使决策者做出更为理性的判断、不受决策偏差的困扰,信息提供方需要注意以下几点。第一,风险信息要抓住重要线索,并能够让接收者知觉到处于风险中的人群与自身的关系。第二,用不同的群体规模来描述风险问题,以此帮助决策者了解该问题的本质。对于大群体风险的描述,可以通过成比例地缩减为小群体的风险描述,以激活生态效度更高的决策机制。第三,富有经验的信息接收者更少地关注次要线索,因而不容易出现框架效应。第四,风险沟通需要尽可能地清晰,以避免模糊或矛盾的情况。第五,情绪与认知的矛盾可能会使决策者更多地依据次要线索来做决策,而这种情况更可能引发决策偏差。

4.6 决策偏差的神经基础

对于违反经济理性的决策偏差,研究者用前景理论和 AA 假说对其进行了解释。以框架效应为例,从前景理论的视角而言,由于损失厌恶,人们在负性框架中倾向于风险寻求而在正性框架中倾向于风险规避。而 AA 假说认为,只有在缺少首要线索(即模糊情境)或首要线索会引发矛盾的态度(即矛盾情境)时,次要线索(即框架)才会影响决策者的判断。

这些理论能帮助人们较好地理解框架效应。随着脑成像技术的快速发展,研究者通过脑成像的手段进一步了解框架效应背后的脑机制。同时,脑成像研究还可以帮助揭示框架效应行为研究中无法解释或是相互矛盾的结果。此外,脑成像研究可以获得人们在决策时全脑的神经活动,根据大脑激活或未激活的区域图探索未来研究的方向。

表 4 - 5 列举了前景理论和 AA 假说所预期的脑区激活。

表 4 - 5　框架效应理论和预期脑激活区

理论	假设	行为效应	与效价框架相关的关键脑区
前景理论 (Kahneman & Tversky, 1979)	S 型价值函数被零点分开,表示在获益或正框架下风险规避,在损失或负框架下风险寻求。	在正框架下风险规避,在负框架下风险寻求。	与获益/奖赏和损失/惩罚相关的脑区(例如,伏隔核、腹侧纹状体以及眶额叶皮层, Breiter et al., 2001; O'Doherty, Kringelbach, Rolls, Hornak, & Andrews, 2001; Tom, Fox, Trepel, & Poldrack, 2007)在不同效价框架下激活程度不同。
AA 假说 (Wang, 2008b)	框架效应在首要选择线索缺失(即模糊)或不一致(即矛盾)时更容易出现。	框架效应在首要社会线索缺失的大群体情境下出现;但是在小群体情境中消失。然而,当同样的生死决策问题涉及陌生人和亲戚时,框架效应会重新出现。	风险偏好的模糊和矛盾会反应在与语言加工、冲突控制和解决相关的脑区的不同激活(例如,前扣带回(ACC), Botvinick, Cohen, & Carter, 2004; Holroyd, Nieuwenhuis, Mars, & Coles, 2004)。

(引自 Wang, Rao & Zheng, in press)

最近,Zheng 等人(2010)采用 fMRI 研究了框架效应的出现与否是否与群体规模有关。研究结果如表 4 - 6 所示。

表 4 - 6　框架效应在大或小群体中的脑激活

脑区	实验条件	大脑半球	体素大小	Z 最大值	激活部位的 MNI 坐标		
					x	y	z
额下回 (IFG)	正性框架减负性框架(600人)	右	9	3.35	33	29	- 8
脑岛	正性框架减负性框架(6 人)	右	12	3.61	33	- 13	13
顶叶	正性框架减负性框架(6 人)	右	17	3.42	33	- 31	52
额中回 (MFG)	600 人减 6 人	右	23	3.70	24	32	- 8

(引自 Zheng et al. , 2010)

群体规模大小的区别在额中回(MFG)显示出不同。在大规模群体情境中,言语表述框架和右侧额下回(IFG)的激活有关,然而在小群体中,框架却和其他脑区(主要是脑岛和顶叶的一个区域)的激活相关。

这些结果进一步支持了群体规模的影响,而非数字大小的影响。首先,框架效应仅仅在大群体情境下出现并且与右侧额下回激活相关。相反,在小群体中,框架效应消失,且和其他脑区激活相关(例如,右脑岛)。第二,框架效应对群体规模的敏感性只与大脑右半球的激活相关。如果数字加工导致了这一效应,则应该在大脑左半球与数字处理相关的脑区出现变化(Piazza, Izard, Pinel, Le Bihan, & Dehaene, 2004; Pinel, Piazza, Le Bihan, & Dehaene, 2004)。另外,框架效应在小群体情境中消失,这时右脑的脑岛和顶叶会被激活,表明情绪在小群体情境中的决策中有更大的作用。

需要注意的是,右侧额下回(IFG)所对应的左脑结构是语言处理中枢(Broca's area)。框架效应与右侧脑区相关的结果告诉我们,框架效应不仅是言语上的(左脑的),也是内隐的(右脑的)。一个框架的构成既包含了情绪成分,又包含了认知成分。语言的框架不仅激活了左脑的语言加工,同时也激活了大脑右半球内隐的言语加工。以往的研究表明,右侧额下回(IFG)与反应抑制和冲动控制有关(Aron, Fletcher, Bullmore, Sahakian, & Robbins, 2003; Aron, Robbins, & Poldrack, 2004; Asahi, Okamoto, Okada, Yamawaki, & Yokota, 2004),因此,在正性框架下右侧额下回(IFG)的激活表明,相比负性框架,决策者在正性框架下做生死决策时需要更多的控制努力。

为了更好地理解框架效应的神经基础,Wang 等人(2015)进行了一项元分析。

他们在 2012 年 12 月采用"框架"和"MRI"两个关键词在 PubMed 和 PsycINFO 数据库中搜索相关研究。表 4－7 列出了搜索到的相关研究。

表 4－7　用功能性磁共振研究框架效应

研究	在扫描仪中的行为框架效应	主要神经相关	n	与任务相关的脑区数目
De Martino, Kumaran, Seymour, & Dolan, 2006	金钱任务 选择风险选项的比例： 正性框架下为 42.9% 负性框架下为 61.6%	框架效应与杏仁核活动相关，但是会被前扣带皮层（ACC）、眶内侧前额叶皮层（OMPFC）和右侧眶额叶皮层（right OFC）活动减弱。	20	6
Gonzalez, Dana, Koshino, & Just, 2005	生死任务、金钱任务和其他任务 选择风险选项的比例： 正性框架下为 33% 负性框架下为 59%	相比正性框架中的确定选项，正性框架中的风险选项与右脑背外侧前额叶皮层（right DLPFC）、后中央前沟及顶叶区域的激活相关。	15	7
Guitart-Masip, Talmi, & Dolan, 2010	视觉金钱任务 选择风险选项的比例（最后一轮）： 正性框架下为 40% 负性框架下为 50%	框架效应与左侧杏仁核、右侧尾状核、右脑岛的激活相关。	24	3
Roiser et al., 2009	金钱任务 对框架易感和不易感的被试在 5-羟色胺（5-HTTLRP）等位基因的大小上有差异 选择风险选项的比例： 正性框架下为 43.3% 负性框架下为 56.7%	易受框架影响的个体在左侧杏仁核有更高的激活，而不受框架影响的个体有较高的前扣带皮层（ACC）激活。	30	4
Zheng et al., 2010	生死任务 选择风险选项的比例： 正性框架下为 52% 负性框架下为 65%	框架效应与右额下回（right IFG）激活相关。框架效应的减弱与右脑岛、右顶叶的一个区域活动相关。	22	3

(引自 Wang et al., 2015)

　　在这些研究中，选择任务包括了生死问题、金钱问题等，它们均发现了框架效应，其中还包括非语言的框架效应。例如，Guitart-Masip 等人（2010）采用视觉刺激，告诉被试带有某种花纹的卡片代表获益，带有另一种花纹的卡片代表损失。然后把一个确定的选项呈现在获益卡片中或损失卡片中，实验结果重复了经典的金钱框架效应。

　　产生框架效应的相关脑区主要包括杏仁核（De Martino et al., 2006；Guitart-Masip et al., 2010）、脑岛和右额下回（Zheng et al., 2010）。而抑制框架效应的脑区则包括眶内侧前额叶（OMPFC）（De Martino et al., 2006）和前扣带回（ACC）（De

Martin et al. , 2006；Roiser et al. , 2009)。

有些学者认为,前扣带回皮层(ACC)具有辨认和解决冲突的作用,从而减少框架效应(Botvinick, 2007),因为前扣带回皮层(ACC)在被试选择和框架效应不一致的时候,激活会更增强(De Martino et al. , 2006)。眶额叶皮层(OFC)也起到了相似的作用(De Martino et al. , 2006),这个脑区与对金钱框架的减弱有关,且与前扣带回(ACC)活动有较高的相关性(Kringelbach & Rolls, 2004)。

有趣的是,研究者发现,决策者是否对框架效应敏感可能取决于5-羟色胺转运体基因(5-HTTLPR)的遗传变异。相比带有两个相同长等位基因的个体,带有两个相同短等位基因的个体对框架更敏感。此外,也有研究发现,对框架的敏感性与杏仁核的激活以及前额叶缺乏管理控制有关(Roiser et al. , 2009)。但是,这种观点受到了挑战。Talmi、Hurlemann、Patin和Dolan(2010)发现,先天双侧杏仁核受损的被试也会出现框架效应。但是,这些被试的决策偏好和普通人表现出不同的模式,他们更加风险寻求。上述结果表明,杏仁核的确在风险决策中发挥了作用,但是并不会影响框架效应的产生。

综合以上提到的与框架效应相关的脑区激活的结果,Wang等人(2015)输入了这些脑区的坐标点后进行了综合的脑区激活的概率分析。结果显示出有两个脑区与框架效应相关,它们分别为左前扣带回(ACC)和右额下回(IFG)(见图4-4)。

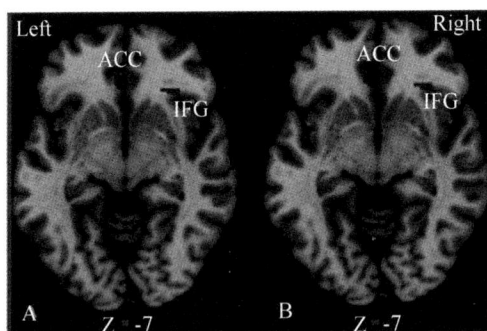

图4-4 与框架效应相关的神经基础的元分析结果
(引自Wang et al. , 2015)

对右额下回(IFG)的神经生物学的研究表明,它负责语义选择过程。例如,当给个体一个普通的名词(例如,蛋糕),要求他/她说出该物品的一个典型的用法时(例如,烘焙、吃),左额下回(IFG)就会被激活。但是,当要求个体说出一个不常见的用法(例如,卖),右额下回(IFG)的激活程度更高(Jung-Beeman, 2005)。因此,右额下回(IFG)参与抑制、选择和认知控制等活动。它还与风险厌恶相关,风险厌恶水平越高,右额下回(IFG)就有更高的激活(Christopoulos, Tobler, Bossaerts, Dolan, & Schultz, 2009)。

上述元分析的结果证明,右额下回是与框架效应有关的一个独特的神经区域。它会根据决策问题所包含的语义和情感含义评价风险线索,并调整风险偏好。元分析的结果也为 AA 假说提供了证据。Wang 等人(2015)就此提出了一个关于框架效应神经机制的新观点:第一,在决策偏好模糊或矛盾的情境中,与监控矛盾有关的脑区前扣带回(ACC)会被激活。第二,右额下回(IFG)的激活表明,框架的本质不仅涉及言语分析,也涉及情绪基调和隐喻。

本章花了大笔墨论述经济理性的非现实性,在现实生活的决策过程中,人们很难完全达到经济理性的标准,作为违反经济理性的一个典型现象,框架效应帮助我们理解决策偏差的发生前提及决策线索的应用。决策偏差的发生往往与决策线索缺乏生态效度有关。在接下去的第二编中,我们将具体论述风险决策的"生态理性"。

第二编 生态理性与风险分布

第5章 从觅食风险到金钱风险

人们对金钱的渴望也许是对食物渴望的现代衍生物。因此,进化中形成的对觅食风险的应对策略因此也影响着现代人的金融决策。

——作者

5.1 "非理性"的适应性

对于决策理性的生物学与心理学研究描绘出两幅大相径庭的图景。一方面,生物学的研究表明,蜜蜂与鸟均会根据自己身体代谢的指标精确而理性地决定是否寻求觅食风险(一无所获或是满载而归)还是规避觅食风险(找到少量但确定的食物)(Krebs & Stephens, 1986)。另一方面,心理学的研究发现,高智商的人们却常常非理性地选择次优的选项,并频繁地跌入决策的陷阱(Tversky & Kahneman, 1981; Kahneman, 2002)。

决策的偏差违反了经济理性的原则。但是,究竟什么是理性? 人们所表现出的"不理性"是否反映了不同类别的理性的存在:进化的、生态的、社会的? 这些"不理性"是否具有进化或生态意义上的适应性? 事实上,在学术界,对理性的定义一直有很大的争议。其中涉及的一个关键问题是:理性具有领域普遍性还是领域独特性?

5.1.1 领域普遍性

以期望效用理论为代表的规范性理论认为理性具有领域普遍性。然而,这一经济理性的假设存在明显的弊端。它把对一个选项的描述简化成一个单一的数值,即选项的价值与出现的概率的乘积,而完全忽略了这一选项的分布信息。假设一个选项是50%的概率获得10元,50%的概率损失10元;另一个选项是50%的概率获得10 000元,50%的概率损失10 000元。显然,两者的期望值都等于零,但它们给决策者带去的心理感受取决于金钱数量对决策者生存和生育的意义。当损失的数值能够承受时,人们也许更为风险寻求,反之,则可能更为风险规避。由此可见,仅仅用价值与概率来表征选项是远远不够的。经济学的期望效用公式的代价是损失了很多对决策有益的信息。

此外,一些实证研究发现,决策者的行为并不总是符合经济理性的原则,有些时候,他们放弃期望值较高的选项,反而选择期望值较低的选项。换言之,从标准化的经济学原则来看,人们的选择可能是"非理性"的。一个经典的例子是 Tversky 和 Kahneman(1981)所发现的框架效应(详细介绍见4.4部分)。当用不同的描述方式陈述同一问题时,尽管选项的期望值没有发生任何改变,但决策者的偏好却发生了明显的反转。在著名的"亚洲疾病问题"中,当用"存活率"框架描述选项时,被试更加偏好确定选项;而用"死亡率"框架描述选项时,则偏好风险选项。很显然,他们的决策违反了不变性原则。除了框架效应外,不断有研究揭示出各种决策偏差,它们似乎都表明了人类的"不理性"(Kahneman, Slovic, & Tversky, 1982; Slovic, Lichtenstein, & Fischhoff, 1988)。前景理论似乎说明,决策者的理性或不理性具有跨领域普遍性。

相对于领域独特性,领域普遍性的假设认为人们的决策是否理性应当与决策情境无关。假设决策者在某种决策情境中遵循了不变性和支配性原则,那么他在另外的情境中应该同样遵循不变性和支配性原则。

然而,传统的领域普遍性的假设不断受到了实验证据的挑战。许多研究者认为,人类的决策具有领域独特性,也就是说,决策者的策略会因天时地利人和的不同而不同。

5.1.2 领域独特性

对决策偏差和非理性现象的一种解读来自决策研究的启发式与偏差(heuristics and biases)范式。这一解读的基本观点认为,人们的决策既不遵循期望效用最大化原则,也不遵循统计与概率的运算原则,而是通过启发式,利用某些决策线索,做出判断与决策(Einhorn & Hogarth, 1981;Kahneman, 2002;Kahneman et al., 1982)。

试想,你觉得坐火车更安全还是乘飞机更安全?在2011年温州发生了7·23动车重大事故后,你可能觉得火车不安全,因此倾向于选择飞机出行。但是,在2014年全球接二连三地发生空难后,你可能又觉得乘飞机太危险,还是选择坐火车比较合适。事实上,对飞机或火车安全性的判断应当以它们过去至今的事故率统计数据为依据。然而,我们对安全性的判断却往往基于启发式。根据Kahneman与Tversky提出的可得性启发式(availability heuristic),人们的判断受到了记忆中最容易获取的信息或事件鲜活性的影响。我们头脑中容易想到的事件(例如近期的火车事故或空难)会左右我们的判断与决策。认知启发式被认为是人们进行信息加工的捷径,人们在面对不确定情境时,倾向于采用一些判断启发式以简化复杂的决策任务。尽管这些启发式在某些情况下非常有效,但仍会导致决策偏差与错误。特别需要注意的是,在认知启发式的思想背后有一个重要的前提假设,那就是人们的认知加工能力是有局限的。

然而,随后的研究进一步表明,决策偏差的机制不仅仅源于人类认知计算加工能力的局限性,可能还有包括线索的生态效度和进化相关性在内的其他因素(Cosmides, 1989;Cosmides & Tooby, 1992;Denes-Raj & Epstein, 1994;Fagley & Miller, 1987;Gigerenzer, 1994;Gigerenzer, Hell, & Blank, 1988;Medin & Edelson, 1988;Schneider, 1992;Schneider & Lopes, 1986;Wagenaar, Keren, & Lichtenstein, 1988)。其中的一些研究指出,社会与生态情境扮演了重要的角色,它们能左右人们是否会犯推理错误或表现出决策偏差。这些研究引发了研究者对理性本质的讨论:理性是否真的如经济学理论认为的那样具有跨情境普遍性?

在这一背景下,Shepard(1984)提出,研究者非常有必要从人类行为的生态局限出发,从而研究大脑机制,尤其是研究这些机制是否具有领域独特性。根据他的观点,人类对他们所处环境的探索并不是一种"随机"的行为,而是由一些外在的特殊刺激引发的内在机制所驱动,它们使人们对环境中的事物产生预期。这种对环境产生预期的能力是人类生存与繁衍的重要进化机制,尤其是在信息有限或时间有限的情况下。

在判断与决策领域,越来越多的研究者呼吁关注决策任务的生态效度,特别要给予决策问题的内容与情境足够的重视。例如,Hogarth(1981)认为,在很多决策研究中,外部效度没有得到应有的重视,研究者需要进一步探讨决策者在面临复杂及变化的环境时究竟采用哪些决策策略,以及这些策略的适应性特点。

Anderson(1990)指出,很多所谓的"理性"其实并不具有适应性。理性是目标导向的,而人们的目标则取决于环境结构。Anderson(1990,1991)提出了功能性理性的概念,它强调环境结构对人类认知的作用。根据 Anderson 的逻辑,为了达到目标,人们并不需要进行复杂的逻辑运算,只有理论家在构建理论假设时才需要进行这些运算。由此可见,情境并非像一些研究者所认为的那样,只是核心决策的花边信息。相反,决策任务的情境因素才是塑造决策者理性的关键。

Cooper(1987)也指出,一个"理性人"(rational man)首先是一个"生物人"(biological man)。所谓的"理性人"与"生物人"是两个既有关联又有区别的概念,前者假设人们以效用最大化的原则行事,而后者则假设人们的原则是要使进化适应性最大化。Cooper(1987)进一步认为,从某种角度来说,"理性人"可以简化为"生物人",因为人们的决策是基于进化原则的,这种原则具有生物性,而理性原则最终也可从进化规律中推演得出。

Cosmides 和 Tooby(Cosmides, 1989; Cosmides & Tooby, 1992; Tooby & Cosmides, 1992)在进化的框架下提出了社会认知的领域独特性理论。他们认为,人类的认知包含了许多具有特定功能、相互关联的模块,这些模块能指导人们如何应对进化典型环境中经常出现的风险与生存挑战。用他们的话来讲:

> 不同的适应性问题往往有不同的最佳解决途径,因此,使用恰当的问题解决程序能更为有效地使问题迎刃而解。如果两个适应性问题有不同的最佳解决途径,那么两套具有针对性的方案比一套笼统的方案更为有效(Cosmides & Tooby, 1992, p. 179)。

他们还认为,从原则上来讲,进化的过程不可能生成一种具有普遍性目的的心智(general-purpose mind)。换言之,领域独特性的机制能更有效地解决适应性问题,更为重要的是,忽视情境内容的理性是不可能适用于这样的心智的。

5.2 基于情境的理性

研究领域独特性的一个方法是采用公认的研究非理性决策的范式,但赋予决策情境不同的社会情境,从而考察在不同的情境中人们的非理性行为是否同样存在。若非理性的程度发生改变,甚至完全消失,即可证明理性是领域独特性的这一观点。

作者(Wang, 1996a, 1996b, 1996c, 2002a, 2002b, 2008b)在这一思路下进行了一系列的研究。这些研究都以框架效应这一经典的非理性现象作为切入点,在

Tversky 和 Kahneman(1981)使用的"亚洲疾病问题"范式的基础上进行略微的改动，形成了"生死决策范式"(life-death decision paradigm)。

5.2.1　群体规模效应与群体构成效应

在 Wang 和 Johnston(1995)的实验 1 中,他们考察了群体大小这一社会情境因素是否会对风险偏好及决策理性产生影响。研究者假设,Tversky 和 Kahneman(1981)观察到的框架效应并不是一种普遍的、跨领域的决策现象,其出现与否取决于决策问题所处的社会情境。随着情境规模(contextual size,即患者群体规模)的变化,决策者的风险偏好及框架效应该会发生相应的改变。

实验采用不同版本的生死决策问题,被试的任务是在两种救援方式中选择其一。通过改变决策问题中的群体规模来操纵决策情境。具体而言,研究者设置了 6 000人、600 人、120 人、60 人及 6 人的条件①。对于每种情境规模,都会分别采用正性框架("存活率")或负性框架("死亡率")来描述决策问题。由于是被试间的实验设计,因此,每名被试只接受一种实验条件。总共包含 10 个条件,因变量为选择确定选项或风险选项的频次。

在所有的版本中,两种救援方式的结果的概率构成完全相同:存活率都是总数的1/3。确定选项为 1/3 的群体成员获救,风险选择为 1/3 的可能性群体中所有成员都能获救。具体的描述如下:

正性框架:存活率

假设 6 000 人(600 人/120 人/60 人/6 人)感染了某致命疾病。目前,针对该疾病有两种医疗方案。据科学评估,两种方案可能带来的结果如下:

如果采用方案 A,2 000 人(200 人/40 人/20 人/2 人)能被救活;

如果采用方案 B,1/3 的可能性 6 000 人(600 人/120 人/60 人/6 人)都能被救活,2/3 的可能性没人能被救活。

你倾向于采用哪种方案?

负性框架:死亡率

假设 6 000 人(600 人/120 人/60 人/6 人)感染了某致命疾病。目前,针对该疾病有两种医疗方案。据科学评估,两种方案可能带来的结果如下:

---

① 起初,实验仅设置了 6 000 人、600 人、60 人及 6 人的条件,在实验结束后,为了考察在背景规模维度上风险规避与风险寻求的临界点,又追加了 120 人的条件。

如果采用方案 A，4 000 人(400 人/80 人/40 人/4 人)会死亡；

如果采用方案 B，1/3 的可能性没有人死亡，2/3 的可能性 6 000 人(600 人/120 人/60 人/6 人)都死亡。

你倾向于采用哪种方案？

实验结果如表 5-1 所示。主要结果可总结为以下四点：

第一，在大群体(6 000 人或 600 人)的情境中，结果重复了典型的框架效应。被试在正性框架中更倾向于选择确定选项，而在负性框架中出现了风险偏好的反转，大多数被试选择了风险选项。

第二，在小群体(6 人或 60 人)的情境中，框架效应消失，在正性和负性框架中，大多数被试都选择了风险选项。

第三，在 120 人的群体情境中，不仅框架效应消失，而且被试对确定和风险方案的选择出现了"50—50"的平均分布。显然，被试对两种选项不存在明显的风险偏好。

第四，120 人的群体规模成为被试从大群体情境("救活 6 000"或"救活 600")中的风险规避转变成小群体情境("救活 60"或"救活 6")中的风险寻求的分界点。

表 5-1　各实验条件中被试的选择百分比与频次

实验条件	选择确定选项		选择风险选项		总数(N)
	百分比	频次	百分比	频次	
救活 6 000 人	59.1	26	50.9	18	44
死亡 6 000 人	38.6	17	61.4	27	44
救活 600 人	60.0	30	40.0	20	50
死亡 600 人	32.0	16	68.0	34	50
救活 120 人	47.7	21	52.3	23	44
死亡 120 人	45.5	20	55.5	24	44
救活 60 人	32.5	13	67.5	27	40
死亡 60 人	35.0	14	65.0	26	40
救活 6 人	36.0	18	64.0	32	50
死亡 6 人	30.0	15	70.0	35	50

(引自 Wang & Johnston, 1995)

具体来看，在 10 个条件中，被试的选择有显著的差异[1]，这说明不同情境中的生死问题会使被试表现出不同的风险偏好。也就是说，非理性的框架效应的出现取决

---

[1] $\chi^2(9) = 22.81$, $p = .006\ 6$

于问题的情境。那么,群体规模与框架如何作用于风险偏好?进一步的分析证实了具有情境领域独特性的决策模式。在两个大群体(6 000 人与 600 人)中,被试的决策模式非常类似,在两个小群体(60 人与 6 人)中,被试的偏好也相似。但是,人们在大群体与小群体条件下的偏好有显著的差异。在 6 000 人的群体情境("救活 6 000"与"死亡 6 000")中发现了框架效应[①],在 600 人的条件中也发现了框架效应,但是在 60 人("救活 60"与"死亡 60")与 6 人("救活 6"与"死亡 6")的条件中,均未发现框架效应。

为探索大群体与小群体之间的分界线,需要关注 120 人的情境。在正性框架中,47.7％的被试选择了确定选项,52.3％的被试选择了风险选项。而在负性框架中,45.5％的被试选择了确定选项,54.5％的被试选择了风险选项(见图 5-1)。120 作为一个分界点,符合进化中人类群体的典型规模。因为在进化过程中,人际关系数目的上限,也是人类认知能力能够处理的上限,大约为 150 人,这一数字被称作"邓巴数"(Dunbar's number; Dunbar, 1992,1993)。

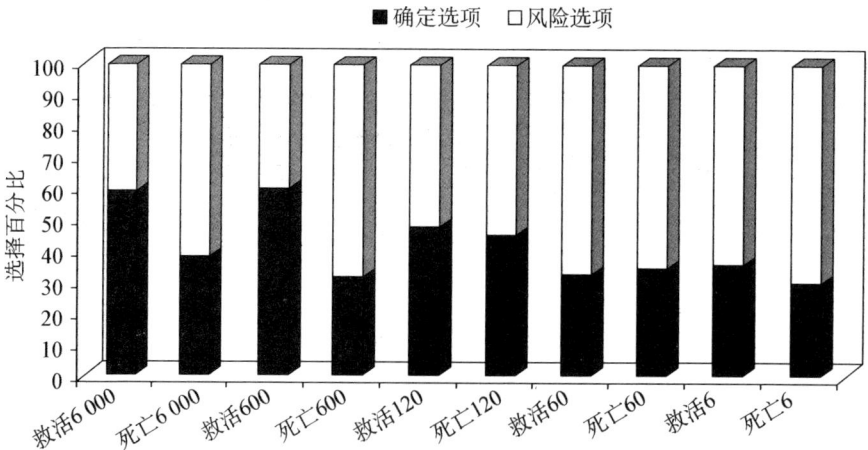

图 5-1 被试在不同群体规模与框架下的风险偏好
(引自 Wang & Johnston, 1995)

这一实验发现了风险偏好的情境规模效应。与大群体情境中的决策模式相反,框架效应在小群体情境中消失了。因而可以认为,框架效应是一种依赖于情境的决策现象。用两种不同的方式描述问题会导致风险偏好发生反转,这一现象已被先前的研究揭示,因此它并不会给人太多的惊奇。值得注意的是,当群体规模发生改变

----

① $\chi^2(1) = 3.84$, $p = .049\,9$

时,人们的选择偏好也会随之发生改变,甚至反转。这种依赖情境的决策现象显然违背了前景理论的预测,前景理论假设人们在损失时会统一地表现为风险规避,而在获益时会一致地表现为风险寻求。

同样,该实验的结果很难用认知启发式模型来解释。研究者通常通过人类有限的加工能力来解释各种常见的决策偏差,但是,当群体规模发生改变或信息描述方式发生改变时,人们的认知能力、投入的精力或对准确性的追求不可能发生急剧的变化。比如,从 600 人变为 6 000 人的情境,对信息处理的要求可能会因为数目变大而更为复杂,但是,行为结果在两种情境中相似,因此不支持这一假设,需要进一步探讨是何种心理机制引发了这种依赖于情境的决策模式。

对于上述结果,可能有两种解释。其一是金钱类比假设(money analogy hypothesis)。它认为,生死问题中的生命数量好比是赌博问题中的金钱数额:数额的绝对值越大,越值钱,人们拿它进行赌博的可能性越小。假设人们将失去一笔钱,他们很可能会选择"确定能挽回 1/3 的钱"而不倾向于选择"1/3 的可能挽回所有的钱,2/3 的可能失去所有的钱"。然而,当可能会失去的这笔钱数额较小时,决策者却会变得冒险。同样的道理,当群体规模较大时,生死问题显得非常重要,结果便是决策者偏好确定的选项。而当群体规模较小时,可能失去的生命的绝对数量较小,损失的代价也较小,所以决策者倾向于冒险。换言之,在 600 人中救活 200 人比在 6 人中救活 2 人更有吸引力,而 2/3 的可能失去 600 条生命比 2/3 的可能失去 6 条生命更可怕。这一金钱类比假设将金钱领域的常识运用到社会领域,试图解释实验 1 所发现的群体情境效应。

第二种解释是适应性假设(adaptive hypothesis)。根据进化的观点,人类在漫长的进化过程中几乎长期生存于面对面的小群体中,绝大多数的人花了他们几乎毕生的经历来应对小群体社会情境中的各种问题。这种小群体经历塑造了人们的决策机制,使其对社会群体背景非常敏感。

在决策情境中,"内群体理性"(in-group rationality)有别于"外群体理性"(out-group rationality),因为内群体(亲缘关系的群体)决策与外群体(陌生人群体)决策的结果从适应性意义上来讲可能完全不同。从这一视角出发,小群体中的生死决策问题也许在生态层面、生物层面、情绪层面都更有价值与意义。人们在情感上无法接受只有 1/3 的小群体成员能存活。因此,挽救 1/3 的成员不再是一种确定的"获益",反而变成一种确定的"损失"。这也正是为什么在更具有进化典型意义的小群体中非理性的框架效应消失的原因。相反,风险选项不仅提供了救活全部人的机会,而且还给所有的群体成员提供了一个"平等的"机会(1/3 的可能性),因此,有更多的人愿意选择风险选项,同时也希望所有的群体成员都能被救活。

尽管金钱类比假设与适应性假设都能解释上述实验中观察到的决策现象,但两者却基于完全不同的前提。金钱类比假设认为,大群体背景中的生命价值更高,因此人们倾向于规避风险以避免更大的损失。而适应性假设则认为,无论是从生态意义而言还是从情感价值而言,小群体对人们更重要,因此决策者倾向于冒险以力争救活所有的群体成员。

有意思的是,可以通过操纵生死决策问题中群体的构成来区分上述两种假设。在 Wang 和 Johnston(1995)的实验 2 中,他们把患有致命疾病的人设定为与被试关系密切的亲人,如此设置是为了增加群体的重要性,进一步增加损失的负性意义。因此,人们将变得更为风险寻求。但是从金钱类比假说来看,因为实验中的各种数值并没有变化,这一亲缘关系的实验操纵并不会引起风险偏好的明显变化。

在实验中,群体规模统一设置为 6 人,但患者被描述成是被试的亲人。问题描述框架仍分为正性框架或负性框架。具体的实验情境如下:

正性框架:存活率

假设你的 6 名亲人感染了某致命疾病。目前,针对该疾病有两种医疗方案。据科学评估,两种方案可能带来的结果如下:

如果采用方案 A,2 名亲人能被救活;

如果采用方案 B,1/3 的可能性 6 名亲人都能被救活,2/3 的可能性没有亲人能被救活。

你倾向于采用哪种方案?

负性框架:死亡率

假设你的 6 名亲人感染了某致命疾病。目前,针对该疾病有两种医疗方案。据科学评估,两种方案可能带来的结果如下:

如果采用方案 A,4 名亲人会死亡;

如果采用方案 B,1/3 的可能性没有亲人死亡,2/3 的可能性 6 名亲人都死亡。

你倾向于采用哪种方案?

结果发现,无论采用何种描述方式,绝大多数的被试都更偏好风险选项(在"存活率"框架下,72%的被试选择了风险选项;在"死亡率"框架下,94%的被试选择了风险选项)。同时,相比"存活率"框架,在"死亡率"框架中有更多的被试选择了风险选项①。

---

① $\chi^2(1) = 9.38$,$p = .002\,2$

结合实验1的结果来看,"死亡6亲人"与"死亡6"组的被试在风险偏好上明显不同[①],揭示了群体的构成效应;但是,"救活6亲人"与"救活6"组的被试没有差异。另外,如图5-2所示,在家庭情境中,损失框架使被试的态度更为极端,更多地选择风险选项(94%)。

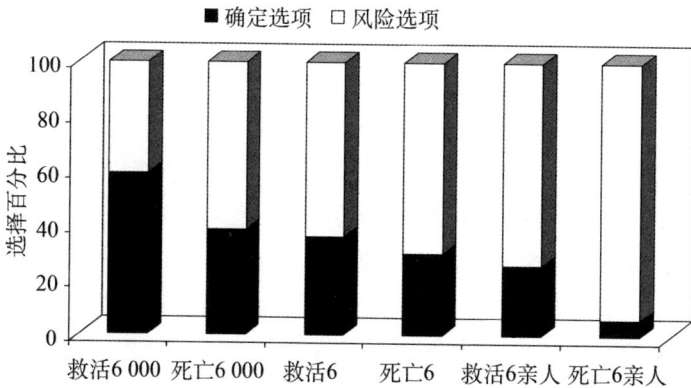

图5-2 被试在不同群体规模、群体构成与框架下的风险偏好

(引自 Wang & Johnston, 1995)

"救活6亲人"与"死亡6亲人"两组之间的差异揭示了有别于传统框架效应的另一种框架效应。在这两组中,绝大多数被试都选择了风险选项,因此,不存在非理性的风险偏好的反转。所出现框架效应是由于在负性框架下,风险寻求的频数发生了进一步的偏移,更多的被试选择了风险选项。这一结果说明,当生死决策问题发生在与个人高度相关的家庭情境中,负性框架对被试的风险寻求态度有更强的影响。当生死决策问题发生在家庭情境中时,无论用何种框架对其进行描述,它都是一个非常负性的问题,因此,负性框架会进一步放大这一问题内在的负性本质,从而使决策者越发冒险。

综合来看,如图5-2所示,框架效应在大群体情境中出现,在小群体情境中消失,在家庭情境中再次以不同的形式出现。这种风险偏好的模式支持了社会群体情境独特性的观点,提示要完整地理解决策理性与风险偏好,需把群体情境(外群体、内群体与家庭)纳入考虑。

可见,只有当决策问题的情境与内容相对比较抽象与"中性"时,不同的描述方法才会影响风险偏好。Anderson(1990,1991)也指出,在没有任何选项具有绝对优势时,框架效应才会出现。相反,当决策问题的情境与内容更具有生态及社会意义时,

---

① $\chi^2(1) = 10.81$, $p = .001\ 2$

无论问题描述的框架如何,绝大多数的被试都偏好风险选项。

5.2.2 跨文化的比较

需要注意的是,上述研究的被试均来自美国,那么,其结果能否经受跨文化的检验? 在东方文化下,决策是否也同样具有领域独特性? 为探究这一问题,Wang (1996a)在实验1中针对中国被试,采用"生死决策问题范式",探讨中国人风险决策是否也存在群体规模及其构成效应。

他将群体规模设置成6 000人、600人、60人或6人,并且用正性框架("存活率")或负性框架("死亡率")对其进行描述。在其中8个版本中,被试需要为大群体(6 000人或600人)或小群体(60人或6人)中的陌生人决策。在另外两个版本中,决策问题发生在家庭中,其中的6人为与被试具有血缘关系的6名亲人。在所有的版本中,都包含一个确定选项和一个风险选项。选择前者意味着确定有1/3的人能存活,而选择后者意味着有1/3的可能性所有人都能存活。显然,无论在哪个选项中,存活率都等于总数的1/3。唯一的不同在于群体的大小或构成(亲人还是陌生人)。被试来自北京的大学、研究所、工厂、公司或政府部门。

每个条件中被试选择确定选项或风险选项的百分比及频次的数据如表5-2所示。总体而言,中国样本的选择模式与美国样本相似,当群体规模较小时(60人或6人),框架效应消失;当群体规模为600人时,出现了框架效应。只有一处例外:在"救活600人"与"死亡600人"组并未发现框架效应。

表5-2　中国样本的选择百分比与频次

实验条件	选择确定选项		选择风险选项		总数(N)
	百分比	频次	百分比	频次	
救活6 000人	50.0	20	50.0	20	40
死亡6 000人	20.0	8	80.0	32	40
救活600人	37.5	15	62.5	25	40
死亡600人	40.0	16	60.0	24	40
救活60人	37.5	15	62.5	25	40
死亡60人	32.5	13	67.5	27	40
救活6人	37.5	15	62.5	25	40
死亡6人	30.0	15	70.0	35	40
救活6亲人	37.5	15	62.5	25	40
死亡6亲人	17.5	7	82.5	33	40

(引自 Wang, 1996a)

10 个条件中被试的选择呈现出显著的差异[1]，说明被试的风险偏好随着群体规模的变化而变化。有意思的是，界分框架效应是否出现的群体大小的拐点在中美样本中有所不同。在中国样本中，尽管在 600 人的条件中并未发现框架效应，但当群体规模增大到 6 000 人时，出现了明显的框架效应[2]。当决策问题发生在家庭中时，无论描述框架是正性还是负性，被试都变得更为风险寻求，这也与美国的结果相同。在负性框架下，被试的风险态度更为极端，相比"救活 6 亲人"条件中的被试，"死亡 6 亲人"条件中的被试更偏好风险选项[3]。

总之，中国样本与美国样本最主要的一点差异在于当群体规模为 600 人时被试的选择，在美国样本中发现了框架效应，而在中国样本中没有发现(见图 5 - 3)。这一结果或许说明两种文化中的被试对群体规模大小的主观知觉不同。也就是说，中国人对小群体规模的界定可能大于美国人的界定。中国的总体人口数量庞大、家庭规模相对较大、乡土社会的代际互动较多、社会群体的流动性较低，这些社会结构因素调节了中国人对群体规模大小的界定。相比美国人，中国人对亲友群体的定义范围更广。

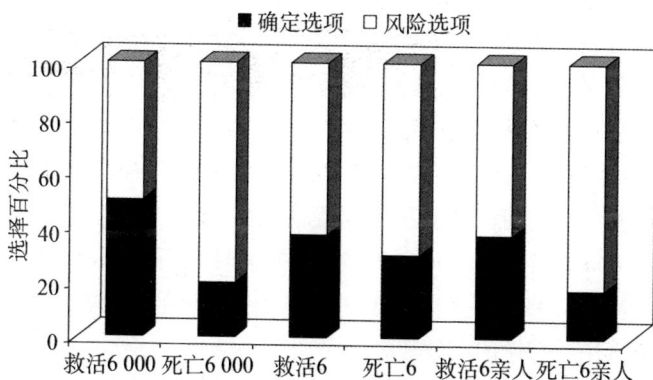

图 5 - 3　中国被试在不同群体规模与框架下的风险偏好

(引自 Wang, 1996a)

从适应性的角度而言，由于随着环境的变化，社会群体规模会不断地发生变化，因此，如果人们对小群体或大群体的定义保持一成不变的话，对其而言是危险的。更好的做法则是采用一个相对灵活、可调整的定义方法。所以，人们的这种在各自文化

---

[1] $\chi^2(9) = 17.46, p = .015$

[2] $\chi^2(1) = 8.78, p = .003$

[3] $\chi^2(1) = 4.22, p < .04$

与生态环境中自发地调整亲缘关系群体规模概念的能力是具有适应性意义的。总之,这些结果表明,无论社会文化背景如何,人们的理性都具有领域独特性。中美被试都把小群体、大群体及家庭群体视作为非常重要的社会领域,文化调节了大、小群体的分界点。

那么,为什么在大群体中会出现框架效应这种决策偏差,而在小群体及亲缘关系群体中,人们反而表现得更加一致和理性呢?群体规模是社会问题中的一个重要维度。无论是认知心理学的研究还是社会心理学的研究都发现,对群体成员身份的感知会影响个体的认知过程,继而作用于人们的行为(Brewer, 1979; Brewer & Campbell, 1976; Hornstein, 1976; Hornstein, Masor, Sole, & Heilman, 1971; Tajfel, 1970, 1981; Tajfel & Billig, 1974; Tajfel, Billig, Bundy, & Flament, 1971)。

在整个进化过程中,人们都生活在小群体中:与小群体成员亲密接触、为小群体成员寻找食物、处理发生在小群体中的事情。因此,小群体对人们具有重要的社会与人际意义。在小群体中,最为重要的基本单位是亲缘关系群体,包括共同生活的家庭成员和亲人等。所以,在小群体及家庭中,人们的决策表现得比较理性,决策偏好更为一致,不受语言表述的影响。在面对生死决策问题时,无论用正性框架还是负性框架,都倾向于风险寻求。显然,在具有重要意义的群体中,群体成员的相互依赖性远远高于非群体成员之间的相互依赖性。因此,为了维持小群体的日常功能,人们无法容忍只有 1/3 成员存活,他们希望所有的成员都能摆脱死神,所以为了这一目标而选择冒险。此时,无论用何种描述方式,都无法改变人们的目标及为了目标而采取的手段。相反,在 600 人甚至 6 000 人的大群体中,由于人际关系的疏远,决策者不具有明确的适应性机制,因此,人们寻求其他线索的帮助,导致决策偏好受到描述方式的影响,从而表现出非理性的框架效应。

与上述结果一致,一些研究者也发现,只有在决策问题较为模糊的情况下框架效应才会发生(Bettman & Sujan, 1987; Hoch & Ha, 1986; Shoorman, Mayer, Douglas, & Hetrick, 1994)。更有研究者进一步提出,框架效应只出现在对决策者意义不大的决策情境中。例如,Frisch(1993)指出,如果决策者并不那么在意他们究竟是选确定选项好还是选风险选项好,对选项的不同描述方式才会影响人们的选择。

总之,一些具有生态意义的社会变量(例如亲缘及群体规模)对人们的决策具有深刻的影响,因此,决策者在不同的群体情境中表现出不同的决策模式,揭示了人类决策中的一种亲友理性(kith-and-kin rationality)。

无论人们来自何种文化、生活在哪儿,在他们所处的环境中都会不断发生各种文化事件及社会活动。不同的群体情境暗含了不同的适应性意义。社会群体的规模大小似乎成为一种重要的线索,继而激活某些独特的认知与情绪机制来应对特定社会情境中的决策问题。在与进化无关或关联性较小的情境中,人们的决策更可能是非理性的。就像在黑夜中测试色觉肯定会有偏差一样,因为色觉这一能力本身就是针对白天的活动所进化而成的。因此在暗环境中测不到人们对颜色的知觉,不能说明人们没有颜色知觉,而是由于测量的环境不具有颜色知觉的生态有效性。从这个角度而言,任何在与进化无关的情境中所发现的行为偏差都不能称为"错误",真正的错误是研究者并没有对决策情境的有效性给予充分的考虑。但是,一旦在具有进化或生态意义的情境中,决策者的模式迅速变得理性。因此,研究者提出了"生态理性"这一概念,即社会或生态背景对决策具有重要的意义。

5.2.3 决策的领域效应

框架效应的非理性的重要特征在于,在不同的框架描述下,出现了风险偏好的反转,而不仅仅是偏移。Wang(1996c)提出,框架效应可分为两类。第一类称作双向框架效应(bidirectional framing effect),它是指在某种描述方式中被试表现为风险寻求(或风险规避),但在另外一种描述方式中,决策者的风险偏好发生了类别上的反转,表现为风险规避(或风险寻求)。形象地来说,可以理解为被试的选择从数轴的一端转移至另一端。第二类称作单向框架效应(unidirectional framing effect),它是指在某种描述方式中被试表现为风险寻求(或风险规避),在另一种描述方式中,决策者的风险偏好更为极端,表现得更加风险寻求(或更加风险规避)。可以理解为被试的态度从数轴的某点按同方向往端点移动。

通过考察不同决策领域中被试的风险态度,作者比较了在生命领域、公共财产领域及个人金钱领域框架效应的异同。研究范式包含三个不同的决策领域:生命、公共财产(博物馆馆藏名画)和个人金钱。每个领域涉及的价值分为四个水平:6 000、600、60 和 6。这些数字分别表示:(1)某致命疾病威胁到的人数;(2)化学污染波及到的馆藏名画的数目;(3)因破产而预期要损失的金钱数额。在生命问题涉及 6 人情境中,又分为两种情况:第一,某致命疾病威胁到 6 名陌生人;第二,某致命疾病威胁到被试的 6 名亲人。

每道问题分别用正性或负性的两种描述框架表述。具体的决策问题如下:

生命决策问题正性框架

假设 6 000 人(600 人/60 人/6 人/6 名亲人)感染了某致命疾病。目前,针对该疾病有两种医疗方案。据科学评估,两种方案可能带来的结果如下:

如果采用方案 A,2 000 人(200 人/20 人/2 人/2 名亲人)能被救活;

如果采用方案B,1/3的可能性所有人都能被救活,2/3的可能性没人能被救活。

你倾向于采用哪种方案?

生命决策问题负性框架

假设6 000人(600人/60人/6人/6名亲人)感染了某致命疾病。目前,针对该疾病有两种医疗方案。据科学评估,两种方案可能带来的结果如下:

如果采用方案A,4 000人(400人/40人/4人/4名亲人)会死亡;

如果采用方案B,1/3的可能性没有人死亡,2/3的可能性所有人都死亡。

你倾向于采用哪种方案?

公共财产决策问题正性框架

假设6 000幅(600幅/60幅/6幅)某世界知名博物馆中的珍贵名画不慎接触到严重的化学污染。目前,针对该事件有两种救援方案。据确切评估,两种方案可能带来的结果如下:

如果采用方案A,2 000幅画(200幅画/20幅画/2幅画)能被拯救;

如果采用方案B,1/3的可能性所有画都能被拯救,2/3的可能性没有一幅画能被拯救。

你倾向于采用哪种方案?

公共财产决策问题负性框架

假设6 000幅(600幅/60幅/6幅)某世界知名博物馆中的珍贵名画不慎接触到严重的化学污染。目前,针对该事件有两种救援方案。据确切评估,两种方案可能带来的结果如下:

如果采用方案A,4 000幅画(400幅画/40幅画/4幅画)会被毁坏;

如果采用方案B,1/3的可能性没有一幅画会被毁坏,2/3的可能性所有画都被毁坏。

你倾向于采用哪种方案?

个人金钱决策问题正性框架

假设你买了价值6 000美元(600美元/60美元/6美元)的某公司股票,然而,这一公司近期宣布面临破产。该公司提供了两种补救方案。据确切评估,两种方案可能带来的结果如下:

如果采用方案 A，2 000 美元(200 美元/20 美元/2 美元)能被挽回；

如果采用方案 B，1/3 的可能性所有钱都能被挽回，2/3 的可能性没有钱能被挽回。

你倾向于采用哪种方案？

个人金钱决策问题负性框架

假设你买了价值 6 000 美元(600 美元/60 美元/6 美元)的某公司股票，然而，这一公司近期宣布面临破产。该公司提供了两种补救方案。据确切评估，两种方案可能带来的结果如下：

如果采用方案 A，4 000 美元(400 美元/40 美元/4 美元)将损失；

如果采用方案 B，1/3 的可能性没有钱将损失，2/3 的可能性所有钱都将损失。

你倾向于采用哪种方案？

在实验分析中的因变量均为被试选择确定选项或风险选项的频次。如果 50% 的被试选择了确定选项，而另外 50% 的被试选择了风险选项，这说明平均而言，被试是风险中立(risk neutral)的。用这一风险中立的分界点可以将框架效应分为双向效应和单向效应两类。如果在正性框架下，高于 50% 的被试选择了确定选项，而在负性框架下，低于 50% 的被试选择了确定选项，这一效应就可以定性为双向框架效应。相反，如果在正性和负性框架下，都有高于 50% 的被试选择了确定选项或低于 50% 的被试选择了确定选项，这种效应就可定义为单向框架效应。在单向框架效应中，包含了风险规避的放大效应和风险寻求的放大效应。

表 5-3、表 5-4 和表 5-5 分别显示了在生命问题、公共财产问题和个人金钱问题中被试的选择百分比、样本量及 χ^2 统计检验的结果。

表 5-3　生命问题中正负性框架导致的风险偏好差异

实验条件	总数(N)	描述框架	选择确定选项的人数百分比	框架效应	χ^2 统计
正性 6 000 人	31	救活	61.3%	双向	$\chi^2 = 3.73$
负性 6 000 人	30	死亡	33.7%		$p < .05$
正性 600 人	31	救活	58.1%	双向	$\chi^2 = 8.23$
负性 600 人	34	死亡	23.5%		$p < .004$

实验条件	总数(N)	描述框架	选择确定选项的人数百分比	框架效应	χ² 统计
正性 60 人	33	救活	42.4%	无	不显著
负性 60 人	30	死亡	33.3%		
正性 6 人	30	救活	33.3%	无	不显著
负性 6 人	33	死亡	24.4%		
正性 6 名亲人	33	救活	33.3%	单向	χ² = 5.52
负性 6 名亲人	31	死亡	9.7%	(风险寻求)	$p < .02$

(引自 Wang, 1996c)

表5-4　公共财产问题中正负性框架导致的风险偏好差异

实验条件	总数(N)	描述框架	选择确定选项的人数百分比	框架效应	χ² 统计
正性 6 000 幅名画	38	拯救	61.6%	单向	χ² = 4.17
负性 6 000 幅名画	38	毁坏	60.5%	(风险规避)	$p < .04$
正性 600 幅名画	39	拯救	69.2%	无	不显著
负性 600 幅名画	41	毁坏	65.9%		
正性 60 幅名画	45	拯救	75.6%	双向	χ² = 8.45
负性 60 幅名画	40	毁坏	45.0%		$p < .004$
正性 6 幅名画	45	拯救	62.2%	双向	χ² = 4.67
负性 6 幅名画	41	毁坏	39.0%		$p < .03$

(引自 Wang, 1996c)

表5-5　个人金钱问题中正负性框架导致的风险偏好差异

实验条件	总数(N)	描述框架	选择确定选项的人数百分比	框架效应	χ² 统计
正性 6 000 单位金钱	36	挽回	91.7%	单向	χ² = 6.65
负性 6 000 单位金钱	30	损失	66.7%	(风险规避)	$p < .01$
正性 600 单位金钱	32	挽回	76.1%	无	不显著
负性 600 单位金钱	31	损失	64.5%		
正性 60 单位金钱	35	挽回	57.1%	无	不显著
负性 60 单位金钱	33	损失	48.5%		
正性 6 单位金钱	31	挽回	51.6%	无	不显著
负性 6 单位金钱	31	损失	58.1%		

(引自 Wang, 1996c)

　　实验结果显示,在生命问题中,选择确定选项的被试百分比为 35.4%,在公共财产问题中为 62.4%,在个人金钱问题中为 64.9%。生命问题中的百分比与后两者中的百分比差异显著①,然而,后两者之间无显著差异。与实验假设相符,被试在生命问题中表现得更加风险寻求。这一效应在亲缘关系组中表现得尤为显著。具体而言,在小群体或者家庭背景中,确定救活 1/3 的成员显然低于被试的最低要求(决策参照点)。因而,他们放弃无法达到最低要求的确定选项,去追寻可能达到最低要求的风险选项。

在公共财产与个人金钱问题中,选择确定选项的被试百分比显著地提高,说明被试在这两个问题中的抱负水平或最低要求较低,只需救出总量中的一部分就能达到他们的期望。

另外,在三个领域的任务中,框架效应的类别不尽相同。在生命问题中,双向框架效应和单向框架效应均存在(见表 5-3 和图 5-4,图中风险中立点用虚线标示)。当社会群体人数为大规模的 6 000 人或 600 人时,出现了双向框架效应;当社会群体人数减少为小规模的 60 人或 6 人时,框架效应消失;当群体变为 6 名亲人时,出现了放大风险寻求的单向框架效应。简而言之,当规模人数逐渐减小,直至变为亲人时,框架效应的变化模式是"双向—双向—无—无—单向(风险寻求)"。在公共财产决策问题中,框架效应的变化模式与生命问题中的不同,表现为"单向(风险规避)—无—双向—双向"(图 5-5)。在金钱问题中,只出现了单向框架效应,在两种描述框架下,被试的选择偏好均为风险寻求,其化模式为"单向(风险规避)—无—无—无"(图 5-6)。

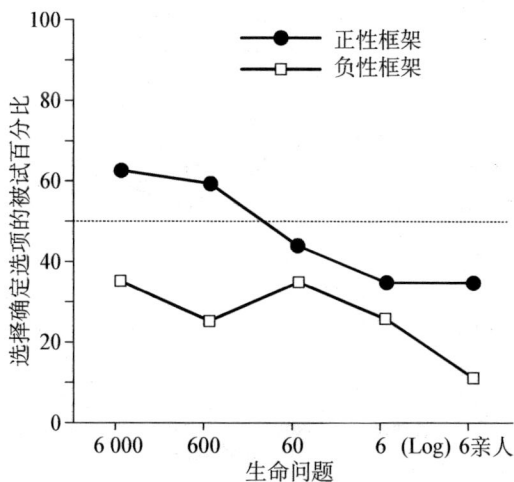

图 5-4 不同生命期望值中选择确定选项的被试百分比
(引自 Wang, 1996c)

① $\chi^2(2, N = 902) = 65.86, p < .000\,01$

此外,线性检验结果表明,只在金钱任务的正性框架条件中,选择偏好与金钱数额呈现出显著的线性关系。

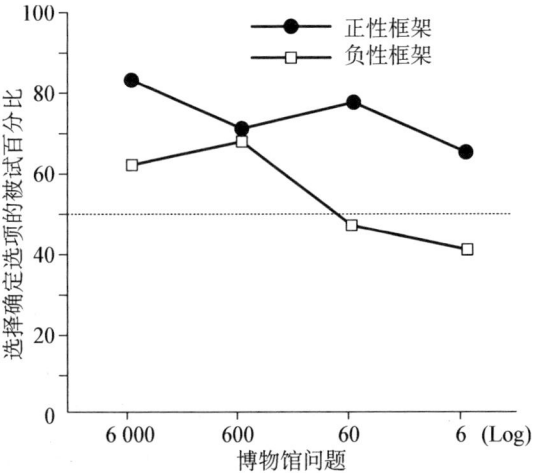

图 5 - 5　不同名画期望值中选择确定选项的被试百分比
(引自 Wang, 1996c)

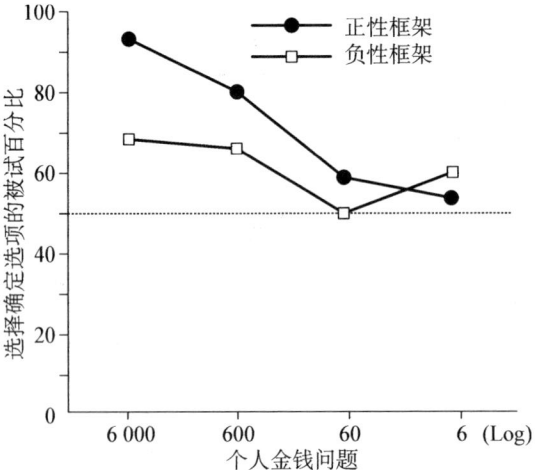

图 5 - 6　不同金钱期望值中选择确定选项的被试百分比
(引自 Wang, 1996c)

5.3 基于情境的理性:情绪的机制

在事后访谈中,不少被试表示,他们选择风险选项的最大理由是想给每个人相等的生存机会(Wang, 1996a)。这似乎说明,对不同选项的公平感知是导致被试选择风险选项的一个原因。

Frank(1988)认为,许多非理性行为背后的真正原因并不是人们在计算上出现了错误,而是源自他们的公平感。实证研究也发现,公平感会对决策偏好产生重要的影响。例如,Messick 和 Sentis(1979, 1983)提出,在人际决策领域,公平感扮演了不可忽视的角色。在考虑公平时,人们的决策与不考虑公平时的有显著的差异。

Kahneman、Knetsch 和 Thaler(1986)在他们的一系列实验中探讨了公平感如何解释企业与消费者的决策行为,而这些行为用标准经济学理论是无法解释的。其中的一个实验考查了人们进行公平分配的动机。研究者要求被试在匿名的实验条件中给不认识的他人分配金钱。结果发现,绝大多数的被试都选择了公平的分配方法(50%—50%分配法)。由于该实验在设计中排除了被发现的恐惧与被报复的威胁这两个因素的作用,因此 Kahneman 等人(1986)认为,是人们内在的对公平的考虑导致了这种分配方式。在后续实验中,他们还发现,74%的被试更喜欢与一位公平的分配者摊分 10 美元,而不和一名不公平的分配者摊分 12 美元。换言之,大多数人愿意牺牲 1 美元来惩罚不公平的分配者而奖励公平的分配者。这些结果说明,公平感并不是社会互动中的一个抽象的概念,而是通过情绪机制影响人们决策的一个直接因素。

基于上述原因,Wang(1996a)认为,对公平的考虑是导致群体规模效应的一个重要原因。在小群体中,人们需要互惠与互相依赖(Knauft, 1991;Wilson & Sober, 1989),因此公平感具有适应性意义,并且调节了决策者在小群体情境中的选择偏好。在小群体和家庭中,人们对公平的追求更强,而在大群体的陌生人情境中,公平感的强度减弱。这种公平感的差异可能会导致人们在不同的群体情境中做出不同的决策。

Wang(1996a)在实验 2 中,通过对生死决策问题中的救援方案进行不同的描述来操纵公平感,从而验证公平感在群体规模效应中发挥的作用。研究者设置了两种群体规模:一种群体人数为 600 人,另一种为 6 人。此外,提供了两个选项,在第一个选项中,随机救活 1/3 的群体成员,在第二个选项中,选择性地救活 1/3 的群体成员。因为实验的目的在于考察公平感对被试决策偏好的影响而不是考察框架效应,因此,只采用正性描述方法("救活率")。根据公平感假设,研究者预期,相比

大群体,在小群体中,被试更倾向于选择公平的方案。具体的实验材料如下:

假设 600 人(6 人)感染了某致命疾病。目前,针对该疾病有两种医疗方案。据科学评估,两种方案可能带来的结果如下:

如果采用方案 A,200 人(2 人)能被救活;

如果采用方案 B,会选择 200 人(2 人),他们会被救活。

你倾向于采用哪种方案?

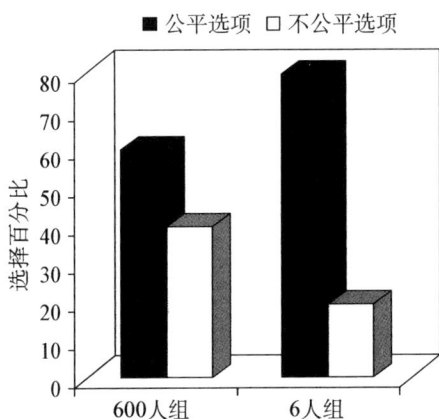

图 5 - 7　公平感操纵对决策偏好的作用
(引自 Wang, 1996a)

实验结果与预期一致,无论群体规模大小,更多的被试选择了不挑选存活者的公平选项(600 人组的比例为 60%,6 人组的比例为 80%)。更有意思的是,如图 5 - 7 所示,群体规模的效应显著。600 人组的被试与 6 人组的被试在决策偏好上有显著的差异[①]。在 600 人组中,选择公平选项的人数百分比与无差异点(50%)没有显著的区别,但是,在 6 人组中,选择公平选项的人数百分比明显高于无差异点(50%)[②]。这一结果说明,公平感的作用在小群体情境中更为明显。

上述结果表明,对公平的考虑可能是导致决策取决于群体情境的一个驱动因素。相比确定选项,风险选项被认为是一种更加公平的处理方式,因为它赋予生死问题中所有成员相等的生存概率。对于患者来说,最公平的解决方式是把选择权交给自然,风险选项恰恰体现的就是这一思想。另外,在小群体与家庭背景中,人们更加偏好风险选项,换言之,人们在对待亲友时,更加偏好公平。

除了公平假设,冲突避免(conflict avoidance)假设似乎也能解释为什么在小群体与家庭背景中人们表现得更加风险寻求。在家庭情境中,被试不愿意选择性地决定家庭成员的生死,为了避免这种责任和可能引发的冲突,他们宁可选择风险选项,而回避确定选项。这一冲突避免假设与 Bell(1982)的思想相同,他认为,对后悔的预期(anticipation of regret)会影响决策。当某一选项可能引发负性结果,而另一选项能

---

① $S^2(1) = 4.00$, $p = .05$
② $\chi^2(1) = 8.78$, $p = .003$

避免这一负性结果时,人们将体验到尤为强烈的后悔情绪。需要注意的是,避免冲突与追求公平是两种截然不同的动机。但是,上述实验的设计并不足以区分哪种假设更为可能,因此,对于群体规模效应的情绪机制还需进一步探讨。

群体规模效应还能帮助我们解读违反支配性理性原则的现象。假设(x, p, y)表示有p的概率获得x,否则获得y。根据随机支配性原则,当且仅当x比z有优势时,人们会选择(x, p, y)而不是(z, p, y)。基于Wang(1996a)实验1(决策偏好受社会群体情境的影响)和实验2(公平在其中的作用)的结果,可以推论:在大群体的情况下,因为缺乏相对应的适应性决策机制,人们更可能遵循一些理性原则,比如支配性原则;而在小群体环境中,因为人们具有明确的选择偏好,则可能在与理性原则相冲突的情况下忽视理性原则。

为了验证这一可能性,Wang(1996a)的实验3中设置了四个版本的生死决策问题。每个版本包含两种救援方案:确定选项确定能救活患者总数的2/3,而风险选项有1/3的可能性能救活所有的患者。很显然,前者的期望值(400人)要大于后者的期望值(200人),因此,确定选项为支配性选项,而风险选项为受支配选项。每名被试只接受一个版本的问题。在前三个版本中,群体规模为600人、6人或3人,在第四个版本中,患者被描述成被试的6名亲人。

前三个版本的实验材料如下:

> 假设600人(6人/3人)感染了某致命疾病。目前,针对该疾病有两种医疗方案。据科学评估,两种方案可能带来的结果如下:
> 如果采用方案A,400人(4人/2人)能被救活;
> 如果采用方案B,1/3的可能性600人(6人/3人)都能被救活,2/3的可能性没人能被救活。
> 你倾向于采用哪种方案?

第四个版本的实验材料如下:

> 假设你家庭中的6人感染了某致命疾病,他们包括你的父母、你的兄弟与你的姐妹。目前,针对该疾病有两种医疗方案。据科学评估,两种方案可能带来的结果如下:
> 如果采用方案A,4人能被救活;
> 如果采用方案B,1/3的可能性6人都能被救活,2/3的可能性没人能被救活。
> 你倾向于采用哪种方案?

被试的选择频次及百分比数据如表 5 - 6 所示。

表 5 - 6　实验 3 中被试的选择百分比与频次

实验条件	选择确定选项		选择风险选项		总数(N)
	百分比	频次	百分比	频次	
救活 400/600	90.0	36	10.0	4	40
救活 4/6	75.0	30	25.0	10	40
救活 2/3	67.5	27	32.5	13	40
救活 4/6 亲人	45.0	18	55.0	22	40

(引自 Wang, 1996a)

规范性理论认为,无论决策的社会情境如何,人们都应该遵循支配性原则。然而,本实验的结果并不支持这一观点。当且仅当生死问题发生在小群体情境中时,大多数的被试选择了被支配的风险选项(平均救活 1/3 的群体成员),而不选择处于支配地位的确定选项(确定救活 2/3 的群体成员)。这一违反支配性原则的效应在家庭情境中尤为突显。

将四组被试的决策偏好进行多重比较,发现差异显著[①]。在 600 人的大群体情境中,被试的偏好符合随机支配性原则,90%的被试选择了占有支配性地位的确定选项。当群体规模减小由 600 人降低到 6 人、3 人时,选择确定选项的比例由 90%降低到 75%、67.5%。总体而言,上述决策模式说明,当群体规模逐渐减小时,选择受支配的风险选项的被试比例逐渐增大,在 600 人的大群体中,被试选择风险选项的百分比与在小群体中(6 人、3 人)选择风险选项的平均百分比有显著的差异[②]。当决策问题发生在家庭情境中时,选择风险选项的比例上升至 55%,比小群体中(6 人、3 人)选择风险选项的平均百分比要显著的高[③]。在家庭情境中,选择确定选项的比例高于其他任何一组的比例:比 600 人组高[④];比 6 人组高[⑤];比 3 人组高[⑥]。这些结果表明,被试的决策偏好并不随群体规模呈现出线性变化的趋势。如果社会环境结构与社会群体中的人数并不呈线性相关,那么,在这一环境中生存的人类的心理函数也不

---

① $\chi^2(3) = 26.34$, $p < .0001$
② $\chi^2(1) = 7.33$, $p = .007$
③ $\chi^2(1) = 7.89$, $p = .05$
④ $\chi^2(1) = 24.00$, $p < .0001$
⑤ $\chi^2(1) = 8.28$, $p = .04$
⑥ $\chi^2(1) = 4.34$, $p = .04$

会与群体规模呈现线性关系。

不同群体规模之间的决策偏好差异如图 5-8 所示。

■ 确定选项(支配选项)　□ 风险选项(受支配选项)

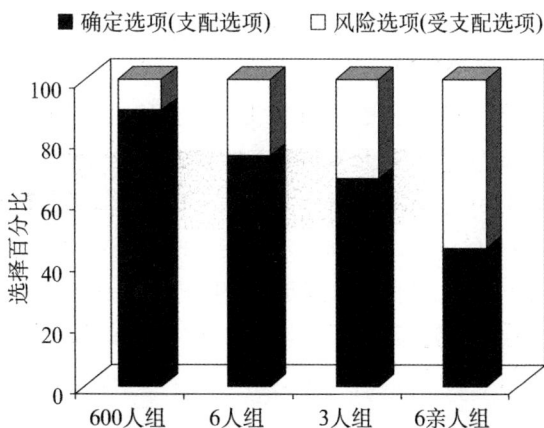

图 5-8　各条件中被试选择受支配选项及支配选项的人数百分比

(引自 Wang, 1996a)

这一实验结果再次挑战了决策理性具有领域普遍性这一观点。相反,随着社会群体的规模与结构(大群体、小群体与家庭情境)发生改变,决策者对随机支配性原则的违反程度也随之发生变化。可见,违反随机支配性并非源自认知错觉(cognitive illusion),它是一种依据决策的社会背景而发生系统的、持续变化的决策现象。

5.4　觅食理论、能量预算原则与亲缘选择

在研究人类行为时,存在一种"标准社会科学模型"(Tooby & Cosmides, 1992),它认为人类的大脑本是一块白板(一张白纸),不存在任何内容,而后天的经历在白板上刻上内容(Pinker, 1997)。这一观点在社会科学研究中普遍存在。正如 Browne (2006)所批评的那样,在这种一张白纸的假设中,人类好比是一块豆腐,自己本身没有任何特点,只能从文化的汤汁作料中吸收味道。

然而,进化心理学家则认为,人们的大脑具有一系列特殊的机制,它们作为一种特定的系列工具能处理在进化中反复遇到的特定问题(Cosmides & Tobby, 1996; Gigerenzer & Selten, 2001)。其中的一个关乎生存与繁衍的特定问题是觅食。风险敏感性觅食理论也能够帮助我们分析人们的风险决策及投资行为。

根据风险敏感性觅食理论(theory of risk-sensitive foraging)中的能量预算原则

(energy budget principle),一些重要的环境变量的均值与变异(variance)会共同影响动物的觅食决策,这些因素包括食量、获取能量所需的时间等(Caraco, 1981; Houston, Kacelnik, & McNamara, 1982; Real, 1991; Real & Caraco, 1986)。而觅食者的决策偏好取决于自身的能量预算。举例来说,如果摄取的总能量符合正态分布,那么饿死的几率由能量的均值与变异共同决定。

假设一只鸟每天最少摄取食量 M 才能生存,它可以去两处地点觅食,两者的每日平均期望摄取量(X)相同,但在变异上存在差异。第一个地点的变异(V1)较大,第二个地点的变异(V2)较小。如果均值 X 低于最低需求 M,那么对于这只鸟而言,理性的选择是去变异较大的地点,因为如此决策更可能降低死亡的概率。相反,如果均值 X 高于最低需求 M,那么理性的选择是去变异较小的地点觅食,因为这样的选择能保障生存。因此,根据能量预算原则,当选项的均值在最低需求之上时,需要规避风险,而当选项的均值在最低需求之下时,而为了避免可能的具有灾害性的损失,则需要冒险。

上述分析得到了实证研究的支持。研究者通过观察不同的动物在两种食物资源中的选择偏好来了解它们的风险敏感性及决策策略(Caraco, 1981, 1982, 1983; Caraco & Brown, 1986)。比如,Caraco、Martindale 和 Whittam(1980)考察了雀鸟的觅食行为,发现尽管两个觅食地点的食物分布的均值相同,雀鸟们在自身能量预算充足时偏好有固定回报的地点,而在能量预算不充足时则偏好变异较大的觅食地点。

用这一理论模型也能很好地解释人类的风险选择。在之前提到的 Wang 和 Johnston(1995)及 Wang(1996a)的研究中,无论是中国被试还是美国被试,当面临亲人的生死决策时,表现得更加冒险,偏好有 1/3 概率能拯救所有人的选项。研究者的解释是,在涉及亲友的小群体中,选项的均值(1/3 的人存活)低于决策者的最低要求,风险选项才有可能达到决策者的要求,因此成为理性的选择。但是,规范性理论无法推断出上述风险偏好的规律。然而,风险敏感性觅食理论的数学模型则能较好地预测这些决策(Real & Caraco, 1986; Stephens & Krebs, 1986)。

在不同群体中的个体对决策者的意义各不相同。群体规模越小,群体成员就越发相互依靠。因此,对于大群体而言,1/3 的成员能存活可能已经达到了底线,人们较为容易接受这种情况;但是,对于小群体而言,人们无法容忍只有 1/3 的成员能存活,对他们来说,这是远低于底线的,是一种群体性的灾难。如此看来,人们在小群体与家庭情境中的风险态度与进化策略基本一致(Wilson & Sober, 1989)。可见,对风险的敏感性是一种经过进化选择的决策机制,它既考虑选项的均值,也不忽视选项的变异范围。

有意思的是,觅食理论的原则对于推论生死问题决策比涉及金钱的决策更为有效。在关乎小群体的生命决策的问题中,人们的最低需求相对明确而稳定。但是,当涉及公共财产、个人金钱等更加现代的问题时,人们的最低需求较低。挽救 1/3 可能已经达到了最低需求,人们从而表现得比较保守。

之前,我们一直在风险决策的框架下讨论理性的领域特殊性,那么,在其他与进化相关的决策任务中,理性又将如何体现? 社会情境因素是否依然对个体的决策起到关键作用? 接下去我们讨论一种在现代社会对人类有重要意义的决策——投资决策。

假设你得到了一笔钱,会如何进行分配? 分给子女、好友、陌生人的比例各为多少? 人际间的亲疏关系又如何影响投资分配?

长期以来,传统的投资决策模型遵循效用最大化原则(von Neumann & Morgenstern, 1947)。尽管效用最大化假设因其实用性和简洁性被广为接受,但这一原则把每个选项的主观价值简化成一个单一的数字,而并不考虑结果分布与社会关系的影响。

近期,心理学家与经济学家开始将进化的思想引入对效用公式(Wang, 2001, 2002a, 2002b; Burnham, 2005)、未来商品的时间折扣(Wilson & Daly, 2003)、人力资源管理(Colarelli, 2003)与工作场所的组织行为(Browne, 2002)的研究。这些研究的一个共同特征是对投资决策进行进化适应性的成本—效益分析(cost-benefit analysis)。

如我们在第 1 章中提到的那样,对决策中涉及的人际关系,亲缘选择理论(Hamilton, 1964)为我们提供了一个简洁有效的分析框架。这一理论也被称作内含适应性理论。这一理论认为,物种(包括动物与人)的行为本质是要使自己获益、让自己繁育成功以及基因传递最大化。

这一适应性最大化的方式,可以通过有选择的利他行为实现。虽然利他行为要付出一定的成本(C),但是,只要这一成本与受益者的获益(B)满足如下条件,进化中这一行为就会通过自然选择得以遗传。

$$C \leqslant rB$$

这一不等式的关键就在于,获益的部分需要根据利他者与受益人之间的亲缘关系(r)进行折扣。这里的亲缘关系指的是两者之间的遗传相似度(genetic relatedness)。例如,自己与自己的遗传相似度为 1.0;与父亲或母亲的遗传相似度为 0.5;与子女也是 0.5;与亲兄弟姐妹同样是 0.5;与祖父母的遗传相似度降低至 0.25;与叔叔的遗传相似度也是 0.25;与堂兄弟姐妹的遗传相似度则为 0.125。根据上述公式,分给子女一定资源所付出的代价是留给自己相等资源所付出代价的 2 倍;分给叔叔一定资源所付出的代价是留给自己相等资源所付出的 4 倍。按照这一逻辑,为了减少繁殖成本,人们留给自己的资源、分给子女的资源、分给叔叔的资源将依次递减。

亲缘选择理论为利他行为提供了进化与遗传的解读,推论出利他的结果可以使自己的基因得到更好的延续。根据这一理论,经济投资也应当是一种对关系敏感的决策行为,基因关联度也应当影响个体的投资行为。

Wang(2007)考察了人类的投资行为是否符合亲缘关系理论。从进化的角度来看,自然选择应该为男性与女性的投资决策都"设置"了亲缘关系规则(Hamilton,1964),而性选择则使人们对男性的投资金额有更高的预期(Buss, 1994; Trivers, 1972)。与亲缘选择理论的推论一致,研究发现,投资金额会与投资者与接受者之间的直接或间接基因关系成比例(Burnstein, Crandall, & Kitayama, 1994; Webster, 2004)。

另一方面,性选择应该让男女之间达成了契约,要求男性对其伴侣的投资要大于女性对其伴侣的投资。类似地,从父母投资视角来看,女性对父亲投资的考虑程度大于男性对母亲投资的考虑程度(Buss, 1989; Trivers, 1972)。这种女性偏爱慷慨的男性的现象可能会使女性对男性的大方程度比男性的实际平均水平有更高的期待。因此,研究者假设,无论是男性还是女性,对男性分配给他人与其伴侣的金钱数额的期待高于对同年龄女性的期待。

再次,研究者认为,女性对男性投资数量的预期应当比男性对女性的投资预期更为准确。对女性而言,准确地探测到这种差异更为重要,因为性伴侣提供的外在资源对女性的生育成功比对男性的生育成功更为重要。

Wang(2007)采用假想任务,要求被试估计一名典型的男性或女性会分配给一系列可能的受益者多少金钱。实验采用2(被试的性别:男/女)×2(假想的投资者的性别:男/女)的被试间设计。把同性之间的估值作为基线,并将男性对假想女性的估计(Mf)与女性对假想女性的估计进行对比(Ff)。同样,还对比了女性对假想男性的估计(Fm)与男性对假想男性的估计(Mm)之间的差别。注意,大写字母 F 或 M 表示被试的性别,而小写字母 f 或 m 表示被试假想情境中的投资者的性别。被试被随机分配到以下任意一个情境中:

> 假设你是一名与你实际年龄相同的男性(或女性),你刚中了 10 000 美元。没人知道你究竟中了多少钱,因此,你分配这笔钱的方式无人能知。以下是一系列与你相关的人(按字母顺序排列)。请在每个人边上的空白处填写你会从 10 000 美元里分多少给他/她。分配金额可以为零。

除了假想的自己外,这一系列的人还包括姨、叔、兄弟、姐妹、慈善机构、朋友、祖父母、侄子、侄女、子女、其他人、父母与配偶。

表5-7显示了被试给不同受益人分配的情况。投资分布基本能匹配决策者与受益人之间的亲缘关系的远近。根据遗传相似度的大小,投资给不同类别的受益人的平

均金额逐渐下降:分配给自己 4 134 美元,分配给遗传相似度为 0.5 的亲属 1 135 美元,分配给遗传相似度为 0.25 的亲属 237 美元,分配给遗传相似度为 0.125 的亲属 114 美元,分配给慈善机构(陌生人)57 美元。在分析中之所以将"其他人"与"慈善机构"分开统计是因为对不同被试而言"其他人"所包含的关系可能不尽相同。自己、有基因相关的亲人、非亲人(慈善机构 + 朋友 + 其他人)得到的数额有显著的差异[①]。这些结果支持了实验假设,投资金额与投资者和受益者之间的直接与间接基因关联性成比例。

表 5 - 7 对不同受益人的投资金额

金额(美元)	受益人	遗传相似度	金额(美元)	受益人	遗传相似度
4 134	自己	1.0	194	侄子/侄女	最高 0.25
1 598	父母	0.5	114	堂兄弟姐妹	0.125
1 287	子女	0.5	1 186	配偶	间接基因关联
521	兄弟姐妹	0.5	123	朋友	互惠关联
435	祖父母	0.25	57	慈善机构	道德关联
82	叔/姨	0.25	269	其他人	

(引自 Wang, 2007)

有意思的是,配偶得到的金额(1 186 美元)与近亲得到的均值(1 135 美元)几乎相同,这说明,重要他人(significant other)的心理价值与近亲的心理价值大致相等。从进化的观点而言,婚姻关系的终极功用是为生育进行有契约性的共同投资和合作。换言之,"你的后代就是我的后代,我们的间接遗传相似度为0.5"。

表 5 - 8 显示了男女被试对不同受益人投资的金额数量,表 5 - 9 显示了假想的男女主人公对不同受益人投资的金额数量。不同受益者的投资金额有显著的差异[②],被试的性别与投资额度存在显著的交互作用[③]。无论假想性别是男还是女,相比男性被试,女性被试分配给自己的金额都要更少[④],即 $(Ff+Fm) < (Mf+Mm)$。从繁衍的视角而言,男性可以通过给多位配偶投资以最大化他们的金钱资源价值。相反,女性则通过对后代的投资来最大化她们的金钱资源价值。因此,总体而言,女性被试在这一假想投资情境中表现得更为慷慨。但是,恰恰相反的是,男女被试都预期

---

① $F = 6.67$, $p < .000\ 1$
② $F = 654.4$, $p < .000\ 1$
③ $F = 2.47$, $p < .006$
④ $F = 17.0$, $p < .000\ 1$

女性要比男性更吝啬,留给自己的更多[1],即(Ff+Mf)＞(Mm+Fm)。这一差异可以被理解为一种由女性偏好导致的决策模式,即人们对男性慷慨程度的预期高于他们的实际水平。也可以说,由于这一差异的存在,女性对男性投资的要求一直高于男性实际投资的表现。这一性选择的动力将继续推动男女在资源投资上的差异,也许使得未来的男性更为慷慨。

表5-8 男女被试对不同受益人的投资金额

受益人	被试的性别		受益人	被试的性别	
	女性	男性		女性	男性
自己***	3 513	4 793	叔/姨	63	96
配偶	1 303	1 061	侄子/侄女	183	206
父母	1 701	1 489	堂兄弟姐妹	131	96
子女	1 473	1 089	朋友	140	104
兄弟姐妹*	612	425	慈善机构	76	36
祖父母	472	396	其他人	332	203

(引自 Wang, 2007)
*** 表示 $p < .001$
* 表示 $p < .05$

表5-9 假想的男女主人公对不同受益人的投资金额

受益人	被试的性别		受益人	被试的性别	
	女性	男性		女性	男性
自己**	4 499	3 759	叔/姨	67	98
配偶	1 162	1 216	侄子/侄女	184	205
父母	1 438	1 762	堂兄弟姐妹	105	124
子女	1 278	1 295	朋友	87	160
兄弟姐妹*	440	605	慈善机构	32	82
祖父母	464	406	其他人	243	296

(引自 Wang, 2007)
** 表示 $p < .01$
* 表示 $p < .05$

男性和女性谁能更准确地读懂对方的心思? 与实验假设相符,女性对男性投资分布的预测(Fm＝Mm)比男性对女性的预测更准确(Mf≠Ff)。具体的均值与 F 检验结果如表5-10所示。用 Ff(女性对女性的预测)作为基线来考察 Mf(男性对女性

---

[1] $F = 5.40, p < .02$

的预测)的准确性,F 检验的结果显示,男性的预测具有系统的偏差。男性高估了女性留给她们自己的钱数,同时还低估了女性分配给她们配偶、亲人与非亲人的钱数。类似地,用 Mm(男性对男性的预测)作为基线来考察 Fm(女性对男性的预测)的准确性,结果表明,两者无显著差异,说明女性更准确地预测了男性对不同关系的投资数额。

表 5 - 10　Ff(女性对女性投资的预测)与 Mf(男性对女性投资的预测)的对比及
Mm(男性对男性投资的预测)与 Fm(女性对男性投资的预测)的对比

受益人	Ff	Mf	Ff 与 Mf	Mm	Fm	Mm 与 Fm
自己	3 660 美元	5 444 美元	$F = 19.9,\ p < .000\,1$	4 166 美元	3 352 美元	$F = 3.33,\ p = .071$
配偶	1 410 美元	882 美元	$F = 4.11,\ p < .045$	1 410 美元	882 美元	$F = 0.04,\ p = .836$
亲人	632 美元	496 美元	$F = 5.27,\ p < .024$	589 美元	695 美元	$F = 3.36,\ p = .070$
非亲人	168 美元	67 美元	$F = 8.74,\ p < .004$	199 美元	160 美元	$F = 0.59,\ p = .444$

(引自 Wang, 2007)

实验的另外一个发现是,相比男性被试($M = 5.2$ 人),女性被试会把她们的钱分配给更多的人($M = 6.4$ 人)[①]。这一结果与 1890 年至 1984 年加利福尼亚州萨克拉门托市(Sacramento)市民的实际财产分配相符(Judge, 1995),说明投资策略存在性别差异,女性在分配财产时关注的社会关系更广。

总结而言,上述关于投资决策的研究再一次证明,人们的决策会受到社会因素(例如投资者与接受者的关系距离)的影响。由此可见,除了前景理论所指出的获益或损失外,进化、生态、社会因素同样是决定决策的重要方面。因此,在研究中仅仅考虑经济理性是远远不够的,生态理性也需要得到充分的认识与关注。

---

① $F = 12.93,\ p < .000\,4$

第6章 界定风险分布：三参照点理论

有底线才能够居安思危；了解现状才能知道身在何处；有明确的目标方可有的放矢。三参照点理论用底线、目标和现状将预期结果的空间分布界分成失败、损失、获益和成功的四个功能性的区间。通过比较风险结果在功能性区间内和跨区间的分布，使得决策的分析丈量有了界面、地标以及取舍的原则。

——作者

6.1 从零参照点模型到多参照点模型

风险决策理论历经了从零参照点到单一参照点，再到多参照点的变化。在最初的期望效用理论中，研究者还没有意识到参照点的存在。直到前景理论的提出，研究者才开始关注参照点对决策的影响。但是，根据前景理论，人们在决策过程中只会设置一个参照点，并根据这一参照点来知觉当前的状态是获益还是损失。那么，在典型的决策任务中，是否可能同时存在多种参照点？近期的一些研究肯定了这一想法，认为两个甚至多个参照点会共同影响决策。

虽然风险的主要测量指标是预期结果的变异（March, 1988；March & Shapira,

1992；Markowitz, 1952,1959)，但是，如前所述，以期望效用理论(Bernoulli, 1738/
1954；von Neumann & Morgenstern, 1944)为代表的决策理论通过权重加和的方式，
得出对不同决策选项的期望功效值，因此丢失了有关决策结果分布的信息。尽管变
异会影响期望，但这一公式并未包含任何关于选项变异的信息。遗憾的是，虽然有个
别例外(Busemeyer & Townsend, 1993；Pollatsek & Tversky, 1970；Wang, 2002b,
2008b)，但现行的大多数行为决策理论都未把关注点聚焦到选项的变异这一变量上。
然而，要对结果分布做出合理的评估就需要对决策的结果空间进行分类界定，而要做
到这一点就需要引入参照点这一概念。

在判断与决策领域，参照点是指由决策者主观选定的任意价值，它被用于对决策
可能出现的结果进行比较、分类或评价。期望效用理论没有考虑任何参照点，仅关注
选项的最终状态(Bernoulli, 1738/1954)。在期望效用理论之后，越来越多的理论开
始关注现状(status quo, SQ)这一参照点(Markowitz, 1952；Edwards, 1954；
Helson, 1964；Kahneman & Tversky, 1979)，在这些理论中，效用函数结合了参照水
平(Tversky & Kahneman, 1992)与期望效用模型中的目标定向的(target-oriented)
效用(Bordley & Kirkwood, 2004；Castagnoli & Calzi, 1996；Fishburn, 1977)。第4
章中提到的前景理论也属于一种单参照点模型。

然而，近期有越来越多的研究都发现，人们在实际决策过程中不仅会考虑现状，
还会使用其他参照点(Higgins, 1997；Mellers, Schwartz, Ho, & Ritov, 1997；
Ordóñez, Connolly, & Coughlan, 2000；Yates & Stone, 1992)。另外，Neale 和
Bazerman(1991)认为，在谈判过程中，多参照点也普遍存在。研究者甚至发展了多参
照点模型来解释蜜蜂与鸟类的觅食选择(Hurly, 2003)。但是，究竟如何选择以及选
择多少个参照点是决定决策模型准确性与简洁性的重要考量。

作者(Wang, 2008；Wang & Johnson, 2012；王晓田,2013；王晓田,王鹏,2013)
提出的三参照点理论(tri-reference point theory, TRP)将决策者的底线(minimum
requirement, MR)、目标(goal, G)与现状一起纳入考虑。这三种参照点广泛存在于
人们的实际生活中。例如，某学生在第一次化学考试中取得了 80 分的成绩，这就是
他/她的现状。他/她的目标是在下次考试中得到 90 分。而下次考试再怎么差也不
能低于及格线 60 分，那么，60 分则是底线。对于一支球队而言，底线可能是要获得
奥运资格，而目标则是要打进四强。对于一个大公司的 CEO 而言，目标是要使下个
季度的盈利达到公司的季度预期，而底线则是维持一个季度所必须的资金流量。另
外，底线的产生也许是被动的，当国家制定了钢铁工业的入门标准时，年产的最低精
钢吨数就成为一个钢铁企业的底线。

那么，为什么仅选择底线、现状和目标这三个参照点呢？如果一个模型包含尽可

能多的参照点,以期更为准确地预测人们的选择,那么,它的普适性就很有可能会大大降低。因此,研究者需要在准确性与普适性之间做一个权衡。在选择参照点时,三参照点理论遵循了以下四条标准。这些参照点要(1)从理论和实际应用角度都普遍存在于各种决策任务中;(2)已被较多实证研究证明对风险决策具有重要的影响;(3)反映的是可以被量化的特定状态而非泛泛的需求、抱负或愿望;(4)跨越这些参照点的价值变化要比在两个参照点之间的等量变化产生更为显著的心理影响。

Kahneman 和 Tversky(Kahneman & Tversky, 1979;Kahneman, 1992)的一系列工作揭示了主观价值的载体并非财富的总量,而是以现状为基点的变化量。三参照点理论进一步发展了这一思想,同时考虑决策者的底线与目标。在任何风险任务中,人们既需要全力追求目标,又需要力争避免低于底线的情况发生。另外,现状与目标和底线的关系,反映了一个决策任务的风险程度。

纵观现有研究,单单考察现状、底线或目标的实验很多。以前景理论为代表的研究强调了现状对决策的重要影响(Kahneman & Tversky, 1979,2000)。管理学的一些研究发现,目标的设定也会影响人们的决策与绩效(Heath, Larrick, & Wu, 1999;Locke, 2002;Payne, Laughhunn, & Crum, 1980,1981)。也有诸多研究揭示了底线在风险决策中的关键作用。例如,Tversky(1972)在按序排除模型(elimination-by-aspects model)中提出,人们在做选择时,会基于对某个特征的底线要求,逐一排除那些在这一特征上吸引力不够大的选项。在谈判过程中,人们也会先设置底线,继而根据底线的标准再进行谈判(Raiffa, 1982)。底线的重要性还体现在动物的觅食行为中。当鸟类和蜜蜂的能量有盈余时,它们会避免具有较大变异的觅食选项,从而最小化跌破能量底线的可能性;而当它们自身的能量处于赤字状态时,则倾向于寻找变异较大的觅食选项,以求增加达到底线的可能性(Kacelnik & Bateson, 1997;Real & Caraco, 1986;Stephens & Krebs, 1986)。

在实际生活中,底线、现状和目标这三个参照点可以由任务(例如考试)的属性决定,也可以由他人强制设定。然而,无论是哪种情况,目标和底线都是决策过程中的主观参照点。即使是由他人强加的,目标和底线都会被决策者转变并接受为主观的参照点。三参照点大致可以由四种不同的路径决定:第一,任务本身决定了参照点的高低。第二,他人的要求决定了参照点。第三,与不同参照群体的社会比较决定了参照点的设置。第四,组织或个人的经验调节或重新设置了参照点。

在最近十几年里,有部分研究者开始关注多参照点对决策的共同作用。例如,Ordóñez 等人(2000)发现,人们在评估薪水满意度和公平性时,多种比较参照点会共同发挥作用。Sullivan 和 Kida(1995)的研究更为直接地考察了目标与底线对风险决策的作用。他们在投资决策任务中设置了两个参照点:前一年的投资回报(现状)与公司当年的业绩目标。总体而言,当投资选项高于现状和目标时,企业被试倾向于规避风险。当投资选项低于现状和目标时,如果被试只考虑目标的话,他们应该更倾向于冒险,但实验结果并不如此,说明被试在选择时会同时考虑现状和目标。最后,当选项介于现状和目标之间时,被试们时而风险寻求,时而风险规避,这一结果再次说明在决策任务中,人们既考虑现状,也会参考目标。

在近期的一个实验中,谢晓非、谢佳秋、任静和余松霖(2009)用动态股市投资任务考察了底线和目标在风险决策中的作用。在实验中,被试在计算机上完成模拟投资任务,一共有四个阶段(假设为一年的四个季度),在每个阶段,他们都可以从五只股票中任选一只进行投资。被试可以把所有的钱都用作投资,或者只投资其中的一部分,剩余的钱则会存进一个有固定回报率的账户。在每轮投资结束后,都会给被试提供反馈。五只股票的期望回报相等,只是在变异上有所差异。在任务中,被试被明确告知他们的底线与目标。结果显示,当投资的结果低于底线或目标时,被试更可能选择风险较高的投资组合;而当投资的结果高于目标时,被试更可能选择保守的风险投资组合。这说明决策者在进行投资决策时会考虑多种参照点。同时,实验发现,底线相比目标对投资决策有更强的影响。Koop 和 Johnson(2012)采用真实的赌博任务,也同样发现被试在决策时同时考虑了底线、现状和目标。

6.2 基本假设与模型

基于上述思想,Wang 与其合作者提出了三参照点理论。然而,在该理论正式提出之前,其雏形——有限风险分布模型(bounded risk distribution model)——着重论述了底线这一参照点对风险决策的影响。

觅食理论为理解人类的风险决策提供了一些有用的比喻。假设一只觅食的鸟至少需要 200 卡路里才能存活,有两个地点均能提供期望值为 250 卡路里的食物,但两者在期望值的变异上有所不同。对风险敏感的觅食理论(Real & Caraco, 1986)认为,这只鸟应该去变异较低的地点觅食,因为较低的变异更可能满足 200 卡路里的底线要求。换言之,相比具有较大变异的地点,具有较小变异的地点提供少于 250 卡路里的食物的可能性较小。但是,如果最低需求比期望值高,比方说最低需求是 300 卡路里,那么此时理性的选择应该去变异较大的地点觅食,因为变异较大的结果分布更可能提供满足 300 卡路里需求的食物。

与觅食理论的相关概念相似,Wang(2002b)的有限风险分布模型强调了以下四者之间的关系:(1)选项的平均期望值;(2)风险分布(通过可能得到的结果的变异来反映);(3)底线;(4)目标设定。

从进化的角度来看,底线直接决定了生存抑或死亡——无论对于动物还是人类而言,一旦低于底线,生命就岌岌可危;而只要在底线之上,无论实际情况有多糟糕,都不会危及生命。相反,目标仅仅与繁殖有关。因此,相比之下,底线对决策者具有更为重要的意义。因而有限风险分布模型更为关注底线。根据平均期望值和底线的关系,均值—变异原则(mean-variance principle)决定了决策者在风险情境中的选择策略:当平均期望值高于任务的底线(平均期望值>底线1)时决策者倾向于风险规避;当平均期望值低于底线(平均期望值<底线2)时则倾向于风险寻求(如图6-1)。

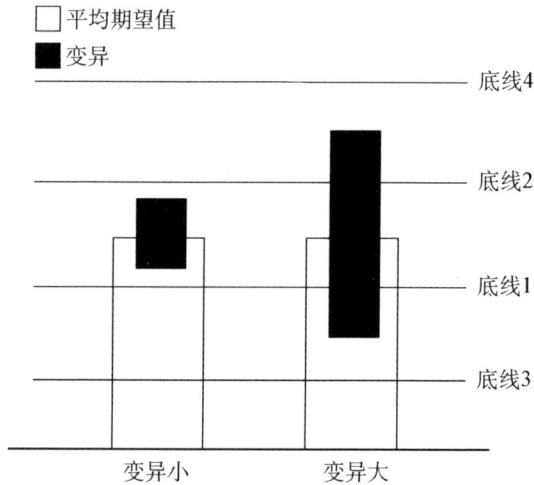

图6-1 均值—变异分析模型

(引自 Wang, 2002b)

总结来看,均值—变异原则提出了非线性的效用函数,平均期望值与底线之间的关系(即底线的位置)决定了效用函数。从底线之下达到底线之上的变化,效用较大;在底线之上的等量变化,效用较小;在底线之下的等量变化,效用基本为零。

根据有限风险分布模型,有两种特殊的情况可能会改变甚至反转均值—变异原则所推论的风险偏好。第一种特殊的情况是底线位于变异的下边界之下(见图6-1中的底线3)。由于选项不会触及底线,因此,决策者更可能选择风险选项。第二种特殊的情况是变异无法达到底线(见图6-1中的底线4)。有限风险分布模型认为人们在此情况下有几种选择的可能:一是等待时机的出现,二是通过其他机制(比如买保险)增加达到底线的可能。

有限风险分布模型可以说是三参照点理论的雏形,除了期望值,研究者开始增加对风险分布及多个参照点的关注。作者(Wang & Johnson, 2012;王晓田,王鹏,

2013)在有限风险分布模型的基础上,正式提出了三参照点理论,更完整地探讨了底线、现状和目标这三个参照点对风险决策的影响。三参照点理论的基本假设如下:

假设1:人们会考虑三种不同的参照点,即底线、现状和目标。在力求达到目标的同时,人们也竭尽全力避免底线失守。由于目标和底线都是相较于现状而言的,因此,在评估选项分布时,决策者会将现状作为零点(zero point)。

假设2:底线、现状和目标将结果空间的全域 x 划分为四个区域,即成功($x \geqslant$ G)、获益(SQ$<x<$G)、损失(MR$\leqslant x <$SQ)和失败($x<$MR)。特别需要注意的是,此处的"获益"和"损失"与以往单一参照点理论中的"获益"和"损失"不尽相同。以往理论中的"获益"可能超越了目标,也可能未超越目标。类似地,以往所界定的"损失"可能跌破了底线,也可能仍处于底线之上。

假设3:与其他参照点理论一样,三参照点理论认为,心理感受深受参照点的影响。如果客观价值上的某个变化跨越了参照点,那么它所引发的心理感受量较大(价值曲线在参照点附近更为陡峭);相反,如果它没有跨越参照点,那么所引发的心理感受量较小(价值曲线相对平缓)。

假设4:成功、获益、损失和失败的重要程度不同。避免失败(即超于底线)是最为重要的,追求成功(即高于目标)次之,最后是在现状上下的浮动。这一假设与"安全第一"原则(safety-first principle; Roy, 1952)及自然选择的达尔文次序(适者生存、生存者才能繁衍)一脉相承。三参照点的这一先后顺序体现了"失败厌恶"(failure aversion)的倾向。也就是说,失败带来的痛苦程度大于在同一任务中成功带来的喜悦的程度。

用"双S价值曲线"(见图6-2)能概括假设1—4。该曲线是指,在现状之上存在一条S型价值曲线,在成功区域表现为凹函数(风险规避),而在获益区域表现为凸函数(风险寻求)。在现状之下还存在另一条S型价值曲线,在损失区域表现为凹函数(风险规避),而在失败区域表现为凸函数(风险寻求)。由于底线对决策者的心理影响大于目标,而目标又大于现状,因此,现状点之下的S型价值曲线变化的斜率大于现状点之上的S型价值曲线变化的斜率。

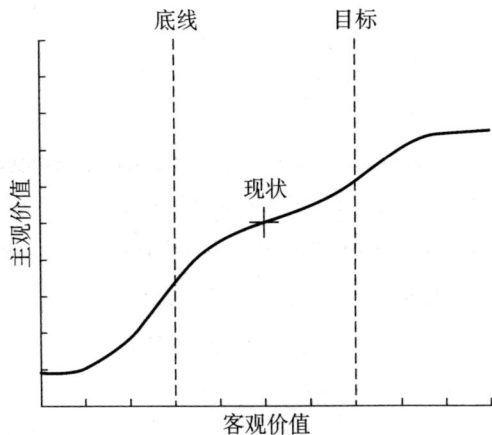

图6-2 三参照点理论的双S型价值曲线
(引自王晓田,王鹏,2013)

假设5:任务环境中的情境和社会因素(例如,经济、生态、社会、关系、组织和文化等变量)、特质性因素(例如,风险态度、调节焦点、主观生命期望和自我效能感)及沟通因素(例如,决策的框架和锚定)都会影响人们对参照点的设置。

下面将详细论证上述五个假设。在图6-3(A)中,在线性价值维度 x 上,相邻的两个参照点之间的距离都相等。因此,在期望值上,A-B=B-C=C-D。但是,如图6-3(B)所示,一旦确定了底线、现状和目标后,三个点之间的主观效用就不再相等。

根据假设4的重要性排序,在图6-3(B)中,因为从点A到点B跨越了底线,而底线区分了失败和非失败,换言之,从点A到点B反映了死里逃生,所以A和B之间的差异会诱发最大的主观价值增量。从点C到点D跨越了目标,即获得了成功,所以应该产生第二大的主观增量。从点B到点C所产生的主观增量应该最小,因为这一变化可以被视作是围绕现状的波动。值得注意的是,失败厌恶在这里体现为从点B到点A带来的失败的痛苦程度大于从点C到点D带来的成功的喜悦。

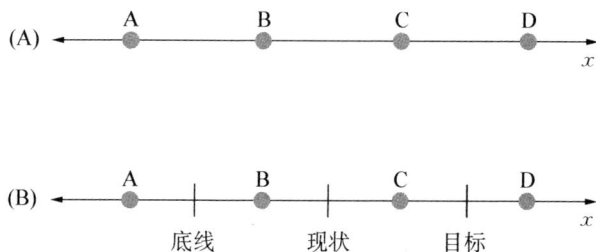

图6-3 参照点对结果评估的作用

注:在图(A)中,相邻的点之间等距。在图(B)中,当引入底线、现状和目标等参照点后,相邻的点之间的心理变化量不再相等
(引自 Wang & Johnson, 2012)

在这部分中,我们将论述三参照点理论如何解释风险决策。如图6-4所示,底线、现状和目标是决策者设定的参照点。当决策者面临选项A(变异较大的风险选项)和选项A'(变异较小的安全选项)时,他们倾向于选择A,因为它提供了超越底线的机会。相反,在面临选项B(变异较大的风险选项)和选项B'(变异较小的安全选项)时,尽管B可能带来更大的获益,但也有可能致使底线失守,根据失败厌恶的原则,人们应该选择较为安全的B'。然而,在选项C(变异较大的风险选项)和选项C'(变异较小的安全选项)中,虽然人们可能会更多地受到人格等因素的影响,但是根据TRP理论的权重排序,人们会表现为轻度的风险寻求,因为C右侧超越目标的部分的心理权重大于左侧低于现状部分的心理权重。最后,在选项D(变异较大的风险选项)和选项D'(变异较小的安全选项)中,决策者应该倾向于规避风险,因为选择D已

经达到了目标,而选择 D 虽然可能会取得更好的结果,但同时也存在低于目标的可能。

需要注意的是,这些假设和前景理论的假设并不相同。前景理论认为人们在损失时(图 6 - 4 中的 A 和 B)会表现为风险寻求,而在获益时(图 6 - 4 中的 C 和 D)会表现为风险规避,尤其是当损失或获益比较确定时。

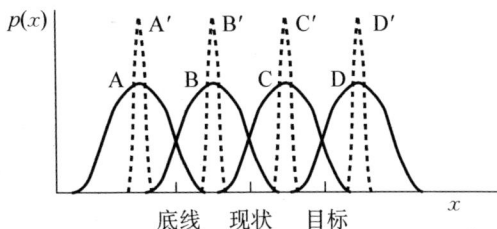

图 6 - 4　基于三参照点的风险选择

注:变异大的选项(A, B, C, D)和期望值相同的变异小的选项(A′, B′, C′, D′)成对出现,构成 4 种风险选择的情况。
(引自王晓田,王鹏,2013)

6.3　比较参照点模型

这一部分将比较三参照点理论与另外两个单一参照点理论——前景理论(Kahneman & Tversksy,1979)与累积前景理论(cumulative prospect theory; Tversky & Kahneman,1992)。将从决策理性的假设和运作特性等方面进行具体的对比(见表 6 - 1)。

表 6 - 1　三参照点理论与前景理论及累积前景理论的比较

	三参照点理论	前景理论	累积前景理论
决策理性的假设			
随机支配性	不需要	不需要	需要
传递性	参照点强化传递性	需要	需要
独立性/相消性	不需要	不需要	不需要
不变性	不需要	不需要	不需要
运作特性			
效用最大化	不需要	需要	需要
边际收益递减	不需要	需要	未明确假定
损益不对称性:损失厌恶	损失>获益	基于经验数据的属性	未明确假定
损益不对称性:失败厌恶	底线>目标,失败>成功	未假定	未假定
参照点依存性	依存于底线、现状和目标	依存于单一参照点	依存于单一参照点
结果区域	失败、损失、获益和成功	损失和获益	损失和获益
参照点优先性排序	底线>目标>现状	未假定	未假定
概率的加权函数	线性和累加性(没有关于形状的假设)	倒 S 型	依存于等级(没有关于形状的假设)
价值函数	双 S 型曲线	单 S 型曲线	略带 S 型

(改编自王晓田,王鹏,2013)

首先,在决策理性的假设方面,通常而言,决策理性具有四个标准:随机支配性、传递性、独立性或相消性与不变性(详细介绍见2.3部分)。随机支配性与不变性被几乎所有的研究者所认可,较为宽松的理论并不一定要求传递性,而独立性或相消性遭到了很多研究的挑战(Tversky & Kahneman, 1986)。

(1)三参照点理论与前景理论及累积前景理论相似,都不需要满足随机支配性。例如,如果选项A有一大部分比底线低,而选项B有一大部分比底线高,那么,即使选项A的累计分布位于选项B的右侧,根据三参照点理论,决策者依旧偏好选项B。

(2)无论是前景理论还是累积前景理论都要求满足传递性原则。尽管有时存在违反传递性的现象(Bell, 1982; Bleichrodt & Schmidt, 2002; Bordley, 1992; Brandstätter, Gigerenzer, & Hertwig, 2006; Fishburn, 1977; Loomes & Sugden, 1982; Luce, 1992; Tversky, 1969; Tversky & Kahneman, 1986),但研究者认为这是一种不太常见的特殊现象(Birnbaum & Schmidt, 2008)。有意思的是,参照点的引入强化了传递性。

Loomes、Starmer和Sugden(1991)演示了一个违背传递性原则的例子。(x_1, p_1; …; x_n, p_n)表示一个由n个结果组成的选项,每个结果 x_i 对应的发生概率为 p_i。假设A = ($10, 0.4; $3, 0.3; $3, 0.3),B = ($7.5, 0.4; $7.5, 0.3; $1, 0.3),C = ($5, 0.4; $5, 0.3; $5, 0.3)。结果发现,将近1/3的被试违反了传递性原则,他们在A和B之间偏好A,在B和C之间偏好B,但是在A和C之间却偏好C。当引入参照点后,人们的相应选择则应该变得符合传递性原则。假设目标为8,底线为0,A因为有机会达到目标因此比B有优势;B因为期望值高因此比C有优势;A因为有机会达到目标因此比C有优势。如果目标为8,底线为2,A既无跌破底线之忧,又有超过目标的可能,而C在底线之上目标之下,因此A比C有优势;C不会低于底线而B可能低于底线,因此C比B有优势;根据底线优先的原则,A比B有优势。可见,参照点的引入帮助人们在决策中遵循传递性原则。

(3)与前景理论和累积前景理论一样,三参照点理论不要求独立性或相消性原则。

(4)根据前景理论和累积前景理论,违反不变性的情况普遍存在,框架效应就是最典型的例子。三参照点理论也不要求不变性原则。

其次,在运作特性方面,我们将从效用最大化、边际收益递减、损益不对称性、参照点依存性、结果区域、参照点优先性排序、概率的加权函数、价值函数等方面进行论述。

(1)三参照点理论并不支持效用最大化假设。尽管某一选项具有最大的效用,但如果它同时也更可能使决策者低于底线,那么就会被放弃。

(2) 边际收益递减是指每单位额外的增值(收益或者损失)在主观价值上相应增值会变得越来越小。它在规范性效用理论和前景理论中均具有核心意义。三参照点理论则不要求这一假设,而是根据参照点的权重排序来构建价值函数。可以想象,在两个参照点之间的边际递增带来的心理增量越来越小,但是,一旦当某一个边际递增跨越参照点时,它带来的心理增量应该不会继续递减而会出现心理效应的增值。

(3) 在损益不对称性方面,前景理论提出损失厌恶(Kahneman & Tversky,1979),认为损失的心理权重大于等量获益的心理权重。而在三参照点理论中,参照点的重要性排序和双 S 型价值曲线不仅预测了损失厌恶,还预测了失败厌恶。

(4) 在参照点依存性方面,前景理论和累积前景理论考虑了单一参照点,而三参照点理论则考虑了三个参照点。

(5) 在结果区域方面,前景理论与累积前景理论将结果划分为获益与损失,三参照点理论的划分则更为细致,加入了目标和底线两个参照点,因而存在四个区域:失败、损失、获益与成功。

(6) 在参照点优先排序方面,由于在前景理论和累积前景理论中只有一个参照点,因此不存在优先性。而在三参照点理论中,底线具有优先性,其次是目标,最后才是现状。

(7) 在概率的加权函数方面,前景理论中的函数在小概率区域是凹函数,而在大概率区域则是凸函数。三参照点理论没有对概率进行任何加权处理。

(8) 在前景理论和累积前景理论中,价值函数在获益部分是凹函数,而在损失部分则是凸函数。而三参照点理论的价值函数呈现双 S 型。三参照点理论的价值函数与前景理论或累积前景理论的价值函数还存在着区域性的斜率上的差异。具体而言,三参照点理论的价值函数在底线以及目标附近有较大的斜率。而根据前景理论和累积前景理论的推论,由于边际效用不断递减,所以离现状参照点越远斜率越低平。

上文分析了三参照点理论与单一参照点理论(前景理论和累积前景理论)的异同。下面将关注三参照点理论与其他多参照点理论的关系。

事实上,三参照点理论和其他现有的多参照点理论在很多方面都一脉相承。例如,Lopes(1987)提出,除了最大化期望值,决策者还竭尽全力最大化达到目标或抱负水平(aspiration level)的可能性。Lopes 提出的双因素理论(又称安全—潜力/抱负模型)将人们追求安全(security)或潜力(potential)的人格特质与由任务情境所决定的抱负水平整合在一起。双因素理论强调特质性动机对风险偏好的作用,但并未考虑多参照点。例如,尽管追求安全(security-minded)的个体可能更多地关注收益较低的结果,但他/她可能并不会用底线区分不同的低收益结果。而对于追求潜力

(potential-minded)且抱负水平较高的个体而言,双因素理论预测他/她在面对损失时会表现得风险寻求,然而,根据三参照点理论,如果风险选项可能导致跌破底线(见图6-4中的B和B′),人们则表现为风险规避。

March和Shapira的管理决策模型(March,1988;March & Shapira,1987,1992)认为,人们的风险偏好取决于对两个参照点的关注程度,第一个参照点是成功,第二个是生存。三参照点理论和上述模型有若干共同点,但在另一些方面也有所差异。其中,最大的相同是两者都假设生存(底线)和成功(目标)均对决策者的风险偏好有至关重要的作用。另外,两个模型均用结果的变异来测量风险。但是,两者最大的区别在于如何解释决定风险决策的内部机制。三参照点理论是基于价值函数的,但March和Shapira(1987,1992)的模型与价值函数无关。

6.4 验证三参照点理论

在提出三参照点理论后,Wang和Johnson(2012)用五个实验证明了该理论的合理性。在前三个实验中,研究者通过测量被试在决策中的参照点验证了三参照点理论的推论。实验4证实了三参照点理论提出的双S型价值函数。实验5进一步验证了三个参照点对风险决策的影响,并探讨三参照点理论与前景理论的异同之处。

在实验1中,研究者考察了底线、现状和目标对求职风险决策的影响。在正式实验开始前,研究者请上海的40名大四学生(20名男生,20名女生)评估对于大学应届毕业生而言,要维持在上海的生活,第一份工作所需要的最低月薪水平(即为底线),以及他们对第一份工作期望的月薪水平(即为目标)。结果显示,底线的均值是2 400元,目标的均值是6 400元。此外,研究者又另外找了117名来自同一大学生群体的大四学生,要求他们回答在上海第一份工作的最可能的月薪水平(即为现状),得到的结果是3 500元。

根据上面确定的底线、现状和目标,研究者设置了两对薪酬选项。在第一对选项中,一份工作的月薪低于底线,为1 700元;另一份的月薪不确定,50%的可能为1 000元(低于底线),另50%的可能为2 400元(高于底线)。在第二对选项中,一份工作的月薪处于底线和现状之间,为3 100元,另一份的月薪不确定,50%的可能为1 850元(低于底线),另50%的可能为4 350元(高于现状)。这两对选项与图6-4中的A和A′、B和B′相对应。

在正式实验中,研究者告诉来自上海同一大学生群体的学生被试,假设他们毕业后有两份候选工作,月薪情况如上文描述,其他方面(例如工作地点、组织文化等)都大致相同。被试需要选择其一。做出选择之后,他们还需要表明对于自身而言的底线、现状和目标水平,以此确保正式实验中被试的参照点和预实验中的相一致。

实验 1 的结果如表 6-2 所示。当均值低于底线时,72% 的被试选择了有机会超越底线的浮动性薪酬选项。但当均值位于底线和现状之间时,大多数被试(67%)选择了不会跌破底线的固定性薪酬选项。被试在上述两种条件中的选择有显著的差异①。

表 6-2 两种期望均值月薪下的选择

均值	固定选项			变异选项			N
	月薪	n	%	月薪	n	%	
低于底线	1 700 元	8	28	1 000 或 2 400 元	21	72	29
高于底线	3 100 元	18	67	1 850 或 4 350 元	9	33	27

(引自 Wang & Johnson, 2012)

实验结束后,被试表明的底线(2 510 元)、现状(3 990 元)和目标(6 400 元)与预实验中的底线(2 400 元)、现状(3 500 元)和目标(6 400 元)大体匹配。

特别需要注意的是,前景理论对风险决策的预测和实验 1 的结果并不一致。研究者根据 Tversky 和 Kahneman(1992)的累积前景理论的参数计算了每个选项的效用值。如果以 0 作为参照点,根据累积前景理论的计算出的效用值,人们在两种情况中都会倾向于风险规避。如果以被试的预期的工资现状(3 990 元)作为参照点,就能得到每个选项的净获益或净亏损值(例如对于月薪 1 700 元的工作,净损失是 3 990 - 1 700 = 2 290 元),将这些薪酬的值分别输入累积前景理论的公式后,得出的效用结果为,无论在哪种条件下,被试都应该选择浮动性薪酬;如果以毕业生施测到的底线值(2 510 元)作为参照点,根据累积前景理论公式计算出的效用值,则表明人们在两种薪酬选择中都会选择固定性薪酬。因此,累积前景理论所假设的风险偏好的公式在几种现状参照点的情况中,均与实际数据不符。

接下去,研究者又进行了实验 2,探讨了两种风险结果的分布情况对风险偏好的影响。在第一种情况中,风险选项不仅跨越底线且跨域目标(称作"双跨越选项");在第二种情况中,风险选项的变动局限于底线和目标之间(称作"中间选项")。而固定选项在两种情况中相同,均位于现状和目标之间(图 6-5)。

当需要在底线和目标之间权衡时,三参照点理论推论人们会先考虑底线(见假设 4)。因此,研究者预期被试在中间选项和双跨越选项中会偏好中间选项,其目的在于

---

① $\chi^2(1, N = 56) = 8.59, p < .01$

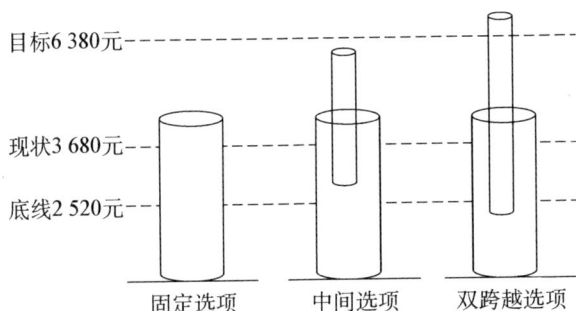

图 6 - 5 实验 2 中的月薪选项

注:宽柱体表示选项的均值,窄柱体表示选项的变异。
(引自 Wang & Johnson, 2012)

避免跌破底线的风险。此外,研究者还假设,与中间选项(在现状附近波动,但无法达到目标)相比,被试会更偏好固定选项(确定比现状更好)。

值得注意的是,与实验 1 一样,参照点不是由研究者给出的,而是通过调查估计出的被试实际的内源性参照点。根据上海某高校学生的回答,先确定他们对于第一份工作的底线(2 520 元)、现状(3 680 元)和目标(6 380 元)。然后依此设定三种选项的值。固定选项(4 350 元)处于现状和目标之间;中间选项的月薪有 50% 的可能性为 2 800 元,也有 50% 的可能性为 5 900 元;双跨越选项的月薪为 1 800 元或 6 900元,两者出现的概率相等。

接着,来自同一大学生群体的学生参加了正式实验。上述三个选项(固定、中间和双跨越)两两配对,为每名被试呈现其中任意一对选择,要求他们做出二择一的决策。

如表 6 - 3 所示,结果发现,在中间选项和双跨越选项中,绝大多数的被试(90%)都选择了中间选项[1]。同样,相比双跨越选项,被试更偏好固定选项(85%)[2]。这些结果证明了"底线优先"的原则,人们不愿意以低于底线为代价去追求目标。

此外,现状参照点同样是决定风险选择的重要因素。在固定选项和中间选项中,被试更愿意选择固定选项(75%)[3]。现状反映的是同类群体的平均水平,包含了社会比较信息(Hill & Buss, 2010),如果固定选项好于现状,说明自身的状况比同类群体的平均水平要好。

---

[1] $\chi^2(1, N = 20) = 12.80, p < .01$
[2] $\chi^2(1, N = 33) = 16.03, p < .01$
[3] $\chi^2(1, N = 28) = 7.00, p < .01$

表 6-3　实验 2 中月薪选项的选择频次与百分比

选项	月薪选项					
	选择 1		选择 2		选择 3	
	中间选项	双跨越选项	固定选项	中间选项	固定选项	双跨越选项
频次	18	2	21	7	28	5
%	90	10	75	25	85	15

(引自 Wang & Johnson, 2012)

　　同实验 1 一样,在被试做出选择后,研究者询问其实际的底线、现状和目标。以此作为效度检查,得到的结果分别 2 520 元、3 680 元和 6 380 元。

　　最后,研究者用被试的实际现状参照点计算出每个选项的净获益或净损失,并将之代入累积前景理论的价值函数。有意思的是,累积前景理论和参照点理论的预期完全一致,但是,两者背后的机制却大相径庭。举例来说,根据三参照点理论,人们较之双跨越选项更偏好中间选项的原因在于"底线优先",但前景理论却以损失厌恶来解释这一行为规律。接下去的实验 3 进一步验证了究竟是哪种原因导致了本研究的结果。

　　三参照点理论认为,在心理层面,底线最重要,目标次之,最后才是现状。因此,在实验 2 中,人们偏好高于底线的确定选项,而不选择可能超越目标但也可能低于底线的选项。在实验 3 中,研究者探讨了当风险选项跨越现状和目标时,人们是否会因为更重视目标而变得风险寻求(图 6-6)。这一预期又与前景理论相反,因为在获益部分,前景理论认为人们会表现得风险厌恶。

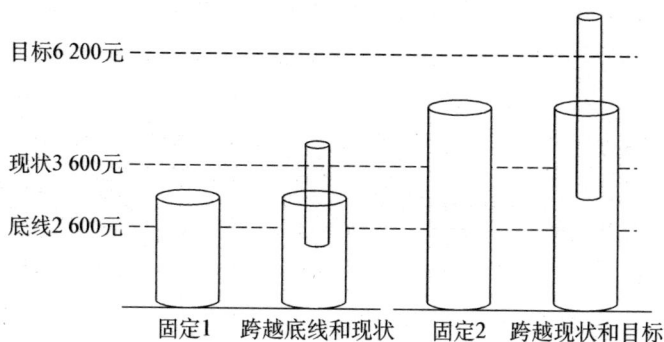

图 6-6　实验 3 中的月薪选项
注:宽柱体表示选项的均值,窄柱体表示选项的变异。
(引自 Wang & Johnson, 2012)

研究者给每名被试呈现两道决策问题,呈现顺序进行了平衡。根据先前实验所确定的底线、现状和目标,具体的决策选项如图 6 - 6 所示。当被试做出决策之后,他们依旧需要回答自己实际的底线、现状和目标,结果分别为 2 600 元、3 600 元和6 200 元。

实验 3 的结果如表 6 - 4 所示。在两种条件下,被试的偏好截然相反。与三参照点理论的预测一致,在固定选项与跨越底线和现状的变异选项之间,绝大多数的被试偏好前者(66%)[①]。但是,在固定选项与跨越现状和目标的变异选项之间,被试的偏好出现了反转,从风险规避变为风险寻求,因此更加倾向于选择后者[②]。这一结果说明目标的重要性大于现状。

表 6 - 4　在固定选项和变异选项(跨越底线和现状或跨越现状和目标)之间的选择

结果变异	固定选项			变异选项			N
	月薪	n	%	月薪	n	%	
跨越底线和现状	3 000 元	45	66	1 900 或 4 100 元	23	34	68
跨越现状和目标	5 000 元	23	34	3 000 或 7 000 元	45	66	68

(引自 Wang & Johnson, 2012)

与实验 1 和 2 一样,研究者用被试实际的现状计算每个选项的净获益或净损失,并代入累积前景理论价值函数,并计算出各个选项的功效值。结果表明,跨越底线和现状的变异选项的功效值大于期望值相等的固定选项,相反,跨越现状和目标的变异选项的功效值小于期望值相等的固定选项。因此,在两种条件下,累积前景理论的预测与三参照点理论的假设恰恰相反。如果以零点或者平均期望值作为参照点的话,累积前景理论的功效计算表明,人们在两种条件下应该都会规避风险。

综合三个实验的结果发现,在实验 1 中,三参照点理论的部分推论与累积前景理论相反;在实验 2 中,两个理论的预期一致,但背后的机制却是不同的;在实验 3 中,两个理论的推论也有所分歧。为了更仔细地比较两个理论的异同,研究者分别假设了三种不同的现状参照点:零点、选项的平均期望值和主观现状。结果表明,不管使用哪种现状参照点,两种理论的推论都有所分歧,而实验结果更加支持三参照点理论的推论(见表 6 - 5)。作者还考察了其他可能的解释,比如现状转移(shift status quo)、用目标或底线代替现状、敏感度降低,但是,这些假设都无法解释实验的结果。

---

① $\chi^2(1, N = 68) = 7.12, p < .01$
② $\chi^2(1, N = 68) = 7.12, p < .01$

表6-5　在双选项任务中的理论预测与实际选择模式

理论推论或实际的选择	选择1(跨越底线和现状)		选择2(跨越现状和目标)	
	固定选项 3 000元	变异选项 1 900或4 100元	固定选项 5 000元	变异选项 3 000或7 000元
累积前景理论—零点	√		√	
累积前景理论—期望值	√		√	
累积前景理论—现状		√	√	
三参照点理论	√			√
被试实际的风险偏好	√			√

(引自 Wang & Johnson, 2012)

需要指出的是,前景理论对许多决策现象的预测是十分有效的,因此,三参照点理论与其在某些推论上的重合也是合理的,特别是当决策的预期结果分布在损失和获益两个区间内。但是,当存在多参照点时,三参照点理论可能会比前景理论具有更好的预测力。

在接下去的实验4中,研究者进一步验证了三参照点理论提出的双S型价值曲线。根据这一曲线,在低于底线或目标的区域,价值函数表现为陡峭的凸函数,而在底线或目标之上,则是较为平缓的凹函数。也就是说,在图6-7中,当决策者所处的位置从最左边的失败区域慢慢移向最右边的成功区域时,他们先表现为风险寻求,然后变得风险规避,再变回风险寻求,最后又变得风险规避。换言之,当选项的期望值低于底线或介于现状和目标之间,风险选项的主观价值大于确定选项,因为风险选项提供了超于底线或目标的可能性。相反,当选项的期望值介于底线和现状之间或高于目标时,为了避免低于底线或低于目标的可能,确定选项的主观价值大于风险选项。

被试是来自中国某国际商学院的高级经理人。每名被试要完成随机呈现的八个独立的决策任务。在每个任务中,被试都需要从一个确定选项和一个风险选项中做选择,两者的期望值相等。如图6-7所示,每名被试在每个任务中都有20个积分作为他们的现状,选择的结果包括:出局(失败)、保级(损失)、晋级(获益)、胜利(成功)。指导语如下:

在每个选择中,你都会有20个积分,你的决定会导致下列某个结果:(1)如果你选择的净积分小于等于0,那么你就失败了(游戏出局)。(2)如果净积分大于0且小于20,你将处于损失状态,但仍能继续进行游戏。(3)如果净积分大于等于20且小于40,你将晋级。(4)如果净积分大于等于40,你就取得了胜利。

如果你选择了风险选项,则会通过抛硬币来确定结果。最终,会以"出局"、"保级"、"晋级"和"胜利"的数目来评估你的表现。

具体的选择问题如表 6-6 所示。相邻两个期望值(EV)的差异相等,即 $EV_2 = EV_1 + 20$, $EV_3 = EV_2 + 20$, $EV_4 = EV_3 + 20$。实验 4 的结果如表 6-6 所示。因为相邻 EV 值都相差 20 个积分点,因此从低于底线(EV_1)到介于底线和现状之间(EV_2),再到现状和目标之间(EV_3),最终到高于目标(EV_4),一共形成了四种实验情境。每个情境会得到 120 个数据(2 道题×60 名被试)。在分析中,研究者用每个情境中选择风险选项的平均百分比来反映被试的风险偏好。总体而言,在四个情境中,被试从风险寻求到风险规避,再到风险寻求,最后又变成风险规避。这一规律符合三参照点理论的预测。

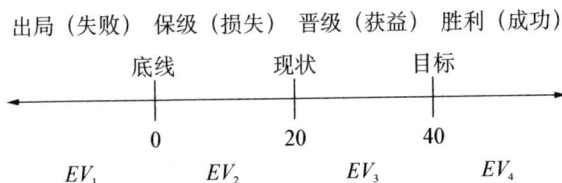

图 6-7 实验 4 的设计框架,EV 代表期望值
(引自 Wang & Johnson, 2012)

表 6-6 实验 4 中的选择问题、选择频次与百分比

属性	EV_1<底线		底线<EV_2<现状		现状<EV_3<目标		EV_4>目标	
	选择 1	选择 2	选择 3	选择 4	选择 5	选择 6	选择 7	选择 8
结果								
确定	-25	-25	-5	-5	15	15	35	35
风险	0, -50	-10, -40	20, -30	10, -20	40, -10	30, 0	60, 10	50, 20
确定的频次(%)	17	12	36	40	24	20	34	38
	(28.3%)	(20.0%)	(60.0%)	(66.7%)	(40.0%)	(33.3%)	(56.7%)	(63.3%)
风险的频次(%)	43	48	24	20	36	40	26	22
	(71.1%)	(80.0%)	(40.0%)	(33.3%)	(60.0%)	(66.7%)	(43.3%)	(36.7%)
$\chi^2(p)$	11.27	21.60	2.40	6.67	2.40	6.67	1.07	4.27
	(<.01)	(<.01)	(.12)	(.01)	(.12)	(.01)	(.30)	(.04)
风险均值	75.8%		36.7%		63.7%		40.0%	
风险偏好	风险寻求		风险规避		风险寻求		风险规避	

(引自 Wang & Johnson, 2012)

上述结果具有重要的理论意义。第一,这种风险偏好的变化模式验证了三参照

点理论所提出的双 S 型价值函数。具体来看,在达到底线或目标之前,价值函数曲线较为陡峭,而当达到底线或目标后,价值函数曲线则变得平缓。当 EV_1 低于底线时,被试倾向于冒险,当 EV_2 介于底线和现状之间时,被试则规避风险以避免跌破底线的情况。此外,风险偏好在跨越底线(从 75.8% 到 36.7%)时的变化大于在跨越目标(从 63.3% 到 40.0%)时的变化,体现了避免失败比追求成功对人们的行为具有更大的影响(失败厌恶)。

第二,这些结果挑战了某些风险—价值模型(Sarin & Weber, 1993)。它们认为风险与位置无关(location free),当风险选项的所有可能结果都加上一个恒定值时,它们的相对效用不会改变。但是,对比实验 4 中选择 1 和 3 的结果、2 和 4 的结果、5 和 7 的结果、6 和 8 的结果便可发现,决策选项在结果空间的位置分布对决策有重要的影响。

第三,无论是内源性的参照点(实验 1—3,由被试自发形成)还是外源性的参照点(实验 4,由实验者给定)对风险偏好的影响都符合三参照点理论的推论。

第四,实验 4 的结果明确表明,决策的过程涉及多个参照点,不仅是现状,还包括目标和底线。对被试个体决策的分析也符合分组分析的结果。首先,在总共 183 次风险偏好的反转中,137 次(74.9%)发生在多参照点反转的条件下[①]。更为重要的是,在 183 次反转中,有 153 次(83.6%)符合三参照点理论的预期[②]。由此说明,实验 4 的结果不可能由单一参照点造成。被试的确可能在某个选择中只考虑一个参照点,但在大多数选择中,他们考虑了多个参照点。

在最后一个实验中,研究者在两种情况下考察了被试在获益和损失区间内的风险偏好。在第一种情况中,没有明确的底线和目标;在第二种情况中,有明确的底线和目标。在题目相同的情况下,与没有目标、底线的情况相比,加入目标、底线使得风险偏好发生了明显的变化。研究者假设,在没有底线和目标时,人们的风险偏好符合前景理论提出的 S 型价值函数。具体而言,在没有底线和目标时,人们面对纯损失时会风险寻求,面对纯获益时会风险规避。而在引入底线后,哪怕底线在选项分布范围之外,它也会使人们变得更加风险规避;而在引入目标后,哪怕目标在选项分布范围之外,它也会使人们变得更加风险寻求。

其次,实验 5 还考察了当 EV 分别位于失败、损失、获益、成功功能区间内与跨越边界时对风险偏好的不同作用。风险结果的分布存在三类情况:第一,变异局限在两个参照点之间(称作"之间"状况);第二,变异触及某一参照点边界(称作"擦边"状况);第三,变异明显跨越某个参照点(称"跨越"状况)。研究者假设,在"跨越"状况

① $\chi^2(1, N = 183) = 44.26, p < .0001$
② $\chi^2(1, N = 183) = 81.34, p < .0001$

下,风险偏好在失败、损失、获益和成功区域内分别为风险寻求、风险规避、风险寻求和风险规避。这些效应在"之间"和"擦边"状况下会有所减弱。

每名被试要完成 18 道双选项问题,先回答 6 道没有明确底线和目标的问题,再回答 12 道引入底线和目标的问题。每道问题中都有一个确定选项和一个风险选项,两者的期望值相等。四个期望值分别位于失败、损失、获益和成功的区域内。具体的指导语如下:

> 你的选择会导致下列某种结果:(1)如果你选择的结果小于等于 -200 美元,你就输了;(2)如果介于 -200 美元和 0 美元之间,你处于损失状态;(3)如果介于 0 美元和 200 美元之间,你处于获益状态;(4)如果大于等于 200 美元,你就获胜。如果你选择了风险选项,则会通过抛硬币来确定结果。最终,会以"输"、"损失"、"获益"和"获胜"的数目来评估你的表现。

针对每个 EV 会有三道题目,它们在风险选项的结果分布方面有所不同:或在某一结果区域内部,或正好触及某一结果区域的边界,或跨越某一参照点。

与预期相符,在没有底线和目标限制的情况下,被试在纯获益时风险厌恶,而在纯损失时风险寻求。当有明确的底线时,被试在面对相同的损失时变得风险厌恶(选择风险选项的平均百分比从 75.6% 下降到了 43.3%)。这一差异在"之间"(从 86.7% 下降到了 53.3%)和"擦边"(从 66.7% 下降到了 40.0%)状况中都存在。

当纯获益加上底线和目标后,只有在"跨越"状况下,被试的风险偏好由风险厌恶(16.7% 选择了风险选项)[1]变成了风险寻求(66.7% 选择了风险选项)[2]。而在"之间"和"擦边"状况下,人们的风险偏好与在纯获益时无显著区别。

在纯获益和纯损失条件下的结果符合前景理论提出的 S 型价值函数。一旦加入底线与目标,底线便使得人们的风险偏好往风险厌恶方向转变,而目标则使人们的风险偏好转向风险寻求。也就是说,人们的基本偏好表现为规避底线风险、寻求目标风险。

6.5 三参照点理论的应用

在这一部分中,我们将举例说明三参照点理论在不同领域的应用。

---

[1] $\chi^2(1, N = 30) = 13.3$, $p < .001$
[2] $\chi^2(1, N = 30) = 4.80$, $p < .03$

6.5.1 三参照点理论在众筹研究中的应用

在过去的十年间,众筹平台迅速崛起。所谓众筹(crowdsourcing),是指公司把一些特定的工作任务通过网络平台(比如 Amazon Mechanical Turk, MTurk)外包出去的做法。众筹招募者会给出需要解决的问题,并提供相应的报酬。这些任务通常比较简单,人们很容易完成,但是又超出计算机的智能范围。众筹工作者(crowdworker)会得到一个任务描述,然后他们选择是否完成这个任务。一旦任务完成,招募者会通过众筹平台支付给工作者报酬。这种方式可以降低完成任务所需的成本,同时也能减少完成任务所需的时间。

然而,关于众筹任务完成质量的研究结果却很不一致。尽管有研究认为,非专家工作者完成的质量接近于专家(Harris & Xu, 2011),但也有研究认为,非专家工作者完成任务的质量很低(Mason & Watts, 2010)。

在众筹任务中,Mason 和 Watts(2010)发现,金钱激励会提高工作完成的数量而不是质量。Harris(2011)针对众筹工作者考察了不种类型的金钱激励的作用。在正激励条件中,如果工作者正确完成了一项任务,就可得到奖励。在负激励条件中,如果工作者做错了一项任务,就会撤销奖励。在混合激励条件中,同时使用正负激励。结果发现,混合激励最有效。

面对如此不一致的结果,Harris 和 Wu(2014)设计了一个研究,旨在考察金钱激励究竟如何影响众筹工作者的绩效。他们认为,在探讨金钱激励的作用时,不能忽视众筹工作者所面临的参照点。事实上,他们不仅会以现状作为参照点,根据三参照点理论,他们还会同时考虑目标与底线。因此,在 Harris 和 Wu(2014)的研究中,他们基于三参照点理论探讨了金钱激励对众筹工作者的影响。具体可分为三个问题:

第一,究竟是奖励正确的回答还是惩罚错误的回答对众筹任务的绩效具有更好的激励作用? 第二,通过奖励,鼓励表现较差的工作者自动退出(walk-away bonus)能否提高任务整体的正确率? 第三,众筹工作者是否表现出与三参照点理论的推论一致的风险态度?

研究者在 Amazon Mechanical Turk 上招募了被试。被试需要完成一个匹配任务,把一段文字描述和电影名匹配起来。这些电影都是未上映的。具体而言,被试会看到一幅图片或一段文字,后面有四个选项,其中只有一个正确答案。他们需要选出正确答案。被试总共需要回答 30 道题,分为 6 轮,每轮 5 道题。研究者会测量被试完成的准确性、留存率(retention rate;指完成了所有问题的参与者的比率)和风险态度。

三个实验组中的被试在众筹实验开始前都会得到 1.5 美元的奖金,这是他们的现状。每答对一道题,就可以多得 0.05 美元,答错则扣除 0.05 美元。同时,被试也被告知他们最多可以得到 3 美元,这是目标。被试需要支付 0.2 美元的参与费才能参与众筹工作,这是最低要求。工作开始后,在被试做出选择之后、揭晓答案之前,他们有机会给自己的决策上保险。在上了保险的情况下,如果回答错误,只会被扣除 0.025 美元;但是如果回答正确,只可以获得 0.025 美元。因此,上保险是一种规避风险的选择。

在第二个实验组中,实验者还额外设置了退出奖励机制,奖励那些因绩效差而自愿退出的工作者。退出奖金的额度是当前奖金的 33%。如果被试在前 5 轮中放弃继续任务,就可以得到退出奖金。但如果在第 6 轮放弃则不能得到。

在第三个实验组中,支付金额为 0.5 美元,从而提高底线。另外还告诉被试,只要他们得到的奖金能够达到 2.5 美元,最后会支付 3 美元作为奖励。此外,回答问题准确率最高的两名被试还可以得到 4 美元的奖励。

在控制组中,既没有金钱奖励,又没有退出奖金,同时,被试参加众筹工作也无需支付金钱。

表 6-7 报告了各组被试的任务正确率、留存率、获得的奖励金额和风险规避情况。风险规避以被试在所有题目中接受保险的次数百分比表示。

表 6-7 实验结果

组别	N	任务正确率		留存率		获得奖励金额	
		M	SD	M	SD	M	SD
控制组	60	0.389 7	0.047 3	0.946 7	0.023 0	0.00	0.00
实验组 1	60	0.432 0	0.021 9	0.973 7	0.016 7	1.07	0.22
实验组 2	60	0.451 3	0.022 6	0.898 3	0.058 6	1.05	0.18
实验组 3	60	0.471 7	0.014 6	0.888 3	0.013 5	1.34	0.15

(引自 Harris & Wu, 2014)

在各个条件中,被试的平均正确率有差异显著[1](见图 6-8)。具体而言,除了实验组 1 和实验组 2 组之间没有差异,其他组两两之间都有差异。总的来说,激励措施对任务正确率会产生积极影响。在没有任何奖励机制的情况中(控制组),被试的众筹工作绩效随时间的增加而明显下降。然而,加入退出奖金(实验组 2)对正确率并

---

[1] $F(3, 236) = 42.682$, $p < .001$

无积极作用。但是,引入目标和底线,特别是高目标和高底线的情况下(实验组3),众筹工作者的绩效最高。

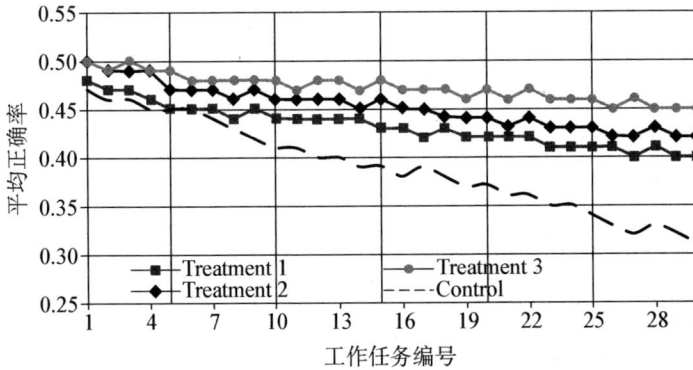

图6-8 各实验条件中的平均正确率

(引自 Harris & Wu, 2014)

为进一步考察三个参照点如何作用于风险态度,作者在三个参照点划分出的四个区域中考察了不同组别的风险规避。数据如表6-8所示。结果发现,越成功的众筹工作者越风险规避,大约在1/3的题目中都接受了保险。表现最差的工作者却很少使用保险(只有2.5%)。

表6-8 不同区域中的平均风险规避率

区域	定义	N	风险规避	
			M	SD
失败	$x \leqslant$ 底线	13	0.025 1	0.026 6
损失	底线 $< x \leqslant$ 现状	66	0.155 4	0.102 2
获益	现状 $< x \leqslant$ 目标	62	0.127 5	0.128 4
成功	$x \geqslant$ 目标	12	0.332 0	0.147 0

(引自 Harris & Wu, 2014)

最后,作者把其结果与 Wang 和 Johnson(2012)的三参照点理论进行了对比,如表6-9所示。结果很好地验证了三参照点理论。被试在失败时最为风险寻求,在成功时最为风险规避。

表 6-9　分区域的风险态度

区域	定义	Wang 和 Johnson(2012)	众筹实验	风险规避	
				M	SD
失败	$x \leqslant$ 底线	风险寻求	最风险寻求	0.063 0	0.150 2
损失	底线$<x\leqslant$现状	风险规避	略微风险规避	0.185 9	0.169 7
获益	现状$<x\leqslant$目标	风险寻求	略微风险寻求	0.141 2	0.188 4
成功	$x\geqslant$目标	风险规避	最风险规避	0.339 1	0.262 7

(引自 Harris & Wu, 2014)

上述研究表明,众筹工作者在决策过程中不仅仅考虑单一参照点,还会全面考虑现状、底线和目标,这些结果为三参照点理论提供了强有力的证据。因此,通过在奖金激励措施中引入参照点可以有效地提高众筹任务的正确率。

6.5.2　三参照点理论在人力资源研究中的应用

离职一直是人力资源研究中的重要课题。研究者往往从员工的个体特征入手,探讨哪些特征能够预测其离职决策。然而,熊冠星、李爱梅和王晓田(2014)认为,离职决策可以视为一种风险决策加以研究。当员工决定离职后,他面临的是不确定的未来,既可能获得比当下更优的结果,也可能获得次于当前的结果。既然离职是一种风险决策,那么,研究者便可基于风险决策理论对其进行剖析。在熊冠星等人(2014)的研究中,他们在三参照点理论的框架下,分析了薪酬差距对离职决策的影响。

他们认为,当员工目前的薪酬水平与自身底线接近,而与自身目标较远时,为了确保不低于底线,员工会表现出较高的离职意愿。相反,当员工目前的薪酬水平与自身目标接近,而与自身底线较远时,他们知觉到在目前的组织中实现目标的可能性较大,因此,离职倾向较低。为了证明上述推论,熊冠星等(2014)以公司职员为被试,调查了其当前薪水与底线的差距以及当前薪水与目标的差距,并测量了他们的离职倾向。结果验证了他们的假设。当前薪水与底线的差距和离职倾向呈现负相关关系,而当前薪水与目标的差距和离职倾向呈现正相关关系。根据传统的以工作满意度预测离职倾向的模型,工作满意度与预期薪酬的高低正向相关。因此,当预期的薪酬从失败、损失、获益到成功的区间(对应于图 6-3(B)中 A、B、C、D)依次递增,离职倾向则应依次递减。与此线性关系的推论不同,三参照点模型推论,当预期薪酬分别在低于底线的 A 区和低于目标的 C 区时,冒险的偏好增强,离职倾向增高。然而,当预期薪酬位于高于底线的 B 区和高于目标的 D 区,则风险规避的偏好增强,离职倾向也因而下降。

此外,根据三参照点理论,当一个选项可以提供超越底线的可能性时,该选项对决策者的主观效用最大;当它提供了超越目标的可能性时,其主观效用次之;而当它能提供超越现状的可能性时,主观效用最小。为了证明该假设,熊冠星等(2014)告诉职员被试,公司要为员工加薪 2 000 元。在第一种情况中,某员工原本的薪酬水平低于底线,当加薪 2 000 元后,薪水将高于底线。在第二种情况中,某员工原本的薪酬水平介于底线与目标之间,当加薪 2 000 元后,仍处于底线与目标之间。在第三种情况中,某员工原本的薪酬水平低于目标,当加薪 2 000 元后,将超越目标水平。被试判断哪位员工对此次加薪最为满意。结果显示,被试认为员工会对超越底线的加薪最为满意,其次是超越目标的加薪,最后才是超越现状的加薪。该结论支持了三参照点理论的推论,表明决策者最为关注的依次是底线、目标和现状。

人力资源研究的另一个重点在于薪酬设计。在 2008—2009 年,作者在上海对 63 名人力资源(HR)经理做了一个问卷调查,要求这些职业经理人对于该地区的应届大学毕业生的薪酬期望值做出判断。他们分别估计了应届大学毕业生对于在上海的第一份薪酬的理想要求和最低要求,并对为这些毕业生设计的固定薪酬和浮动薪酬方案进行比较、选择和推荐。结果基本符合三参照点理论的推论。HR 经理们估计的毕业生的最低要求的均值为每月 2 200 元,理想要求为 4 500 元。如果固定月工资为 3 000 元(底线之上),而浮动工资的范围在 1 500—4 500 元之间,73%的经理人推荐固定工资。而当固定工资为 10 000 元(目标之上),浮动工资的范围在 8 000—12 000 元之间时,推荐浮动薪酬的经理人明显增多(45%)。但是,研究发现的问题在于,HR 经理们预估的参照点和应届毕业生自估的参照点之间有明显差异。应届毕业生的最低要求的均值为每月 2 600 元,理想要求为 6 200 元。因此,在制定薪酬之前了解应聘群体的薪酬底线和目标将有助于设计出更为经济而又有吸引力的薪酬方案。

6.5.3 三参照点理论在经济研究中的应用

除了将三参照点理论应用于分析离职意愿之外,研究者还基于该理论分析了人们在经济活动中的短视行为。在现实生活中,人们往往表现出一些"短视"的选择。例如,在"立即获得 10 元"(现在选项)和"一周后获得 15 元"(未来选项)中选择前者。显然,前者客观效用小于后者,因此,偏好前者被认为是短视的。需要注意的是,虽然后者具有较大的客观效用,但也可能蕴含着风险。正所谓夜长梦多,人们不确定一周后是否的确能够获得 15 元。有学者提出,处于贫困状态中的个体更可能做出短视的选择。然而,这一观点并未得到实证研究的支持。高考和年旻升(2015)基于三参照点理论分析了在何种条件下,贫困会诱发短视决策。他们认为,贫困个体在决策过程中会综合考虑底线、现状与目标,而且,同其他群体一样,他们会赋予底线最大的权重,其次是目标,最后是现状。

当贫困个体现有生活水平位于底线与目标之间时,如果未来选项可能使自身状况跌破底线,个体会选择现在选项,表现为规避风险的"短视"。尽管现在选项的客观效用小于未来选项,但它能保证自身状况高于底线,因此,这种选择也可以被视为一种理性的"短视"行为。如果未来选项有助于超越目标,那么个体会选择具有风险的未来选项,表现为一种有远见的行为。如果未来选项既可能使自身状况跌破底线,又可能超越目标,由于底线的作用大于目标,因此,个体仍倾向于回避未来选项,再度表现为理性的"短视"。

另外,特别需要注意的是,在三参照点理论中,决策者的现状均高于底线。然而,在贫困群体中,对于个别极度贫困者而言,目前的状况比他们的心理底线还差,他们依靠政府补助而勉强生存。这可以被看作是一种底线与现状重叠的情况。因此,只要未来选项有一线希望能超越现状,个体就会不惜冒险而追求这种超越底线与现状的可能性。

上述分析有助于理解经济学领域的"斯科特—波普金之争",即"道义经济"和"理性小农"之争(郭于华,2002)。斯科特(Scott,1976)认为,农民长期处于一种"水深齐颈"的生存状态中,因此,这些贫困农民的决策偏好表现为"安全第一"的风险规避,这也成为所谓"道义经济"的一个命题。他们宁愿选择收益较低但较稳定的行为,而不是那些回报较高但风险也较高的行为。然而,波普金(Popkin,1979)则不同意将农民视为不愿冒险的人群。他认为农民虽然表现为反对冒险,但是当贫困状态接近生存底线时,他们还是经常进行一些有风险的投资。

三参照点理论的价值曲线为分析"斯科特—波普金之争"提供了解决之道(高考,年旻升,2015)。根据三个参照点不同的位置,可以把贫困农民的群体分为三类:一是"水深没顶"型(低于底线,或现状与底线重合);二是"水深齐腰"型(在贫困群体的现状与他们的目标状态之间);三是"水深齐颈"型(在生存底线与贫困群体的现状之间)。根据三参照点理论的分析结果显示,"水深没顶"型和"水深齐腰"型的贫困群体更倾向于风险寻求,而"水深齐颈"型的贫困主体则更倾向于采取"短视"行动。

此外,通过参照点的关系也可以对其他特殊群体的行为特征甚至是文化差异进行分析与推论。比如,严歌苓(2014)曾经就为什么中国人好赌的问题谈道:"我注意到一个现象:赌场里的中国人从比例上要比美国人多,社会层次要比美国人高……我原先以为,人之所以成为赌徒是因为穷,穷红了眼什么都不怕,什么都敢赌,因为没什么可输的。但我最近听到的故事中的人都是阔人,都是掌握了致富规律,具有一定致富经验的人。这样的人竟会舍弃必然,随偶然去摆布,放弃规律和科学的可重复性,听信无序和所谓的天命,实在是令人失望。这些故事再一次引起我的怀疑:赌性是不是我们的先天弱点？……尽管那些大款阔佬已经有了生财之道，已经致富成功，但他们战胜不了几千年的遗传密码，那就是灾民意识……一头是赢，一头是输，与其把命运交给一个个陌生的主宰，不如把它交给未知的老天，老天暗中给你洗的牌未必更不公平。"

这段话可以在三参照点理论的框架中做进一步的解读。当一个人的现状离目标太远，或是自己错把暴富的愿望当成了底线，赌博就成了生活中一个有吸引力的选项。在中国的环境中，如果人们体验到的不确定性高、公平感低，便更可能信命认命。相对于现实中的未知和不公平，赌博有可能让人感到更为"公平"和"可控"。

6.5.4 三参照点理论在消费决策研究中的应用

近期，Lagerkvist、Normann 和 Åström（2015）探讨了消费者在食物购买决策上是否会受到三参照点的影响。研究者把被试请到超市中，要求他们按自己的喜好买面包。在第一种实验条件中，被试需要先在超市中找到一款自己肯定不会买的面包。当选定这款面包后，被试此时所处的状态被认为低于底线。此后，被试需要找到一款刚达到自己要求的面包。这款面包被认为是刚好达到底线。最后，被试需要找到一款完全符合自身要求的面包，购买这款面包能令自己非常满意。该面包被视作是达到了目标。

在第二种实验条件中，被试需要先在超市中找到一款自己通常会购买的面包。当选定这款面包后，被试此时所处的状态高于底线。此后，他们需要找到一款刚达到自身底线的面包，再找到一款达到自身目标的面包。上述两种条件的差异在于，在前一种条件中，被试的现状低于底线，而在后一种条件中，被试的现状位于底线与目标之间。

研究者分析了被试所选的三款面包的各种特性（例如，成分、烘焙日期、糖分含量、大小、形状等）。结果发现，消费者的食品选择受到多重参照点的影响。与三参照点理论的推论一致，当现状低于底线时，消费者更加愿意尝试其他产品，尤其看重那些在特性上优于现有面包的产品。而当现状高于底线时，消费者出现明显的现状偏好，不愿放弃已经拥有的面包。

6.5.5 三参照点理论对管理实践的启示

王晓田（2013）在文章中对三参照点理论的管理启示进行了讨论。他认为，任何一个成功的企业都不是不犯错误的企业，而是不犯致命错误的企业。在如今竞争激烈、瞬息万变的企业环境中，要做到基业长青的前提首先是生存，避免从游戏中出局，需要具有"剩者为王"的管理智慧。比尔·盖茨说："微软离破产永远只有 18 个月。"

因此微软公司从创建伊始就为预防资本的冬天储蓄现金。这种底线意识也充分反映在中国企业家任正非的管理感受中，他说："我天天思考的都是失败，对成功视而不见，也没有什么荣誉感、自豪感，只有危机感。"在风险决策中是偏冒险还是偏保守，取决于现状与目标及底线之间的关系，而不是取决于获益还是亏损。管理者应该遵循底线优先的原则。当底线受到威胁时，目标不管有多么诱人，前景有多么美好，都不要玩火。当被评估的决策项目平均回报低于底线或目标时，则必须要冒险，与其苟活，不如拼死一搏。当平均回报高于底线或目标时，规避风险是正确的取向，在底线优先的前提下，有输有赢，但是生存永远是第一位的。当平均回报高于目标时，之所以要保守才算靠谱，是因为理性的目标设定一定是充分考虑了环境、市场容量、公司的资源能力之后的设定，意外之喜如果不是天上掉金币，则可能是个骗局。

一些创业公司因为是"光脚"的，底线比较低，所以往往选择冒险，寻求尽可能多的高回报。但如果某个项目的回报峰值都无法触及目标时，就应该考虑借助外力，充分激发员工的积极性和创造力，或者采纳诸如彩票、集资以及投保等集成冒险的行动，或者切割目标，分而治之。底线优先原则引出的行动指南是"底线启发"。决策者有必要对不同选项的相关指标是否一一超越了底线进行频数记录和统计。我们在对美国总统选举中选民的投票进行研究时发现，底线启发式在预测选民的实际选举决策时，明显优于其他几种广为应用的启发式决策方法。领导者、管理者要高度重视底线的设定，而且要让同侪认识到，底线是针对具体问题深思熟虑划定的红线，绝对不可逾越。

那么，人们是如何设定除了现状以外的参照点的？首先，任务情境和内容的复杂性、时间压力、可测度性等会显著地影响目标和底线的设定。其次，社会比较也是一个重要的影响因素。比如，有不少企业以和同业竞高低为要务，那么同业的行为就很可能成为其参照点。

我们应该有足够的理由相信，随着管理信息化、沟通技术的不断推进和发展以及财务数据滞后现象的极大改善，任何决策者都更可能对自己的现状和底线有充分的认知，而不是浑浑噩噩、稀里糊涂地做决定，拍拍脑袋就上路。决策者在每一个决策任务中都要明确参照点，并了解三个参照点之间的距离；在动态的决策中则要根据前一次决策的结果及时调整参照点的设定。有底线才能够居安思危，了解现状才能知道身在何处，有明确的目标方可有的放矢。目标的设定要承受机会的损失，因此目标不同于愿望——愿望与愿望是兼容的，但目标与目标之间却必须取舍。如果决策者过于目标导向，很可能导致底线意识的模糊，因贪婪而盲目扩张，进而导致破产；如果目标设定更多来自对群体的依赖和社会比较，随大流、羊群效应则会导致碌碌无为。强化参照点思维，不仅有利于更加理性地做出决定，少受甚至不受情绪和隐秘动机的影响,而且有利于帮助决策者发现和界定风险。三参照点理论的精髓在于把两种有效的工具(均值—方差分析和决策的参照点)统一起来。预期结果的分布加上三个参照点的界定,使得风险决策的依据走出了期望效用最大化的单一性,使得决策的分析有了界面和地标,进而帮助决策者依据三个参照点之间的距离和底线优先的原则做出适应性的取舍。

第7章　参照点的更新调节

在一个动态的社会中,理性的界标需要不断地调整,就像面对建设中的交通体系,我们的导航系统需要不断更新。在一个稳定有序或是动荡不安的社会环境中,这种调节的幅度也会随之变化。我们在动态的社会环境中不断地经历着得与失,这种所有权的经历和社会比较的过程不断赋予同一个事物不同的价值属性。

——作者

7.1　目标规划与管理

第6章介绍了三参照点理论,它认为底线、现状和目标共同决定了人们的风险决策。在这三个参照点中,底线和现状更多地受客观环境的影响。例如,在北上广维持生活所需的最低收入要高于其他二三线城市。相对而言,尽管有的时候目标也会由外部因素决定,但它更多地取决于人们的内部标准。因此,相比底线和现状,目标具有更大的可调整和可变化的空间。那么,这就涉及一个重要的问题:决策者如何对目标进行规划、调整与更新?

很多研究发现,动机是影响目标设定及管理的一个关键因素(Josephs, Larrick, Steele, & Nisbett, 1992; Larrick, 1993; Lopes, 1987; Mishra & Fiddick, 2012; Schneider & Lopes, 1986)。动机可能是人格特质的反映,也可能由决策所处的环境决定。安全—潜力/抱负理论和调节焦点理论(regulatory focus theory; Higgins,

1997，1998)系统阐述了人们的动机具有哪些特质和情境差异,不同的动机如何影响目标设定与管理,继而又怎样作用于风险决策。这两个理论一脉相承,却各有特色。

安全—潜力/抱负理论由 Lopes(1987)提出,之后,Lopes 和 Oden(1999)又考察了如何利用该理论解释人们的风险决策。他们认为,风险决策取决于两个标准。第一个标准是决策者的动机特征,第二个标准是他们的抱负水平。作者认为,人们与决策相关的动机可分为两类:第一类是安全动机,即关注决策中可能出现的最差结果;第二类是潜力动机,即关注决策中可能出现的最好结果。对于每个个体而言,两种动机都存在,但在强度上存在差异(Lopes,1987)。对有些人而言,确保安全的动机更为突出,而对另一些人来说,追求潜力的动机更为突出。而决策者的抱负水平则更多地受到任务环境的影响。抱负水平是指个体期望达到的结果。人们会根据任务的复杂性和困难程度调整自身的抱负水平。

两种动机和抱负水准共同影响风险决策(Lopes,1987)。很显然,当确保安全动机突出时,确定选项的吸引力较大,因为它避免了风险选项可能带来的最差结果。相反,当追求潜力动机突出时,风险选项的吸引力更大,因为它提供了获取最优结果的可能性。但是,风险选项和确定选项与抱负水准的距离同样会调整风险偏好。无论是确定选项还是风险选项,只要其带来的结果高于个体的抱负水平,那么它就具有较大的吸引力,而如果选项的结果低于个体的抱负水平,则不具有吸引力。

在安全—潜力/抱负理论提出后,Higgins(1997)提出了调节焦点理论,其思想与安全—潜力/抱负理论非常类似。他认为存在两种独立的动机系统,一种叫做防御动机,又称防御焦点(prevention focus),另一种是提升动机,又称提升焦点(promotion focus)。防御焦点的个体对是否出现负性结果非常敏感,他们行事谨慎,避免出现负性结果。提升焦点的个体则恰恰相反,他们对是否出现正性结果非常敏感,更加关注目标(Higgins,2000)。值得注意的是,调节焦点可以被看作是一种相对稳定的人格特质,但是也会随决策情境的变化而发生改变(Higgins,Roney,Crowe,& Hymes,1994;Liberman,Molden,Idson,& Higgins,2001;Shah & Higgins,1997;Shah,Higgins,& Friedman,1998)。对于有些决策者,防御焦点更为突出,而对于另一些人,提升焦点则更为突出。但是,即使是防御焦点占优的个体,在某些时刻,提升焦点会占据优势,反之亦然。

但是,近期的一些研究发现,防御焦点、提升焦点与风险规避、风险寻求并非呈现一一对应的关系。拥有提升焦点的决策者的确会以追求更好的结果为目标,但这并不意味着他们在所有情况下都倾向于寻求风险。Zou、Scholer 和 Higgins(2014)认为,提升焦点使个体把获益作为目标。如果决策者当前的状态处于零点,那么为了追求获益,他们会倾向于风险寻求。但是,如果决策者已经取得了一定的获益,那么,出于保住获益的目的,他们会更加倾向于风险规避,因为风险选项可能会使他们的已有获益被清零。而且,已取得的获益越大,提升焦点的个体就越保守。这一思想与三参照点理论的分析相符。

总结而言,决策者的动机会左右他们如何设定目标,如果关注安全,那么目标是避免最差;如果关注成就,那么目标则是追求更好。当然,决策者的目标并非是固定的、一成不变的,在不同情境中,人们会根据不同的内部动机而调整目标,使其符合情境的需要。一旦确定目标后,风险决策就会深受目标的影响,包括目标是什么、是否已经达到了目标等。

需要注意的是,动机属于决策者的内部状态,那么决策环境等外部状态是否也会影响决策者如何设定目标,进而作用于风险决策? 在下一部分中,我们将阐述决策者的目标如何受决策环境中的他人的影响,在社会环境中,社会比较又会如何改变人们的决策。

7.2　判断与决策过程中的社会比较

在生活中,我们往往会自发地寻求有关他人的信息,并将自己与他人进行比较,从而对我们自身进行评判,并相应地调整自己的决策。这一过程叫做社会比较(social comparison; Festinger, 1954)。根据社会比较的方向,可将其分为:上行社会比较、平行社会比较和下行社会比较。上行社会比较指与某个维度上(如,社会地位、收入、长相或身材等)更成功的他人做比较,下行社会比较指与某个维度上表现较差的他人做比较,平行社会比较指与表现相似的他人做比较。这一部分将通过五个问题引出社会比较领域的最新研究结果,以此解析社会比较在判断与决策过程中的作用。

第一个问题:哪些人会更加主动积极地与他人进行比较? 学者们认为,尽管社会比较普遍存在,但仍存在个体差异。Gibbons 和 Buunk(1999)把社会比较倾向看作是一种稳定的个体特质。他们认为有些人会更加主动地与他人比较,而另一些人的社会比较倾向则较弱。近期的一项研究对比了自恋者与高自尊者的社会比较倾向,发现自恋者在生活中会进行更多的社会比较,尤其是下行社会比较,因此,自恋者有更大的可能认为自己比他人更优秀(Krizan & Bushman, 2011)。此外,经济学研究的调查发现,相比不那么富裕的个体,富人更少地进行社会比较(Clark & Senik, 2010)。

第二个问题:我们身边存在各式各样的他人,决策者更倾向于与哪些他人进行比较? 为回答这一问题,Zell 和 Alicke(2010)提出了局部主导效应(local dominance effect),认为相对于整体的社会比较信息(即与群体的平均水平进行比较),局部社会比较信息(即与个别他人进行比较)会对人们的自我评价产生更大的影响。Alicke、Zell和Bloom(2010)根据任务绩效把被试分成两组:较优组和较差组,并考察了他们的自我评价。结果发现,较优组最后一名的自我评价低于较差组第一名的自我评价,这说明每个被试都与自己所在组别中的成员进行了比较,而没有考虑总体排名。

第三个问题:社会比较会产生哪些结果? 就这一问题,研究者进行了大量的实验,其结果大致能分为两类:第一,自我评价的同化(assimilation)和对比(contrast)效应;第二,满意感及幸福感。所谓自我评价的同化效应是指,人们在社会比较之后,对自己的评价趋近比较对象的水平(Mussweiler, 2003)。例如,与一个更成功的人士相识后,人们觉得自己更成功了;与高挑的女模特交往后,女孩觉得自己的身材也不错。当然,同化效应也表现为,与一个不成功的人士相识后,感到自己在这方面表现得也不好。与之相反,自我评价的对比效应是指,在社会比较之后,人们对自己的评价远离比较对象的水平(Mussweiler, 2003)。例如,与一个更成功的人士相识后,人们觉得自己更不成功了;与高挑的女模特交往后,女孩觉得自己的身材太差了。在进行社会比较之后,同化和对比效应这两种相反的效应都有可能发生,究竟哪个效应占据主导则取决于很多因素。

第一是自我与比较对象的接近程度。即便个体与比较目标间只有一个共同点,如生日日期相同,人们也会出现显著的同化效应;相反,如果没有找到任何共同点,则出现对比效应(Pelham & Wachsmuth, 1995)。第二是类别。如果人们发现自己与比较对象属于同一类别就可能产生同化效应;如果没有属于同一类别的感知,则更可能产生对比效应(Bless & Schwarz, 2010)。第三是可达性。如果人们觉得通过努力可以达到比较对象的水平就会产生同化效应;相反,如果感到再怎么努力都达不到比较对象的水平则会产生对比效应(Lockwood & Kunda, 1997)。第四是加工难度。如果信息比较清晰、容易加工(例如,清晰的照片或时间压力小),就可能产生同化效应;如果比较对象的信息比较模糊、不易加工的话(例如,模糊的照片或时间压力大),则更可能产生对比效应(Hafner & Schubert, 2009)。第五,物理上的接近或远离也会影响人们的自我评价。走近某人会引发同化效应,而远离某人则会产生对比效应(Fayant, Muller, Nurra, Alexopoulos, & Palluel-Germain, 2011)。此外,还有研究者考察了生理温暖的作用,发现生理温暖感能促进同化效应(Steinmetz & Mussweiler, 2011)。

另外,不少研究考察了社会比较对决策满意度与幸福感的作用。大家都能想到的一个结果是,上行比较更容易降低满意度,而下行比较则更可能提高满意感。但是,Garter和Gilovich(2010)发现了更让人惊讶的结果:无论比较的结果显示自己处于优势地位还是劣势地位,社会比较本身就会降低满意感。基于这一发现,他们认为,体验式消费(例如,旅游、度假)比物质消费(例如,购买衣物)会带给人们更多的幸福感,因为消费者往往会把自己所购买的物品与他人购买的物品进行比较,却难以对体验进行比较。

第四个问题:既然社会比较对人们的决策有重要的影响,那么决策者是否能意识到这种影响?答案是肯定的。事实上,人们不仅能意识到社会比较的影响,甚至还会高估社会比较的影响。例如,在消费决策中,消费者认为与他人的比较会在很大程度上影响自己的消费满意感,但是,在实际消费中,人们的认知资源有限,没有足够的资源进行社会比较,因此,社会比较的影响没有想象的那么大(Morewedge, Gilbert, Myrseth, Kassam, & Wilson, 2010)。

第五个问题:社会比较是否会改变我们对比较对象的态度?目前来看,这部分的研究尚不丰富,但仍有一些有意思的发现。例如,Dunn、Ruedy 和 Schweirzer(2012)探讨了社会比较如何影响员工对比较对象的信任。他们认为,信任可分为两类,分别是情感信任和认知信任。上行和下行社会比较都会伤害信任。但是,上行社会比较会对情感信任造成伤害,而下行社会比较对认知信任造成伤害。然而,上行社会比较并不会促进认知信任,而下行社会比较也不会促进情感信任。另一项研究发现,如果一个团队缺乏合作目标,那么与表现较好的组员比较后,人们会做出更多的人际间的伤害行为。但是,在有较多合作目标的团队中,这一效应会大大减弱(Lam, Van de Vegt, Walter, & Huang, 2011)。此外,还有研究发现,如果群体中存在"贡献多索取少"的雷锋式人物,那么群体成员希望把这些个体逐出群体,其原因在于"无私者们"建立了一种不受群体中大多数成员欢迎的标准,威胁到其他个体的自我评价(Park & Stone, 2010)。

总而言之,社会比较无处不在。它对我们的自我评价、决策满意度、幸福感、人际关系具有深刻的影响。不仅如此,社会比较还会直接影响到人们在风险中的决策。社会比较后产生的动机既可能降低人们的冒险意愿,也可能增加冒险意愿。

7.3 社会比较与社会参照点对风险偏好的影响

经济理性的模型认为,决策者在做选择的过程中,应当只考虑对自己而言选择的结果是获益还是损失。但是,作为社会动物,人类的决策不可避免地受到社会比较的影响。在风险决策中,一个风险选项是否具有吸引力同样取决于社会比较(Bault, Coricelli, & Rustichini, 2008;Linde & Sonnemans, 2012)。研究者发现,如果一个风险选项提供了超越他人的可能性,那么它对决策者的吸引力就增大(Hill & Buss,

2010)。

　　假设你去游乐场里玩一种投币游戏。你买了 50 个代币,向游戏机里投入了 25 个代币。不走运的是,在游戏中你没有获得任何回报,游戏结束后,你投入的代币全被"吃"了,只剩下手中的 25 个代币。显然,你的心情不会好到哪儿去,因为这是一种损失的状态。根据前景理论,此时的你很有可能选择冒险,继续游戏。

　　现在设想一个稍有不同的情况。你和一位朋友一同去游乐场,你们各自买了 50 个代币,并分别向游戏机里投入 25 个代币。游戏结束时,他获得了 25 个代币。也就是说,此时他手中一共有 50 个代币。而你则不走运,投入的代币全被"吃"了,只剩下 25 个代币。这个时候,你的心情可能会更加低落,因为你不仅损失了 25 个代币,而且与朋友的成绩相比,显得非常失败。在这种情况下,你也许更加可能选择冒险,继续游戏。

　　再设想一下,如果你继续投币,再好的结果也不会优于你同伴的成绩,此时,你还会选择冒险,继续游戏么?

　　在上述例子中,我们可以区分两种状态。一种是单纯的金钱状态,它是指决策者自身在经济上是损失还是获益。另一种则是社会比较状态,指与他人相比,自己的结果是好还是差。在上述三种情境中,虽然你输赢的数目相同,但是风险偏好却可能存在很大差异。

　　前景理论提出,参照点对风险决策具有重要意义。总体而言,人们在获益时比较保守,而在损失时变得冒险(Kahneman & Tversky, 1979)。目前的研究多把决策者的金钱状态作为一个重要的参照点来研究。但是 Kahneman 和 Tversky(1984)也指出,除了金钱参照点,风险偏好还会受社会比较的影响。

　　Lu、Xie、Wang 和 Tang(2015)以及谢晓非和陆静怡(2014)认为,金钱决策会受到两种参照点的共同影响:金钱参照点(financial reference point, FRP)和社会参照点(social reference point, SRP)。如图 7 - 1 所示,确定选项会带来一个确定的结果,而风险选项可能导致两种结果。黑色柱子的顶端表示风险选项带来的最好结果(Max),底端表示风险选项带来的最差结果(Min)。白色柱子代表两个选项的平均期望值(EV)。被试的金钱参照点取决于在任务之前获得的钱数,分为两种情况:如果这个钱数等于风险选项的最差结果,则称为低金钱参照点(low-FRP);如果这个钱数等于风险选项的最好结果,则称为高金钱参照点(high-FRP)。根据前景理论,对于中等或较大概率的选项而言,人们在以 low-FRP 为参照点时,因为感知到获益而风险规避,而在以 high-FRP 为参照点时,会因为感知到损失而风险寻求。

　　社会参照点指的是他人的获益或亏损的现状。根据社会参照点与选项的相对关系,可以区分出两类社会参照点:低社会参照点和高社会参照点。如图 7 - 1 所示,低

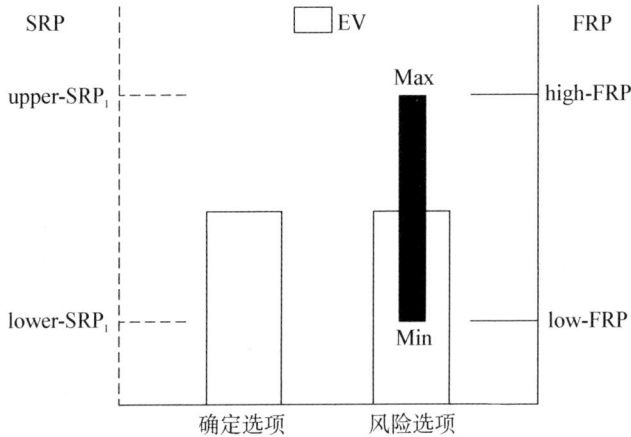

图 7 - 1 风险决策中的金钱参照点与社会参照点

(改编自 Lu et al. , 2015)

社会参照点(lower-SRP)的值等于风险选项的最小值。高社会参照点(upper-SRP)的值等于风险选项的最大值。

之前的研究还无法确定社会比较对决策究竟有怎样的作用,有些结果甚至是截然相反的。比如,Rohde 和 Rohde(2011)认为,风险决策不受决策者社会状态的影响。Linde 和 Sonnemans(2012)却发现,社会获益比社会损失更可能引发冒险行为。而 Haisley、Mostafa 和 Loewenstein(2008)的实验则发现,当决策者知觉到社会损失而不是社会获益时,他们更可能冒险。

为什么现有研究的结果如此不统一? Lu 等人(2015)认为,这些研究没有将社会参照点与金钱参照点结合起来考虑。基于这一思想,他们提出了双参照点效用模型,认为选项的总效用等于金钱效用和社会效用之和,可体现在下列公式中:

$$U(x) = wU_s(x\text{-}SRP, x\text{-}FRP) + (1-w)U_f(x\text{-}FRP)$$

其中,U(x)代表选项的总体效用,SRP 和 FRP 分别代表社会参照点和金钱参照点。$U_s(x\text{-}SRP, x\text{-}FRP)$ 代表社会效用函数,它取决于决策者基于金钱状态($x\text{-}FRP$)所做的社会比较($x\text{-}SRP$)。$U_f(x\text{-}FRP)$ 代表金钱效用函数,它只取决于决策者的金钱状态($x\text{-}FRP$)。w 表示社会效用的相对权重,$1-w$ 表示金钱效用的相对权重。简而言之,上述公式表明,选项的总效用 = 社会效用的相对权重×社会效用+金钱效用的相对权重×金钱效用。

在单纯考虑选项带来的金钱损益时,人们的决策模式应该符合前景理论的预测,在获益时风险厌恶但在损失时风险寻求(Kahneman & Tversky, 1979)。如表 7 - 1

所示,"金钱效用"一栏符合前景理论的推断。

表7-1 社会参照点和金钱参照点的效用模型

| | low-FRP(金钱获益) | | | high-FRP(金钱损失) | | |
	社会效用	金钱效用		社会效用	金钱效用	
lower-SRP$_1$(社会获益)	I	风险寻求	风险厌恶	III	风险寻求	风险寻求
upper-SRP$_1$(社会损失)	II	风险寻求	风险厌恶	IV	风险厌恶	风险寻求

(引自 Lu et al., 2015)

与金钱效用不同,社会效用取决于决策者根据金钱状况所做出的社会比较。由于这是一个金钱决策任务,决策者在建构社会效用的过程中,会先考虑金钱参照点再考虑社会参照点(Klein, 1997; Moore & Klein, 2008),因此,这一假说认为,社会比较的功用之一在于弥补金钱结果的不足。在金钱状况不佳时,人们可能会更希望通过社会比较来弥补金钱损失造成的负面心理影响。

基于安全第一原则(Roy, 1952),决策者会先考虑金钱选项的结果能否满足确保安全(体现为金钱维度上的获益)的动机。如果能够保证安全,决策者就不在乎社会比较维度上的损失,而力争社会比较维度上的获益,表现为风险寻求。如果金钱选项的结果不能满足确保安全的动机,决策者则希望在社会比较维度上获得安全感(体现为社会比较维度上的获益)。因此,当选项可能会带来社会比较维度上的获益时,决策者倾向于风险寻求,以得到这种获益;而当选项无法带来社会比较维度上的获益时,因为无利可图,决策者则会风险规避。

根据上述分析,在金钱获益的情况下,人们在社会获益和社会损失时都倾向于风险寻求(见表7-1中I和II里的"社会效用")。在金钱损失且社会获益的情况下,人们也会风险寻求,以期通过社会获益弥补金钱损失带来的痛苦(见表7-1中III里的"社会效用")。但是,在金钱损失且社会损失的情况下,人们则更可能接受确定选项,表现为风险规避(见表7-1中IV里的"社会效用")。

在 Lu 等人(2015)提出的效用模型中,权重是非常重要的一部分。在金钱损失的情况下,由于确保安全的动机还未得到满足,因此,决策者更可能希望通过社会比较增加自己的满意感,因而更加关注社会比较信息,也即 w 较大。相反,在金钱获益的情况下,由于确保安全的动机已经得到满足,因此,决策者对社会比较信息的关注程度减弱,也即 w 较小。由此,研究者提出假设1。

假设1:社会参照点的作用在金钱损失时较大,而在金钱获益时较小。

综合考虑表7-1中决策者的社会效用、金钱效用,以及两者的权重,研究者提出假设 2。

假设 2:在金钱损益与社会损益的不同组合中,决策者在金钱损失且社会获益时最为风险寻求(见表 7 - 1 中的Ⅲ)。

此外,先前的研究发现,相比较小的金额,人们在面对较大的金额时更加风险寻求(Kühberger, Schulte-Mecklenbeck, & Perner, 1999),因为在金额较小时,决策者不太在意决策带来的损失和获益。换言之,较小的金额不易引发不安全感,从而降低了个体对社会比较的关注。相反,较大的金额则较易引发不安全感,从而增加了个体对社会比较的关注。因此提出假设 3。

假设 3:相比金钱数额较小的情况,社会参照点在金钱数额比较大时对风险偏好的作用更大。

为验证上述假设,Lu 等人(2015)操纵了被试的社会参照点和个人参照点,并测量其风险偏好。被试在计算机上进行一种模拟的博彩游戏。他们需要在一个确定选项和一个风险选项中做选择。两者的期望值相等,但存在不同的水平,分别为 20 元、200 元或 2 000 元。

实验开始前,被试被告知,实验目的在于探究他们和他们的朋友是如何决策的。被试需要先选定一位朋友,并写下其名字。接着,被试假设自己和这位朋友分别投入了一定的本金到"投资库"里进行"钱生钱"的游戏。他会面临两个选项,需要选择其一。之后,研究者为被试呈现实验材料的样例(见图 7 - 2),并对其进行解释。图 7 - 4(a)中的"¥50"表示被试投入的本金。被试被告知,他们的朋友也投入了相同数量的本金。但朋友的任务已完成,游戏结束时他们手中的钱数由灰色柱子表示(例如 50 元)。现在,被试面临两个选项,选项 A 提供一个确定的结果(例如 100 元),而选项 B 提供一个不确定的结果(例如 50% 的可能为 50 元,50% 的可能为 150 元)。如果图中没有灰色柱子(见图 7 - 2(b)),则表明被试不知道朋友的结果。

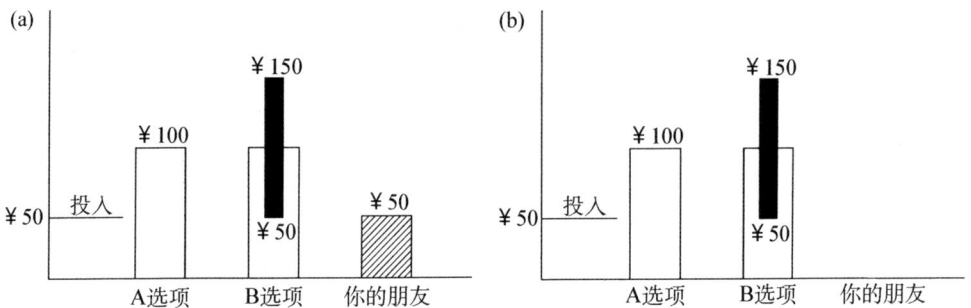

图 7 - 2　实验材料样例

(改编自 Lu et al. , 2015)

实验采用的是 2(FRP: low-FRP/high-FRP) × 2(SRP: lower-SRP/upper-SRP)的被试内设计。实验开始后,电脑屏幕中央会出现一个注视点,接着呈现图片,被试需要认真阅读图片上的信息,并尽快按相应的键做选择。研究者记录了被试的选择反应时。

当期望值等于 20 元或 200 元时,社会参照点不影响反应时。当期望值等于 2 000 元时,社会参照点开始发挥作用,相比无社会参照点的情况,社会获益和社会损失均引发更长的反应时。这一结果支持了假设 3,说明在金额较大的情况下,社会参照点对决策行为的影响更大。

尽管在钱数较大的情况下,社会参照点的作用显著,但是这种效应在金钱损失的条件下更为明显。在金钱获益的条件下,社会参照点对反应时的影响并不显著。上述结果支持了假设 1,说明在金钱获益时决策者较少关注社会比较信息,只有在金钱损失时,决策者才会较多地关注社会比较信息。

除了反应时的指标,风险偏好的结果也显示了相似的效应。当钱数较小(期望值 20 元和 200 元)时,社会参照点对风险偏好的影响较小。而当钱数较大(期望值为 2 000 元)时,社会参照点对风险偏好产生了显著的作用。这一结果再次验证了假设 3。另外,社会参照点对风险偏好的作用也是在金钱损失的条件下更为显著。该结果支持了假设 1。另外,与假设 2 的预期一致,人们在金钱损失且社会获益时最为风险寻求。

简而言之,研究结果说明了三点:首先,当选项涉及的金钱数额比较大时,社会参照点才会影响风险偏好。其次,相比金钱获益的情况,在金钱损失情况中,社会参照点对风险偏好的影响更大。最后,决策者在金钱损失但社会获益的情况下最倾向于风险寻求。

7.4　心理所有权

人们在生活中不断经历获益与损失,这些经历本身对参照点起到了调节的作用。因此,对于同一个物品,由于不同的拥有经历和失去经历,相同物品的心理价值也会因此产生变化。关于什么因素决定了一件物品对决策者的价值,是经济学中的一个传统话题。早在两百多年前,Adam Smith(1776)就关注到这上述问题,并提出"水与钻石悖论":对于生命而言,水不可或缺,而钻石则可有可无,但为什么经济人(*Homo economicus*)都更加喜欢钻石,愿意花大价钱去购买钻石,却不愿意出高价购买水?

针对这一悖论,经济学家通常用边际效用递减的概念加以解释(Bernoulli, 1738/1954)。根据边际效用递减原则,商品的价值并不是由它的最大效用(maximal utility)决定的,而是取决于边际效用(marginal utility)。所谓边际效用是指消费者使用或消费一个单位的商品带来的新增效用。例如,吃第一口饭时,米饭带来一定的效用;接着,吃第二口饭时,又增加了一定的效用;吃第三口饭时,同样如此。每一口饭带来的新增效用就称作边际效用。因此,某一商品的总价值等于其初始效用与累积边际效用之和。

边际效用最主要的一个特点是,它随着供应单位数的增加而递减,简称为边际效用递减。仍以吃饭为例,如果吃饭前你已非常饿,那么第一口饭带来的边际效用最大;在吃第二口饭前,你已不像之前那么饿了,所以第二口饭带来的边际效用略小于第一口饭;以此类推。在吃最后一口饭前,你已基本饱了,因此最后一口饭带来的边际效用最小。将这一逻辑应用到“水与钻石悖论”中不难发现,由于水非常充足,因此它的边际效用很小,相反,作为一种稀有物品,钻石的边际效用则非常大。因此,人们愿意为获得钻石而付出大量的金钱。

可见,边际效用递减是决定决策者对物品价值估计的一个重要原因。事实上,边际效用递减原则对于现代经济学理论而言十分重要,它被用于解释很多经济学现象,例如人们对时间的偏好、赋予商品的价值与供需关系等。如果用边际效用的观点来看期望效用理论(von Neumann & Morgenstern, 1947),便能发现,风险厌恶是经济决策的一个普遍特征。然而,人们的决策并不总是风险厌恶的。研究者发现,在真实的决策过程中,决策者有时表现为风险厌恶,但在另一些情况中则表现为风险寻求,而且这两种倾向都非常普遍。可见,边际效用递减原则虽然有广泛的应用,但仍存在一些局限,无法解释所有的决策现象。

为弥补边际效用递减原则的局限,前景理论(Kahneman & Tversky, 1979)着眼于决策的心理因素,解释了为什么风险厌恶与风险寻求会共存。正如第4章介绍的那样,前景理论提出,人们通过价值函数来评估某风险选项的结果,这一价值函数具有三个核心特征:第一,决策者会设置一个参照点,并将选项与参照点进行比较,把选项知觉为获益或损失。第二,价值函数在获益部分比较平缓,而在损失部分比较陡峭。这一特性也叫做损失厌恶,说明与等量获益相比较,决策者赋予等量损失更大的权重。第三,前景理论用敏感性递减的概念代替了边际效用递减的概念,认为损失和获益的边际效用都会递减,在参照点之上的损失部分为凹函数,而在参照点之下的获益部分为凸函数。

很多研究都重复验证了损失厌恶,认为它是一种非常稳定的决策现象(Kahneman, Knetsch, & Thaler, 1990,1991),存在于各种决策领域之中(Haigh & List, 2005; Hardie, Johnson, & Fader, 1993; Jervis, 1992)。但是,近期的一些研究对损失厌恶的普遍性提出了挑战。

首先,有学者指出损失厌恶具有先决条件(Erev et al., 2010;刘欢,梁竹苑,李纾,2009)。例如,Li、Kenrick、Griskevicius 和 Neuberg(2012)发现,求偶动机可以消除男性的损失厌恶倾向,而自我保护动机则使得男性和女性都更加损失厌恶。也就是说,损失厌恶可能是一种具有领域独特性的决策偏差,它仅对具有进化意义的动机敏感。也就是说,损失厌恶的先决条件不仅限于金钱的获益或损失。

其次,更有一部分研究无法重复验证损失厌恶的存在。这些研究发现,在风险决策中,人们并未对负性结果表现出更高的敏感性(Erev, Ert, & Yechiam, 2008;Ert & Erev, 2008;Kermer, Driver-Linn, Wilson, & Gilbert, 2006;Rozin & Royzman, 2001;Yechiam & Ert, 2007)。这表明损失厌恶具有边界条件(Ariely & Simonson, 2003;Novemsky & Kahneman, 2005)。此外,Hertwig、Barron、Weber 和 Erev(2006)把决策分成两种类型:一种是在决策前决策者就获得了相关信息(例如获益的概率、获益的金额),另一种则需要决策者在决策过程中自行获取决策信息。前者称为描述性决策(decisions from description),而后者叫做经验性决策(decisions from experience)。Erev 等人(2010)认为,在一次性的(one-slot)描述性决策中,可能存在损失厌恶的效应,但是在重复的经验性决策中,损失厌恶往往消失。

综合上述研究,可能存在一种对损失厌恶更好的理解方式,即将其看作是所有权(ownership)所导致的结果。与描述性决策不同,经验性决策为决策者提供了更强的所有权感受。此外,获得对某种物品的所有权与丧失对某种物品的所有权并不是两种对称的情况。获得所有权是指从没有所有权到初次获得所有权的一次性交易过程;而丧失所有权是指先获得所有权继而又失去所有权的过程,因此它涉及的是一个二次的交易过程。

Thaler(1980)发现,当人们拥有一件物品后,他们对它的评价要高于没有拥有该物品前。他用"禀赋效应"一词来表述该现象。"禀赋"其实就是指人们对某种物品拥有所有权。没有所有权的人们在获得所有权后所体验到的快乐要小于拥有所有权的人们损失其所有权后体验到的痛苦(Kahneman et al., 1990, 1991)。另外,无论所有权是真实的(Beggan, 1992)还是虚拟的(Reb & Connolly, 2010),拥有一件商品都会提高人们对它的估价。

那么,导致禀赋效应或所有权效应的心理机制究竟是什么?Novemsky 和 Kahneman(2005)发现,人们在拥有一个消费品后,会因为损失厌恶而出现禀赋效应;而在拥有一个用于交易的商品后,则不会出现禀赋效应,因为用于交易的物品是以失换得的,这种失是自愿的,不是真正意义上从拥有到没有的损失体验。Carmon 和 Ariely(2000)的研究则发现,之所以会出现禀赋效应是因为购买者和出售者对于交易有不同的认知视角。

如果我们采用更广义的视角来看所有权,那么对一件商品失而复得的心理感受是否和首次拥有同样一件物品的心理感受相同呢?从现有研究来看,两者可能是不同的。Strahilevitz 和 Loewenstein(1998)发现,相比初次拥有的商品,人们会赋予曾经拥有过的商品更高的价值。此外,之前拥有的时间越长,人们对该商品的评价越高。显然,仅仅用损失大于获益无法解释上述结果。相反,损失所有权之后又重新获得所有权比单纯的损失或单纯的获益的价值更大。

以往的研究在很大程度上没有区分出售者和拥有者这两个角色,因此导致没有将所有权与损失厌恶进行有效的划分。Morewedge、Shu、Gilbert 和 Wilson(2009)的研究显示,真正导致禀赋效应的是所有权而不是损失厌恶。在这个实验中,如果购买者之前已经拥有了一个咖啡杯,那么他对相同杯子的估价与这个杯子出售者的估价大体一致,因此禀赋效应消失。此外,不管是作为买家还是卖家的经济人,如果先前已经拥有了一个同样的咖啡杯,他们对杯子的估价都会提高,禀赋效应消失。由此看来,是所有权的经历使禀赋效应不复存在。

那么,不同的所有权的经历究竟会对估价产生怎样的影响?作者(Wang, Ong, & Tan, 2015)的新近研究探讨了这一问题。他们认为,在生物学和经济学领域,研究者对资源获得、分配与交易进行了大量的研究,以这些研究为基础也能考察不同的所有权对决策估价的影响。从进化的角度来看,经济决策可以被当作现代社会中的觅食决策(Giraldeau & Caraco, 2000; Stephens & Krebs, 1986)。生命史理论(life-history theory)以资源分配原则为基础,考察在生命的不同阶段人们对生存、成长与繁衍等问题的权衡(Cody, 1966; Glazier, 2002; Hill, 1993; Sibly & Calow, 1986)。事实上,资源获得的心理感受就是所有权的经历。因此,研究者认为所有权的经历是资源获得与分配的衍生物,它对人类的生存与进化十分关键,所有权的经历会提高物品的价值。基于这一视角,Wang 等人(2015)假设,所有权的经历将系统地影响人们对同一物品的赋值。

但是,不同形式的所有权经历可能会对物品的评价造成不一样的影响。在有稳定的所有权的情况下,人们对物品的评价较低;在失而复得、得而复失的循环往复中,人们对物品的评价升高;在长期拥有所有权后突然失去,或长期没有所有权后突然获得的情况下,个体对物品的评价最高。根据三参照点理论(Wang & Johnson, 2012),决策者赋予底线最大的权重,其次是现状,最后才是目标,因此,心理所有权会激活底线和目标这两个参照点,从而强化了所有权的经历,并降低了物品的边际效用递减的程度。

在实验中,Wang 等研究者(2015)设置了旁观者和参与者两个角色,以此操纵所有权。参与者可以切身经历对某一商品的所有权,而旁观者则无此类经历。他们认为,对于无所有权经历的旁观者而言,会出现边际效用递减的现象,而对于有所有权经历的参与者而言,不会存在这一现象。此外,研究者还认为,在一次性的交易中会存在损失厌恶,而在多轮交易中,人们对商品的评价不受损失厌恶的影响,相反,会受到所有权经历的影响。

被试来自新加坡某所大学,他们被随机指定为旁观者或参与者。无论是何种角色,每名被试都需要完成六次所有权游戏,游戏中涉及的商品包括钢笔、咖啡杯、手工艺品、握力器、手电筒或指南针,这些商品在商店里的售价相差无几。

实验开始前,被试被告知:"在生活中,人们经常需要通过竞争以获得某一物品。这种竞争可能导致获得或失去对某物品的所有权。在接下去的模拟游戏中,你会参与(观察)对某一物品所有权的竞争。"对于每一次游戏,可能只有一轮,也可能有三轮或者六轮。具体的损失或获益的(输赢)情况如表7-2所示。被试被告知,赢得或失去某件物品的概率都是50%。在实验中,他们按"开始"键开始游戏,电脑屏幕出现轮盘旋转,以确定输赢的结果。七秒后该次游戏赢或输的结果会显示在电脑屏幕中央。

表7-2 实验设计

游戏	轮数		
	一轮	三轮	六轮
1	赢	赢、赢、赢	赢、赢、赢、赢、赢、赢
2	输	输、输、输	输、输、输、输、输、输
3	输	输、赢、输	赢、输、赢、输、赢、输
4	赢	赢、输、赢	输、赢、输、赢、输、赢
5	输	赢、赢、输	赢、赢、赢、赢、赢、输
6	赢	输、输、赢	输、输、输、输、输、赢

(引自 Wang et al. , 2015)

如果参与者赢得某一物品,实验人员会把相应的物品放到其面前,如果前一轮的结果是赢,那么该商品就继续放在他面前。但如果参与者在下一次游戏中输了,实验者则会拿走该物品。对于旁观者而言,其对面放置着两张名牌,分别写着A和B,代表参与所有权游戏的两个人。商品放在两张名牌的中间。如果A赢了,实验者就把商品移到A的名牌前,如果B赢了,则把商品移到B的名牌前。

在每次游戏最后一轮结束后,如果参与者赢了,他们需要写下能够接受的对于该物品的最低出售价,如果输了,则要则要写下愿意支付的最高买入价。旁观者则被要求为该物品定价。

简而言之,实验采用2(角色:参与者/旁观者)×3(轮数:一轮/三轮/六轮)×2(所有权经历:赢/输)的混合设计。前两个自变量为被试间变量,最后一个为被试内变量。表7－3和表7－4汇总了在不同实验条件下被试对不同商品给出的价格。

表7－3　不同轮数中所有权经历的类型对商品定价的影响

所有权类型	商品定价(均值±标准差)		
	三轮	六轮	总和
一直拥有所有权	4.17±4.57	3.31±2.90	3.75±3.85
一直没有所有权	3.59±3.21	3.93±3.02	3.75±3.11
所有权交替,以输告终	4.31±4.25	3.09±2.31	3.71±3.47
所有权交替,以赢告终	4.01±3.38	3.86±3.29	3.94±3.33
长期拥有,以输告终	4.21±3.59	5.08±6.51	4.64±5.23
长期拥有,以赢告终	5.55±12.32	5.04±8.39	5.30±10.52
总体	4.30±6.10	4.05±4.97	4.18±5.57

注:在只有一轮而没有所有权变换的情况下,获益(赢)时的出价为3.21新加坡元,损失(输)时的出价为3.58新加坡元。
(引自 Wang et al. , 2015)

表7－4　所有权经历的类型对参与者和旁观者的商品定价的影响

所有权类型	商品定价(均值±标准差)		
	旁观者	参与者	总和
一直拥有所有权	4.40±4.82	3.11±2.46	3.75±3.85
一直没有所有权	3.55±3.21	3.95±3.01	3.75±3.11
所有权交替,以输告终	3.90±3.96	3.53±2.94	3.71±3.47
所有权交替,以赢告终	4.02±3.54	3.86±3.13	3.94±3.33
长期拥有,以输告终	5.23±6.73	4.07±3.12	4.64±5.23
长期拥有,以赢告终	6.43±14.40	4.18±3.80	5.30±10.52
总体	4.59±7.26	3.78±3.10	4.18±5.57

(引自 Wang et al. , 2015)

结果显示,由于所有权的经历,边际效用递减现象不复存在。无论对于参与者[1]

---

[1] $F(2, 602) = .99$, $p = .37$, $\eta^2 = .003$

还是旁观者①,轮数都不存在影响。这些结果挑战了传统的期望效用理论和前景理论,说明边际效用递减或敏感性递减并不是一种普遍存在的现象。更现实的情况可能是,在多轮决策中,由于所有权不断发生变化,边际效用递减效应就变小甚至消失了。

那么,是否存在损失厌恶倾向?如果存在,对赢得的物品的定价应该要高于对失去的物品的定价。但是,数据显示,无论是在旁观者还是在参与者的情况中,都不存在对输赢物品的定价差异。由此可见,当激活了所有权心理感受后,损失厌恶倾向也消失了。

在排除了边际效用递减和损失厌恶的可能后,研究者又分析了不同的所有权经历对定价的影响。所有权的经历包括六种输赢的组合(见表7-2)。由于之前的分析发现,被试的定价在三轮和六轮之间没有任何差异,因此将这两个条件合并起来分析。此外,研究者主要关注重复的获益损失经历对估价的影响,因此不再考虑单轮游戏的结果。

首先,检验六因素模型。如图7-3所示,模型中包含六种所有权形式,分别是"一直拥有所有权"(比如世袭贵族)、"一直没有所有权"(比如无产者)、"所有权交替,以输告终"(比如经营失败者)、"所有权交替,以赢告终"(比如经营成功者)、"长期拥有,以输告终"(比如被剥夺资产的地主)和"长期无产,以赢告终"(比如翻身农奴)。但是,统计分析发现,六因素模型对数据的拟合效应不显著②,也就是说用六类所有权分类不能很好地预测实验结果。

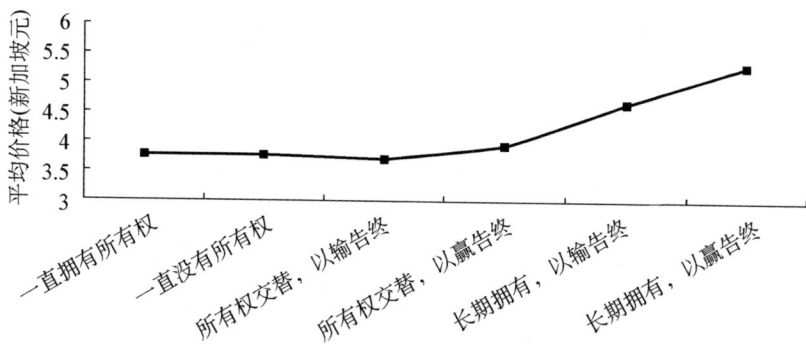

图7-3 六种所有权条件中被试对物品的平均定价

(改编自 Wang et al. , 2015)

---

① $F(1, 388) = .42$, $p = .52$, $\eta^2 = .001$
② $F(5, 785) = 1.8$, $p = .11$, $\eta^2 = .011$

接着,研究者对四因素模型进行了检验。该模型包含四种所有权经历的类型。把"所有权交替,以输告终"和"所有权交替,以赢告终"合并,形成"所有权交替"类型;将"长期拥有,以输告终"和"长期无产,以赢告终"合并,形成"突然转变"类型。分析发现,四因素模型对数据的拟合效应显著①,也就是说,四种分类能够较好地预测定价的结果。

最后,还可能存在一种更简单的模型,即在四因素模型的基础上,将"一直拥有所有权"和"一直没有所有权"合并,形成"不变"类型。统计显示,该三因素模型的拟合效应同样显著②。与上述两个模型相比,三因素模型的拟合度更好,而且更加符合模型的简洁性要求。具体而言,如果被试一直拥有某物品的所有权或者一直没有所有权,他们对该物品的定价相对较低;如果拥有和失去所有权的情况交替发生,对物品的定价就会有所上升;如果在一直拥有所有权之后突然失去,或在一直没有所有权之后突然获得,则对物品的定价最高。

综合所有的结果来看,影响被试对商品评价的主要因素并不是边际效用递减,也不是损失厌恶,而是心理所有权的经历。

那么,所有权经历的变化为什么会引发上述效应?以往的研究认为,人们所拥有的物品会影响其自我身份认同,在某些情况下,人们甚至会把物品看作是自我概念的延伸(Ross & Fletcher, 1985)。也有研究发现,对于那些经常使用的物品,个体会将其整合进自我概念中(Ellwood, 1927)。

所有权经历对人们而言是一种非常重要的心理体验,它的表现形式也多种多样,可以是物质所有权、金钱所有权,也可以是社会关系所有权、智力所有权、文化所有权等。而上述研究发现,所有权的交易会对个体的价值评价产生不可忽视的作用。

圣经中有一个"浪子回头"(the prodigal son)的故事,讲的是一个儿子在分得了父亲的财产之后,独自离家并四处挥霍,最后山穷水尽,终于回到了父亲的身边,祈求父亲原谅他。他的父亲丝毫没有责怪他,反而因儿子的归来而无比高兴,甚至大摆筵席款待他。但是,这个父亲还有另外一个孩子,他一直忠诚本分地守在父亲身边,但父亲从来没有如此欣喜,也未曾为他庆祝过。浪子回头的故事也说明了所有权的心理效应。对于父亲而言,第一个儿子相当于失而复得,所有权的变化让他格外珍视这个儿子。但是,第二个儿子一直在他身边,父亲并没有经历所有权的更迭,因此对这个儿子的态度比较平淡。与儿子类似,物品所有权的更迭也会深刻地影响决策者对

---

① $F(3, 787) = 2.66$, $p = .05$, $\eta^2 = .010$

② $F(2, 788) = 4.0$, $p = .02$, $\eta^2 = .010$

其的判断与评价。这一所有权的效应也反映在圣经中："一个迷途知返的有罪之人带给天堂的快乐要大于九十九个无需忏悔的完善之人。"(There will be more joy in heaven over one sinner who repents than over ninety-nine righteous persons who need no repentance. Luke 15:7)看来,就是耶稣也无法免受所有权效应的影响。

第三编

社会理性：合作与竞争、亲疏远近与心理距离

第8章 社会博弈中的合作与竞争

社会博弈的真正困境是缺乏互信,博弈的佳境是以真诚换得互信。

——作者

8.1 博弈中的合作与竞争

社会决策包括个人在群体中的决策和集体决策。社会决策最基本的表现形式是合作与竞争。从国际关系到企业运作,从邻里之间的相处到路人的交通行为,从资本投资到职场政治,从雪中送炭到釜底抽薪,不论是在政治、经济还是人际领域,合作与竞争贯穿于社会生活的各个层面。

博弈论(game theory)也称对策论,研究多个个体或群体之间在特定条件制约下的合作与竞争,并对各方的博弈策略做动态模拟和数学推演。博弈论研究中最具代表性的例子之一是囚徒困境(prisoner's dilemma)。囚徒困境表现的是社会决策中合作与背叛的利弊交错。假设两个同案犯被捕受审。如果两人彼此合作,拒不交代,可能两人均获刑两年。但如果在无法沟通的情况下,其中一人出卖同伙可为自己缩短刑期到一年甚至提前释放,但另一人则会因此加重刑罚到八年刑期。为了预防最坏的结果,两人可能都理性地选择背叛,各获刑三年。因为相对于另一方而言,合作可能双赢也可能后果惨重,而背叛则可能获益或得到相等的或较小的损失。因此彼此出卖虽然违反了最佳共同利益,却是自己能获得的最大利益所在。这场博弈的纳什均衡,显然不是顾及共同利益的帕累托最优解决方案。这就是"困境"所在。这个例子证明了在非零和博弈中,帕累托最优和纳什均衡是互相冲突的。

表 8-1 是一个常见的囚徒困境博弈的支付矩阵。

表 8-1　囚徒困境博弈矩阵

		对方	
		合作	背叛
自己	合作	3, 3 合作的利益	0, 5 受害的苦果
	背叛	5, 0 背叛的诱惑	1, 1 两伤的惩罚

如果两个囚徒都合作的收益为 R(reward),都背叛的收益为 P(punishment),一方合作一方背叛则合作方得到 S(sucker)、背叛方得到 T(temptation),那么一个经典囚徒困境必须满足如下的关系:T>R>P>S。若以整体得分而言,将得出不等式 2R>T+S 或 2R>2P。如果是单次博弈,背叛是理性的选择。但是如果这个博弈要重复多次,那么合作的选择就会增多。

囚徒困境中双方对合作或竞争的选择反映了经济理性与社会理性的结合。不考虑他人的利益,只顾个人即时利益最大化的策略,往往不是在群体中的最佳选择。这种选择往往导致集体的非理性。单次发生的囚徒困境,和多次重复的囚徒困境结果不会一样。在重复的囚徒困境中,博弈被反复地进行,因而每个参与者都有机会去"惩罚"不合作的行为。

8.2　合作与竞争的策略博弈

美国政治学家 Robert Axelrod(罗伯特·阿克塞尔罗德)在其著作《合作的进化》(*The Evolution of Cooperation*, 1984)中探索了经典囚徒困境情景的一个扩展,并把它称作"重复的囚徒困境"。在这个博弈中,参与者必须反复地选择他们彼此相关的策略,并且记住双方以前的选择。Axelrod 向不同国家的相关学者征集重复性囚徒困境的策略,然后在计算机里让它们相互博弈。参赛的程序在算法的复杂性、最初的对抗、宽恕的能力等等方面各不相同。

比赛规则如下:

(1) 当两个策略交往时,他们都不知道对方将选择合作还是不合作,但双方都能查到对方以前的所有选择记录。

（2）每次交往时,各个策略依照自己的算法决定与对方合作或者不合作。若双方都选择合作,则各获利3点;若A选择合作而B不合作(即B背叛A),则A的获利为0点而B的获利为5点;如果双方都不合作,则各自的获利为1点。

（3）各个策略都与别的策略交往足够多次后,获利总数最多的策略为优胜。

Axelrod发现,当这些对抗被每个选择不同策略的参与者一再重复了很长时间之后,从利己的角度来判断,最终,"贪婪"策略趋向于减少,而比较"利他"的策略则更多地被采用。他用这个博弈来说明,通过自然选择,一种利他行为的机制可能从最初纯粹的自私机制进化而来。

Axelrod的第一次计算机模拟擂台赛征集到了14个参赛者,最后获胜的总分最高的策略出乎意料的最简单。它的提交者Rapoport用Basic编程,仅用了4行代码。这一致胜的策略叫做"一报还一报"(tit for tat, TFT)。它只有两条规则:交往中总是以合作开始,然后一报还一报。也就是重复对方上一次的策略,投桃报李,以牙还牙。Axelrod对上述擂台赛的结果进行了详细的分析和报道,并邀请人们在了解了第一次擂台赛的经验教训后参加第二次擂台赛。第二次擂台赛有63个参赛者,只有Rapoport一个人原样提交了第一轮的竞争策略,也就是TFT。结果TFT又取得了胜利。

在尔虞我诈的残酷竞争中,简单的"一报还一报"策略是如何得以成功的呢? 通过分析,Axelrod发现了TFT成功的几个"人格特征"。

第一,友善。最重要的条件是策略必须"友善",这就是说,不要在对手背叛之前先背叛。几乎所有的高分策略都是友善的。因此,完全自私的策略仅仅出于自私的原因,也永远不会首先打击其对手。

第二,报复。成功的策略必须不是无条件地合作。无条件合作是一个很容易在竞争中被淘汰的选择,因为"下流"的策略会残酷地盘剥无条件合作者。

第三,宽恕。成功策略的另一个品质是必须要宽恕。虽然它们会报复,但是如果对手不继续背叛,它们会立即再度合作。这停止了报复和反报复的长期进行,使得同类的利益最大化。

第四,不嫉妒。TFT的另一个品质是不嫉妒,就是说不去争取得到高于对手的分数。其目的不是分出输赢,而是共赢,理性地利益最大化。FFT也是同盟者之间互用的策略。

第五,简单易行。TFT的简捷性符合有限理性的要求(Simon 1956),执行起来不会对认知功能和工作记忆产生过大的负荷。

宽恕和不嫉妒使得TFT具有进化的稳定性。TFT和TFT相遇时,他们相互之间会合作获益,而对外则不让背叛者占便宜。Axelrod的研究结果表明自私的个人为了自身利益的最大化会趋向友善。这是一种带有乌托邦色彩的结论。严格意义上的"一报还一报"式的合作应该是不讲条件的合作。如果合作的结果可能使对方获得比自己多的好处,是否应该有所讨价还价? 有研究表明,在有长期合作关系的群体中,讨价还价式的合作带来的损失会高于不讲价钱的合作(Hoffman, Yoeli, & Nowak, 2015)。这是因为有条件的合作预示着未来互惠的可靠性减低,因而有损于合作的维系。

TFT 在重复博弈中的成功,为互惠利他、群体选择、血缘选择和道德哲学的研究都提供了理论的启示。

现实生活中的重复博弈大多是无法预知重复的次数的。然而,如果交往的次数 N 能够被确定的话,则会产生一个有趣的现象。在 N 是常数的情况下,纳什均衡就是每次都背叛。可以想象,如果博弈的任何一方可能在最后的回合背叛,对方将没有机会再对其进行惩罚。因此,双方都将在最后的回合背叛。这时,更好的策略则是在更早的回合中背叛,依此类推,每次都背叛便成为纳什均衡。也就是说,在此均衡之下,任何一方改变策略都不能获得更好的结果。

在 Axelrod 的实验里,每个策略都是固定的,而对方的行为也是明确无误的,但真实的社会环境中有突变、有噪音。如果把这些因素引进来是否会对策略的有效性产生影响? 推演模拟的结果发现,在存在恶性竞争的环境中,TFT 能够有效地发动并维持合作,但是,一旦存在失误和噪音,合作的局面很容易受到破坏。

对噪音环境更有适应性的是"宽容性一报还一报"的策略。当对手背叛时,这一策略并不完全排除在下一回合中继续合作的可能;而是以小概率(比如 1%—5%)继续合作一次。"宽容"使得双方可以从循环背叛中复原。特别是在策略的执行时出现误判时,"宽容型一报还一报"是最佳的。有时一方的决策可能被错误地传达给对手,比如由于谣言的影响一方的合作意向被误判为背叛。宽容性的惩戒是针对自己人的惩戒,是一种"党内处分",而不是一般意义上的针对所有人的社会规范。

"一报还一报"的原则在西方基督教的教义中有清晰的表述:"别害怕,就要以命偿命,以眼还眼,以牙还牙,以手还手,以脚还脚,以烙还烙,以伤还伤,以打还打。"(《旧约》出埃及记)。这种教义对应的是一种严格而强硬的 TFT。而且,只强调了"以牙还牙"而没有要求"投桃报李"。伊斯兰教的《可兰经》中也有"一报还一报"的要求:在防御和自卫中可以杀戮;但是当敌人停止时也要停手(《可兰经》2:190-194)。

与基督教和伊斯兰教不同,东方的佛教崇尚"我不入地狱,谁入地狱"的理念,表现出一种"无条件合作"的原则。道教中也有"以德报怨"的理念(《老子》六十三章)。然而,于此形成对照的是孔子的策略。《论语·宪问》中记载:"或曰:'以德报怨,何如?'子曰:'何以报德? 以直报怨,以德报德。'"当有人问:"是否应该用恩德来报答怨恨?"孔子回答说:"那用什么来报答恩德呢? 应该是用正直来报答怨恨,用恩德来报答恩德。"这也许可以看成是一种孔子式的宽容型一报还一报。

8.3　合作与竞争的策略进化

在任何一个社会中,社会决策的适应性都是随着不同策略的兴衰而变化的。比如,有些社会里守法的人多,有些社会中小人得势。Martin Nowak(2006a, 2006b)对社会博弈策略的进化过程进行了一系列的模拟研究。在一个起始的生存空间内,各种策略随机产生,相互博弈。每个个体策略在进化中会发生小比例的"基因突变"。成功的个体产生更多后代。此外每次行为有一定概率产生噪音,比如对方本应该合作,但因为失误变成了背叛。

起始时的策略是随机的,在这种混乱无序的环境中,"恶人"得势,ALLD(永远背叛)很快占据了主导的地位。但一段时间后,会出现一小群抱团的个体,它们采用十分类似于 TFT 的策略,逐渐提高了合作的价值,使 TFT 在群体中的比例增加。

可是在有噪音的环境中,TFT 还不是最后的胜利者,因为它无法应付噪音带来的误判,因为相互陷入背叛的循环而失去优势。事实证明在 TFT 占主体的基础上,GTFT(宽容型一报还一报)会在进化中逐步取代 TFT。而 GTFT 与 TFT 的唯一不同在于它更加"宽恕"。可以说,在进化的博弈中,自然选择发现并肯定了有限度的宽恕。

在 GTFT 一统天下之后,ALLC(永远合作)就会出现。在一个所有人都是好人的社会里,反击坏人的能力会变得失去意义。随机漂变的作用使得 ALLC 比例上升。而且 ALLC 比 GTFT 更能应对噪音——GTFT 还要等几回合才会宽容,ALLC 当即就能拉回合作的"正轨"。前提是正轨必须存在。

当 GTFT 让位于 ALLC 之后,就为 ALLD 的入侵敞开了大门。ALLD 一旦出现就会掌握巨大的优势,凭借它的背叛将所有的 ALLC 打趴下,并迅速占据了主导地位。于是新一轮的循环开始。

这个 ALLD—TFT—GTFT—ALLC—ALLD 的循环是极其普遍的,而且不止存在于博弈论模型里——好人合作打败了坏人,多年以后好人放松了警惕,于是坏人东山再起。这个叙事模型不仅普遍存在于各种故事传说中,而且也在历史上不断重演。这个交互策略的动态模型对于人类历史上战争与和平的循环,以及组织与社会文化的变革和发展都提供了见仁见智的启示。

比如,有一种办法可以打破这个循环,在扩大了策略空间之后,Nowak 意外发现了一个新的可以长期稳定存在的策略——"输则改之,赢则加勉"(win-stay, lose-shif,又称巴甫洛夫策略)。这个策略也很简单:如果我上一轮赚了,获得了 T 或者 R,那么这一轮我继续之前的策略。如果我上一轮吃了亏,获得了 S 或者 P,那么这一轮我就换成另一种策略。这是一种欺软怕硬、遇弱则强、遇强则弱的游击战术。敌进我退,敌驻我扰,敌疲我打,敌退我追。遇弱则欺,遇强则和。这样,有好处时不吃亏,有麻烦时也不吃眼前亏。要做到这一点,既要对强者和同类谦卑又要对弱者不怜悯,还不能坚持信仰。这是一种"小人"策略。但是,这个"欺软怕硬"的策略,执行起来极其简单有效。那就是只有在双方前一轮的策略一样时才合作。

如果两个巴甫洛夫策略相遇,它们大部分时间都合作。万一遭遇了噪音,那么下一轮双方都背叛;再下一轮双方又合作了。纠错延迟只有一个回合,这一点比 GTFT 更强。

在有噪音的环境中,巴甫洛夫策略在和 ALLC 交手一段时间后会发现 ALLC 完全不懂得背叛。巴甫洛夫策略只要发生一次偶然背叛,之后就会不断地背叛,使得老好人 ALLC 随意遭受剥削。

唯一不利的情况是面对 ALLD。如果 R>(T+P)/2,巴甫洛夫策略不怕 ALLD 的入侵。如果不满足,则可能落入相互背叛的恶性循环。然而实验表明,可以拯救这一困境的是巴甫洛夫策略的一个变体——遭遇双方背叛 P 的时候不是必然改变策略,而只是以一定概率改变策略。不再总是敌进我退,而是适当地增加遇强则刚的反应频率。无论如何,这个反思策略一旦出现,就可以避免落入在受害(S)与两伤(P)之间徘徊的恶性循环了。这一策略可以称为加强型巴甫洛夫策略。

从图 8-1 中,我们可以看到不同的博弈策略在社会中的进化路线和循环过程:

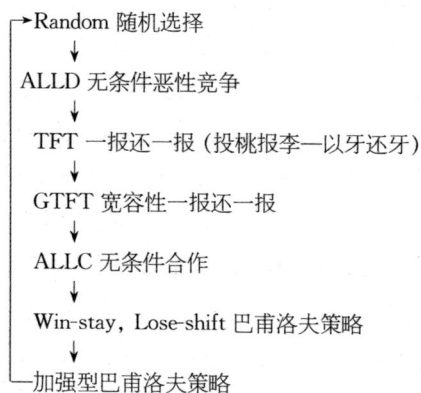

图 8-1 博弈策略的进化与循环路线

8.4 互惠利他的必要条件

在社会中或是一个群体内互惠利他的维持有赖于几个必要的条件：交往的重复性、群体的大小和惩罚的机制。

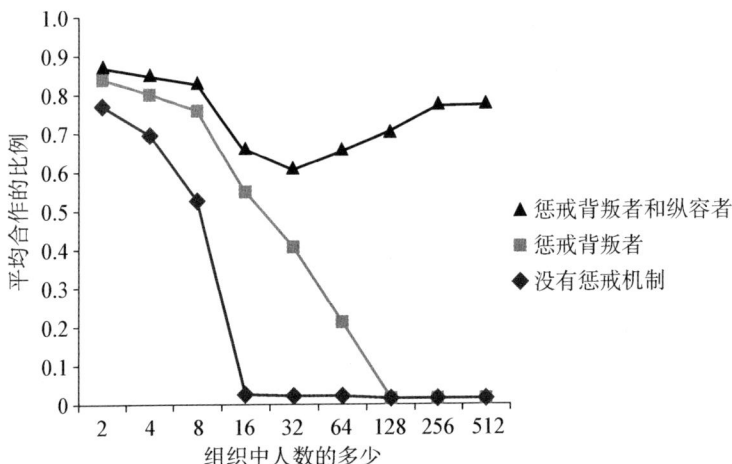

图 8-2　囚徒困境的模拟结果

（引自 Fehr & Fischbacher，2005）

图 8-2 显示的是在不同大小的群体中，模拟囚徒困境任务中的各种策略反复博弈的结果（Fehr & Fischbacher，2005）。其中一个重要的结论是，群体内合作的产生与维系依赖于惩罚背叛者的机制。如果没有惩戒机制，在大于 16 人的组织中，合作的策略迅速瓦解，在重复博弈上千次之后基本上完全绝迹。组织越大越需要制度上的约束和有效的惩戒机制。什么样的惩戒机制更为有效呢？有两个重要的因素对维系合作关系有显著效应。首先，实施惩戒要付出一定的代价。当实施惩戒的一方要为惩戒付出一定的代价时，这种惩戒称之为利他性惩戒（altruistic punishment）或第三方惩罚（third-party punishment）。这种惩罚行为面向组织内所有违背社会契约的人，不是甲方惩罚违约的乙方，而是不惜代价惩戒没有损害到自身利益的第三方违约者。在模拟中引入利他性的惩戒机制后，合作的比例进一步增加。如果惩戒无需付出，欺骗性策略及会逐渐在组织中蔓延，以致滥用惩罚以获取自身的利益。第二，不仅需要惩戒违规者，还要惩戒对违规者不闻不问的人。这样才能保持群体内合作的广泛性和纯洁性，做到群而不党，群而不散。群体中可能有叛将，但没有叛军。

近年来的一些研究显示，惩戒行为与道德的功用有关，道德系统通过对他人行为的观察,衡量与对方同盟的利弊(Marczyk, 2015)。进行第三方惩戒的一个直接的起因是愤怒而不是嫉妒的情绪。第三方惩戒可以看成是一种表明自身亲社会性的信号行为。在群体中,做出第三方惩戒的人不仅获得更多的信任,而且也确实更加值得信任(Jordan, Peysakhovich, & Rand, 2014)。研究还发现,针对违约者的第三方惩罚主要是基于一种自私的考量(Krasnow, Cosmides, Pedersen, & Tooby, 2012)。人们经常会认为,你对他的行为预示着你对我也会这样。所以第三方惩罚不一定总是出于义愤的利他行为,也可能是一种出于私愤的"提前报复"。

利他性惩戒与前面谈到的进化中的障碍原则相似。付出代价既可以增加信号的可信度又激发了自身的契约精神,从而对双方都起到了约束的作用。这个结果的另外一层意义在于显示出了道义情绪的作用。人们一般只有在感到愤怒等情绪时才会不惜承担更大的损失去惩罚背信者和纵容者。情绪就像身体的痛痒一样规范着人们的行为。痛痒没有对错之分,情绪也没有好坏之别。不管是正性还是负性情绪都是调节行为的手段。一个失去痛觉的人或一个吸食鸦片的人,也许是快乐的,但更可能是短命的。人们追求幸福感最大化的前提是要保持各类敏锐的负性情绪。如果没有这些负性情绪把关,而一味追求快乐,则有玩物丧志的危险和沉溺于声色犬马而一事无成之虞。

非亲缘关系之间的合作,因男女在人类进化过程中所承担的任务不同,而表现出明显的性别差异。大量的证据显示男人更为冒险和好战,女人更为关注人际关系(Benenson, 2014)。一个重要的进化生物学的问题是为什么男女在风险偏好和决策行为上有所不同? 什么样的社会行为对一个性别的生存与繁衍比对另一个性别更重要?

进化生物学最大的风险和失败不是个体的死亡而是在繁衍下一代之前死亡。对于女性而言,生殖的成功意味着体内排卵、受精、十月怀胎、生产、哺乳和婴幼儿的抚养。为了能够保证这一系列身体和时间的付出能够最终成功,需要行为和心理上的保障。那些和帮助女性达到生育成功的行为相关的基因便会得到自然选择的青睐。这些行为与心理机制包括对择偶信息的敏感,对性关系长期和专一的偏好,对其他同性竞争者的嫉妒与防范;对自身身体变化的关注,对家庭及环境的重视,对危险冲突的回避;对人际关系的细致处理等等。同样,对于男性的行为和心理的自然选择同样基于"适者生存/生育"的考量。男性生育最大化的挑战与女性不同。首先,要得到女性伴侣的接受,就要在同性中出人头地。激烈的同性竞争使得男人之间在生育成功(有多少子女)的指标上的差别远远高于女性,有的人儿孙满堂,有的人孤寡一生。即使是在实行计划生育的当代中国,在择偶机会上的男女差异仍然十分显著。比如,《中国人口和就业统计年鉴2010》公布的调查数据显示,在全国人口中,25—29 岁的单身男女比例为 192：100,而 30—34 岁的单身男女比例则高达 327：100(国家统计局, 2010)。在男性的择偶竞争中获胜的一方还可能赢者通吃,从而"妻妾成群",垄断更多的配偶或先后获得多名异性配偶。能帮助男性在竞争中生存、择偶并成功生育的行为包括吸引异性的能力(例如,智力、艺术天分、幽默感、体格、同情心、爱心)和与同性竞争的能力(包括战斗、体育技能、胆量、耐受力、自信、自我牺牲、团队合作和沟通能力、领导力等等)(Beneson, 2014；Miller, 2011)。

第9章 空间距离、时间距离、社会距离

> 孟子曰："权,然后知轻重;度,然后知短长。物皆然,心为甚。"其后以降两千年,人们度物而未度性,量身而未量心。人类文明创造出了一系列的度量衡,丈量土地,估算财富,考核学识(科举),量化官阶……随着现代心理学的发展,我们才开始了心理度量:心理测量,智力测量,价值测量,以及心理距离的测量。
>
> ——作者

9.1 心理距离的理论

距离,作为一个物理学的概念,非常易于理解。众所周知,山东离北京较近,海南离北京较远。但是,设想一个生活在北京的海南人,对他而言,究竟是山东更近还是海南更近? 要说实际的物理距离,显然是山东更近。然而在心理感觉上,他很可能觉得海南就在眼前,而山东则很遥远。这就涉及另外一种形式的距离——心理距离(psychological distance)。所谓心理距离,即是心理感受上的亲疏远近。在心理学中,与心理距离有关的理论相对较少。相关理论中,建构水平理论(construal level theory; Liberman & Trope, 1998; Trope & Liberman, 2003, 2010)受到了广泛关注。

建构水平理论试图通过人们的认知特征对心理距离进行阐释。这个理论的一个核心观点是：对于同一种事物，人们可以采取两种不同的表征（认识）方法，一种是高水平的表征，另一种则是低水平的表征（Liberman & Trope, 1998; Trope & Lieberman, 2003,2010）。所谓高水平的表征是指相对抽象的、连贯的、与目标相关的表征方式，与此相对，低水平的表征则是指相对具体的、不连贯的、与目标无关的表征方式。如同认知一片森林，你可以关注整片植被，也可以着眼于某棵树木，甚至观察某片树叶。

当由具体表征转向抽象表征时，人们需要保留事物的核心特征，即与目标有关的特征，而忽略具体细节。比如，要对"旅游"进行抽象表征，那么就需将这一活动看作是"休闲娱乐"，而忽略与目标无关的诸如酒店价格、就餐位置、航班信息之类的具体因素。

那么，哪些属性更适于高水平的抽象认知方式，而哪些属性更适于低水平的具体认知方式？在以往的研究中，研究者提出两对典型的属性：渴望性（desirability）与可行性（feasibility）；首要特征（primary aspect）与次要特征（secondary aspect）。

渴望性和可行性分别对应于行动的目的和方法（Liberman & Trope, 1998; Sagristano, Trope, & Liberman, 2002）。渴望性指行动结果对人们的价值的高低，可行性是指达到预期目的的便利程度，包括具体如何实施，所需的手段、方法，付出的成本和努力。也可以说，前者回答了"为什么"要做一件事情，后者则说明了"如何"做到这件事情。例如，在选择餐厅时，菜肴是否可口属于渴望性因素，而去餐厅的便捷程度则属于可行性因素。很显然，在任何事件中，相比可行性因素，渴望性因素处于更核心的位置。因此，研究者们认为，渴望性属于高建构水平的维度，相反，可行性属于低建构水平的维度（Fujita, Eyal, Chaiken, Trope, & Liberman, 2008; Liberman & Trope, 1998; Liu, 2008; Todorov, Goren, & Trope, 2007）。

首要特征和次要特征是另一对决定表征方式的因素。首要特征指与人们的目标息息相关的特征，而次要特征与目标的关联则较弱。以找工作为例，工作的首要特征包括薪酬、晋升机会、工作时间等，而次要特征则包括着装要求、培训时间、用餐选择等。不难发现，首要特征比次要特征更多地触及事件或行动的本质，因此，首要特征属于高建构水平的维度，次要特征属于低建构水平的维度（Liviatan, Trope, & Liberman, 2008; Trope & Liberman, 2000）。

除了以上两对因素外，也有研究者认为，损失属于低建构水平维度，获益属于高建构水平维度；负性特征属于低建构水平维度，正性特征属于高建构水平维度；利弊分析中的弊（cons）属于低建构水平维度，而利（pros）属于高建构水平维度（Eyal, Liberman, & Trope, 2004; Herzog, Hansen, & Wänke, 2007）。

心理距离是影响人们采用何种建构水平的重要因素(Liberman & Trope, 1998; Trope & Liberman, 2003, 2010),这也是建构水平理论的另一个核心观点。在表征心理距离远的事物时,由于个体很难获取充分的、具体化的信息,缺乏直接的、感官上的经验,因此只能以高度抽象的形式对其进行表征,即采用高水平的认知建构方式。而在表征心理距离近的事物时,人们具有大量详实的有关信息,自然更多地着眼于细节,进行具体化的表征,即采用低水平的认知建构方式(Liberman & Trope, 1998; Trope & Liberman, 2003, 2010)。

　　起初,研究者用时间距离(temporal distance)反映心理距离。时间距离指某个事件发生的时刻离当下有多远(Liberman & Trope, 2008)。Liberman 和 Trope(1998)指出,发生在远期的事件与个体心理距离较远,人们往往采用高水平的方式对其进行抽象化的表征。Liberman 和 Trope(1998)发现,当某项活动(例如,搬家)将发生在"一年以后"时,个体倾向于运用抽象的认知方式来考虑问题(例如,开始新的生活),而当这项活动"明天"就要发生时,人们则会用更具体的认知方式来考虑问题(例如,打包行李和搬运)。后续研究表明,对于远期事件,人们主要关注"为什么"要从事这项活动,着眼于事件的全貌,而对于时间上较为临近的事件,则更为强调"如何"开展这项活动,更关注事件的细节(Trope & Liberman, 2000)。

　　之后的研究进一步发现,心理距离不仅包括时间距离,还包括空间距离(spatial distance)、社会距离(social distance)和实现的可能性(hypotheticality)(Liberman & Trope, 2008; Trope & Liberman, 2010; Trope, Liberman, & Wakslak, 2007)。无论从内隐层面还是外显层面来看,心理距离的这四种维度与解释水平之间均存在对应关系(Bar-Anan, Liberman, & Trope, 2006; Trope & Liberman, 2010)。

　　空间距离就是传统意义上的物理距离,即两个物体之间的距离有多远,或者某个地点离当地有多远。与时间距离相似,空间距离的远近也会影响建构水平:人们倾向于采用高水平的建构方式认知空间距离远的事物,而采用低水平的建构方式认知空间距离近的事物(Trope & Liberman, 2010)。例如,当被试相信事件发生在空间距离更为遥远的位置时,他们用更抽象的语言来描述这一事件,更多地根据结果而不是手段来识别有关的行为(Fujita, Henderson, Eng, Trope, & Liberman, 2006; Henderson, Fujita, Trope, & Liberman, 2006)。

　　社会距离更多地指人与人之间的亲疏关系。从自我中心的角度来看,也可以认为是他人离自己有多远。它与建构水平也存在对应关系(Trope & Liberman, 2010; 徐惊蛰,谢晓非,2011)。Liviatan 等人(2008)用相似性操纵了社会距离,结果发现,当社会距离近时(与自己相似的他人),被试更多地采用低水平建构,而当社会距离远时(与自己不相似的他人),被试更多地采用高水平建构。

实现的可能性也是心理距离的维度之一。预期的可能性越大,心理距离越近,预期的可能性越小,心理距离越远。例如,你买了一张彩票,觉得中1 000元奖金的可能性比较大,所以你离这1 000元奖金的心理距离较近,因此,你也许会想到如何具体地消费这1 000元钱。但是,如果你认为几乎没有可能中1 000元,你离这1 000元奖金的心理距离较远,你对这1 000元钱的认知可能建构在"意外之财"的抽象水平上。研究发现,降低事件的可能性使人们更多地采用核心的、抽象的特征表征事件,更少地用外周的、具体的特征表征事件。当事件的概率较低时,被试更为宽泛地对事物进行分类,且分类更加抽象(Todorov et al. , 2007; Wakslak, Trope, Liberman, & Aloni, 2006)。

简而言之,建构水平理论认为,心理距离可细分为四个维度,分别是时间距离、空间距离、社会距离与实现的可能性。近期的一些研究进一步发现,四个维度的心理距离之间存在很大的共性,但也会互相影响(Fiedler, Jung, Wänke, & Alexopoulos, 2012; Maglio, Trope, & Liberman, 2013; Matthews & Matlock, 2011; Stephan, Liberman, & Trope, 2011)。

9.2 心理距离的操纵与测量

在关于心理距离的研究中,研究者较多地采用实验法对不同形式的心理距离进行操纵,有时,也会采用测量的方式检测心理距离。

第一,时间距离。在时间距离的操纵方面,研究者往往告诉被试某事件可能在短期内发生或在较长的时间之后发生。比如,Ledgerwood、Wakslak和Wang(2010)请被试想象一周后要买一个面包机(时间距离近)或者一年后要买一个面包机(时间距离远)。除了未来有远近之分外,过去也有远近之分。例如,Leach和Plaks(2009)告诉被试,他们在一周前做了某事(时间距离近),或者在五年前做了某事(时间距离远),以此操纵时间距离。

在时间距离的测量方面,Liberman和Förster(2009)告诉被试一个特定的事件,例如,有一家新的牙科诊所即将在你居住的小区内开业,你可以得到免费的检查与洁齿服务,他们要求被试估计,从现在开始多少天后你会造访该诊所。被试估计的时间越短,表明其知觉到的时间距离越近。

第二,空间距离。通常而言,研究者通过要求被试想象一件事情发生在身边或遥远的地方来操纵空间距离。例如,Fujita等人(2006)告诉来自纽约大学的被试一位朋友搬进了新家,一组被试被告知这个新家位于纽约,另一组被试被告知它位于3 000英里外的洛杉矶。Henderson等人(2006)告诉同样来自纽约大学的被试某电影中的故事发生在3英里开外的东海岸(空间距离近),或发生在3 000英里开外的西海岸(空间距离远)。

在空间距离的测量方面,Liberman 和 Förster(2009)采用了不同的方式。例如,要求被试估计自己距离书桌上某一固定的标志有多少厘米;要求来自荷兰的被试估计自己距离阿姆斯特丹火车站有多远,或另一个城市距离阿姆斯特丹有多远等。

第三,社会距离。相比其他几种形式的心理距离,对社会距离的操纵手段更为丰富。有研究者要求被试为自己决策或为他人决策,并考察两种决策的差异。他们认为,自己和他人是区分社会距离的一种有效手段(Polman, 2010, 2012a, 2012b; Polman & Emich, 2011; Pronin, Olivola, & Kennedy, 2008)。也有研究者认为,性格相似性能区分社会距离。人们将相似的他人知觉为社会距离近,而将不相似的他人知觉为社会距离远(Liviatan et al., 2008;徐惊蛰,谢晓非, 2011)。

研究者也采用了多种手段测量社会距离。第一种方法是传统的里克特评分法。例如,Liberman 和 Förster(2009)要求被试评估自己和家庭医生的关系有多亲密。Myers 和 Hodges(2012)要求被试评估自己和他人的相似性有多大。另外,还有包含多条目的关系亲密性问卷(Berscheid, Snyder, & Omoto, 1989),分为三个维度:频率(指双方共处的时间长度)、多样性(指双方共同参与活动的种类多样性)和相互影响的强度(指受对方影响的程度)。

第二种方法是使用我中包含多少他量表(Inclusion of Other in the Self Scale)。这种方法由 Aron、Aron 和 Smollan(1993)提出,他们要求被试先选定一位他人,然后考虑自己与这位他人之间的关系,并在图 9-1 所示的七种图形中选择最能描述自己与这位他人关系的图片。其中,一个圆表示自己,另一个圆表示他人。两个圆重合的面积越小,表明双方的社会距离越远。

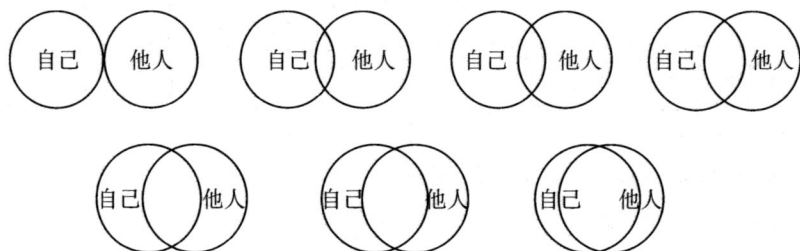

图 9-1 我中包含多少他量表
(引自 Aron et al., 1993)

第三种方法是给被试几十个甚至上百个人格特质描述词,包括正性的、中性的和负性的。要求被试选择哪些词能准确地描述自己,哪些词能准确地描述他人。如果两者重合率比较高,则表明双方的社会距离较近(Myers & Hodges, 2012)。

第四,实现的可能性。研究者对可能性的操纵手段相对比较统一,通常是告诉被试某事件非常有可能发生,或者几乎不可能发生。例如,Wakslak 等人(2006)要求被试想象他们的朋友几乎确定不能参加周末旅行(可能性小),或者几乎确定能参加周末旅行(可能性大)。在另一个研究中,Todorov 等人(2007)告诉一部分被试得到某结果的概率为1%(可能性小),告诉另一部分被试得到某结果的概率为99%(可能性大)。

在可能性的测量方面,也存在不同的方法。比如,Liberman 和 Förster(2009)要求被试估计他们成为自己所在领域内前5%的人的概率有多高,他们还要求被试估计自己日后感染某致命疾病的概率有多高。Wakslak 和 Trope(2009)则请被试判断得到赞助的可能性有多大。

9.3 自我—他人决策的差异

如果把自己作为心理距离的原点,那么他人相对于自己就会存在一定的距离。在心理学中,对自我与他人的研究已历经了好几十年,却仍保持着很高的热度。研究者发现,在描述(Fiedler, Semin, Finkenauer, & Berkel, 1995)、判断(Johnson & Boyd, 1995)、解释(Malle & Knobe, 1997; Malle & Pearce, 2001)和预测(Hsee & Weber, 1997; Krueger, Ham, & Linford, 1996)自我与他人的行为时,都存在自我—他人差异。

事实上,自我与他人之间的差异反映了心理距离的差异,更确切地说,反映了心理距离中社会距离和关系亲疏的差异。当人们知觉自我时,社会距离最近,甚至可以认为此时的社会距离为零;但是,当人们知觉他人时,社会距离变远。然而,不同的他人与自己之间的社会距离可能不同。例如,亲密朋友与自己之间的社会距离较近,普通朋友与自己之间的社会距离较远,陌生人与自己之间的社会距离更远。

那么,当面临同一个决策问题时,为自己决策和为他人决策是否会存在差异?如果存在,又会在哪些方面体现出差异?在接下去的部分,我们将分别阐述自我—他人决策在属性权衡、现状偏好及风险偏好方面的差异。

9.3.1 自我—他人决策对属性权衡的影响

试想假期临近,你打算出游放松。有两个度假候选地:A 地景色瑰丽,难得一见,但所需费用不菲;B 地景色不错,但价格相对便宜。你会选择去哪儿?如果你的朋友遇到这一问题征求你的建议,你又会推荐去哪儿?在上述问题中,人们需要权衡景色和价格两个因素。显然,如果更看重景色,就会选择 A 地;如果更看重价格,则会选择 B 地。那么,当决策对象由自己变成他人时,人们所看重的因素是否会随之发生改变?

如前所述,景色属于渴望性因素,而价格属于可行性因素。根据建构水平理论,渴望性反映了事件的核心特征,属于高水平的因素;而可行性则反映了事件的次要特征,属于低水平的因素(Liberman & Trope, 1998; Trope & Liberman, 2010)。因此,当人们采用高水平的心理建构时,会更加关注渴望性;而采用低水平的心理建构时,会更加关注可行性。

为自己决策时,因为心理距离最近,因此人们更可能采用低水平建构方式,更加关注可行性因素。而为他人决策时,因为心理距离变远,人们则更可能采用高水平建构方式,因而更加关注渴望性因素。因此,在属性权衡上出现了自我—他人的决策差异。这一差异不仅会影响决策偏好,还会体现在决策前的信息搜索与决策后的信息回忆上(Svenson, 1996)。

Lu、Xie 和 Xu(2013)用五个实验验证上述推论。研究 1a 和研究 1b 考察决策时的偏好,研究 2 考察决策前的信息搜索,研究 3a 和研究 3b 考察决策后的信息回忆。

研究 1a 以餐厅选择为情境。在此情境中,餐厅和菜肴的质量反映了渴望性,而交通和候餐所需的时间反映了可行性。被试或为自己决策,或为一位普通同学决策。他们面临两个选项:一个的渴望性高但可行性低,另一个的渴望性低但可行性高。因此,研究采用 2(决策对象:自己/他人)×2(选项:高渴望性低可行性/低渴望性高可行性)的混合设计,前者为被试间变量,后者为被试内变量。

在实验中,为自己决策的被试假想自己拥有 24 个积分,可用于兑换不同餐厅的免费餐券。A 餐券对应的餐厅提供的菜肴非常美味,令人喜欢;但是餐厅离家很远,路上需要两个小时;餐厅总是人满为患,点菜和上菜往往超过一个小时。B 餐券对应的餐厅提供的菜肴看上去还行,但不知道是否符合口味;餐厅离家很近,五分钟即可走到;用餐的人不多,因此点菜和上菜的速度很快。为他人决策的被试想象一位普通的大学生 S 遇到了上述情境,需要为 S 决策。两张餐券呈现的顺序进行了平衡。

阅读完情境后,要求被试回答,在 24 个积分中,他们愿意为两张餐券分别支付多少积分。接着,被试被告知,假设两张餐券价值相同,需要他们为自己或为 S 选择一张。然后,被试需要回答在选择过程中,他们觉得餐厅和食物的质量、交通和等位时间分别有多重要。

结果显示,在愿意支付的积分方面,存在决策对象和选项的交互作用(见图 9 - 2)①。

---

① $F(1, 51) = 10.87$, $p = .002$, $\eta^2 = .18$

对于 A 餐券(渴望性高可行性低),为他人决策时被试愿意支付的积分多于为自己决策时[1]。对于 B 餐券(渴望性低可行性高),为他人决策时愿意支付的积分少于为自己决策时[2]。这一结果表明,为自己决策时,人们更注重可行性因素,为他人决策时,更加注重渴望性因素。

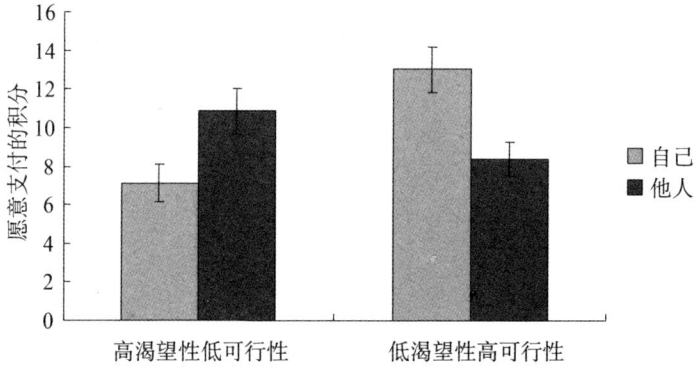

图 9-2 决策对象对愿意支付的积分度的作用

(引自 Lu et al. , 2013)

在选 A 餐券(渴望性高可行性低)的被试中(N = 20 人),只有 15.0％的被试是为自己决策的,但有 85.0％的被试是为他人决策的[3],说明相比为自己决策,为他人决策时被试更偏好在渴望性上占优的选项。相反,在选 B 餐券(渴望性低可行性高)的被试中(N = 33 人),有 69.7％的被试是为自己决策的,只有 30.3％的被试是为他人决策的[4],说明相比为他人决策,为自己决策时被试更偏好在可行性上占优的选项。

最后,在重要程度的判断上也存在决策对象和考虑因素的交互作用(见图 9-3)[5]。相比为自己决策,为他人决策时被试觉得质量更重要[6],时间相对不那么重要[7]。

研究 1a 在行为意愿层面验证了假设,证明了为自己和为他人决策者在属性评价上存在差异。研究 1b 同样考察了决策偏好,测量了被试的实际决策行为。在实验中,被试需要在两个心理学研究中选择参加哪一个。实验者用研究的有趣程度操纵

---

[1] $F(1, 51) = 5.91, p = .019$

[2] $F(1, 51) = 9.72, p = .003$

[3] $\chi^2(1, N = 20) = 9.80, p = .002$

[4] $\chi^2(1, N = 33) = 5.12, p = .024$

[5] $F(1, 51) = 6.91, p = .011, \eta^2 = .12$

[6] $F(1, 51) = 3.06, p = .086$

[7] $F(1, 51) = 6.19, p = .016$。

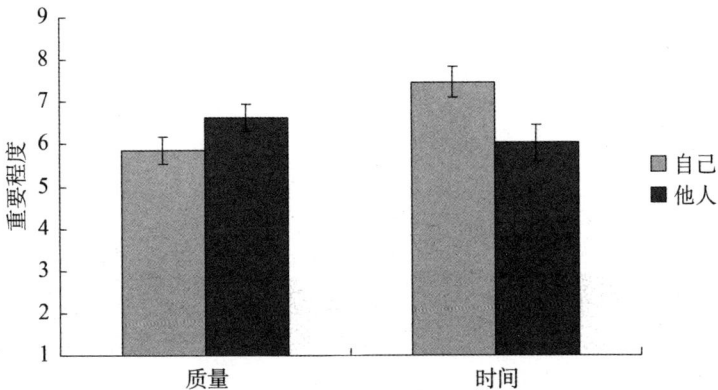

图9-3 决策对象对重要程度的作用

(引自 Lu et al. , 2013)

了渴望性,用到达实验室所需的时间操纵了可行性。其中一个研究的渴望性高但可行性低,另一个的渴望性低但可行性高。被试或为自己决策,或为其他人决策。因此,研究1b依旧采用的是2(决策对象:自己/他人)×2(选项:高渴望性低可行性/低渴望性高可行性)混合设计,前者为被试间变量,后者为被试内变量。

被试是北京大学的学生(有效被试人数为42人)。到达实验室后,他们先完成30分钟的无关任务。此后,主试宣布实验结束,并支付10元被试费。接着,在为自己决策的条件中,主试告诉被试:"这周末,我们将与中科院心理所联合进行另外两个研究。因为需要大量被试,所以希望你能报名参加。"在为他人决策的条件中,告诉被试:"这周末,我们将与中科院心理所联合进行另外两个研究。因为需要大量被试,所以想请你邀请你的朋友参加。"同时,给被试看印有两个研究介绍的宣传单。

A研究需要被试完成一些决策任务,并填写一份人格问卷。研究将在北京大学进行,时长为1小时,报酬为30元。B研究需要被试完成一些恋爱决策任务,并填写一份人格问卷。研究结束后,被试会得到结果反馈,知道自己在恋爱中的表现,同时还会得到一些量身定制的提示,有助于他们在恋爱中表现得更有魅力。研究将在中科院心理所进行,从北京大学前往需20分钟的车程。研究时长为1小时,报酬为30元。由此可见,A研究具有低渴望性高可行性,B研究具有高渴望性低可行性。两个研究的呈现顺序进行了平衡。

看完介绍后,被试选择其一参加。在为自己决策的条件中,被试在报名表上留下自己的姓名和联系方式;在为他人决策的条件中,为确保被试的确是为一位具体的朋友决策,他们需要写下朋友的姓名,并留下其联系方式。最后,主试告诉被试这也是当天实验的一部分,目的在于研究人们如何为自己或为他人决策,并询问被试在决策时是否猜到了这是实验的一部分。

在为自己选择时,90.9%的被试选择了A研究(渴望性低可行性高),9.1%的被试选择了B研究(渴望性高可行性低)。而在为他人选择时,只有45.0%的被试选择了A研究,而55.0%的被试选择了B研究。这一结果说明,相对于自己决策,为他人决策时,被试对选项渴望性因素的关注程度上升,而对可行性因素的关注程度下降。

在研究2中,研究者考察了自我—他人决策对信息搜索的影响。实验以选课为情境,给被试提供渴望性信息和可行性信息。被试或为自己决策,或为一位普通同学决策。因此,研究采用2(决策对象:自己/他人)×2(信息类别:渴望性/可行性)的混合设计,前者为被试间变量,后者为被试内变量。

决策情境显示,被试需要选修一门课程,目前有几门候选课程。被试可以得到一些相关的信息,包括课程内容与自身兴趣的匹配程度、教师授课的清晰程度、课程的有趣程度、课程材料的深度、课程的实用性、考试通过率、作业难度、考试难度、上课时间是否方便、上课地点是否方便等。前五个标准属于渴望性信息,后五个则属于可行性信息。十个标准以两种固定的随机顺序呈现。在为他人决策的条件中,情境显示的是一名普通大学生S要选择课程,并寻求被试的建议。阅读完情境提示,被试需要从中选择五种他们想得到的信息。

研究者计算了在被试所选的五种信息中,有多少属于渴望性信息,多少属于可行性信息。结果发现,在为自己决策的被试所选信息中可行性信息所占的比例高于在为他人决策的被试所选信息中的比例[①]。而对于渴望性信息,结果正好相反。

研究2的结果说明,在决策前的信息搜索阶段,相比为自己决策,人们在为他人决策时会更多地寻求渴望性信息而更少地寻求可行性信息。在接下去的研究3a和研究3b中,研究者进一步探讨了自我—他人决策差异是否同样存在于决策后的信息回忆阶段。

研究3a的被试想象自己或一名普通大学生S计划到A城市去旅游,他们会得到一些关于A城市的渴望性和可行性信息。因此,研究采用2(决策对象:自己/他人)×2(信息类别:渴望性/可行性)的混合设计,前者为被试间变量,后者为被试内变量。

实验在计算机上进行。被试进入实验室后,计算机屏幕上显示决策情境,即被试自己或S准备去A城市旅游。被试被告知,计算机屏幕上将会显示十条关于A城市的信息,他们的任务是仔细阅读这些信息,并判断是否要去A城市。接下去,屏幕上

---

① $F(1, 47) = 5.53$, $p < .05$

显示出十条信息,包括景色、异域文化、休闲、视野、美食、开销、安全、天气、交通、时间等。前五条属于渴望性信息,后五条属于可行性信息。其中,四条渴望性信息和四条可行性信息是正性的,即表明 A 城市在这些方面都有不错的表现,另外一条渴望性信息和一条可行性信息是中性的,即表明 A 城市在这两方面表现一般。这十条信息按两种固定的随机顺序呈现。被试读完信息后决定是否要去 A 城市旅游。之后按键进入下一个填字任务,时长为 3 分钟。这个任务的目的在于防止被试复述先前出现的信息。填字任务结束后,被试被要求尽可能完整地回忆之前所读到的关于 A 城市的信息。整个回忆任务限时 5 分钟。

研究者发现,所有被试都决定要去 A 城市[1],说明 A 城市的确具有高吸引力。在信息回忆方面,两名不知实验假设的评分者把被试回忆出的信息分别归为渴望性信息、可行性信息或错误信息。

实验结果发现了信息类别的主效应[2],被试回忆出更多的可行性信息而不是渴望性信息。与研究目的相关的是,决策对象和信息类别的交互作用显著[3](见图 9-4)。相比为自己决策,那些为他人决策的被试回忆出了更多的渴望性信息[4]和更少的可行性信息[5]。

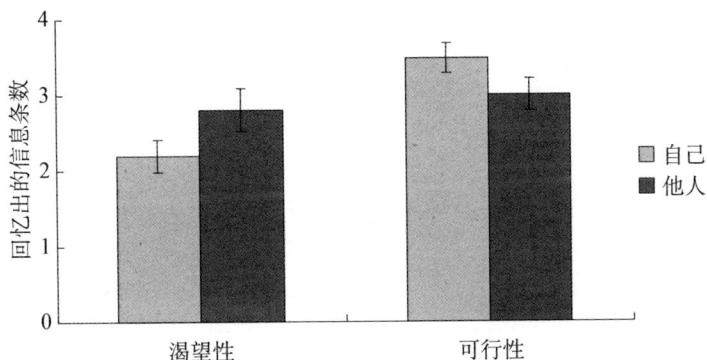

图 9-4 高吸引力条件下决策对象对回忆出的信息条数的作用

(引自 Lu et al. , 2013)

在研究 3a 中,A 城市是一个具有很大吸引力的目的地,那么,对于那些吸引力不

---

① $\chi^2(1, N = 41) = 41.00, p < .001$
② $F(1, 39) = 10.56, p < .01, \eta^2 = .12$
③ $F(1, 39) = 5.64, p < .05, \eta^2 = .13$
④ $F(1, 39) = 2.94, p = .09$
⑤ $F(1, 39) = 2.73, p = .10$

大的目的地,是否也存在相似的效应? 研究 3b 进一步讨论了该问题。研究者把 A 城市描述成了一个吸引力较低的城市。具体而言,在五条渴望性信息中,有四条是负性的,一条是中性的。同样,在五条可行性信息中,四条是负性的,一条是中性的。

实验结果发现,只有两名被试选择要去 A 城市旅游[①],表明 A 城市的确具有较低的吸引力。在信息回忆方面,同样发现了信息类别的主效应[②],被试普遍更多地回忆出可行性信息。与实验目的相关,实验结果也发现了决策对象和信息类别的交互作用[③](见图 9 - 5)。相比为自己决策,为他人决策时被试回忆出了更多的渴望性信息[④]。

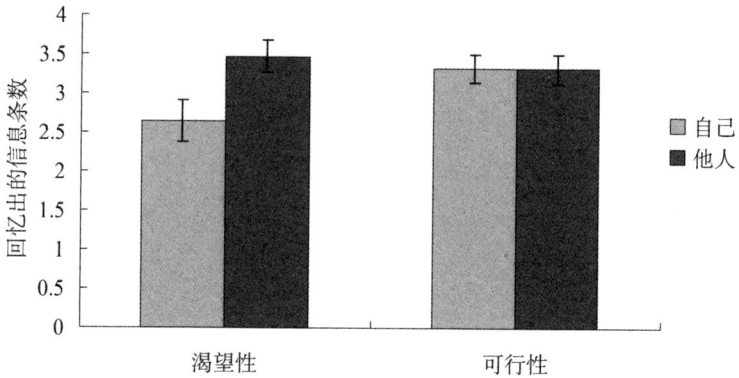

图 9 - 5　低吸引力条件下决策对象对回忆出的信息条数的作用
(引自 Lu et al. , 2013)

综合上述五个研究的结果,自我—他人差异明显存在于决策前的信息搜索、决策时的偏好及决策后的信息回忆中。究其原因,决策对象的不同导致了关注点的差异,为自己决策时,人们更加关注可行性,而为他人决策时,则更加关注渴望性。

9.3.2　自我—他人决策对现状偏好的影响

在决策过程中,人们往往会表现出一些非理性的现象。在第 4 章中提到的现状偏差就是其中一种,它是指人们不愿意改变而倾向于维持现状(Samuelson & Zeckhauser, 1988),这种现象在金钱、生活、政策等各领域的决策中都很普遍(Dinner, Johnson, Goldstein, & Liu, 2011; Hartman, Doane, & Woo, 1991;

---

① $\chi^2(1, N = 41) = 33.39, p < .001$
② $F(1, 39) = 3.49, p = .069, \eta^2 = .08$
③ $F(1, 39) = 8.96, p < .01, \eta^2 = .19$
④ $F(1, 39) = 5.83, p < .05$

Hesketh, 1996; Moshinsky & Bar-Hillel, 2010; Risen & Gilovich, 2007)。然而,改变往往伴随着诸多好处,例如带来机遇与创新,因此,现状偏差被认为是一种非理性的决策现象。于是,如何减少现状偏差成为一个重要的研究问题。相比为自己决策,为他人决策时人们是否更乐于改变,从而表现得更为理性? Lu 和 Xie(2014)提出,相比为自己决策,为他人决策时应更少出现现状偏差,因为为自己决策时,人们关注改变可能带来的坏处,而为他人决策时,则更加关注改变可能带来的好处。

值得注意的是,在 Samuelson 和 Zeckhauser(1988)发现了现状偏差后,研究者又发现了一个相似的现象——默认效应(default effect),指决策者不愿意改变默认的状态(Johnson, Hershey, Meszaros, & Kunreuther, 1993)。例如,默认人们需要捐献器官的国家的捐献率远高于默认人们不捐献器官的国家(Johnson & Goldstein, 2003)。尽管在很多情况下,现状是由决策者主动选择的,而默认选项是由他人(例如,设计者或政府)决定的,但上述两种现象都揭示了人们不愿意改变的倾向。因此,Lu 和 Xie(2014)用"现状效应"(status quo effect)一词来描述这一不理性的决策现象。

那么,何时会出现现状效应? 如果现状的优势足够明显,那么人们选择现状是理性的。相反,如果新选项的优势突显,选择新选项也是理性的。但是,如果现状和新选项的优势相差无几,人们往往会维持现状。显然,在这种情况下,接受新选项的损失大于维持现状的损失,因为选择本身也消耗资源。

现状效应反映了人们如何权衡现状和新选项的优劣势。根据前景理论(Kahneman & Tversky, 1979),在决策过程中,人们会把现状作为参照点,将新选项与现状进行比较。如图 9 - 6 所示,新选项的优势(包括现状的坏处或新选项的好处)被视作获益,而新选项的劣势(包括现状的好处或新选项的坏处)被视作损失(Moshinsky & Bar-Hillel, 2010; Samuelson & Zeckhauser, 1988)。出于损失厌恶的心理,人们相比获益更加关注损失(Kahneman & Tversky, 1979),因而偏好现状。换言之,现状效应是损失厌恶的结果(Kahneman, Knetsch, & Thaler, 1991; Novemsky & Kahneman,

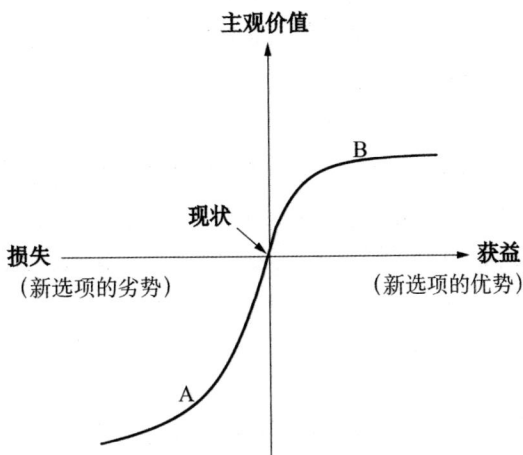

图 9 - 6 损失厌恶对现状效应的解释
(引自 Lu & Xie, 2014)

2005；Samuelson & Zeckhauser，1988）。

根据质询理论(query theory；Johnson，Häubl，& Keinan，2007；Weber et al.，2007)，损失厌恶会体现在决策的质询中。质询理论有三个主要假设。第一，人们会将决策问题分解成若干个质询。例如，当考虑"是否要改变"时，人们会将其分解为"为什么要维持现状"和"为什么要选择新选项"。第二，决策者会按一定的顺序进行质询。由于损失的心理权重大于获益，总体而言，人们更可能先考虑损失再考虑获益。因此，在比较现状和新选项时，决策者倾向于先考虑新选项的劣势(图9-6中的A部分)再考虑新选项的优势(图9-6中的B部分)。第三，较早的质询会得到较多数量的内容。例如，先考虑新选项的劣势(图9-6中的A部分)再考虑其优势(图9-6中的B部分)的话，就会得到更多支持选择现状的理由(图9-6中的A部分)而得到更少支持选择新选项的理由(图9-6中的B部分)。结果便是，决策者决定维持现状。简而言之，质询理论的核心观点是质询顺序(query order)和质询内容(query content)会影响决策。

近期的一项研究证实了质询顺序和质询内容在现状效应中的作用(Dinner et al.，2011)。在研究中，一半被试被告知他们目前正在使用的是白炽灯，可以考虑换成节能灯；另一半被试被告知目前正在使用的是节能灯，可以考虑换成白炽灯。被试罗列自己在决策过程中的想法，并做选择。结果验证了现状效应。更重要的是，被试先考虑新选项的劣势再考虑其优势，而且，更多地考虑新选项的劣势更少地考虑其优势。

尽管现状效应普遍存在，但也有研究发现了一些能减弱该效应的因素，如决策者的目标(Chernev，2004)、新选项的数量(Kempf & Ruenzi，2006)等。那么，为他人决策是否和为自己决策一样受困于现状效应？答案取决于不同的决策对象能否改变人们赋予损益的权重。

有研究发现，在心理距离较远的情况下，获益框架对决策的影响更大；而在心理距离较近的情况下，损失框架对决策的影响更大(Nan，2007；White，MacDonnell，& Dahl，2011)。由此可以认为，为他人决策时，因为心理距离较远，决策者更关注获益；而为自己决策时，由于心理距离较近，人们更关注损失。Polman(2012b)的研究验证了这一推论。他发现，无论决策情境是否含有风险，相比为自己决策，为他人决策时人们都更少地表现出损失厌恶的倾向。

为自己决策和为他人决策在损失厌恶方面的差异也会体现在质询方式上。由于为自己决策时更关注损失，决策者可能会较早和较多地质询新选项的劣势(图9-6中的A部分)。相反，由于为他人决策增强了人们对获益的关注，决策者可能会较早或较多地质询新选项的优势(图9-6中的B部分)。这样的质询方式会导致决策者

在为自己决策时更可能受困于现状效应,而为他人决策时则更更容易接受改变。Lu
和Xie(2014)的研究考察了在现状效应上是否存在自我—他人决策差异,并探讨其
原因。

研究者通过实验1证明了相比为自己决策,为他人决策时更少出现现状效应。
被试被随机分配到2(决策对象:自己/他人)×2(选项:现状/新选项)混合设计中的
某个条件下,前者为被试间变量,后者为被试内变量。

为自己决策的被试想象自己是一位人事经理。往年,自己所在的公司把一半的
招聘名额分配给校园招聘,另一半分配给社会招聘,这种政策的效果很好。但是,为
了促进大学生就业,政府的新政策规定,凡是把65%以上名额分配给校园招聘的企
业就能得到一定的金钱奖励。你正在考虑今年要采用哪种招聘方案。在另外一个版
本中,被试被告知他们公司原来为了得到政府的奖励一直将65%的名额分配给校园
招聘,今年为了优化人力资源分配,考虑只将50%的名额分配给校园招聘,另50%分
配给社会招聘,但这意味着要放弃政府奖励。在为他人决策的情境中,被试想象自己
的一位朋友是人力资源经理,遇到上述问题,前来寻求建议。读完情境提示后,被试
对两种方案分别进行吸引力打分。

结果发现了决策对象和选项的交互作用(见图9-7)[1]。被试在为自己决策时认
为现状选项比新选项更有吸引力[2];相反,为他人决策时认为新选项比现状选项更有
吸引力[3]。另外,在对现状选项的吸引力评价方面,为自己决策时高于为他人决策

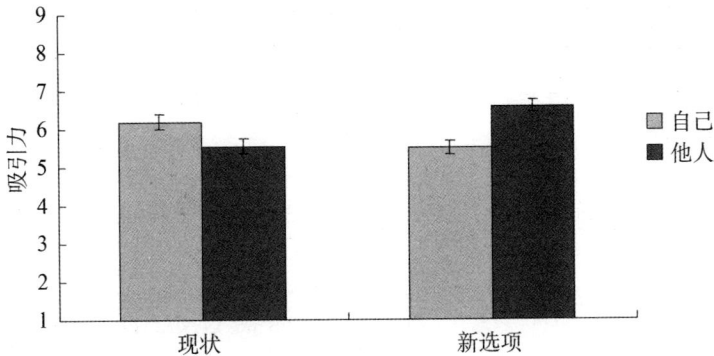

图9-7 决策对象对吸引力的作用

(引自 Lu & Xie, 2014)

---

[1] $F(1, 161) = 16.54$, $p < .001$, $\eta^2 = .09$

[2] $t(80) = 2.22$, $p = .029$

[3] $t(81) = -3.59$, $p < .001$

时①;但在对新选项的吸引力评价方面,为自己决策时低于为他人决策时②。这些结果验证了假设,表明人们为自己决策时出现了现状效应,而为他人决策时则乐于改变。

在实验 2 中,研究者重复验证了决策对象与现状效应的关系,并探讨了质询顺序和质询内容在其中的作用。被试被随机分配到 2(决策对象:自己/他人)×2(选项:现状/新选项)混合设计中的某个条件下,前者为被试间变量,后者为被试内变量。

被试到达实验室后被告知他们需要在计算机上完成一些任务。首先,为自己决策的被试要"描述自己",而为他人决策的被试要"描述一位朋友"。被试先输入自己或一位朋友的姓氏、性别、年龄,然后判断一些形容词(热情的、细心的、理性的、退缩的、负责的、抑郁的、果断的、平和的)是否符合自己或朋友的特点。这一任务的实际目的是帮助被试能够想到一个具体的他人。

接着,给被试呈现买电脑的情境。为自己决策的被试被告知,自己使用了若干年 A 品牌的笔记本电脑,由于技术更新,正考虑买一台新电脑。有两个候选选项:一款 A 品牌的笔记本电脑和一款 B 品牌的笔记本电脑。前者是现状,而后者是新选项。两者在配置、价格等方面都相差无几。不同的是,A 品牌的电脑更加时尚,且售后网点离家近;B 品牌的电脑更加轻巧,虽然售后网点离家远,但提供免费的上门服务。为他人决策的被试想象他们在之前任务中描述的那位朋友遇到了这一问题,寻求他们的建议。阅读完情境提示后,被试需要详细罗列至少三条此刻脑海中的真实想法。然后,为自己或他人在两款电脑中做出选择。

两位不知实验假设的独立编码者将被试罗列的每条想法归为以下三类中的一类:新选项的劣势(包括现状的好处或新选项的坏处)、新选项的优势(包括现状的坏处或新选项的好处)、无关想法。不一致处由第三位编码者决定。接着,按下列公式计算质询顺序指数与质询内容指数(Dinner et al. , 2011; Johnson et al. , 2007):

$$质询顺序指数 = \frac{2 \times (MR_{disadvantages} - MR_{advantages})}{n} \tag{1}$$

$$质询内容指数 = \frac{Disadvantages - Advantages}{Disadvantages + Advantages} \tag{2}$$

其中,$MR_{disadvantages}$ 表示关于新选项劣势的想法的秩次的中位数(the median rank),$MR_{advantages}$ 表示关于新选项优势的想法的秩次的中位数,$Disadvantages$ 表示关于新选项劣势的想法的条数,$Advantages$ 表示关于新选项优势的想法的条数。n 表示罗

---

① $F(1, 161) = 5.55$, $p = .020$
② $F(1, 161) = 19.53$, $p < .001$

列的想法的条数。

因此,质询顺序指数越大,说明关于新选项劣势的想法越早产生;质询内容指数越大,说明产生的关于新选项劣势的想法越多。如果质询顺序指数为 1,表明关于新选项劣势的想法都先于关于新选项优势的想法。如果质询顺序指数为 - 1,则表示相反的情况。如果质询内容指数为 1,表明被试罗列的所有想法都是关于新选项的劣势的。如果质询内容指数为 - 1,则表示相反的情况。

结果显示,为自己决策时($N = 44$ 人),77.3%的被试选择了现状,22.7%的被试选择了新选项[①],说明在为自己决策时,相比新选项人们更偏好现状。在为他人决策时($N = 42$ 人),45.2%的被试推荐了现状,54.8%的被试推荐了新选项,说明在为他人决策时,人们对现状或新选项无明显的偏好。这一结果再次证实了现状效应的自我—他人决策差异。

在质询顺序指数这一变量上,结果发现了决策对象的主效应[②]。为自己决策时的质询顺序指数高于为他人决策时,说明为自己决策时更早地质询新选项的劣势。在质询内容指数这一变量上,也发现了决策对象的主效应[③]。为自己决策时的质询内容指数高于为他人决策时,说明为自己决策时更多地质询新选项的劣势。另外,Bootstrap 中介分析表明,质询顺序和质询内容都在决策对象与选择之间起到了中介作用。实验 2 的结果表明,因为为自己决策和为他人决策会引发不同的质询顺序和质询内容,从而导致了现状效应的自我—他人决策差异。

在实验 3 中,研究者操纵了质询顺序,要求为自己决策或为他人决策的被试采用相同的顺序进行质询。具体而言,两个条件中的被试都被要求采用某一种质询顺序:顺序 1——先考虑三条改变的劣势,再考虑三条改变的优势;顺序 2——先考虑三条改变的优势,再考虑三条改变的劣势。研究者认为,此时在给自己和他人做决策时的质询顺序完全相同,因此,现状效应的自我—他人决策差异可能会消失,但是,相比采用顺序 1,采用顺序 2 的被试更倾向于改变。

被试被随机分配到 2(决策对象:自己/他人)× 2(质询顺序:顺序 1/顺序 2)被试间设计中的某个条件下。研究者给被试呈现安装上网宽带的情境。告诉为自己决策的被试,他们刚搬了家,需要安装宽带。原先使用的是 A 公司提供的欢乐套餐,B 公司提供的畅享套餐也可考虑。前者是现状,而后者是新选项。两者在网速、价格等方面都完全一致。但是,两者不同的是,欢乐套餐还提供免费的固定电话来电显示服

---

① $\chi^2(1, N = 44) = 13.09$, $p < .001$
② $F(1, 83) = 9.33$, $p = .003$, $\eta^2 = .10$
③ $F(1, 83) = 9.25$, $p = .003$, $\eta^2 = .10$

务,并赠送一个电视付费频道;畅享套餐每月赠送60分钟的免费市话,并提供电视点播回看服务。对一半被试,欢乐套餐被标定为现状;对另一半被试,畅享套餐被标定为现状。为他人决策的被试想象他们的朋友小王遇到了这一问题,征求他们的建议。

阅读完情境提示后,被试根据规定的顺序对两款套餐进行质询。此后,被试在9点量表上表明他们的偏好(对于欢乐套餐是现状的被试,1=欢乐套餐,9=畅享套餐;对于畅享套餐是现状的被试,1=畅享套餐,9=欢乐套餐),分值越小说明现状效应越强。

结果与推论相符,在统一了质询顺序的情况下,为自己决策和为他人决策的差异都不复存在(如图9-8所示)。此外,采用质询顺序1(先考虑改变的劣势,再考虑改变的优势)的被试比采用质询顺序2(先考虑改变的优势,再考虑改变的劣势)的被试更倾向于维持现状。这些结果证明,相同的质询顺序消除了自我—他人决策在现状效应的差异。另外,无论为自己还是为他人决策,只要先考虑新选项的劣势再考虑其优势,人们就更倾向于维持现状;相反,人们则相对更乐于改变。

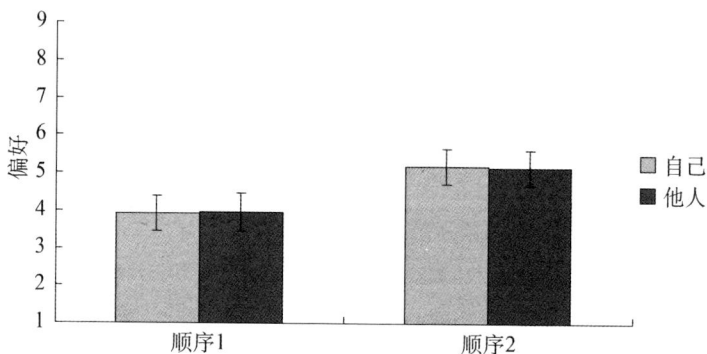

图9-8 决策对象和质询顺序对偏好的作用
(引自 Lu & Xie, 2014)

实验3通过统一质询顺序,使得自我—他人在现状效应上的差异消失。实验4a和4b进一步通过统一质询内容,考察了这种操纵方式是否同样能够去除自我—他人在现状效应上的差异。在实验4a中,两个条件中的被试都被要求采用某一种质询内容:内容1——只考虑两条改变的劣势;内容2——先考虑两条改变的劣势,再考虑两条改变的优势。在实验4b中,质询内容分为:内容3——只考虑两条改变的优势;内容4——先考虑两条改变的优势,再考虑两条改变的劣势。

实验者给被试呈现购买车险的情境。告诉为自己决策的被试,他们去年购买的车险就要到期了,需要再次购买。原先使用的是A套餐,包含交强险、车损险、涉水损失险和车身油漆单独损伤险。另外,B套餐也可考虑,包含交强险、车损险、自燃损失险和车身划痕险。对于每种保险都提供了简要的说明。A套餐是现状,B套餐是新选项。对现状和新选项的描述进行了平衡。为他人决策的被试想象他们的朋友小陈遇到了这一问题,征求他们的建议。此后,被试在9点量表上表明他们的偏好(1 = A套餐,9 = B套餐),分值越小说明现状效应越强。

在实验4a中,与预期一致,在统一了质询内容之后,自我—他人在现状效应的差异消失(见图9-9)。此外,采用质询内容1的被试比采用质询内容2的被试更倾向于维持现状。在实验4b中,统一质询内容的操纵同样消除了自我—他人决策差异(见图9-9),采用质询内容3的被试比采用质询内容4的被试更倾向于改变。

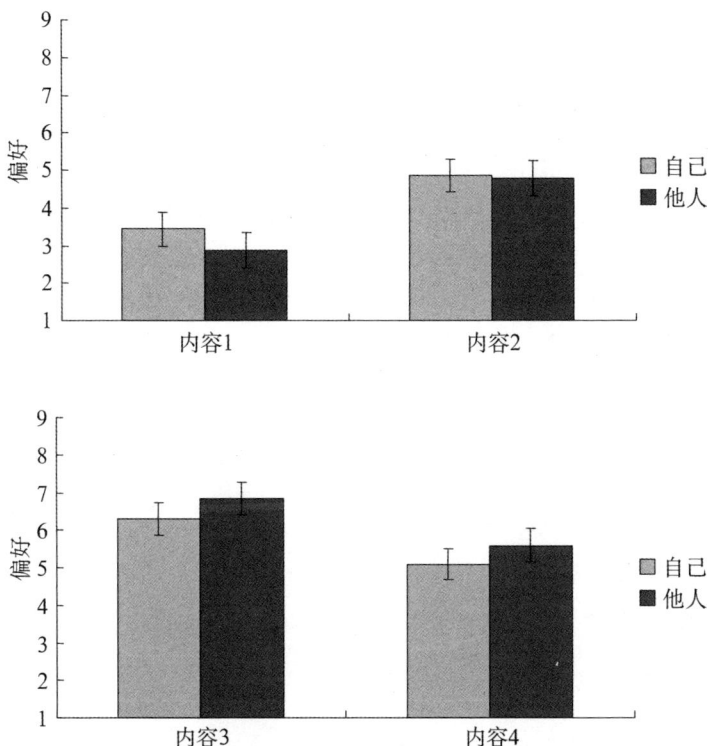

图9-9 决策对象对偏好的作用

(引自 Lu & Xie, 2014)

综合上述研究结果发现,相比为自己决策,为他人决策时人们更少地受困于现状效应,因为为自己决策时,人们倾向于先考虑现状的优势,并且更多地考虑现状的优势。但是,为他人决策时则恰恰相反。由于现状效应是决策偏差的一种,因此可以认为,为他人决策比为自己决策更加理性。

9.3.3 自我—他人决策对风险偏好的影响

在涉及风险的决策中,为自己决策和为他人决策是否同样会存在差异?目前,针对这一问题的研究非常丰富,但结果却很不统一,有的甚至是相互矛盾的。

有一些研究者发现,为他人决策比为自己决策表现得更加风险寻求(Beisswanger, Stone, Hupp, & Allgaier, 2003;Stone & Allgaier, 2008)。而另一些研究者则发现,为自己决策比为他人决策更加冒险(Colby, 2010;Fernandez-Duque & Wifall, 2007;Garcia-Retamero & Galesic, 2012)。此外,还有个别研究表明,为自己决策和为他人决策在风险偏好上并不存在差异(Stone, Yates, & Caruthers, 2002)。这些矛盾的结果也许和他人与自己的关系有关。正如我们在第5章中讨论的那样,要完整地理解人们的决策,需要将其所处的社会背景因素纳入考虑,并考察决策问题与其生活环境和进化环境的关联。

基于上述视角,Wang(1996b)采用了"生死决策范式"来探讨为谁决策更冒险的问题。在为自己决策的条件中,被试需要假设他们家的6名家庭成员感染了某致命疾病;在为他人决策的条件中,被试想象别人家的6名家庭成员感染了这种致命疾病。具体的决策情境如下:

为自己决策版本

假设你家的6名成员(包括你父母、弟弟、妹妹、儿子、女儿)感染了某致命疾病。目前,针对该疾病有两种医疗方案。根据精确的科学评估,两种方案可能带来的结果如下:

如果采用方案A,2名年纪比你大的人(2名年纪比你小的人)能被救活;

如果采用方案B,1/3的可能性6人都能被救活,2/3的可能性没人能被救活。

你倾向于采用哪种方案?

为他人决策版本

假设×家的6名成员(包括X的父母、弟弟、妹妹、儿子、女儿)感染了某致命疾病。目前,针对该疾病有两种医疗方案。根据精确的科学评估,两种方案可能带来的结果如下:

如果采用方案A,2名年纪比X大的人(2名年纪比X小的人)能被救活;

如果采用方案B,1/3的可能性6人都能被救活,2/3的可能性没人能被救活。

你倾向于采用哪种方案?

在方案 A 中,确定能救活两个人。但在一个版本中,这两人比决策的自我或他人年纪大;在另一个版本中,这两个人比决策的自我或他人年纪小。在方案 B 中,有1/3 的概率能救活所有人,还有 2/3 的概率没有人能被救活。被试或为自己决策,或为 X 决策。因此,实验的两个自变量为决策对象(自己或他人)和确定救活的人的相对年龄(年轻或年长)。实验包含四个实验情境,为组间设计。因变量为被试在确定方案和风险方案之间的选择。

作者假设,由于被试均为年轻的大学本科生,因此,救活年纪较大的家庭成员和救活年纪较小的家庭成员的重要程度相似,因为无论是前者还是后者都能有效地增强决策者的生存适应性。在这种情况之下,救活两位家庭成员是远远不够的,被试希望能把所有人都救活。因此,他们会更倾向于选择风险选项,表现为风险寻求。

但是,当决策对象由自己变为他人时,被试的风险偏好可能会发生改变。当决策问题发生在 X 的家庭中时,由于被试不知道 X 的实际年龄,因此无法准确估计救活年长的人或救活年轻的人对于 X 在生存适应性上的意义,他们只好从字面上理解所谓的年轻或年长。如此一来,救活年轻人似乎比救活年长的亲戚更有价值。因此,在确定能救活年轻人的条件中,被试更倾向于选择确定选项。

实验结果如表 9-1 所示。在为自己决策时,无论确定选项是救活两名年长的亲戚还是救活两名年轻的亲戚,被试都偏好风险选项,说明在为自己决策时,救活年轻亲戚和救活年长亲戚的重要程度相似。但是,当为他人决策时,相比确定救活两名年长亲戚,在确定救活两名年轻亲戚的条件中有更多的被试选择了确定选项[1]。

表 9-1　不同条件中选择风险选项的人数百分比

决策对象	确定选项	选择风险选项的人数百分比	被试数(N)
自己家	救活年长的亲戚	77.5%	40
自己家	救活年轻的亲戚	76.2%	42
他人	救活年长的亲戚	82.9%	35
他人	救活年轻的亲戚	52.8%	36

(改编自 Wang, 1996b)

有意思的是,如果被试是中年人,救活年长的人(例如,已过最佳生育年龄的年迈的父母)的适应性意义就会低于比自己年幼的人(例如,临近生育最佳年龄的年轻的子女)。因此,决策者更可能倾向于选择能够救活年轻亲人的确定选项。与此推论相

---

[1] $\chi^2(1) = 7.57$, $p < .0059$

符,与年轻被试(平均年龄为 20.1 岁)相比,中年被试(平均年龄为 41.4 岁)的确更倾向于选择能够救活年轻人的确定选项。选择确定选项的比例从 23.8%(年轻被试组)上升到 47.2%(中年被试组)。

Wang(1996b)的实验显示,人们在家庭背景的生死决策中,总体更倾向于风险寻求,因为仅仅救活两名亲人远远低于人们的心理底线,他们希望家庭成员能同生共死,因而更倾向于选择能使所有成员都活下来的风险选项。但是,这种风险偏好还受被试视角的影响。当他们为自己决策时,采用的是第一人称视角,他们会以自己的实际年龄作为重要的参照点,以此考察年长的亲戚和年轻的亲戚对自己在生存和生育上的意义。但是,当为他人决策时,被试采用的是第三人称视角,由于被试不知道 X 的确切年龄,因此只能依据社会规范或文化习俗来判断"长幼有序"的具体含义,所以认为救活年轻人可能对社会更有意义。

9.4 社会距离与社会折扣

作为心理距离的一个维度,社会距离反映了自我与他人之间感知到的亲疏关系,因此左右着人们的决策。

试想这么一种情况:你需要在自己获得 50 元和母亲获得 100 元之间做选择,也就是说,要么选择自己获得 50 元,要么放弃获得 50 元而让母亲获得 100 元。相信很多人会选择后者。很显然,人们之所以会放弃自身的利益而让母亲获益,是因为母亲的获益和自己的获益在心理上有很大的重叠。从进化意义上讲,基因的相似度决定了利他行为的程度。

如果在这一情境中,他人不是母亲,而是一位朋友呢?此时,你的权衡可能就会有所不同。究竟是自己获益,还是放弃自身利益让朋友获益?朋友获得 100 元带给我们的心理效用很可能小于母亲获得 100 元带来的心理效用。如果他人是一位陌生人呢?相信绝大多数的人不愿意放弃自身的 50 元而让一个陌生人获得 100 元。可见,随着社会距离的增加,他人获益对我们自身产生的心理效用逐渐减小。这一现象被称为社会折扣(social discounting; Jones & Rachlin, 2006; Rachlin & Jones, 2008)。

在 Jones 和 Rachlin(2006)的实验中,他们请被试想象 100 个不同的他人,并对他们按社会距离的远近进行排序。第 1 代表与被试非常亲密的家人或朋友,第 100 代表一个泛泛之交的人。接着,要求被试把第 1、2、5、10、20、50 和 100 个人挑出来,并针对这七个人做一些社会决策。

例如,假设他们需要在自己和第 1 个人之间分配一定的钱数,有如下九种不同的分配方案,需要在 A、B 选项中选择其一。

A. 给自己 155 美元。B. 给自己 75 美元,给第 1 个人 75 美元。

A. 给自己 145 美元。B. 给自己 75 美元,给第 1 个人 75 美元。

A. 给自己 135 美元。B. 给自己 75 美元,给第 1 个人 75 美元。

A. 给自己 125 美元。B. 给自己 75 美元,给第 1 个人 75 美元。

A. 给自己 115 美元。B. 给自己 75 美元,给第 1 个人 75 美元。

A. 给自己 105 美元。B. 给自己 75 美元,给第 1 个人 75 美元。

A. 给自己 95 美元。B. 给自己 75 美元,给第 1 个人 75 美元。

A. 给自己 85 美元。B. 给自己 75 美元,给第 1 个人 75 美元。

A. 给自己 75 美元。B. 给自己 75 美元,给第 1 个人 75 美元。

针对上述挑选出的七个人,每名被试需要完成七套上述选择。

在第一种分配方案中,研究者推论绝大多数人应该都会选择 A 选项,在其后的选项中,随着选项 A 的价值不断下降,人们可能会转而选择 B 选项。假设某名被试在前四个问题中都选择了 A 选项,而在后五个问题中选择了 B 选项,那么说明被试愿意让自己少得 50 美元而使某位他人得 75 美元。换言之,这位他人得到 75 美元和自己得到 50 美元在被试的心理上是等量的。

根据被试对社会距离不同的他人的心理等量值,研究者可以计算出折点所反映的对他人所获金钱相对于自己获等量金钱的折扣率(社会折扣率)。随着社会距离的不断增加,决策者对于他人获益的折扣程度越大。更进一步,研究者分别用指数函数(exponential function)和双曲线函数(hyperbolic function)拟合了被试对第 1、2、5、

10、20、50 和 100 个人的平均心理等量值。如果社会折扣函数符合指数模型,说明人们的折扣率保持恒定,随社会距离的变化而等量变化。相反,如果社会折扣函数符合双曲模型,说明社会折扣率在离自己最近的他人区间变化最大。结果发现,社会折扣函数更符合双曲线模型(见图 9-10)。

基于上述结果,Jones 和 Rachlin (2006)提出了社会折扣率的计算方法:

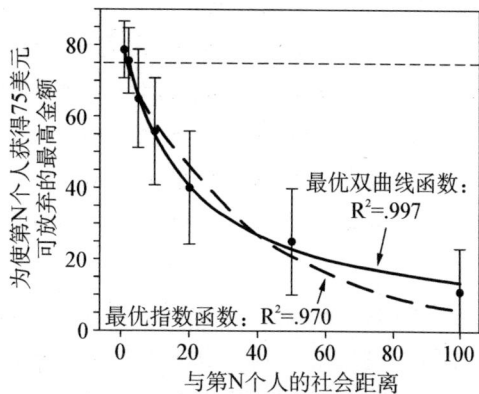

图 9-10　社会折扣函数拟合

(引自 Jones & Rachlin, 2006)

$$v = \frac{V}{1+ks}$$

其中,V 代表他人的获益,v 代表他人获益对自我的效用,s 代表社会距离,k 代表社会折扣率。k 值越大,函数越陡峭;k 值越小,函数越平缓。

其实,仔细探究社会折扣不难发现,它是一种包含利他成分的决策。人们需要牺牲自我所得从而为他人提供更大的利益。Hamilton(1964)的亲缘选择理论为社会折扣的研究提供了一个分析的框架(见第 1 章和第 5 章)。从这一视角来看,社会折扣也将取决于他人与自己的亲缘关系。如果某个他人与自己的基因关联度较高(比如儿子),那么他/她更有可能将自己的基因传播开来,我们就更愿意牺牲自己的利益而使其获益,换言之,对于此人的社会折扣率会较小。反之,如果某个他人与自己的基因关联度较低(比如陌生人),那么他/她把我们的基因传播开来的可能性很小,我们就不愿意牺牲自己的利益使其获益,对于此人的社会折扣率就会较大。

基于上述思考,作者等人(Wang, Wang, & Daly, 2015)探究了在不同文化下,社会折扣模型是否会有差异。在改进了之前方法的基础上,他们分别给中国被试和美国被试列出了 50 位具体的他人,要求被试按亲疏关系将这些人进行排序,关系最近的为第 1,关系最远的为第 50。接着,被试挑选出排在第 1、2、5、10、20、30、40、50 位的具体的他人。这 50 个具体他人如下:

> 大学同学、同事、高中同学、初中同学、在旅行中遇到的非洲人、在旅行中遇到的中国人、在旅行中遇到的欧洲人、在旅行中遇到的印度人、在旅行中遇到的俄罗斯人、家乡人、同一社区的人、需要帮助的陌生人、从全世界随机抽取的陌生人、在旅行中遇到的同一国家相同肤色的人、在旅行中遇到的同一国家不同肤色的人、另一种族的成员、另一党派(或组织)的成员、另一地区的成员、同一种族的成员、同一党派(或组织)的成员、同一地区的成员、普通异性朋友、普通同性朋友、小学同学、姨妈(或姑姑)、兄弟、最好的异性朋友、最好的同性朋友、女儿、父亲、第一代堂/表兄弟姐妹、爷爷、外公、奶奶、外婆、母亲、侄子、侄女、现在的邻居、第二代堂/表兄弟姐妹、姐妹、儿子、配偶(或重要他人)、第三代堂/表兄弟姐妹、叔叔(或舅舅)、公司老板、小学老师、高中老师、初中老师、大学老师。

然后,被试被告知自己离自己的距离为零,他们需要估算出这 50 个他人离自己的距离有多远。在第三个任务中,被试被要求想象自己站在一个空地上,根据心理距离为这 50 个具体他人定位。以自己为零点,依次给出相应的物理距离(例如,母亲离自己是 0.5 米,父亲离自己是 1 米)。

在确定了具体他人的平均心理距离后,另一组被试完成了社会折扣任务,他们在给自己一定的钱和给位于第1、2、5、10、20、30、40、50位的人一定的钱之间做选择。题目如下。

A. 给自己 85 美元。B. 给他人 75 美元。
A. 给自己 75 美元。B. 给他人 75 美元。
A. 给自己 65 美元。B. 给他人 75 美元。
A. 给自己 55 美元。B. 给他人 75 美元。
A. 给自己 45 美元。B. 给他人 75 美元。
A. 给自己 35 美元。B. 给他人 75 美元。
A. 给自己 25 美元。B. 给他人 75 美元。
A. 给自己 15 美元。B. 给他人 75 美元。
A. 给自己 5 美元。B. 给他人 75 美元。

Wang 等人(2015)分别用指数函数和双曲线函数对被试在不同社会距离中的社会折扣模型进行拟合。有意思的是,美国被试的社会折扣符合经典的双曲线模型,而中国被试的社会折扣则更符合指数模型。这一结果说明,和美国人相比,中国人的社会折扣率更为恒定。与此相似,何贵兵和蒋多(2013)也发现,指数曲线能更好地拟合中国大学生被试的社会折扣模型。

为什么中国人的社会折扣模型和美国人的社会折扣模型有显著的区别? 这可能源于两种文化中的人际关系模式。社会关系网在中国显得尤为重要。在很多事情中,"关系"和"人脉"是必不可少的。因此,中国人特别重视建立人脉关系网。哪怕是泛泛之交,也是人脉中必不可少的一员,将来可能会发挥作用。所以,相比美国人,中国人与更多的他人保持较为亲密的社会关系,他人总体的社会距离较近,关系密切的他人较多。在此过程中,中国人的社交网路包含了更多的他人,而这些他人的亲疏距离排列更加有序。因此,随亲疏关系而变化的社会折扣更为恒定。

Wang 等人(2015)在谷歌中用英文分别搜索了"mother"、"father"和"friend"三个词条,得到 901 000 000 条、555 000 000 条、2 050 000 000 条结果。"friend"的结果是"mother"的 2.28 倍,是"father"的 3.69 倍。在谷歌中用中文分别搜索了"母亲"、"父亲"和"朋友"三个词条,得到 181 000 000 条、150 000 000 条、1 270 000 000 条结果。"朋友"的结果是"母亲"的 7.02 倍,是"父亲"的 8.47 倍。可见,相比美国人,中国人可能更多地提及朋友,朋友具有更加重要的社会意义。

Wang 等人(2015)的研究发现,虽然美国人对于疏远的关系在距离感上存在更大的差异(比如,对美国人而言,陌生人与自己之间的社会距离为 125 个单位,而对于中国人,陌生人与自己之间的距离为 50 个单位),但对应于这些疏远的关系的社会折扣却没有明显的差别。而中国人对远端的关系的社会折扣依然会随着社会距离的增加而成比例地增加。因此,中国人的社会折扣模型更符合有序递减的指数函数。而美国人只对相对熟悉的他人的社会距离较为敏感,社会折扣率也较大;对于较为远端的他人则更为"一视同仁",对他们的社会折扣率则变得平缓,没有明显的差别。因此,美国人的社会折扣更符合双曲线的函数的"先降后平"的形态。

第 10 章　过去、现在与未来

　　人们的冲动性常常表现为不愿意等待延迟的奖励,因为未来是不确定的。但是,一个让人了如指掌的未来,又失去了不确定性带来的期待、兴奋和挑战。在资源有限的条件下,我们的身体里的各种生物钟和信号系统不断地根据体内外资源的稀缺丰盈调节着我们在现在与未来之间的取舍与平衡。

——作者

10.1　跨期决策与延迟折扣

　　生活中,人们往往需要在现在和未来之间做权衡。例如,为了训练孩子的延迟满足能力,家长通常让小朋友在"现在吃一颗糖"和"等一小时吃两颗糖"之间做选择。员工有时需要在"这个月获得较少的奖金"和"六个月后获得较多的奖金"之间做选择。民众需要在"今天花一笔钱用于旅游度假"和"把这笔钱存入能保证获益的退休金账户"之间做选择。上述三个例子有一个共同特点:现在获得的收益量较小,未来获得的收益量较大。研究者把这种在"较快的小收益"(SS)选项和"较迟的大收益"(LL)选项之间的决策叫做跨期决策(intertemporal choice)(Loewenstein & Elster, 1992; Loewenstein, Read, & Baumeister, 2003; Scholten & Read, 2010)。

　　在跨期决策中,一个最典型的现象是人们更加青睐当前的选项,尽管其带来的获益量小于未来选项带来的获益量。过度地偏重于当下的获益而放弃未来更大的获益与很多心理及健康问题有关,同时也影响着人们日常生活中金融决策和政府政策的制定(Ainslie, 1975, 2001; Berns, Laibson, & Loewenstein, 2007; Frederick, Loewenstein, & O'Donoghue, 2002)。为了解读人们在跨期决策中的行为偏好,经济学家及心理学家提出了各种解释模型。

Samuelson(1937)提出了折扣效用模型(discounted utility model)。他认为,人们会对不同时间点的选项进行折扣。假设 SS 选项为现在得到 100 元,LL 选项为一个月后得到 120 元。但是,LL 选项的效用并非 120 元,未来获益在换算成当下的效用时会被打折扣。这一现象被称为未来折扣(future discounting)或延迟折扣(delay discounting)。折扣效用模型引入了参数 r 作为延迟折扣率的指标,通常而言,r 值介于 0 到 1 之间。假设 r 等于 0.8,那么 LL 选项在当前的效用就等于 96 元。因此,决策者更偏好现在得到 100 元。可见,只有当金额大到能抵消延迟折扣率的影响时(例如 200 元),决策者才会选择 LL 选项。

Samuelson(1937)认为,对于一个决策者而言,如果延迟折扣率是一个常数,那么延迟折扣效用模型就应当遵循指数函数。这一假设的言下之意是,延迟折扣率是恒定的,随着时间的推移,折扣程度是等速的。但是,每个个体之间的延迟折扣率不尽相同。例如,有研究发现,与年轻群体相比,年龄较大者的延迟折扣率较小(Olson, Hooper, Collins, & Luciana, 2007)。

然而,Samuelson(1937)的模型没有考虑决策环境对折扣率的影响。Benzion、Rapoport 和 Yagil(1989)发现,延迟折扣率受到了任务所涉及的金钱大小的影响。这一大小效应(magnitude effect)指的是,对于小数额的金钱选项,决策者的延迟折扣率较高,而对于大数额的金钱选项,延迟折扣率较低。也就是说,人们更愿意等待一个大数额的未来获益。

同时,Benzion 等人(1989)还发现了正负不平衡效应(sign effect),即对于获益,决策者的延迟折扣率较大,而对于损失,折扣率则较小。举例而言,如果需要在"现在获得 100 元"和"一个月后获得 120 元"之间做选择,很多人都倾向于选择获益较小的选项。但是,如果需要在"现在损失 100 元"和"一个月后损失 120 元"之间做选择,人们倾向于选择损失较小的选项。大小效应和正负不平衡效应均挑战了折扣效用的指数模型,说明即使对于同一个决策者而言,时间折扣率也不是恒定的。

为解决折扣效用模型的局限性,Mazur(1984)提出了双曲线折扣模型(hyperbolic discounting model)。这一模型和第 9 章中提到的社会折扣的双曲线模型非常类似,其公式为:

$$v = \frac{V}{1 + kd}$$

其中,V代表未来选项的价值,v代表未来选项的价值对当前的效用,d代表延迟的时间,即时间距离,k代表时间折扣率。k值越大,函数越陡峭;k值越小,函数越平缓。

双曲线模型的一大特点在于,模型中的延迟折扣率并不是恒定的,而是先高后低。也就是说,在延迟折扣曲线中,折扣率最大的区间位于时间维度的初始阶段。假设某位决策者认为"现在获得100元"相当于"一个月后获得150元",一个月的延迟造成了50元的差值。但如果我们把两个选项在时间维度上平推一年,那么,在"一年后获得100元"和"一年零一个月后获得多少元"的选择中,一个月的延迟造成的差异应该会明显小于50元。由于延迟折扣具有双曲线的特征,折扣率最大的部分在初始阶段,因此可以推论出非理性的选择反转。比如,人们在"现在获得100元"和"一个月后获得140元"中选择了SS选项(现在获得100元),而在"一年后获得100元"和"一年零一个月后获得140元"中选择了LL选项(一年零一个月后获得140元)。

为了更好地解释正负不平衡效应和大小效应,Loewenstein和Prelec(1992)将前景理论引入双曲线模型。他们的模型具有三个特征。第一个特征是参照点依赖(reference dependence)。决策者在心中会设定一个时间参照点。如果选项早于此参照点,就被视作获益;如果晚于此参照点,就被视作损失。第二个特征是敏感性递减(diminishing sensitivity),随着价值的增大,选项的边际效用递减。第三个特征是损失厌恶,相比获益,决策者赋予损失更大的心理权重。

根据上述第二个特征,当选项的价值较小时,决策者的延迟折扣越大,而当选项的价值逐渐增大时,人们对金钱价值变化的敏感性降低,因此,延迟折扣率变小。根据上述第三个特征,损失和获益之间存在不对称性,决策者更加在乎损失,因此损失的延迟折扣率小于获益的延迟折扣率。

Metcalfe和Mischel(1999)进一步总结了影响延迟折扣的两类心理因素:"热过程"因素和"冷过程"因素。"热过程"反映了人们会被当前的即时获益所吸引,而"冷过程"则反映了自上而下的认知加工,这一过程促使人们更加关注长期利益。决策者在跨期决策中的选择是"热过程"和"冷过程"斗争的结果。如果"热过程"占据上风,决策者偏好SS选项;相反,如果"冷过程"在斗争中胜出,决策者更加青睐LL选项。来自脑成像研究的结果也证实了"热过程"和"冷过程"的存在。比如,McClure、Laibson、Loewenstein和Cohen(2004)发现,"热过程"与包括伏核(nucleus accumbens)在内的腹侧纹状体(ventral striatum)相关,当其处于高激活时,人们偏向于选择SS选项,而"冷过程"则与额叶—顶叶区域相关,这一区域有更大的激活时,人们偏向于选择LL选项。

研究还发现,一些人格因素(包括冲动性人格和外倾性)会使决策者更加注重短期利益。而智力水平和工作记忆容量能增强决策者对长期利益的关注。此外,对公正世界信念的威胁(threat to belief in a just world)、高建构水平等也会改变人们的延迟折扣和跨期决策。

冲动性人格。越冲动的个体越倾向于选择立即获益。研究者用 Eysenck 人格问卷或 Barratt 冲动性量表测量了被试的冲动性人格,并要求其完成跨期决策任务,结果显示,越是冲动的被试越倾向于选择 SS 选项,表明这些被试具有较高的延迟折扣率(Mobini, Grant, Kass, & Yeomans, 2007, Petry, 2002)。但 Koff 和 Lucas(2011)认为,冲动性人格和延迟折扣率的关系并非如此直接,可能还会受情绪的影响。他们要求被试填答正性与负性情绪量表(Positive and Negative Affect Schedule)和 Barratt 冲动性量表,并完成一系列跨期决策任务,由此计算出被试的延迟折扣率。结果发现,对于那些处于正性情绪状态中的被试而言,其延迟折扣率与对未来的关注程度(缺乏计划的冲动性,non-planning impulsiveness)有较强的正相关关系;但是,对于那些处于负性情绪状态中的被试而言,其延迟折扣率与不加思考的冲动程度(缺乏思考的冲动性,motor impulsiveness)有较强的正相关关系。

外倾性(extraversion)。外倾性就是通常意义上的外向性人格。在面对等量的客观获益时,外倾性高的个体更容易在主观上知觉到奖励,他们也会更多地体验到积极情绪(Lucas, Diener, Grob, Suh, & Shao, 2000)。因此,外倾性使决策者追求即时的获益,从而偏好 SS 选项(Hirsh, Morisano, & Peterson, 2008)。但是,Hirsh、Guindon、Morisano 和 Peterson(2010)认为,外倾性对跨期决策的影响会受到正性情绪的调节。正性情绪会放大外倾性对延迟折扣率的作用。

对公正世界信念的威胁。人们普遍拥有公平世界信念(Lerner, 1980),相信世界是公平的,善有善报、恶有恶报。当这一信念受到威胁时,个体就会体验到强烈的不安全感(Hart, Shaver, & Goldenberg, 2005)。Callan、Shead 和 Olson(2009)在实验中操纵了对被试的公平世界信念的威胁程度,之后请他们完成跨期决策任务,结果发现,公平世界信念受到威胁的被试更加偏好 SS 选项,表现出较大的延迟折扣。相反,当公平世界信念得到强化后,被试更加偏好 LL 选项,其延迟折扣下降(Callan, Harvey, & Sutton, 2014; Callan, Shead, & Olson, 2013)。

智力水平。Olson 等人(2007)考察了被试的言语智力和延迟折扣之间的关系,结果发现,言语智力能力越高,延迟折扣率越低。但也有个别研究未能发现智力水平和延迟折扣之间的关系(Monterosso, Ehrman, Napier, O'Brien, & Childress, 2001)。Shamosh 和 Gray(2008)通过对 24 项实证研究的元分析发现,总体而言,智力水平与延迟折扣率之间存在显著的负相关关系。智力水平较低的决策者更加偏好获得即时(SS)的奖励。

工作记忆容量。工作记忆容量可能是调节延迟折扣率的一个重要因素。

Shamosh 和 Gray（2008）认为，在完成跨期决策任务的过程中，人们需要在工作记忆中储存选项的信息，并且还需要管理情绪、回忆以往的决策经历、展望未来的决策，这些过程都需要工作记忆的参与。不少研究发现，工作记忆容量与延迟折扣率、冲动性之间存在明显的负相关关系。也就是说，较大的工作记忆容量具有降低冲动性的作用。Hison、Jameson 和 Whitney（2003）在被试完成跨期决策任务的同时增加他们的工作记忆负荷，结果发现，这种操纵方式使被试更加偏好 SS 选项。需要指出的是，工作记忆容量与智力水平密切相关（Beier & Ackerman，2005；Conway，Kane，& Engle，2003），因此，我们需要了解究竟是工作记忆的容量还是智力水平影响了延迟折扣率。Shamosh 等人（2008）探讨了这一问题，他们发现，尽管工作记忆容量与延迟折扣呈现负相关关系，但是，当控制了智力水平之后，工作记忆容量并不能预测延迟折扣。这一结果说明，工作记忆容量是通过与智力水平测量重合的部分影响着延迟折扣。

年龄。 Green、Fry 和 Myerson（1994）发现，儿童对未来获益的折扣率明显大于大学生，而大学生的时间折扣率又明显大于老年人。Olson 等人（2007）招募了 9—23 岁的被试，要求他们做与小额金钱有关的跨期决策。相关分析显示，年龄越大，折扣率越平缓。Green、Myerson、Lichtman、Rosen 和 Fry（1996）针对 30 岁到 70 岁的成人进行调查，发现了类似的结果，随着年龄的增长，被试的时间折扣率逐渐降低。Steinberg 等人（Steinberg，Graham，Brien，Woolard，Cauffman，& Banich，2009）的研究也得到了类似的结果。上述结果的原因可能是，随着年龄的增大，人们也许对与后代有关的投资更为关注。

心智游移（mind wandering）。所谓心智游移就是通俗意义上的开小差或走神，更严谨的定义是，在工作或完成任务时自发地产生与当前任务无关的意识体验（Killingsworth & Gilbert，2010）。在日常生活中，心智游移的发生频率非常高。尽管心智游移会对工作绩效（Smallwood，McSpadden，& Schooler，2008）和主观体验（Killingsworth & Gilbert，2010）产生负面影响，但它也具有一些益处（Killingsworth & Gilbert，2010），其中之一就是降低冲动性。在 Smallwood、Ruby 和 Singer（2013）的研究中，通过经验取样法（experience sampling）要求被试每产生一次心智游移就立即报告。接着，被试完成一些跨期决策选择。结果发现，产生越多心智游移的被试更倾向于选择 LL 选项。研究者认为，可能是心智游移使被试更少地关注当下，从而降低了延迟折扣率。

建构水平。 建构水平指人们认识和表征事物的方式（详细介绍见第 9 章）。当人们采用高水平建构时，更加关注事件的意义和核心特征，而采用低水平建构时，则关注获取意义的方式、手段及边缘特征，且有较强的情绪唤起（Trope & Liberman，

2010)。在跨期决策中,如果把短期获益(即 SS 选项)视为次要特征,而长期获益(即 LL 选项)视为主要特征的话,高建构水平则更可能会增加人们对 LL 选项的偏好,而低建构水平更可能增加人们对 SS 选项的偏好。基于此,陈海贤和何贵兵(2011)通过思维诱导和视觉加工等方式分别启动被试的高、低建构水平,继而请被试完成跨期决策任务。结果发现,相比采用低建构水平的被试,采用高建构水平方式的被试更加偏好 LL 选项,即具有较小的延迟折扣。

10.2 冲动是魔鬼——自我控制理论

跨期决策与自我控制(self-control)的关联显而易见。选择 SS 选项被认为是一种短视性行为,反映了决策者缺乏自我控制能力。相反,选择 LL 选项则表明决策者拥有较强的自我控制能力(Monterosso & Ainslie, 1999)。这一对应关系得到了研究者们的一致认同,有学者索性采用被试在跨期决策中的表现反映其自我控制能力的高低(Rachlin, Ranieri, & Cross, 1991)。

自我控制还反映在生活中的各个方面。生活充满了各种诱惑:我们想睡懒觉、想吃美味的高能量食品、想随心所欲地表达体验到的情绪。然而,大多数情况下,我们不会纵容自己,权衡再三之后,还是选择了起床工作、尽可能地吃健康食物、抑制自己的负性情绪。帮助我们成功抵制诱惑的就是我们的自我控制。自我控制能力对每个人而言都至关重要,无论是成人还是孩子,很多问题行为都源于自我控制的缺失。比如,几乎所有人都知道酒后驾驶是违法的,但是,在餐桌上,缺乏自我控制的司机就无法把持住饮酒的欲望。还有令无数女孩子苦恼的减肥问题也与自我控制有关。在论述减肥要领时,绝大多数人都能说得头头是道,例如,"管住嘴、迈开腿",但这些口号却很难体现在行为上。在面对美味的蛋糕、巧克力、零食时,缺乏自我控制的人往往缴械投降;在面对艰难的长跑计划时,这些缺乏自我控制的人又打起了退堂鼓。正因自我控制——更确切地说,自我控制失败——体现在生活的方方面面,研究者格外关注这一话题。

在过去的几十年中,研究者对自我调节(self-regulation)和自我控制进行了大量的研究。自我调节与目标设置有关,影响的是延迟折扣,与缺乏计划的冲动性相关;自我控制反映的则是对欲念的一种抑制能,与缺乏思考的冲动性相关。自我控制可以被视为自我调节的一种,它特指有意识的蓄意行为。但是,自我调节不仅包括有意识的自我控制,还包括不经意识加工的自主行为。例如,人体有自动调整体温的功能,这种功能不受意识的控制,因此,它属于自我调节,却不属于自我控制。由 Baumeister、Vohs 和 Tice(2007)提出的自我控制的力量模型(the strength model of self-control)认为,自我控制使人们的行为更加符合行为规范、价值观、道德和社会期望,也有助于人们追求长期目标。换言之,人们的一些欲望是不符合社会规范或价值观的,通过自我控制,这些欲望得到调整,从而做出符合道德规范的行为。

Baumeister、Heatherton 和 Tice(1994)提出,自我控制是一种有限的能量资源。基于这一思想,Baumeister 等(2007)把自我控制比作肌肉。由于资源有限,因此,当某项任务(例如,抑制体验到的情绪)使用了自我控制资源之后,自我控制资源就得到了消耗,在后续任务中(例如,决定是否要吃高能量食物),人们的自我控制能力就会变差。这就好比在进行完一项需要肌肉运动的任务后(例如,跑步),肌肉就会感到疲劳,肌肉能力就会下降,在后续需要肌肉运动的任务中(例如,做家务),肌肉的表现就不如之前。在消耗了自我控制资源之后,人们会有一种耗竭的体验,Baumeister 等人(2007)把这种现象称之为自我损耗(ego depletion)。但是,自我控制可以通过增加资源(比如通过饮用糖水)使认知活动再次获得力量(strength)。

自我控制资源有限假说背后暗含了另一个重要的假设:不同任务所需的自我控制用到的都是同一类心理资源,也就是一种"你多我少"的零和关系(Baumeister et al. , 2007)。例如,控制情绪和拒绝吃高能量食物这两项分属不同领域的任务用到的是同一种心理资源。

要证明自我控制的资源有限假说和不同自我控制任务之间的零和关系,最常用的实验范式如下:先让一半被试完成一项需要自我控制的任务,另一半被试完成一项中性的任务。之后呈现第二项任务,特别需要注意的是,这项任务和第一项任务分属不同的领域。被试在第二项任务中的表现被记录下来。如果自我控制的确是有限的资源,且具有零和关系,那么,完成第一项需要自我控制的任务就会消耗被试的心理资源,他们在随后第二项任务中就会有较差的表现。而完成中性任务的被试没有消耗他们的自我控制资源,因此他们在第二项任务中就会有较好的表现。

例如,Baumeister、Bratslavsky、Muraven 和 Tice(1998)在其研究的一个实验中给被试播放一段电影。一部分被试观看的是一部喜剧片,另一部分被试观看的是悲剧片。在观看过程中,实验者要求一半被试要尽可能地抑制情绪表达,而要求另一半被试随意表达体验到的情绪。他们认为,情绪抑制是要消耗自我控制资源的。观看电影之后,被试需要完成一个组词任务,即把凌乱的英文字母拼成一个单词。结果发现,无论电影是喜剧还是悲剧,情绪抑制组的被试在拼词任务中的成绩均比情绪随意表达组的被试的成绩差。这一实验证实了自我控制资源是有限的,且任务在资源的使用上具有零和关系。

除此之外,还有一些常用的消耗自我控制资源的实验手段。例如,研究者给被试一张纸,上面印了一段无意义的英文短文。自我控制未消耗组的被试需要完成的任务是划掉文中所有的字母"e";自我控制消耗组的被试需要划掉满足特定规则的字母"e"(如和其他元音字母至少相隔两个以上的字母)。同时,在自我控制未消耗组,整篇短文的文字颜色保持恒定,而在自我控制消耗组,文字颜色逐行变淡(Baumeister et al., 1998; DeWall, Baumeister, Gailliot, & Maner, 2008; Hagger, Wood, Stiff, & Chatzisarantis, 2010; Molden et al., 2012)。

在 2007 年的一篇文章中,Baumeister 等人总结了需要自我控制的情境、自我控制的调节变量与中介变量、自我控制的影响等(见表 10-1),并进一步细化了自我控制的力量模型。

表 10-1   有限资源效应的情境、调节变量、中介变量与影响

需要自我调节的反应

控制思想
管理情绪
克服欲念上的冲动(例如,在节食期间不吃诱人的糖果)
集中注意力
规范行为
同时做多种决策

对自我调节资源敏感的行为

与节食者一起进餐
过度花费(overspending)
被激怒后表现出的攻击性
性冲动
需要理解力和逻辑的决策

需要自我调节资源的人际过程

自我呈现(self-presentation)或印象管理(impression management)
对他人不好的行为的仁慈
对付苛求的、难相处的人
种族间交往

自我损耗的调节变量

追求目标的强烈动机
集体主义文化背景

自我损耗的生理指标

心律不齐
通过脑电图扫描仪等方法显示的神经改变

自我损耗的中介变量
主观时间知觉(时间知觉变长,即时间过得慢)
血糖水平

可降低自我损耗的因素
幽默和笑声
正性情绪
金钱激励
实施计划("如果……那么……"的计划)
社会目标(例如,想帮助他人,想成为好的关系伙伴)

(引自 Baumeister et al., 2007)

当自我损耗出现后,人们仍可以进行自我控制。诱发金钱动机或其他追求优异表现的动机能够在一定程度上抵消自我损耗的作用(Muraven & Slessareva, 2003)。出于实验伦理的考虑,研究者无法在实验室中要求被试耗竭所有资源。但Baumeister 等人(2007)认为,自我控制完全耗竭的情况在现实生活中是存在的。

众多研究者对力量模型本身进行了更深一步的探讨,同时,在此基础上发展了自我控制理论与其他理论的关系。自我控制影响决策的双系统理论就是一个代表。双系统理论把自我控制引入了决策领域(Hofmann, Friese, & Strack, 2009; Strack & Deutsch, 2004)。它认为,当人们缺乏自我控制资源时,决策将依赖冲动系统(impulsive system),从而做出自动的、本能的行为。而当自我控制资源充沛时,决策将更多地依赖精细系统(reflective system),从而做出经过深思熟虑的、符合社会规范的行为。

10.3 资源管理的心理账户

自我控制的方法很多,其中的一种就是心理账户的管理。心理账户(mental accounting)指的就是人们对不同类别资源的收支记录。资源管理涉及过去、现在与将来之间的权衡。人们在记忆中对此设置了相应的"账户"。

假设,现在有一系列决策问题摆在你面前,请考虑你会如何选择。

问题 1:假设你计划去看一场售价 200 元的演出,到达剧院门口时,发现自己丢了 200 元。此时,你是否会买票看演出?

问题 2:假设你计划去看一场售价 200 元的演出,达到剧院门口时,发现门票丢了。此时你是否会再买一张演出票?

问题 3:假设你要买一个计算器和一件衣服,计算器售价 15 元,夹克售价 125 元。在临近的一家店里,计算器售价仅为 10 元。你是否愿意走 5 分钟去那家店买计算器?

问题 4:假设你要买一个计算器和一件衣服,计算器售价 15 元,夹克售价 125 元。在临近的一家店里,夹克售价仅为 120 元。你是否愿意走 5 分钟去那家店买夹克?

读到这里,相信你已发现,在两对问题中,你可能会有不同的心理感受和选择。在问题 1 中,你很可能会选择买票,而在问题 2 中,你可能就会有所犹豫,甚至干脆不看演出而打道回府。然而,从经济学的角度来看,问题 1 和问题 2 的本质完全相同,你都损失了 200 元,并需要决定是否要买一张价值 200 元的演出票。在问题 3 中你很可能愿意为这 5 元钱走五分钟的路去临近的店,而在问题 4 中估计你就不愿意为 5元走 5 分钟的路了。但是,在问题 3 和 4 中,节省下的钱都是 5 元,是一个常数。传统的经济学理论认为,金钱本身具有替代性(fungibility)。换言之,金钱不具有任何标签,无论来源于何种渠道、用于何种目的,每一元钱之间都是可以替代的。因此,无论是购买计算器还是其他任何商品,省下的 5 元钱是没有区别的。但是,人们显然不是这么做的。这种违反经济理性的行为与我们为不同资源设置不同的心理账户有关。

Thaler(1985,1999)指出,心理账户有三大类。第一类是根据成本和收益的分析,记录收支具体变化的最小账户(minimal account)。第二类是分别记录不同资源种类的收支账户(topical account)。在这个过程中,决策者会对不同来源或具有不同用途的金钱进行标记,比如,这笔钱是赚的,那笔钱是抽奖得来的,这笔钱用作买礼物,那笔钱用作日常开销。第三类是综合账户(comprehensive account),记录的是总资产的收支变化。

心理账户理论认为,决策者会对金钱进行分类,形成不同的账户。每个账户都是相对独立的,在某个账户中的金钱不能代替另一个账户中的金钱。也就是说,心理账户理论反驳了传统的经济学理论,认为金钱具有非替代性(non-fungibility)。

Thaler(1985,1999)总结了非替代性的几种形式。首先,来源的非替代性,即不同来源的金钱之间是不可相互替代的。例如,人们对花力气赚来的钱和不费力气得到的钱有不同的使用方法。如果是辛辛苦苦赚来的钱,决策者倾向于省着花,如果是意外之财,人们更可能挥霍使用(Thaler & Johnson,1990)。因此,意外之财无法替代辛苦所得。

其次,开支的非替代性。李爱梅、凌文辁、方俐洛和肖胜(2007)调查了中国人的开支类账户,发现其可分为生活必须开支、家庭建设与个人发展开支、情感维系开支和享乐休闲开支等四个账户。问题1和问题2形象地说明了心理账户分类的影响。买演出的钱被归入休闲娱乐账户中,其他用途的钱被归入另一个账户中。尽管其他账户中有所损失,但人们不会节省演出账户中的钱来弥补其他账户中的损失。可见,不同的开支之间也不能相互替代。

再次,用途的非替代性,即不同用途的金钱之间是不可相互替代的。即使都是生活必须开支,不同种类的商品也隶属不同的账户。

在确定了不同种类账户的不可替代性后,我们还需了解人们是如何管理这些账户的。这就涉及心理账户的运算。Thaler(1985,1999)借助 Kahneman 和 Tversky (1979)的前景理论价值函数(详细介绍见4.3部分)分析心理账户的运算。

前景理论认为,人们会把结果与某一个参照点进行比较,优于该参照点的部分视作获益,差于该参照点的部分视作损失。无论对于获益还是损失,决策者都遵循敏感性递减的规律,所以参照点之上的部分的价值曲线是凹函数,而参照点之下的部分的价值曲线是凸函数。此外,出于损失厌恶的心理,相比等量的获益,人们对等量的损失更加敏感。因此,损失部分的价值曲线比获益部分的价值曲线更加陡峭。

基于前景理论,Thaler(1985,1999)推导出了四条心理账户的情绪编辑(hedonic editing)规则。

(1) 拆分获益。由于获益部分的函数为凹函数,所以,如果有几个好消息,分次宣布好消息带来的喜悦程度总和大于一起宣布带来的愉悦程度。

(2) 整合损失。由于损失部分的函数为凸函数,所以,把几个坏消息一起宣布带来的痛苦程度低于分次宣布带来的痛苦程度的总和。

(3) 整合小损失和大获益。通过这种组合,可以用获益带来的愉悦感抵消损失带来的负面情绪。

(4) 拆分小获益和大损失。通过这种拆分,可以避免小获益带来的愉悦感被淹没在损失带来的痛苦之中。比如,丈夫把私家车撞坏了,如果他在告诉妻子这一坏消息的同时捧出了一束玫瑰花,玫瑰花的作用就会完全淹没在大损失带给妻子的负性情绪中。但是,如果在坏消息带来的负性情绪平复之后,再送一束玫瑰花的话,妻子就能感受到玫瑰花带来的愉悦体验。

上述四条规则得到了一些实证研究的支持。例如,通过分析股民的真实股市交易,研究者发现,有24%的股民在一天内卖出多个亏损的股票,在同一天内卖出多个盈利股票的投资者只有17%(Kim, 2006)。这一结果表明,决策者在实际生活中很好地掌握了拆分获益、整合损失的规则,并对其进行了有效的利用。

综合来看,心理账户是一个非常巧妙的心理构念,能够解释很多决策现象。但是,关于心理账户的实验性研究的数量却非常少。作者(Wang, 2004)进行的一项实证研究显示,延迟折扣也许是调节心理账户效应的一个因素。如前所述,当从 15 元中能节省 5 元钱时,人们更可能去另一个商店,但是从 150 元中能节省 5 元钱时,人们不会考虑去另一个商店购物。但是,这种违背替代性原则的非理性现象在跨期情境中减弱。如果不是去另一个商店购物,而是在一个星期以后来同一个商店能节省 5 元钱,这种比例偏差就会减弱。也就是说,跨期的营销策略可能使消费决策更为理性。

10.4 血糖水平与延迟折扣

自我控制不仅体现在对心理账户主动和有意识的设置和管理上,也体现在无意识地通过身体信号系统对延迟折扣率进行的调节中。之前我们已经介绍了影响延迟折扣的诸多因素,包括人格特质、情绪、认知和情境因素,除此之外,延迟折扣是否会受到日常生活节律的影响? 例如,不断波动的血糖水平。事实上,人们对血糖水平对于认知功能的影响知之甚少。作者等人(Wang & Dvorak, 2010)从身体能量调节的角度考察了日常的血糖水平波动对跨期决策的影响。

Wang 和 Dvorak(2010)基于三种理论探讨了身体(血糖水平的波动)与行为(跨期决策)之间的交互关系:进化心理学、生命史理论以及对风险敏感的觅食模型。首先,从进化心理学的角度出发,生存是生育的前提,因此在进行跨期决策时,随着时间的推移,人们的身体健康程度可能会下降,因而决策者应当优先考虑即时的生存所需的资源,再考虑未来的、不确定的、与生育有关的资源。所以,身体能量预算越高,生物体就越可能选择 LL 性的资源。

其次,生命史理论提出,个体在生命过程中的不同时期都会对现在与未来的获益进行不同的权衡考虑(Kaplan, Gangestad, & Buss, 2005; Wang et al. , 2009)。因此,人们在跨期决策中的选择既取决于所在人群的平均寿命预期,也取决于自己的主观的寿命预期(Read & Read, 2001; Wang et al. , 2009)。同时,在更加短暂的、每日变动的生理层面,人们也会依据生理指标的变化相应对跨期决策做出调整。因此,血糖水平的高低既可以是体内代谢调节的信号又可以是预测行为上延迟折扣率的指标。

再次,风险敏感性觅食的模型表明,有机体会根据自身不断变化的能量状况来调节冒险倾向(Stephens & Krebs, 1986)。这样做有两方面的目的:其一是尽可能达到日常的能量需求,其二是尽可能避免出现能量亏损的情况。基于能量预算原则

(Kacelnik & Bateson, 1997；Real, 1991；Wang, 2002b)，Wang 和 Dvorak(2010)假设，当身体的能量预算处于增长状态时，人们会倾向于获取与未来相关的资源，因此会在跨期决策中选择 LL 选项。相反，当身体的能量预算处于下降的状态时，为了避免生存的威胁，个体会更加偏好 SS 选项。

另外，血糖也是一种认知资源，而认知资源高则可能提高自我控制能力。例如，Baumeister 等人(1998)提出，冲动行为可能源于较为匮乏的自我控制能力。因此，在跨期决策中偏好 SS 选项可能是因为决策者的自我控制资源已经耗竭。研究已经表明，困难的决策会消耗自我控制资源(Vohs et al. , 2008)，而较高的血糖水平则有利于恢复自我控制资源(Gailliot & Baumeister, 2007)。所有的这些研究均表明，自我控制资源的多少取决于决策过程中的能量消耗。当血糖水平较低时，人们可能难以进行认知加工，从而出现较多的认知偏差(Masicampo & Baumeister, 2008)。

在 Wang 和 Dvorak(2010)的实验中，参与实验的被试在实验前需要禁食。当到达实验室后，被试首先要进行身高和体重的测量，从而根据如下计算出体质指数(body mass index, BMI)。

接下来，进行第一次(T1)血糖水平测量，之后，被试完成第一个跨期决策任务。完成之后，实验组的被试饮用一罐含糖的雪碧，控制组的被试饮用含人造甜味剂的苏打水。被试不知道自己喝的具体是什么饮料。喝完饮料，被试需要立即评价饮料的好喝程度。接下去是十分钟的休息时间，被试需要完成一些与本实验无关的问卷。然后，实验者会再次测量(T2)被试的血糖水平。之后，被试需要完成第二个跨期决策任务。

跨期决策包含 14 道选择题，其中 7 道题组成了第一个跨期决策任务，另外 7 道题组成了第二个跨期决策任务。题目与典型的跨期决策测量非常相似，例如，被试在"明天得到 120 美元"和"31 天后得到 450 美元"之间做选择。在所有的题目中，SS 选项都是"明天得到 120 美元"，LL 选项的时间延迟从 4 天到 939 天不等，数量从 90 美元到 570 美元不等。

先前的研究表明，延迟折扣率符合双曲线函数，也就是说，人们对近期未来的折扣率较大，而对远期未来的折扣率较小(Frederick et al. , 2002；Green & Myerson, 1996；Loewenstein & Prelec, 1992)，因此，Wang 和 Dvorak(2010)通过找出每组 7 对选择中 SS 和 LL 的无差异点，计算出每个被试的延迟折扣率 k(Kirby & Marakovic, 1996；Wilson & Daly, 2004)：

$$k = \frac{未来的金额 - 明天的金额}{(延迟的天数 \times 明天的金额) - 未来的金额}$$

为使延迟折扣参数符合正态分布,首先对其进行了对数转换。其次,对延迟折扣参数做了2(组别:实验组/控制组)×2(时间:T1/T2)的协方差分析,同时把性别、T1的血糖水平、实验时间、饮料的好喝程度作为协变量加以控制。结果发现了组别和时间的交互作用[1]。如图 10-1 所示,当被试饮用了含糖饮料后,延迟折扣率明显降低[2],说明当禁食的被试的血糖水平提升之后,他们的冲动性降低了,更加着眼于未来。但是,当饮用了含有人工甜味剂的饮料后,被试的冲动性增高,延迟折扣率明显提高[3]。这一结果提示我们,身体是"聪明"的;长期饮用假糖饮料可能使身体对有甜味但无能量的假糖产生识别,并对这一"欺骗"性信号及其预示的"能量危机"产生反应,因而力图获取更多的即时的资源。这一解释也说明为什么试图通过饮用含有人工甜味剂的饮料减肥的人,结果往往适得其反(Stellman & Garfinkel,1986)。

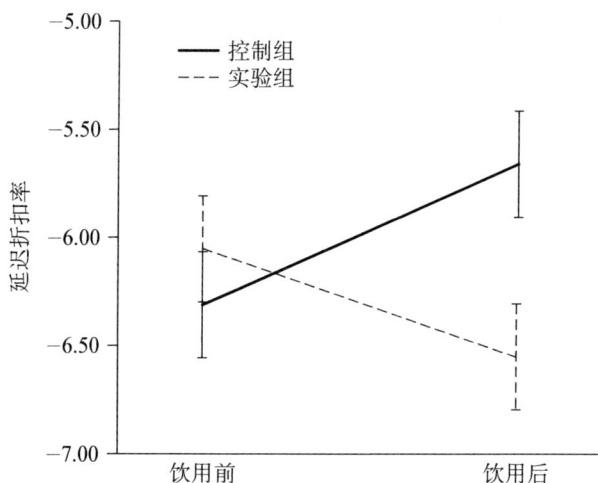

图 10-1 组别与时间对延迟折扣率的影响

注:延迟折扣率进行了对数转换,范围从 -9.21 到 -2.94。数值越大表明延迟折扣率越大。

(引自 Wang & Dvorak,2010)

具体而言,组别与 T2 的血糖水平呈正相关,T2 的血糖水平与 T2 的延迟折扣呈负相关。路径分析表明,T2 的血糖水平在组别和 T2 的延迟折扣之间起到了完全中介的作用。换言之,不同组别之所以会在 T2 表现出不同的延迟折扣率完全是由对血糖水平的操纵所引起的。

---

[1] $F(1, 59) = 15.61$,$p_{rep} > 0.999$,$\eta^2 = 0.21$

[2] $t(31) = 2.55$,$p_{rep} > 0.95$,Cohen's $d = 0.45$

[3] $t(32) = 3.12$,$p_{rep} > .99$,Cohen's $d = 0.54$

Wang 和 Dvorak(2010)的研究结果表明,人们在跨期决策中的表现并非是一成不变的,而是基于每时每刻的血糖水平而发生变化的。通过饮用含糖饮料增加血糖水平会使人们更加偏好未来的获益,相反,饮用不含糖的饮料则会导致人们偏好即刻的获益。这一发现说明,人们具有一种适应机制,可以自动将新陈代谢过程与决策关联起来。

Briers、Pandelaere、Dewitte 和 Warlop(2006)等人发现,相比酒足饭饱的人,饥饿的人更加不愿意参与慈善活动。DeWall 等人(DeWall, Baumeister, Gailliot, & Maner, 2008)也得到了相似的结果,他们发现,帮助行为的多少也取决于血糖水平,血糖水平越高,人们会表现出更多的帮忙行为。上述结果都可以用 Wang 和 Dvorak (2010)的上述血糖信号假说加以解释。饥饿的人们因为血糖水平较低,血糖的信号表明,即时的资源更为重要。对这些人而言,慈善行为所带来的未来获益的折扣增加,因而他们参加慈善活动的意愿降低。

既然血糖水平会影响跨期决策,研究者、临床师生等就可以通过改变血糖水平来治疗或干预某些冲动行为,比如强迫症和冲动障碍、厌食、毒品成瘾以及赌博行为等。总的来看,人们在跨期决策中的表现能通过调节和控制血糖水平加以改变,延迟折扣取决于多个层次的变量,可能是较为宏观的生命史,也可能是较为微观的日常生活节律。

10.5 资源的可置换性:血糖水平与择偶意向

获取食物与寻找伴侣是人生中的两大重要任务。从资源获取的角度来看,觅食和求偶分别是为了获取与生存和生育有关的资源。长期以来,研究者对觅食与求偶的关系进行了多方面的探讨。但是,不管是觅食还是求偶,都需要付出时间、精力等代价。因此,两者之间孰轻孰重是由个体的需求、动机及外部环境共同决定的。

马斯洛的需要层次理论(Maslow, 1943, 1954)论述了人们如何权衡不同需要之间的关系。在此基础上,Kenrick、Griskevicius、Neuberg 和 Schaller(2010)提出了一个新的与进化动机相关的需求层次模型。根据该模型,生存目标往往比繁殖目标更重要。生存的需求是求偶需求的基础,而后者则为更高层次的繁殖和亲代抚养的需求提供了基础。此外,该模型还认为,不同的环境线索可以激活相对应的不同层次的需求。

基于 Kenrick 等人(2010)的模型,Rao、Wang 和 Li(2015)提出,觅食和求偶的优先顺序由内部线索(个体的生理状况,例如血糖水平)与外部线索(环境中不同资源的多少,例如可获取的食物或是异性的多少)共同决定。

在实验1中,研究者考察了外部线索(即提示食物充足,或提供求偶机会)如何影响投资决策。由于生存目标比繁殖目标更重要,研究者假设,提示食物充足会使被试倾向于储存资源。相反,求偶伴随着资源开销(Wilson & Daly, 2004),因此,提供求偶机会会使被试倾向于消费资源。

被试被随机分为三组。在食物启动组中,被试观看五张高热量食物的照片(例如,甜点、快餐)。在求偶启动组中,被试观看五张情侣拥吻的照片。在控制组中,被试观看五张抽象画。接着,让被试想象自己刚得到一万元奖金,需要决定立即花掉多少钱,储蓄多少钱。

结果发现(见图10-2),投资选择(消费或储蓄)与启动组别之间存在显著的交互作用[1]。求偶启动组的被试比食物启动组的被试更多地把钱分配到立即消费中[2];相反,食物启动组的被试比求偶启动组的被试更多地把钱分配到储蓄中[3]。上述结果支持了研究者的假设,求偶机会使决策者倾向于立即消费,食物线索则使他们倾向于储蓄。

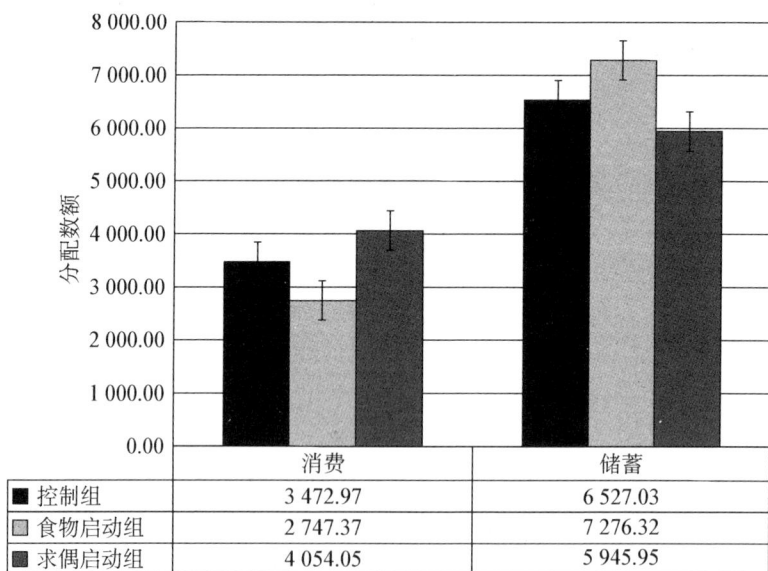

	消费	储蓄
■ 控制组	3 472.97	6 527.03
□ 食物启动组	2 747.37	7 276.32
■ 求偶启动组	4 054.05	5 945.95

图 10-2 食物启动组与求偶启动组的金钱分配

(引自 Rao et al. , 2015)

---

[1] $F(2,109) = 3.111$, $p = 0.049$, $\eta^2 = 0.054$
[2] $p = 0.015$
[3] $p = 0.014$

在实验2中,研究者考察了内部线索(即血糖水平)会如何影响觅食与求偶的权衡。血糖水平的波动使大脑感受到了身体所处的能量水平,人们通过调整行为反应应对血糖水平的波动。因此,研究者假设,当血糖水平较低时,生理需求大于求偶需求,人们对求偶线索的敏感性下降;当血糖水平上升,求偶需求的重要性变大,个体对求偶线索的敏感性增强。

实验在上午进行,所有被试均空腹参加实验。首先,研究者检测被试的身高、体重和血糖水平,再测量其心情。然后,被试观看一些图片,主人公是一男一女在对话(见图10-3)。被试需要猜测主人公对话的内容,并评价他们在谈论工作/调情/谈论八卦/谈论政治的可能性有多大。

图 10-3　实验中的图片样例
(引自 Rao et al. , 2015)

实验2通过控制被试糖分的摄取量,检测了内部血糖水平的波动是否会影响感知到的异性之间交友(择偶)意向,也就是对性暗示线索的敏感性。首先,被试在空腹状态完成一个为多张图片打分的任务,图片内容是一对男女正在进行交谈,被试分别就"他们有多大的可能性是在调情/谈论工作/谈论八卦/谈论政治"进行打分。然后,被试需要喝下纯净水(或糖水),休息十分钟后,再次进行类似的图片打分任务。最后,将被试饮用纯净水(或糖水)前后的血糖水平变化量,与评分的变化量进行回归分析。结果表明,在控制了性别、年龄、心情和体重指数等相关变量后,血糖水平的改变可以正向预测对"调情"评分的改变,而对其他类型评分的改变的预测作用并不显著。血糖水平的降低导致人们对性暗示线索敏感性下降,尽管被试饮用糖水后的结果并没有反转,但是,血糖水平的上升在一定程度上缓冲了对性暗示线索敏感性的下降作用。因此,在日常生活中,血糖水平的波动会影响人们对性暗示线索的敏感性。

实验的描述性结果见表10-2。结果发现,血糖水平的变化与调情可能性评估的变化呈显著的正相关。血糖水平的改变只与调情的主观可能性正相关。

表 10 - 2　描述性结果（平均值±标准差）

	血糖水平	调情	谈论工作	谈论八卦	谈论政治
饮用前	5.23±0.04	2.73±0.09	2.19±0.08	2.78±0.09	1.43±0.06
喝含糖饮料	7.12±0.09	2.35±0.11	2.27±0.12	2.57±0.11	1.61±0.08
喝纯净水	5.18±0.05	2.23±0.11	2.38±0.14	2.43±0.11	1.55±0.09

（引自 Rao et al., 2015）

　　结合两个实验可以看出,在每时每刻,人们对当下需要的认识都会受到资源线索和生理条件的影响。不同的资源线索,即不同资源的可得性,会影响个体对不同需要优先性的选择,进而影响个体的资源分配决策。而不同的内部生理条件,即血糖水平,可以作为反应个体需要的信号,较低的血糖水平向个体发出生理需要占主导地位的信号,因此个体会减少对择偶活动的认知资源的分配,自然会降低对性暗示线索的敏感性,这是由生存需要和繁殖需要之间天然的层级关系所决定的。

　　章节 10.4 和 10.5 中的两项研究表明,身体的代谢状况通过固有的信号系统,比如血糖—胰岛素系统,不断地调节着人们的跨期决策,从而使人们能够根据身体的资源状况在现在与将来之间做出适应性的权衡。因此,人们的身体经历,特别是早期在食物获取方面的经历,可能会潜移默化地影响人们的价值观和决策。比如作家莫言曾经说过,他童年时期挨饿的经历和极致的饥饿感对塑造他的思想与文学创作理念起到了至关重要的作用。作家阿城(1999)曾经写过一篇名叫《思乡与蛋白酶》的文章。文章中提到,一个人童年时的饮食经历可能影响了体内与消化有关的蛋白酶的特性。根据他的观察,许多人闹情绪的一个原因在于吃了异乡的食物不好消化。在异乡感到的身体不适引发了思乡的情绪。所以思乡这个东西,就是思饮食,思饮食的过程,思饮食的气氛。因此,思乡是因为蛋白酶在作怪。对文化的适应也大同小异,尽早地接触到不同的文化,才不至于对文化的差异大惊小怪。因此,文化可能也有它的"蛋白酶",比如母语,制约着不同文化中个体的行为和情绪。

第四编

决策的适应性：整合理性

第 11 章　从不确定性到风险

　　将不确定性转化为概率是决策者的一项重要任务。然而,在现实中,决策者面临的情况经常是信息有限、时间紧迫、路径不清、缺乏先例。因此,概率的模型不仅难以运作,而且不符实情。应用概率模型应对不确定性风险也许是决策失败的一个重要原因。例如,用于金融实践和设计金融衍生品的各种模型充斥着复杂的公式和大量的参数。然而这些参数的赋值却缺乏对目标群体的研究。因此,每一个参数都给模型带进了一部分的噪音,而这些噪音因为参数的复杂关系被成倍地放大。这样的模型输出的往往是与现实不符的垃圾信息。

——作者

11.1　从金融危机看有限理性

　　2008 年,第二次世界大战以来最严重的金融危机席卷全球。花旗银行、瑞士银行等各大银行连续几个季度亏损;雷曼申请美国历史上最大的破产保护债务;日本大和生命保险公司破产;日立公司、丰田公司等纷纷出现大规模亏损;美股大幅下跌;全球众多员工陷入失业的困境。

　　在金融危机面前,各国政府纷纷实施了大量的调控与干预措施。日本政府公布了总额高达 26.9 万亿日元的经济刺激方案;美国联邦储备委员会投入了 8 000 亿美元,用于解冻消费信贷市场、住房抵押信贷以及小企业信贷市场;中国政府推出了总额达 4 万亿元的促进经济增长的若干措施……

事实上,在金融危机爆发前,全球各国政府就已经加强对了对金融市场的监管。但是,问题在于,为什么在监管力度如此之强的情况下,金融危机仍会爆发? 从另一个角度而言,这些监管究竟是成功的还是失败的? 如果不那么成功,经济学理论和金融专家的模型的作用究竟体现在何处?

英格兰银行金融政策稳定委员会执行董事 Haldane 和英格兰银行经济学家 Madouros 于 2012 年 8 月在美国堪萨斯联邦储备银行举办的"不断变化的政策环境"经济政策研讨会上做了专题报告,就这一问题进行了深入剖析。在演讲中,他们讲了一个"狗与飞盘"的故事。

　　抓飞盘是一件困难的事情,抓捕者需要衡量一系列复杂的物理因素和大气因素,包括风速、飞盘旋转等。如果物理学家将抓飞盘作为最优控制问题来研究,那么他需要理解和应用牛顿万有引力定律。

　　尽管转飞盘涉及的因素很复杂,但成功抓到飞盘却是一个非常常见的现象。非正式的经验分析表明,并非只有物理学博士才抓得到飞盘,一条普通的狗也可以完成。事实上,某些品种的狗(例如博德牧羊犬)比人类更善于抓飞盘。

　　那么,狗成功的秘诀是什么? 像许多其他的复杂决策一样,这个问题的答案非常简单,就是简单应对。因为研究表明,狗能抓住飞盘是遵循了最简单的经验法则:以一定的速度奔跑,保证注视飞盘的角度基本保持恒定。

我们能从"狗与飞盘"的故事中得到什么启发? 显然,防范金融危机是一项非常复杂的任务,如同抓飞盘一样。在现实生活中,政府与经济学家是如何进行监控与防范的? 通常,他们依赖于各种复杂的经济学的理论。为了更好地把握经济学理论,金融监管人员的数量不断增加,学历水平也不断攀升,其中不乏来自名校的经济学博士。"狗与飞盘"的故事至少告诉我们,应对复杂问题的方法并非越复杂越好。事实上,决策的艺术在于化繁为简。与此相反,用于金融实践和设计金融衍生品的各种模型充斥着复杂的公式和大量的参数。然而,这些参数的赋值却缺乏对目标群体的研究。因此,每一个参数都给模型带进了一部分的噪音,而这些噪音因为参数的复杂关系被成倍地放大。这样的模型输出的往往是与现实不符的垃圾信息。

张维迎(2011)一针见血地指出,主流的经济学理论非但不能有效地改善市场,甚至还会使经济情况变得更糟。用他的话来讲:"现在的主流经济学不是美化了市场,而是丑化了市场。市场的有效运行根本不需要经济学的那些假设。用了这些假设,人们就会用假设的现实性评价市场,这就败坏了市场的名声。"那么,经济学究竟错在了哪里?

主流经济学的核心内容就是用数学的方式寻求在有约束的条件下的功效最大化。比如,证明在一定条件下,市场交易能够实现资源最优配置,使社会福利最大化。但是,这个结论依赖于很多假设。张维迎(2011)总结了七条主流经济学与实情不符的假设:

假设一:每个人是同等且完全理性的。完全理性在亚当·斯密的理论里是不存在的。亚当·斯密只是认为人们做事情是有目的的,但并没有假设人们具有很强的计算能力。

假设二:经济活动没有外部性。意思是,你做任何事,后果全部由你承担,不影响他人。

假设三:决策者了解与决策相关的所有信息。也就是说,技术、资源以及选择的各种可能和结果是已知的。大家都知道在这个社会中有哪些可用的技术,企业在可用的、可知的技术中做选择。

假设四:规模报酬(returns to scale)是递减的,不存在规模报酬递增现象。这和亚当·斯密的分工理论也是矛盾的,因为分工为工业化带来了技术进步,因此也带来了规模报酬递增。

假设五:信息不仅是完全的,而且是对称的和人人共享的。

假设六:竞争是充分的、完全的。任何一个行业都有无数个小企业生产相同的产品,个体只能是价格的接受者,在给定的价格下决定卖多少、买多少,而无法影响市场价格。

假设七:所有的市场变化都是外生的。

然而,上述这七条假设没有任何一条符合现实的生活:人与人之间的差异是显而易见的。本书的前几章反复提到,人类不可能完全按照经济理性行事,决策的理性是不同种类的理性的综合体,包括进化理性、社会理性和生态理性,人们的社会行为是互相影响的,甚至会产生群体思维和集体无意识。在不确定的世界里,技术、资源与偏好不可能提前知晓。规模报酬有时也是递增的。信息显然是不充分的,更别提对称性。由于制度、政策、群体行为以及企业“出身”等因素的限制,竞争并不总是充分的。另外,如前面各章所讨论的,市场行为会受到信息包装和各种风险沟通手段和渠道的影响,而这些影响因素都是内生而非外生的。因为上述七条假设均不能有效地概括经济现实,经济学理论的有效性也就因此大大减弱了。如此看来,基于主流经济学理论的市场监管与调控就难以成功。“本来要证明‘看不见的手’有效性的理论,变成了反市场的理论。”(张维迎,2011)

经济学的错源自哪里?“一个重要原因是受数学应用的束缚。数学本来是经济学研究的工具,促进了经济学的发展,但现在,经济学几乎变成了数学的奴隶。所有经济问题都以数学上可处理来设定,如果数学上不能处理,就避而不谈。"(张维迎,2011)那么,人们能否抛开数学公式,突破经济学的条条框框去解决市场问题? 首先,我们需要严格区分"风险"与"不确定性"这两个概念。所谓风险,是指各种潜在结果的概率是已知的。然而,不确定性指的是知道可能的结果但不知道每个结果的概率。根据这一区分,我们在生活中面临的往往是一个不确定的世界,而不是一个风险的世界。但是,传统经济学的理论通过数学分析法,计算出的常常是风险条件下的最优选择。因此,这些模型在不确定的世界中也就失去了用武之地。

概率模型还存在以下几点限制。第一,概率模型的有效性取决于决策环境是否是重复的、稳定的。在稳定的条件下,这些模型才有一定的实用价值。第二,人们是否会在决策中应用概率估计仍然缺乏实证的支持。也就是说,我们不知道人们是否会把风险的分布提取成概率并加以应用。第三,在很多情况下,依靠经验也不足以准确地估计出概率。比如,有一个叫做"待宰的鹅"的例子,说的是这只鹅被屠宰之前在厨房的一个小屋子中一共住了18天,每天厨师都给它喂食。基于这种重复的满意的生活经验,这只鹅估计自己被宰的可能性越来越低,直到第19天来临。

Haldane 和 Madouros(2012)指出,在风险情境中,我们需要复杂的公式,但是,在不确定的环境中,我们则需要将逻辑反转过来,仅仅采用简单的决策法则。Simon(1972)用"启发式"一词来描述这些规则。为什么需要启发式? Simon(1956,1990)认为,在很多情况下,人们的理性是有限的,无法考虑方方面面的信息,因此只能采用较为简单的决策法则。但是,简单的启发式会比复杂的模型更为准确有效吗? Gigerenzer 等人对此进行了系列研究,并提出了一系列应对不同决策问题的快速简捷的启发式。

11.2 简捷启发式和决策直觉

从规范性决策理论或经济理性的视角而言,人们在决策过程中的理想状态是对选项进行逻辑推理,从而选出具有最大效用的选项。但是,通过前几章的分析,我们已经了解到,很多时候人们并不能达到这一理想状态。首先,人们的知识是有限的。逻辑推理往往需要建立在丰富的背景信息之上,而有限的知识与信息限制了决策者进行理性的逻辑推理。其次,退一步讲,即使人们能穷尽所有的信息,但由于有限的认知能力,我们无法有效地利用这些信息,对它们进行充分的加工与计算。最后,很多客观的环境因素不允许决策者进行加权求和与函数转换。

Gigerenzer 提出,启发式是帮助我们在自身与环境限制中做决策的一种有效手段(Gigerenzer,2002;Gigerenzer et al.,1999)。启发式是指人们在决策时仅依赖一小部分信息,而忽略绝大多数的信息。因此,启发式的最大特点是简捷。"简"意味着信息搜索的简化和依靠单一理由的决策;"捷"意味着判断与决策的过程有明确的步骤和停止原则。

事实上,在很多情况下,简捷启发式的效果不逊于甚至优于复杂的决策模型,比如多元回归分析、贝叶斯模型等等。那么,为什么简捷启发式具有如此"神奇"的效果? Gigerenzer(2008)认为,人类的心智类似于一个适应工具箱,会针对各种特定的决策任务使用不同的工具,就像一个工具箱内有适用于不同任务的工具。这与进化心理学提出的领域独特性的概念相符。没有任何一种决策方法在所有情况下都是最好的。这一认识纠正了几个关于启发式的误解(见表 11 - 1),比如启发式永远是次优的策略,人们使用启发式只是因为我们具有认知局限等等。

表 11 - 1　六种关于启发式的常见误解

六种常见误解	澄　清
1. 启发式产生的是次优结果,最大化永远是最好的。	很多情况下最优化是无法实现的(例如,需要太复杂的计算),有时,因为存在估计误差(即在投资情境中,主观估计往往不具有稳健性),最优化并不能保证判断的准确性。
2. 我们运用启发式只是因为认知局限。	启发式可以利用环境规律和认知特征(比如有时信息越少越好)。
3. 人们只有在日常不太重要的决定中才会运用启发式。	无论决策重要与否(比如投资或捐献器官),人们都会采用启发式。
4. 有较高认知能力的人使用复杂的加权计算与信息整合,只有认知能力较差的人才使用启发式。	认知能力可能与对启发式的适应性选择有关,但与启发式的执行无关。
5. 启发式仅仅是基于情绪的、可得性的和代表性的策略。	这些术语仅仅是对启发式的描述,而不是正式的启发式模型。启发式模型是有步骤的、有停止原则的。
6. 更多信息和计算总是更好的。	在不确定的世界中,好的决策往往需要忽略带来较多噪音的信息。

(改编自 Gigerenzer, 2008)

要建立启发式模型,就需要先设计启发式的计算模型,从而有步骤地进行判断与决策,这些启发式的作用需要通过实验和计算机模拟进行检验。然而,Gigerenzer(2008)认为,以往许多对启发式的研究存在逻辑循环的错误,比如,人们会根据代表性原则判断一件事情更可能发生,因为这件事情具有代表性。换言之,因为这件事情具有代表性,所以人们认为它更可能发生;因为更可能发生,所以更具有代表性。这些单一定义的启发式,比如代表性启发式(representative heuristic)、可得性启发式、情感启发式(affective heuristic)都缺乏操作性定义。有些时候,人们会错误地把启发式归入自动化的"系统1",并与体现逻辑和概率规律的"系统2"形成对比,但研究者并没有探讨这些系统的加工过程和模式。因此,Gigerenzer(2008)建议,人们需要研究具有明确操作定义的启发式,以此识别在哪些情况下依赖较多的信息进行决策的策略是有效的,在哪些情况下忽略大部分信息的决策策略更具有优势。

启发式具有若干特点,首先是易追踪性(tractability)。现实生活中的很多问题都是难以计算和追踪的,无论你具有多么优秀的计算能力,也无论采用何种高端的仪器,都无法找到最佳策略。例如,在类似井字棋这种比较简单的游戏中,可能还存在最佳策略,但在国际象棋中,因为应对方式的数量巨大,就已经不存在所谓的最佳策略了。事实上,很多涉及人工智能的问题都是难以计算的(Reddy, 1988),也没有固定的最优解决方案。此外,在社会生活中也存在很多缺乏明确定义的问题,例如要穷尽找对象的各种可能是不现实的。因而在面对这些问题时,一味地采用公式计算就没有太大的意义。这个时候,就需要摒弃最优化的概念,而运用简捷启发式。

启发式的第二个特点是稳健性(robustness)。人们不仅需要分析过去,更需要预测未来。通常而言,复杂的认知策略在用公式拟合已有数据方面是行之有效的,但是在预测未来事件方面则变得不准确,原因在于一个过度拟合的模型把样本中的噪音也拟合进去了。因此,在不确定性高的情况下,人们需要一种具有适应性的认知系统帮助我们过滤噪音。因此,有效的启发式需要对不同的线索根据效度高低进行排序,这样可以帮助我们选择性地应用有效的线索而摒弃带来噪音的线索。

启发式的第三个特点是它的进化适应性。比如,在进化过程中,人们对风险发生可能性的估计依赖于自然频率(natural frequency),而不是单一事件的概率(single event probability)。因此,基于频数的判断要比基于概率的判断更为准确。启发式能开发人们在进化过程中自然得到的能力,从而寻求各种决策问题的满意解。再认记忆就是一种进化而来的能力,基于再认记忆可以形成再认启发式(recognition heuristic)。根据再认原则,人们往往认为,能够再认的事件比不能再认的事件更可能发生。这也是一种基于无知的策略。当判断两个美国城市哪个人口更多时,德国被试依靠再认启发式,做出了准确的判断;而美国被试因为对两个城市都有所了解,因而无法运用再认启发式,判断的准确性因此降低。可见,再认启发式是一种可以利用认知局限(无知)的启发式(Gigerenzer et al. , 1999)。除了利用认知局限,简捷启发式还可以利用环境特征进行决策。也就是说,简捷启发式具有较高的生态效度。

当再认启发式无法发挥作用时,人们可以基于单一理由进行决策,采纳最佳(take the best)就是这样一种启发式。它先通过再认原则排除不能被再认的选项。之后,如果所有的选项都能被再认,便应用线索中最重要的第一条线索进行决策。一旦依据这条线索能够区分不同的选项,决策过程就此结束。如果不能,则选取第二条线索。以此类推,直到找到一个能够区分选项的理由,以此做出最终决策。这一启发式的效果和多元回归相比并不差,在预测未来事件方面,还要优于这些复杂的决策模型(Gigerenzer et al. , 1999)。

既然启发式是有效的,决策的专家们是否会应用启发式呢? 1990 年, Harry Markowitz 凭借最优资产配置的理论工作获得了诺贝尔经济学奖。Markowitz 的理论就优化投资组合进行了复杂的数学分析。今天的许多投资组合模型都是在其理论的基础上发展而来的。那么,该如何将钱分配到 N 种投资方案中? 有意思的是,当 Markowitz 为自己选择股票时,他并没有依据自己的理论进行复杂的运算,而是采用了一种简捷启发式:$1/N$ 法则,即将所有的钱平均分配到 N 种投资方案中。

一些研究表明,一半以上的投资者会经常采用上述的 $1/N$ 启发式。行为金融学的研究者也许会批评这种启发式是简单而愚蠢的。但是,所谓的最优投资策略比 $1/N$ 法则好多少呢? 最近的一项研究比较了 12 种最优资产分配策略和 7 种 $1/N$ 法则。这 12 种策略包括最优决策的贝叶斯模型和非贝叶斯模型。虽然这些最优策略非常复杂,但在各种投资中,没有任何一种策略可以击败 $1/N$ 启发式(DeMiguel, Garlappi, & Uppal, 2006)。

那么,为何启发式策略比最优策略表现更好? 其原因在于它们的稳健性和有效性,也就是前面提到的对噪音的有效控制。需要注意的是,$1/N$ 启发式并不总是优于最优策略,反之亦然。通常来说,在不确定性较高的环境中,$1/N$ 启发式的效果更佳。此外,N 越大,$1/N$ 启发式越有效。

对启发式的了解也能帮助政府更好地制定政策,例如有关器官捐献的政策。因为每年都有不少美国人在等待器官捐献的过程中死去,以致出现了买卖器官的黑市。然而,令人不解的是,在美国,为什么志愿捐献器官的人仅占人口的 28%,而在法国,这一比例却高达惊人的 99.9% 呢? 是法国人具有更高的道德意识吗? 还是美国人还不了解器官捐献的短缺局面? 答案很可能是否定的。而更可能的一个原因是,大多数的美国人和法国人都采用了一种启发式——默认启发式(default heuristic; Johnson & Goldstein, 2003)。在美国,默认的选择是人们不捐献器官,如果志愿者愿意捐献器官,他们需要额外地在申请表上表明自己选择。而在法国,默认的选择是人人都捐献器官。如果选择不捐献,则需要额外表明自己的选择。默认启发式也许有其功用,其背后的理由在于“存在的就是合理的”。

启发式的研究应有如下三个目标(Gigerenzer & Selten, 2001; Gigerenzer et al. , 1999):第一,了解适应性工具箱的构成。这类研究的目的在于发现和了解具有适应性的启发式。第二,关注决策线索的生态理性。这类研究的目的在于找到具有高生态效度的有效线索,并与决策者的认知能力相匹配。第三,设计出适用的决策辅助工具。这类研究的目的在于开发出实用有效的决策工具,从而提高医疗、法律和政治等领域的决策质量。

表 11－2 列出了十种不同的启发式,它们可以被看作是适应工具箱中具有独特功能的工具,决策者可以根据不同的情况选择其中的一种或几种使用(Bergert & Nosofsky, 2007;Bröder & Schiffer, 2003;Rieskamp & Otto, 2006)。

表 11－2　十种可能存在于适应工具箱中的启发式

启发式	定义	适用条件(生态理性的效度)
再认启发式 (Goldstein & Gigerenzer, 2002)	如果两个选项之一能被再认,那么它具有较高的值。	再认效度＞0.5。
采纳最佳(Gigerenzer & Goldstein, 1996)	推断较高值的方法:(a)按效度顺序搜索线索;(b)线索能区分选项时停止搜索;(c)选择在该线索中表现较好的选项。	线索之间的效度差异大,冗余度中到高,信息稀缺 (Hogarth & Karelaia, 2005, 2006;Martignon & Hoffrage, 1999, 2002)。
计数 (tallying, Dawes, 1979)	计算选项在几条线索上表现较好。	线索之间的效度差异小,冗余度低 (Hogarth & Karelaia, 2005, 2006)。
满意 (Simon, 1955;Todd & Miller, 1999)	搜索选项并选择第一个超出抱负水平的选项。	认知负荷高,选择的范围呈递减趋势,机会越来越少。
1/N;公平启发式 (DeMiguel et al. , 2006)	将资源平均分配给 N 个选项。	不可预测性高,学习样本小,N 大。
默认启发式(Johnson & Goldstein, 2003)	如果有默认选项,就无需改变。	设置默认值的人的价值观和决策者的价值观相近,选择的后果不确定性高。
一报还一报 (Axelrod, 1984)	首先合作,然后模仿对方在上一轮的行为。	如果其他人也采用一报还一报的策略,环境噪音低。
模仿大多数 (Boyd & Richerson, 2005)	观察同辈群体中大多数人,并模仿他们的行为。	环境保持不变或缓慢变化,信息搜索昂贵或费时。
模仿成功 (Boyd & Richerson, 2005)	找到最成功的人并模仿其行为。	个体学习代价高,信息搜索昂贵或费时。
底线启发式(Hu & Wang, 2014;Wang, 2008a)	对每个选项在不同维度上能否达到底线计数,选取频数最高的选项。	不确定性高,目标波动大。

(改编自 Gigerenzer, 2008)

11.3　选举决策中的启发式

启发式在我们的实际生活决策中究竟扮演了怎样的角色? 它们是否能帮助我们了解和预测决策偏好? Wang(2008a)的一项研究探讨了公共决策中的启发式。在研究中,他选取了最为典型的一种公众决策——总统选举,从而探讨决策启发式在总统选举中的有效性。

Brunswick(1940)提出,决策所运用的线索能有效地预测行为选择。尽管决策线索非常多,而且在不同的决策任务中,每条线索的可靠性有所差异,但是,决策者会赋予不同的线索不同的优先级。虽然个体决策线索对不确定结果的预测并不是百分之百准确的,但总体而言,这些线索足以使人们做出准确的判断和决策。简捷启发式发展了这一观点,认为在很多情况下,单一的线索也能帮助人们做出有效的决策。

有关公共决策和选举的研究表明,公共决策与启发式的应用密切相关。政治学研究发现,选民通常会依据简捷启发式做出投票决定。此外,具有更多知识的选民会比缺乏背景知识的选民更频繁地采用启发式(Lau & Redlawsk, 2001)。

在 Wang(2008a)的研究中,作者比较了选举决策中的简捷启发式与更为复杂的规范性决策法则哪个更有效。通常而言,公众对于政治候选人的信息和知识是有限的,有的时候甚至是矛盾的、不可靠的。因此,作者认为,选民们很可能会依靠简捷启发式做决定,这些启发式往往依据单个或少数决策线索而形成。

在这一研究中,作者着重探讨了启发式的复杂程度和信息的表现形式(频数还是概率)对选举决策的预测能力。研究 1 的背景是 2004 年美国总统选举。在这次选举中,共和党和民主党的总体候选人分别是布什和克里。在总统选举前的两个月,研究者在美国中西部的三个社区和一所州立大学招募了 140 名学生和当地居民作为被试。

被试首先需要罗列出决定他们投票的重要议题(也称决策的线索)。这些议题因人而异,包括教育、税收、对外政策等。之后,被试需要对布什和克里的政策在每个议题上成功的可能性打分("你认为这个候选人有多大可能成功实施关于这个问题的政策"),用这一分数表示"线索价值"。再次,被试评价每个议题的重要性,用这一分数表示"线索权重"。接着,被试分别评价在每个议题上对布什和克里的政策的认同度。如果认同程度大于中值,则记为支持,如果低于中值,则记为反对。再分别计算支持的数目和反对的数目。最后,还测量了选民的底线要求,即分别评价布什和克里的政策能否满足被试的最低要求。"+"或"-"表示布什和克里的政策是否满足了被试的最低要求。表 11-3 列举了某名被试对上述问题的回答。

表 11-3 某名被试的回答

议题 (线索)	议题重要性 (1—7)	对布什政策 的认同度 (-5—5)	对克里政策 的认同度 (-5—5)	布什政策是 否满足底线 (+或-)	克里政策是 否满足底线 (+或-)	布什政策成 功的可能性 (1—9)	克里政策成 功的可能性 (1—9)
1	5	3	1	+	+	9	2
2	3	-2	3	-	-	5	7
3	7	5	4	+	+	3	6
n							

(改编自 Wang, 2008a)

此后,被试被要求就像总统选举当天那样投票。他们还需要表明自己选择布什或克里作为总统的可能性。最后,被试报告了自己与父母的政治立场(共和党、民主党、其他党派或无党派)。

根据上述测量,能归纳出六种认知启发式。第一,富兰克林原则(Franklin's rule)。这是在决策理论中最早出现的规范性决策原则之一。根据富兰克林原则,决策者首先要将每条线索价值乘以线索权重,再计算所有线索之和,也就是进行加权求和。例如,在表 11-3 中,根据富兰克林原则,布什的得分为 $(9 \times 5) + (5 \times 3) + (3 \times 7) = 81$,而克里的得分为 $(2 \times 5) + (7 \times 3) + (6 \times 7) = 73$。因此,如果这位选民应用富兰克林原则,他应当选择布什。

第二,成功可能性的主观评估(subjective likelihood assessment of success)。这个方法在行为决策和管理研究中也广为使用(Savage, 1954;Vroom, 1964)。在表 11-3 中,布什成功的可能性得分为 17,而克里得分为 15 分。因此,这位选民会选择布什。

第三,党派归属启发式(party affiliation heuristic)。这种启发式在总统选举中非常常见。例如,Campbell、Converse、Miller 和 Stokes(1960)在《美国选民》一书中指出,党派归属能非常准确地预测选民的投票。如果选民自己是民主党,那么他极有可能投票给民主党候选人,如果自己是共和党,则非常可能支持共和党候选人。应用这一启发式的其他党派或无党派人士则会在布什和克里之间随机选择。

第四,选民决策规则(the voter's decision rule)。这一启发式是由两位政治学研究者根据大量的选举资料(密歇根大学收集的美国国家选举研究数据库)提炼而成的(Kelley & Mirer, 1974)。这一决策规则在研究所涉及的 25 种可能使用的决策启发式中表现最佳。这是一种基于频率计数的(frequency counts based)启发式。根据这一启发式,决定选民选择的是支持的数量与反对的数量之差,即 $\sum$(支持布什的数量－反对布什的数量)－$\sum$(支持克里的数量－反对克里的数量)。如果结果是正值,表明支持布什,如果结果是负数,表明支持克里。在表 11-3 的认同度评定中,有 2 条支持布什的理由和 1 条反对布什的理由,有 3 条支持克里的理由和 0 条反对克里的理由,即 $(2-1) - (3-0) = -2$。因此,这位选民会选择克里。

第五,采纳最佳启发式(Gigerenzer & Goldstein, 1996)。如果被试使用采纳最佳启发式,那么他会首先考虑具有最高权重的线索,并考察两位候选人在可能性评估上的得分,如果得分有差异则停止搜索。如果得分没有差异,再考虑具有次高权重的线索,以此类推。在表 11-3 中,第三个议题具有最高权重。在这个议题上,布什得到 3 分而克里得到 6 分。因此,这位选民会投票给克里。

第六,底线启发式。除了先前文献中提到的启发式之外,底线在人们的决策过程中也扮演了重要角色,它是一个比目标更稳定而有力的决策参考点(Wang, 2002b; Wang & Johnson, 2012)。底线启发式是基于这一研究总结而成的。根据这一启发式,选民只计算在议题中满足底线的频数。在表 11 - 3 中,布什获得一个加号、两个减号,而克里获得两个加号和一个减号。因此,这位选民会投票给克里。

模拟投票结果显示,58 名被试(占 41.4%)投票给了布什,82 名被试(占 58.6%)投票给了克里。这一结果和该社区在 2004 年实际选举的结果非常一致,正式选举中,45%的选民(2 692 票)选择了布什,55%的选民(3 315 票)选择了克里。

六种启发式对实际投票结果的拟合程度从高到低依次为:选民决策规则(87.7%)、底线启发式(83.6%)、党派归属启发式(76.7%)、富兰克林原则(72.6%)、采纳最佳启发式(72.6%)、成功可能性启发式(67.2%)。六种启发式的拟合程度有显著差异[1]。选民决策规则[2]和底线启发式[3]的预测准确率显著高于成功可能性启发式。

接下去,再分析每种启发式对模拟投票结果的预测力。按照成功可能性启发式的预测,布什的得票率应为 55.7%,高于克里的得票率 44.3%,显然,这种预测是错误的。按照党派归属启发式的预测,布什的得票率为 42.9%,克里的得票率是 57.1%,这一启发式的预测结果是正确的,而且与模拟投票结果仅有 1.5%的偏差。按照富兰克林原则的预测,布什将获得 54.7%的选票,克里将获得 45.3%的选票,这一预测也是错误的。选民决策规则预测 38.6%的选民会选择布什,61.4%的选民会选择克里,这一预测是正确的,而且与模拟投票结果仅有 2.8%的偏差。采纳最佳启发式是错误的,它预测 59.8%的选民会选择布什,40.2%的选民会选择克里。最后,底线启发式预测正确,布什的得票率为 37.2%,克里的得票率为 62.8%,与模拟投票结果相比有 4.2%的差异。

结果还显示,父母双方的党派归属也显著地影响了投票行为。有趣的是,父亲的党派[4]比母亲的党派[5]有更大的影响。无论对儿子还是女儿,父亲的党派在投票选择中有显著的作用,而母亲的党派关系仅有微弱的影响。有 26 名被试的父母属于不同的党派,在这些被试中,16 人(62%)的选择与父亲的党派相一致,10 人(38%)的选择与母亲的党派相一致。

---

[1] $\chi^2 = 17.97$, $p < .003$
[2] $\chi^2 = 14.40$, $p < .001$
[3] $\chi^2 = 6.39$, $p < .011$
[4] $\chi^2 = 22.06$, $p < .000\,1$
[5] $\chi^2 = 8.88$, $p < .012$

总体而言,实验1的结果表明,在总统选举中,简捷启发式比规范性启发式(例如,富兰克林原则)具有更高的预测力。此外,频率计数的启发式(例如,底线启发式和选民决策规则启发式)比可能性评估启发式表现得更好。底线启发式遵循的是满意原则(Simon, 1956, 1990)。而选民决策规则启发式虽然也是基于频率计数,但底线启发式的计算更复杂。

在研究2中,Wang(2008a)进一步探讨了情感启发式对模拟选举的预测力。近年来,研究者们越来越关注情绪在风险决策中扮演了怎样的角色(Lerner, Gonzalez, Small, & Fischhoff, 2003; Loewenstein et al. , 2001; Schwarz & Clore, 1983)。Mellers等人(1999)认为,决策者会预期自己在面对决策结果时的情绪反应,这些预期会左右决策者的选择。Slovic、Finucane、Peters和MacGregor(2002)的研究表明,决策者把情感反应作为风险决策的启发式。Pham、Cohen、Pracejus和Hughes(2001)提出,相比基于理性的评估,情绪线索能使人们更加快速地做出判断。

政治学的研究也发现,情感线索和认知线索对选民的决策(Christ, 1985; Marcus, 2000; Ragsdale, 1991)和对领导的评价(Jones & Iacobucci, 1990)均有显著作用。Ragsdale(1991)总结了对公众人物情绪反应的三个典型特征。首先,民众对公众人物的判断往往基于情绪反应而非通过仔细搜索而得到的客观信息。第二,基于情绪所形成的印象比基于认知分析所形成的印象能保持更长的时间。最后,情绪能更准确地预测人们对事件的态度。

在总统选举的情境中,基于社会群体的情绪会形成一种情感启发式。相比认知启发式,情感启发式或许能更有效地预测选民会投票给哪位候选人。选民会用内群体或外群体标签来区分候选人。因此,群体情感是政治选举中一种可靠的启发式(Brady & Sniderman, 1985)。

社会心理学的研究发现,人际知觉的两个核心维度是亲和力与能力。Fiske与其同事(Fiske, Cuddy, & Glick, 2002; Fiske, Cuddy, Glick, & Xu, 2002; Fiske & Pavelchak, 1986)认为,亲和力与能力把人际情绪划分成四类:欣赏(高亲和力与高能力)、轻蔑(低亲和力与低能力)、妒忌(低亲和力与高能力)和同情(高亲和力与低能力)。其中,欣赏和同情是针对内群体成员的情绪,而轻蔑和妒忌是针对外群体成员的情绪。

在研究2中,作者测量了选民对候选人的上述四类人际情绪。研究者假设,如果选民对某位候选人体验到了较高的内群体情绪或较低的外群体情绪,他们就会选择这名候选人。作者还认为,情感启发式具有整体性,因此会比认知启发式更加可靠。同时,情感启发式比认知启发式更加简捷,因为它整合了线索价值与线索权重。此外,基于最有效的社会情绪形成的启发式(采纳最佳情感启发式)会比其他形式的启发式具有更高的预测力,因为效度较低的社会情绪可能会产生噪声,从而干扰预测的准确性。

与实验 1 相同,实验 2 也是在总统选举前的两个月进行,研究者在美国中西部的 1 所州立大学中招募了 70 名学生被试。被试分别对两位总统候选人布什和克里的视觉形象做情感反应评价。具体的人际情感条目可分为四类:欣赏(欣赏、喜欢、启发、骄傲、尊重)、轻蔑(愤怒、羞愧、蔑视、厌恶、沮丧、憎恨、愤慨、不安)、妒忌(嫉妒、妒忌)和同情(怜悯、同情)。

完成情感反应评价后,被试被要求就像总统选举当天那样投票。他们还需要表明自己选择布什或克里作为总统的可能性。最后,他们报告了自己所属的党派(共和党、民主党、其他党派或无党派)。

结果显示,26 名被试(占 37.1%)投票支持布什,44 名被试(占 62.9%)投票给了克里。对布什和克里的主观投票可能性与社会群体情绪的相关如表 11-4 所示。表 11-5 进一步细分了四类情绪。表 11-6 显示了选民对布什和克里的情绪反应。

表 11-4 四类人际情绪与对布什和克里主观投票可能性的相关分析

主观投票可能性	欣赏布什	轻蔑布什	妒忌布什	同情布什	欣赏克里	轻蔑克里	妒忌克里	同情克里
布什	.684**	-.682**	-.047	.555**	-.475**	.524**	.178	-.198
克里	-.572**	.641**	.041	-.502**	.544**	-.538**	-.132	.251*

注: * 表示在.05 的水平上显著,** 表示在.01 的水平上显著
(引自 Wang, 2008a)

表 11-5 对布什和克里的四类人际情绪的相关分析

	欣赏布什	轻蔑布什	妒忌布什	同情布什	欣赏克里	轻蔑克里	妒忌克里	同情克里
欣赏布什	1							
轻蔑布什	-.454**	1						
妒忌布什	.340**	.136	1					
同情布什	.613**	-.373**	.296**	1				
欣赏克里	-.121	.427**	.189	-.244*	1			
轻蔑克里	.578**	-.214*	.253*	.555**	-.510**	1		
妒忌克里	.430**	.045	.421**	.393**	.092	.496**	1	
同情克里	.107	.381**	.306**	.225*	.382**	.105	.333**	1

注: * 表示在.05 的水平上显著(单尾), ** 表示在.01 的水平上显著(单尾)
(引自 Wang, 2008a)

表 11 - 6　支持布什者和支持克里者的情绪

	欣赏**	轻蔑**	妒忌	同情*
布什(布什支持者)	3.08±.63	1.68±.54	1.29±.51	2.50±.80
布什(克里支持者)	1.96±.67	2.96±.81	1.44±.81	1.72±.67
布什(总体)	2.38±.85	2.49±.98	1.39±.71	2.00±.80
克里(克里支持者)	3.05±.88	1.62±.71	1.35±.66	2.08±.83
克里(布什支持者)	2.11±.79	2.60±1.0	1.52±.94	1.67±.60
克里(总体)	2.69±.95	1.98±.95	1.42±.77	1.93±.77

注:n = 70(26 名布什支持者,44 名克里支持者)

　* 表示在.05 水平上布什支持者和克里支持者有差异

　** 表示在.01 水平上布什支持者和克里支持者有差异

(引自 Wang,2008a)

在人际情绪的四种类型中,欣赏、轻蔑、同情与主观投票可能性呈现显著的相关。如表 11 - 6 所示,布什的选民对布什的内群体情绪(欣赏和同情)更高、外群体情绪(蔑视和嫉妒)更低,对克里的情绪则相反。克里的选民对克里的内群体情绪更高、外群体情绪更低,对布什的情绪则相反。

分析表明,欣赏能最有效地预测投票偏好,其次是轻蔑和同情。

不同的情感启发式是否能有效地预测被试的投票决策? 结果如下:第一,如果人们采用采纳最佳情感启发式,则会根据最有效的情绪(即欣赏)进行决策。此种启发式的拟合程度为 90.9%,它准确地预测了获胜者(布什的得票率为 39.4%,克里的投票率为 60.6%),并且和模拟的投票结果只差 2.3%。

第二,如果人们采用轻蔑启发式,就会根据轻蔑情绪的强弱进行投票。对候选人的轻蔑情绪越弱,越可能选择这一候选人。该启发式的拟合程度为 89.6%,它也准确预测了获胜者(布什的得票率为 34.3%,克里的投票率为 65.7%),和模拟的投票结果相差 2.8%。

第三,如果人们采用同情启发式,就会投票给同情得分较高的候选人。这种情感启发式的拟合程度为 81.1%。它对结果的预测并不准确(布什的得票率为 52.8%,克里的投票率为 47.2%)。

第四,如果人们采用情绪求和启发式,就会把所有情感进行求平均(欣赏得分-轻蔑得分+同情得分),选择平均分较高的候选人。该启发式的拟合程度为 91.1%。它准确地预测了获胜者(布什的得票率为 38.8%,克里的投票率为 61.2%),和模拟的投票结果仅相差 1.7%。

第五,党派归属启发式。这种启发式的拟合程度只有 71.4%。虽然它准确预测了获胜者(布什的得票率为 48.6%,克里的投票率为 51.4%),但与模拟的投票结果的差值高达 11.5%。

总之,基于欣赏和蔑视这两种社会情绪的情感启发式能较好地预测选民的实际投票决策。此外,所有的情感启发式都比党派归属启发式具有更强的预测力[①]。综合研究 1 和研究 2 的结果来看,情感启发式比认知能更好地预测被试对总统候选人的选择偏好。此外,采纳最佳的情感启发式和较为复杂的情绪求和启发式的预测效果相近。这一结果说明,尽管选民对候选人会有多种情感反应,但最终的选择往往只基于其中的一种或少数几种。

11.4　用人决策中的启发式

在组织情境中,信任尤为重要(Bunker, Alban, & Lewicki, 2004)。没有信任,几乎不可能建立起有效的组织协同(Barney & Hansen, 1994; Kramer & Lewicki, 2010; McEvily, Perrone, & Zaheer, 2003; Sako, 1992)。成功的政治、军事、企业领导都能争取到他人的信任,并给予下属足够的信任(Burke, Sims, Lazzara, & Salas, 2007)。因此,信任不是一个特质,而是一种双向的选择,是领导者和追随者之间的相互协同。

在中国文化背景中,人与人之间的信任被看作是一种难得的社会资源。通常情况下,中国的企业具有高权力距离和较为复杂的人脉关系,因此,在企业管理中管理者和下属之间的相互信任发挥着重要作用(Barber, 1983; Farh, Tsui, Xin, & Cheng, 1998; Kanter, 1977; Kramer, 1999; Tyler & Lind, 1992)。这种信任有助于一个组织的长期稳定性(Tan & Tan, 2000)。所以,很多中国的企业将一个人是否可信作为雇用和晋升的重要标准(Yang & Peng, 1999)。

信任包含两个因素:价值与概率。价值是指信任他人得到的结果,概率是指他人有多大的可能不辜负信任。从这一视角而言,我们可以把信任当作一种风险,并采用风险决策的框架探讨信任。

一些研究表明,相比理性的计算过程,启发式更加适用于基于信任的决策(Uzzi, 1997; Williamson, 1994)。在人力资源管理方面,人力资源经理对应聘者并非十分了解,他们往往只拥有非常有限的信息。此外,招聘需要在比较短的时间内完成,因而人力资源经理会体验到时间压力。这些外部限制为启发式的应用提供了条件。研究发现,基于诚信线索的启发法大大降低了不确定背景下商业交易的成本(Hu, 2010)。

---

① $p < .001$

基于上述原因,Hu 和 Wang(2014)在其研究中探讨了人力资源经理如何采用启发式评价员工。他们要求人力资源经理在假设的情境中从两名候选人中选择其一,并提供了五条关于候选人是否可被信任的线索,分别是:专业技能、沟通与协调、认真与负责、离职意愿和对上司的忠诚度。在招聘中,人力资源经理可能会使用的启发式包括:可能性预期/评估启发式、富兰克林原则、采纳最佳启发式、底线启发式。

在提供的五条线索中,线索权重由被试对每条线索的重要性评估决定,线索价值由对可信任性的评估决定("你是否可能只基于此条线索认为应聘者是值得信赖的",1=非常不可能,9=非常可能)。此外,被试还需报告最少需要几条线索可以做出信任判断。如果被试觉得某条线索是底线,则在这条线索旁边用"+"做标记。表 11-7 列举了某名被试对所有问题的回答。实验界面如图 11-1 所示。

表 11-7　某名被试的回答

	重要性 (1—7)	只基于这条线索判断的可能性 (1—9)	底线
拥有专业技能	3	4	
善于沟通和协调	4	5	
认真负责	2	3	
没有离职意愿	6	7	+
对上司的忠诚度	5	8	+

(引自 Hu & Wang, 2014)

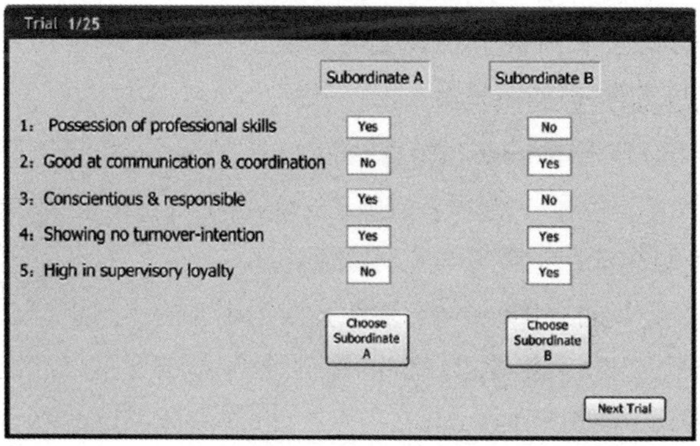

图 11-1　实验界面
(引自 Hu & Wang, 2014)

根据上文提出的四种启发式,结合表 11-7 和图 11-1 中的数据,做出如下推断。第一,如果被试使用采纳最佳启发式,那么,他需要先查找具有最高权重的线索。

如果这一线索无法区分两名候选人,那么就继续寻找具有次高权重的线索。以此类推。如果两名候选人在所有线索上都有相同的表现,那么被试将随机选择其一。在图 11-1 和表 11-7 所示的例子中,具有最高权重的线索(重要性=6)是没有离职意愿,被试认为该条线索的价值(可能性等级)是 7。候选人 A 和候选人 B 都拥有此特质。在这种平局的情况下,需要继续寻找具有次高权重的线索,即对上司的忠诚度。候选人 A 不具备这种特质,而候选人 B 具备。因此,人们会选择候选人 B。

第二,底线启发式。在人力资源情境中,首先需要识别哪几条线索是最低需求,然后计算每名候选人在这几条线索上是否满足了底线要求,最终选择在线索上达到底线要求最多的候选人。如果出现平局,则随机选择。在图 11-1 和表 11-7 所示的例子中,候选人 A 在一条线索上达到了底线要求,而候选人 B 在两条线索上达到了底线要求。因此,被试会选择候选人 B。

第三,如果被试采用可能性预期/评估启发式,则计算每名候选人在所有线索上的总和,选择具有更好表现的人。如果出现平局,则随机选择。在图 11-1 和表 11-7 所示的例子中,候选人 A 的答案是:是、否、是、是、否,相应得分为 14 分 (4+0+3+7+0),候选人 B 的答案是:否、是、否、是、是,相应得分为 20 分 (0+5+0+7+8)。因此,被试会选择候选人 B。

第四,运用富兰克林原则需要通过加权求和选取得分最高者。对于平局,则随机决定。根据图 11-1 和表 11-7 所示的例子,在每名候选人得到"是"的线索中,计算线索权重与线索价值的乘积,再求和。因此,候选人 A 得分为 (4×3)+(3×2)+(7×6)=60,而候选人 B 得分为 (5×4)+(7×6)+(8×5)=102。因此,如果被试采用富兰克林原则,他们会选择候选人 B。

根据上述思路,Hu 和 Wang(2014)在实验 1 中招募了 120 名管理者,来自 21 家位于中国东部或中部的企业。管理者被随机分配到四种启发式条件中:采纳最佳组、底线启发式组、可能性预期组或富兰克林原则组。

在如图 11-1 所示的决策任务中,软件会根据属性的不同组合,在每一种启发式的条件中生成 25 个选择,并根据被试的回答,计算出他符合这一启发式的选择比例。结果如表 11-8 所示,在四个实验组中,每人有 25 次选择,符合各个启发式推断的选择的平均次数是 22.2(底线启发式组)、18.6(采纳最佳组)、18.0(富兰克林原则组)和 16.4(可能性预期组)。另外,还分析了每一种启发式对选择结果的平均预测准确率。底线启发式的准确性最高,达到 88.9%,之后依次是采纳最佳启发式(74.5%)、富兰克林原则(72.1%)和可能性预期(65.7%)。底线启发式的预测准确率显著高于富兰克林原则[1]及可能性预期[2]。采纳最佳启发式的预测准确率显著高于可能性预期[3]。

表11-8　实验1中各组被试符合启发式推断的选择次数及平均预测准确率

组别	n	选择次数	符合启发式推断的次数		平均预测准确率	
			M	SD	M	SD
底线启发式	30	25	22.2	1.38	88.93%	5.53%
采纳最佳	30	25	18.6	1.30	74.53%	5.20%
富兰克林原则	30	25	18.0	2.55	72.13%	10.21%
可能性预期	30	25	16.4	1.85	65.73%	7.40%

(引自 Hu & Wang, 2014)

在底线启发式组中,有3名被试选出了两条线索作为底线,18名被试选出了3条,9名被试选出了4条。他们的预测准确性分别是96.0%、90.2%和84.0%,三者之间差异显著[4]。这一结果说明,当底线线索较少时,底线启发式的有效性更高。

实验2与实验1的过程大致相同,唯一不同的是采用了组间设计,每名被试需要分别采用四种启发式,共完成80个选择(20×4种启发式)。被试要评定5条线索的权重和价值,并选出最低需求线索。然后,实验软件将根据每名被试的打分生成80个选择。被试是来自中国东部企业的30名管理者。

结果表明,在每种启发式中,符合启发式推断的选择的频率均显著高于随机频率[5]。

如表11-9所示,底线启发式的平均预测准确率为87.00%,采纳最佳启发式为77.33%,富兰克林原则为75.17%,可能性预期为68.67%,四者之间存在显著差异[6]。底线启发式的准确率明显高于富兰克林原则[7]和可能性预期[8]。采纳最佳启发式的准确率显著高于可能性预期[9]。

---

[1] $t(58) = 7.93$, $p < .001$
[2] $t(58) = 13.75$, $p < .001$
[3] $t(58) = 5.33$, $p < .001$
[4] $F(2, 27) = 8.88$, $p = .001$
[5] $ps < .001$
[6] $F(3, 27) = 46.346$, $p < .001$
[7] $t(58) = 9.15$, $p < .001$
[8] $t(58) = 11.46$, $p < .001$
[9] $t(58) = 4.61$, $p < .001$

表 11 - 9 实验 2 中被试符合启发式推断的选择频数与平均预测准确率

组别	n	符合启发式推断的次数		平均预测准确率	
		M	SD	M	SD
底线	20	17.4	.97	87.00%	4.84%
采纳最佳	20	15.5	1.55	77.33%	7.74%
富兰克林原则	20	15.0	1.03	75.17%	5.17%
可能性预期	80	13.7	1.46	68.67%	7.30%
总体	80	61.6	2.99	77.04%	3.74%

(引自 Hu & Wang, 2014)

企业中的人力资源实践包括逐步收集管理者与其下属之间的信息(Rousseau, Sitkin, Burt, & Camerer, 1998)。在人力资源决策中,启发式使人们在有限的时间内利用有限的信息做出较好的决策(Aumann & Sorin, 1989;Uzzi, 1997)。上述研究表明,简单的启发式(包括底线启发式和采纳最佳启发式)比规范性决策规则(即富兰克林原则)更能帮助人们做出有效的决策。更有意思的是,底线启发式比采纳最佳启发式有更好的表现,尤其是当底线的数量较少时。

为了更好地理解四种启发式,表 11 - 10 总结了它们的核心特征。

表 11 - 10 四种启发式的比较

	采纳最佳	底线	可能性预期	富兰克林原则
线索价值的形式[1]	基数或序数	称名(满足或不满足)	基数	基数
线索权重	不需要	不需要	不需要	需要
线索排名	需要线索权重排名	不需要	不需要	需要线索重要性排名
补偿性[2]	非补偿性	非补偿性	非补偿性	补偿性
停止原则[3]	自行约定	穷尽或自行决定	穷尽	穷尽
加权与求和	不需要	计数或不需要	仅求和	加权与求和
评估次序	线索	选项或线索	选项	选项
计数	不适用	计算通过的条数	不适用	不适用
计算负荷	低	低	中	相对较高

注:1. 线索价值分为基数(连续的数字)、序数(排序的名次)或称名;
　　2. 补偿性策略会考虑线索的价值,并允许在不同线索之间进行权衡(加权求和);
　　3. 较为严格的底线启发式要求当一个选项满足底线而其他选项不满足时立即停止
(引自 Hu & Wang, 2014)

底线启发式和采纳最佳启发式在几方面有所不同。第一,底线启发式涉及的线索较少,无需复杂的计算。第二,采纳最佳启发式需要对线索的权重进行排序,而底线启发式没有这一要求。第三,底线启发式只需简单地计数即可。第四,采纳最佳启发式中的"最佳"线索也许与目标相关,也许与底线相关,但是,基于底线比目标更重要且更稳定的推论(Wang & Johnson, 2012),底线启发式只关注底线线索。

　　总之,该研究的结果强调了简捷启发式在实际管理决策中的重要性和有效性。相比复杂的计算和评估,简单的底线启发式和采纳最佳启发式能帮助决策者在人事决策中做出更好的选择。

第 12 章　决策的生死观

孔子曰:"未知生,焉知死?"(《论语·先进》)显然,儒家的哲学是入世的,着眼于当下的。但是,不思死,焉知生? 没有死亡思考的人生犹如没有终点的旅程,也就成了是没有终极目标的旅程。

——作者

12.1　恐惧管理与死亡思考

卡尔·荣格(Carl Jung)认为,在心理上,死和生一样重要,而回避生死话题不仅不健康而且有损一个生命下半生的意义(见《时代》周刊 1961 年 6 月 16 日刊登的荣格的讣告)。苹果公司的创始人乔布斯(Steve Jobs)也认为思考死亡是他成功的关键。从 2011 年 8 月 24 日的职业生涯告别演讲到他 56 岁生命的陨灭中间仅仅隔了短短的 41 天。但是,乔布斯的传奇却没有真的离去,而是在我们每个人的生活中延续。乔布斯的座右铭是:"把每一天当作你的最后一天来过。"(Live everyday as if it were your last.)这种有明确时间计划的决策,使得成功最大化,也使得苹果公司在乔布斯生命的最后时刻走上巅峰。目标设定需要参照点,计划制定需要有明确的时间观念。乔布斯一生都在用最为极致的时间参照点,那就是死亡。从不到 20 岁时做出的退学决定,到其后的诸多决策,在做每一项重大决策时,他首先问的问题是:如果我今天就会死去,我会做这件事吗? 如果我的生命还有一年,我会做这件事吗? 如果我的生命还有两年(或五年,或十年),我会做这件事吗? 乔布斯的问句帮助我们明确短期和长期的目标。

当老年人越来越接近生命的终点时,他们将如何面对死亡? 当年轻人经历他人的死亡后,这种死亡提醒以及对死亡的反思又会给他们带来哪些改变? 研究发现,配偶死亡或被诊断患有严重的疾病会导致心理焦虑和悲痛(Pillow, Zautra, & Sandler, 1996)。除了心理上的痛苦之外,死亡的影响是否还会体现在其他方面? 诸如改变人们的价值观和世界观,从而影响判断与决策。

恐惧管理理论(terror management theory; Greenberg, Solomon, & Pyszczynski, 1997; Solomon, Greenberg, & Pyszczynski, 2004)对上述问题进行了系统的阐述。该理论认为,人们向往生、恐惧死,但是,死亡又是不可避免的。因此,个体需要通过一定的方式管理和控制焦虑。常用的防御焦虑的方式可分为两种(Pyszczynski, Greenberg, & Solomon, 1997, 1999):近端防御(proximal defense)和远端防御(distal defense)。近端防御是指人们在意识层面上抑制与死亡有关的想法,或者改变相关的认知过程,从而避免思考死亡。而远端防御是指个体通过强化自尊或强化个体所持有的世界观从而调节对死的恐惧。换言之,如果采用远端防御,个体需要尽可能地获得高自尊(例如,通过他人的反馈确信自己是一个有价值的人),或者进一步确认自己所持有的世界观是正确的(例如,在国家安全受到威胁时,美国人更可能寻找证据证明美国的对外干涉是合理的)。

恐惧管理理论强调了死亡思考带来的焦虑及负面影响,人们因此做出的调整是为了避免和防御这些负面影响。与此相反,如乔布斯所说,死亡思考也许是人生进取的一种原动力,并为职业规划提供了明确的时间参照。Liu 和 Aaker(2007)考察了经历亲人死于癌症对跨期决策和生活规划的影响。

两位作者的预调查结果显示,63%的年轻人经历过他人因癌症而死亡的事件。她们在研究中比较了有癌症死亡经历的与没有经历癌症死亡的年轻成年人是如何权衡近期利益和远期利益的。不同于因突发事故或者慢性疾病(例如,意外遭遇或心脏病)而导致的死亡,癌症患者会有一段时间明显地感受到死亡的迫近,使得癌症死亡经历更长时间地影响他人对死亡的思考。因为癌症可能会发生在任何人身上,亲人或他人的癌症经历更可能引发个体对自身死亡的思考。

那么,这样的思考究竟能促进人们关注长远利益还是使人们更加短视? 有人也许会认为,亲人死于癌症会使人们感到生命是短暂的,需要及时行乐。然而,Liu 和 Aaker(2007)认为,相比没有亲历过亲密他人死于癌症的年轻人,有如此经历的人更可能想到其生命历程中的细节,形成一个更为突显和具体的未来设想(Cantor, Norem, Niedenthal, Langston, & Brower, 1987; Gollwitzer, 1999),为实现这些具体的人生目标,人们在跨期决策中可能会更加关注长远利益,表现出较小的延迟折扣。她们用五个实验检验了这一假设。

实验 1 的被试是来自美国的大学生。第一个决策任务是个人财务决策,被试想象自己拥有 400 美元,需要在三个投资选项中分配这笔钱:长期储蓄账户、短期储蓄账户或现在就花费。第二个决策任务与娱乐有关,被试需要在选项 A"购买娱乐杂志"(提供瞬时短期效益)或选项 B"购买有助于专业发展的杂志"之间做出权衡。

接下来,研究者通过生活经历问卷了解被试是否经历过亲人或相识的他人死于癌症以及相关细节。共有 61 名被试(58%)有一例亲密他人癌症死亡的经历,而其余的 45 名被试(42%)没有这样的经历。在癌症死亡的经历报告中,36% 是父母或祖父母,26% 是其他家庭成员(例如,叔叔、阿姨或兄弟姐妹),8% 是朋友,30% 是其他关系亲密的人(例如,朋友或老师)。死亡事件平均发生于 6.42 年前,死亡的平均年龄为 59.6 岁。

结果显示,在第一个决策任务中,是否经历亲密他人死于癌症对金额分配有显著的影响[1]。有经历的被试比无经历的被试把更多的钱分配到长期储蓄账户中,把更少的钱分配到短期储蓄账户中。两者在消费金额上没有差别。在第二个决策任务中,有经历的被试比无经历的被试更可能选择专业杂志。实验 1 的结果表明,实际的癌症死亡经历可能使个体在决策中更加关注未来。

在实验 2 中,研究者进一步通过操纵目标的长期和短期来考察跨期决策。她们预测,当一个选择被标定成长期目标时,有癌症死亡经历的被试比没有癌症死亡经历的被试会更加偏好它。然而,当这个相同的选项被标定成短期目标时,差异会逆转。

实验 2 中的选择是去非洲攀登乞力马扎罗山还是放弃登山为晋升而工作。对一半被试来说,攀登乞力马扎罗山被描述为"一生的愿望",这是一个相对长期的目标。而对于另一半被试,攀登乞力马扎罗山被描述为"只是一个想法",这是一个相对短期的目标。被试需要评估自己选择攀登乞力马扎罗山的可能性。

生活经历问卷的结果显示,有 41 名被试(31%)报告身边没有人死于癌症,92 名被试(69%)报告有这样的经历。在经历者中,37% 是父母或祖父母,19% 是其他的家庭成员,15% 是朋友,29% 是其他关系亲密的人。死亡事件平均发生于 7.09 年前,死亡的平均年龄为 55.07 岁。

对决策任务的结果分析显示,当攀登乞力马扎罗山被描述成一个长期目标时,有经历的被试比无经历的被试更倾向于选择去登山[2]。相反,当攀登乞力马扎罗山被描述为一个短期目标时,这种效应发生逆转,无经历的被试变得比有经历的被试更愿

---

[1] $F(1, 102) = 4.65$, $p = .033$
[2] $t(129) = -2.09$, $p = .05$

意去登山①。

　　上述效应的内在机制是什么？作者认为,亲密他人的癌症死亡经历会使人们更加关注未来的目标。具体来说,有这样经历的被试会仔细思考生命进程,并明确生命中的目标,使目标突显,从而将注意力由当前转向长期。作者把这一解释称作"生命历程突显机制"(life course salience mechanism)。

　　此外,还有一种基于恐惧管理理论的解释。因为死亡突显会提高个体体验到的恐惧感,人们可以通过提高自尊和自信而减少恐惧(Harmon-Jones, Simon, Pyszczynski, Solomon, & McGregor, 1997)。因此,人们会更加关注长期利益而达到自我提升。

　　作者认为,如果生命历程突显机制能解释研究1和2中的结果,那么,让所有被试都考虑他们的生命历程应该能消除有经历组和无经历组之间的差异,因为该方法使得两组的生命历程都变得突出且生动。然而,如果恐惧管理能解释结果,操纵生命历程的突显性则不太可能消除两组之间的差异。

　　在实验3中,第一份问卷通过一个写作任务来操纵生命历程的突显性。被试需要先选定一位朋友。在高生命历程突显条件中,他们需要想一下50年后这位朋友的生活,例如,他/她可能会变得怎么样、他/她会做什么等。在低生命历程突显条件中,被试需要想一下本周内这位朋友的生活。

　　40名被试(43%)报告没有亲密他人死于癌症,54名被试(57%)报告有一位亲友因癌症死亡,其中46%是父母或祖父母,20%为较疏离的家庭成员,4%为朋友,30%为其他亲密关系。死亡事件平均发生于5.87年前,死亡的平均年龄为62.78岁。

　　结果发现,当生命历程不突显时,有经历组的被试比无经历的被试把更多的资金分配到长期储蓄账户②。当生命历程突显时,有经历组和无经历组的差异消失③。该结果支持了"生命历程突显机制"的假设。

　　在实验4中,研究者进一步通过模拟癌症死亡考察了被试的跨期选择。一半被试需要想象自己最好的朋友死于癌症,写下自己的想法或感受。另一半被试则无需完成这一任务。

　　26位被试(30%)报告没有身边的人死于癌症的经历,62名被试(70%)报告有一例癌症死亡经历,其中39%的是父母或祖父母,26%为关系较远的家庭成员,3%为朋友,32%为其他关系亲密的人。死亡事件平均发生于6.39年前,死亡的平均年龄

---

① $t(129) = 2.45, p = .01$
② $t(90) = 1.67, p = .04$
③ $t(90) = -1.54, p = .12$

是 57.62 岁。

结果显示,在未进行癌症死亡经历模拟时,有实际癌症死亡经历的比没有经历的被试把更多的资金分配到长期储蓄账户[①]。当模拟好友死于癌症后,两组之间的差异消失。这一结果表明,在模拟癌症死亡事件后,生命历程得到了突显,无论被试在实际生活中是否经历了他人的癌症死亡事件,都在跨期选择中更多关注未来。

Liu 和 Aaker(2007)的研究说明,人们的跨期决策与经历亲近他人的癌症死亡有关。相比那些没有经历的人,经历过癌症死亡的年轻人更加关注未来,偏好长期利益。生命历程突显性是导致这一效应的原因。

上述实验中的生命历程突显的效应和恐惧管理理论的推论并不完全一致。比如,在汶川地震之后,在当地流传的一句话是"天堂没有银行",这与上述研究的结论相悖。这一悖论也许与死亡事件的性质有关,癌症的慢性经历也许使人想到生命是有限的,而地震的突发使人感到生命的无常。感到生命有限可能会使人们更有规划,更加关注生命中最有价值的事情。然而,感到生命的无常可能会使人们更加听天由命,并认同及时行乐的人生态度。

12.2 有关生命决策的情绪与认知

对生死的思考不仅是道德的话题,而且总是伴随着情绪的反应。作者(Wang,2006)用与生死有关的决策问题对照金钱问题探讨了人们的风险偏好如何受到认知分析与情绪反应的双重影响。

情绪对认知具有导向的作用。被情绪导向的认知尽管可能存在不同的分析的路径,但往往殊途同归。早期的心理学理论常常把情绪看作是人们进行理性加工的障碍,因此,情绪在规范性决策理论中没有一席之地。然而,情绪是具有功用性的,不仅是积极情绪,消极情绪也具有适应性意义,就如疼痛感对人们生存的作用一样,是不言而喻的。

Damasio(1994)提出的躯体标记假设则认为,情绪对决策不仅是有影响的,而且是必须的。一些额叶损伤的病人,虽然在认知分析上与常人无异,但是缺乏依据情绪最终做出决策的能力。所谓的躯体标记指的是,具有情绪性的经历所形成的某种躯体状态通过额叶的神经通路对决策发挥作用。死亡思考引发的情绪反应也许能够在大脑中物化为具有行为功效的躯体标记。

Loewenstein 等人(2001)提出了风险即情感假设(risk-as-feelings hypothesis),区

---

① $t(84) = 1.69$, $p = .05$

分了预期情绪和反应性情绪。前者是对预期结果的情绪反应,而后者是对已发生结果的情绪反应。该假设强调了预期情绪的预期作用,并认为认知评估和预期情绪在很多时候可能会发生冲突,在这种情况下,情绪往往是占优的。而死亡思考引发的应当就是一种预期到终点的情绪反应。

在实验 1 中,Wang(2006)探讨了在几种生死风险问题中决策的理性偏好和情绪偏好有何不同,特别考察了人们如何解决这两种偏好之间的冲突。在理性偏好和情绪偏好一致的情况下,人们对自己做出的选择的满意度最高。相反,当理性偏好和情绪偏好不一致时,决策者会更加犹豫,并且对他们的最终决策缺乏自信。因此,整体决策偏好的强度可能与理性偏好和情绪偏好之间的一致性程度呈正相关。

在实验中,被试需要完成六个决策问题,包括药剂师问题(Kohlberg, 1981)、电车问题(Thomson, 1976)、个人投资问题、恐怖袭击问题、家人疾病问题和赌博问题。其中恐怖袭击问题、家人疾病问题和赌博问题有两种框架版本,因此每个被试要回答九个问题。每个问题包括两个选项,被试需要分别根据他们的理性评估和情绪反应进行选择。此后,他们需要在 7 点量表上表明自己的最终选择。具体问题如下。

药剂师问题

你的母亲患有一种罕见的癌症,濒临死亡。医生认为,有一种药也许可以拯救她。这是一种新药,由当地的一位药剂师研制而成。该药的售价非常昂贵。

你四处奔走,向每个相识的人借钱,但只筹集到了 1 000 美元,只是药价的一半。你请求药剂师先把药卖给你,以后再补齐全款。但是,药剂师却说:"不行,我发明了这种药,我要靠它赚钱。"

现在,你可以考虑三个选项。

选项 A:闯入药店偷药。

选项 B:继续筹钱,并尝试每天去药剂师那儿,希望他能改变主意。

选项 C:任母亲的病情自然发展,听凭天意,不去寻求新药。

电车问题

一辆电车在轨道上风驰电掣地行驶,电车的刹车坏了。有五个无辜的人站在轨道上,电车片刻后就要碾压到他们。轨道有一条支线,另一个无辜的人站在那条支线上。你是一位旁观者(不是铁路员工,也不是公职人员),但你知道你可以拉动拉杆,切换轨道,让电车开到支线上。

你有两个选择。

选项 A:不切换轨道。站在支线上的那一个无辜的人将存活,但站在轨道上的五个无辜的人将死亡。

选项 B:切换轨道。站在轨道上的五个无辜的人将存活,但站在支线上的那一个无辜的人将死亡。

恐怖袭击问题(存活率框架)

假设在美国发现了一种由恐怖分子传播的罕见的致命性疾病。如果不治疗,600 名受感染的人会死亡。目前,有两种解救方案。根据准确的科学估计,两种方案的结果如下。

如果采取方案 A,300 人会被救活。

如果采取方案 B,有 50%的可能性 600 人都会被救活,50%的可能性没人被救活。

恐怖袭击问题(死亡率框架)

假设在美国发现了一种由恐怖分子传播的罕见的致命性疾病。如果不治疗,600 名受感染的人会死亡。目前,有两种解救方案。根据准确的科学估计,两种方案的结果如下。

如果采取方案 A,300 人会死亡。

如果采取方案 B,有 50%的可能性 600 人都会死亡,50%的可能性没人死亡。

疾病问题(存活率框架)

假设你的 6 名亲人(包括你的父母、祖父母、兄弟姐妹、子女)感染了某致命疾病。如果不治疗,他们会死亡。目前,只有两种医疗方案。

如果采用方案 A,3 名亲人能被救活。

如果采用方案 B,有 50%的可能性 6 名亲人都能被救活,50%的可能性没人能被救活。

疾病问题(死亡率框架)

假设你的 6 名亲人(包括你的父母、祖父母、兄弟姐妹、子女)感染了某致命疾病。如果不治疗,他们会死亡。目前,只有两种医疗方案。

如果采用方案 A,3 名亲人会死亡。

如果采用方案 B,有 50%的可能性 6 名亲人都会死亡,50%的可能性没人死亡。

金钱问题(获益框架)

给你 200 美元,可以在以下选项中做选择。

选项 A:你会得到额外的 100 美元。

选项 B:抛硬币决定结果。如果是正面,你会得到额外的 200 美元;如果是背面,你不会得到任何额外的钱。

金钱问题(损失框架)

给你 400 美元,可以在以下选项中做选择。

选项 A:你需要退还 100 美元。

选项 B:抛硬币决定结果。如果是正面,你需要退还 200 美元;如果是背面,你不需要退还任何钱。

投资问题

你有 1 000 美元用于投资。你最好的朋友边读大学边创业,他邀请你一同创业。你也有另一个选项,即把钱投到一个基金中。

两个选项的结果如下。

选项 A:投资共同基金,第二年有 50% 的可能性赚 100 美元,50% 的可能性赔 50 美元。

选项 B:投资朋友的项目,第二年有 50% 的可能性赚 550 美元,50% 的可能性赔 500 美元。

表 12-1 呈现了被试在九个问题中的情绪偏好、理性偏好以及整体偏好。

表 12-1 九个决策问题的理性决策、情绪决策和整体决策

决策问题	选项	选择频率(%)			决策差异
		情绪	理性	整体	
药剂师问题	偷窃	42 (52.5%)	3 (3.8%)	10 (13.9%)	情绪>整体=理性
	尝试	34 (42.5%)	70 (87.5%)	58 (80.5%)	
	放弃	4(5.0%)	7(8.7%)	4(5.6%)	
电车问题	切换	67(83.8%)	64(80.0%)	54(91.5%)	情绪=整体=理性
	不切换	13(16.2%)	16(20.0%)	5(8.5%)	
恐怖袭击问题	风险规避	43(53.8%)	51(63.7%)	44(64.7%)	情绪=整体=理性
(存活率)	风险寻求	37(46.2%)	29(36.3%)	24(35.3%)	
恐怖袭击问题	风险规避	20(25.0%)	47(58.8%)	26(38.8%)	情绪=整体>理性
(死亡率)	风险寻求	60(75.0%)	33(41.2%)	41(61.2%)	

决策问题	选项	选择频率(%)			决策差异
		情绪	理性	整体	
疾病问题	风险规避	31(38.8%)	44(55.0%)	33(54.1%)	情绪>整体=理性
(存活率)	风险寻求	49(61.2%)	36(45.0%)	28(45.9%)	
疾病问题	风险规避	14(17.5%)	33(41.2%)	21(31.8%)	情绪>整体>理性
(死亡率)	风险寻求	66(82.5%)	47(58.8%)	45(68.2%)	
金钱问题	风险规避	40(50.0%)	59(73.7%)	55(75.3%)	情绪>整体=理性
(获益)	风险寻求	40(50.0%)	21(26.3%)	18(24.7%)	
金钱问题	风险规避	33(41.2%)	55(68.7%)	44(62.0%)	情绪>整体=理性
(损失)	风险寻求	47(58.8%)	25(31.3%)	27(38.0%)	
投资问题	风险规避	29(36.2%)	57(71.3%)	39(53.4%)	情绪>整体>理性
	风险寻求	51(63.8%)	23(28.7%)	34(44.6%)	

(引自 Wang, 2006)

通过对上述结果的分析可以回答以下问题。第一,风险决策问题是否会经常引起情绪偏好和理性偏好的冲突? 实验结果表明的确如此。在同一个风险决策问题中,情绪决策偏好和理性决策偏好通常是相反的(见表 12 - 1)。生死问题和金钱问题都引发了情绪偏好和理性偏好的冲突。两类偏好在如下问题中差异显著:药剂师问题[1]、投资问题[2]、恐怖袭击问题[3]、疾病问题(存活率框架)[4]、疾病问题(死亡率框架)[5]、金钱问题(获益框架)[6]和金钱问题(损失框架)[7]。而情绪偏好和理性偏好在电车问题和恐怖袭击问题(存活率框架)中表现出较高的一致性。以上结果说明,情绪和理性的偏好在某些情境中是一致的。

第二,相比金钱决策,在与生命相关的决策中,整体决策偏好更倾向于冒险[8],这个结果说明人们在思考生死时情绪卷入的程度增高,导致人们更倾向于冒险。另外,与生死有关的问题中,情绪与理性偏好在电车问题和恐怖袭击问题中是一致的,而在金钱问题上,两者出现了分歧。这一结果也许说明,因为与生死有关的问题所引发的情绪更加强烈,因此对认知的导向作用更强。尽管每个人的认知分析路径可能有所不同,但是他们对生死问题的情绪反应更加一致,从而殊途同归。也就是说,在这类

---

[1] $\chi^2 = 47.08$, $p < .0001$
[2] $\chi^2 = 19.71$, $p < .0001$
[3] $\chi^2 = 18.72$, $p < .0001$
[4] $\chi^2 = 4.24$, $p < .039$
[5] $\chi^2 = 20.86$, $p < .0001$
[6] $\chi^2 = 9.56$, $p < .002$
[7] $\chi^2 = 12.22$, $p < .0001$
[8] $\chi^2 = 6.21$, $p < .013$

问题上做出的决策更加依赖直觉。

第三,另外一个有趣的结果是,情绪偏好比理性偏好更加冒险寻求(见表12-1)。

第四,当情绪偏好和理性偏好一致时,人们的整体决策偏好是否会加强? 表12-2呈现了被试对九个问题的情绪决策和理性决策的满意程度。在每个决策问题上,被试被分为两类:一类是一致组,这组被试的情绪决策和理性决策是一样的(风险寻求或者风险规避);另一类是不一致组,这组被试的情绪决策和理性决策是不同的。整体偏好强度的得分是风险规避(或变异小的)选项的满意度与风险寻求(或变异大的)选项满意度之间的差值。结果显示,除了电车问题,其他风险决策问题在情绪偏好和理性偏好一致的情况下,其整体决策偏好都更强。也就是说,一致组被试的整体决策偏好要强于不一致组被试的整体决策偏好。这些结果表明,被试不仅体验到了理性偏好和情绪偏好之间的冲突,而且能够相应地调整他们的偏好强度。

表12-2　情绪决策和理性决策之间一致性其对整体偏好强度的影响

决策问题	情绪与理性的一致性	频率(%)	偏好强度得分	F检验
药剂师问题	一致	38(47.5%)	$M = 4.00$, $SD = 1.71$	$F(1, 79) = 27.7$
	不一致	42(52.5%)	$M = 2.05$, $SD = 1.61$	$p < .0001$
电车问题	一致	67(83.8%)	$M = 2.48$, $SD = 1.96$	$F(1, 79) = 1.52$
	不一致	13(16.2%)	$M = 1.77$, $SD = 1.48$	$p > .05$
投资问题	一致	36(45.0%)	$M = 2.19$, $SD = 1.45$	$F(1, 79) = 4.16$
	不一致	44(55.0%)	$M = 1.77$, $SD = 1.48$	$p < .045$
恐怖袭击问题	一致	46(57.5%)	$M = 2.04$, $SD = 1.60$	$F(1, 79) = 6.55$
(存活率框架)	不一致	34(42.5%)	$M = 1.55$, $SD = 1.39$	$p < .012$
恐怖袭击问题	一致	39(48.8%)	$M = 1.90$, $SD = 1.98$	$F(1, 79) = 6.02$
(死亡率框架)	不一致	41(51.2%)	$M = 1.24$, $SD = 1.05$	$p < .016$
疾病问题	一致	43(53.8%)	$M = 2.07$, $SD = 1.70$	$F(1, 79) = 8.63$
(存活率框架)	不一致	37(46.3%)	$M = 1.05$, $SD = .90$	$p < .004$
疾病问题	一致	53(66.3%)	$M = 2.30$, $SD = 1.68$	$F(1, 79) = 12.90$
(死亡率框架)	不一致	27(33.7%)	$M = 1.77$, $SD = 1.48$	$p < .001$
金钱问题	一致	47(58.8%)	$M = 2.64$, $SD = 1.45$	$F(1, 79) = 12.12$
(获益框架)	不一致	33(41.2%)	$M = 1.77$, $SD = 1.48$	$p < .001$
金钱问题	一致	48(60.0%)	$M = 2.52$, $SD = 1.73$	$F(1, 79) = 7.56$
(损失框架)	不一致	32(40.0%)	$M = 1.07$, $SD = .078$	$p < .007$

注:偏好强度指两个选项的整体偏好(满意度)的绝对差异大小。在药剂师问题中,两个选项分别是"偷窃"和"继续尝试"。
(引自Wang, 2006)

第五,当情绪偏好和理性偏好不一致时,人们是怎样做出决策的? 作者认为,有三种解决理性偏好与情绪偏好冲突的可能性。第一种解决方法是根据理性偏好决定最终的选择;第二种是根据情绪偏好决定最终的选择;第三种是在理性偏好和情绪偏好中选取一个折衷点(例如,平均两者的风险偏好)。作者假设,在涉及生命的风险决策中(尤其是用负性框架描述决策问题时),人们更可能遵从情绪偏好,但是在涉及金钱的风险决策中,则更可能遵从理性偏好。

表 12-1 的最右列是对三种决策模式(即情绪、理性和整体决策)的比较。整体决策是根据每个被试对每个决策问题的两个选项的满意度进行推论得到的。比如,对风险规避选项的满意度为 6 分,风险寻求选项为 4 分,那么整体决策是属于风险规避。如果对两个选项的评分一样,那么就不能确定整体决策的类型。结果表明,当情绪偏好和理性偏好存在显著差异时,人们并没有一致地遵循理性偏好或情绪偏好。也就是说,在情绪和理性之间,并没有一个明显的赢家。

在药剂师问题中,基于情绪的选择是偷窃,基于理性的选择是继续谈判,而整体的决策偏好非常接近理性决策①。在电车问题中,情绪偏好、理性偏好和整体偏好是一致的。在投资问题中,人们采用平均法解决情绪与理性的冲突。整体选择中的风险寻求比例高于理性选择的比例②,而低于情绪选择的比例③。在恐怖袭击问题中,在存活率的框架下,情绪偏好和理性偏好以及整体偏好之间没有差异;在死亡率的框架下,决策偏好之间产生了冲突,整体偏好与情绪偏好一致,即被试更喜欢风险寻求的选项。在疾病问题中,使用存活率框架时,整体决策与理性决策、情绪决策之间都没有显著的差异,尽管情绪决策比理性决策更倾向于冒险;在死亡率框架下,情绪偏好和理性偏好之间出现冲突,而整体偏好则在两种偏好之间寻求平衡。在金钱任务中,无论在哪种框架下,整体决策都和理性决策的偏好相似。在获益框架下,整体决策与情绪决策存在显著性差异④;在损失框架下,差异也显著⑤,且整体决策更倾向于规避风险。

第六,框架效应在情绪决策中更明显。这一效应在恐怖袭击问题⑥和疾病问题⑦的整体偏好上非常显著,但是在金钱决策情境中却没有达到显著性水平⑧。被试在获益框架下更容易规避风险,而在损失框架中更倾向于寻求风险。表 12-1 的数据表明,在恐怖袭击问题的不同框架下,情绪决策有 28.8% 的差异⑨,而理性决策在不

---

① $\chi^2 = 47.08$, $p < .000\ 1$
② $\chi^2 = 5.19$, $p < .023$
③ $\chi^2 = 4.56$, $p < .033$
④ $\chi^2 = 10.42$, $p < .001$
⑤ $\chi^2 = 6.64$, $p < .011$
⑥ $\chi^2 = 9.01$, $p < .003$
⑦ $\chi^2 = 6.44$, $p < .011$
⑧ $\chi^2 = 3.00$, $p < .084$
⑨ $\chi^2 = 13.85$, $p < .000\ 1$

同框架下的差异不显著。与之相同的是疾病问题,情绪决策在两种框架下的差异为21.3%[1],而理性决策的差异只有13.8%。在金钱决策情境中,情绪决策和理性决策均未出现框架效应。

对实验1结果的解读仍存在一个问题,那就是实验所观察到的决策行为的差异在多大程度上是由于标签的作用造成的。也就是说,被试可能会感到,在标签为理性时做出的决策应当与在标签为情绪时做出的决策有所不同。

因此,实验2将采用被试间设计来验证实验1的结果,如果被试间实验的结果仍然存在情绪偏好和理性偏好之间的显著性差异,那么就可以排除选上述可能性。在实验2中,决策模式(理性决策/情绪决策)是被试间变量,给被试呈现的指导语为:"你选择的每个选项都有你自己不同的理由,而你的情绪决策和理性决策可能是不一样的",根据所呈现的指导语,情绪决策组的被试会被要求根据选项的情绪吸引力做出决策,而理性决策组的被试则被要求根据他们理性分析做出决策。实验中给每个被试随机呈现两个决策问题,即药剂师问题和投资问题。之所以会选择这两个决策问题,是因为在实验1中发现理性偏好和情绪偏好在这两个问题上存在显著差异。

表12-3呈现了两个组的实验结果。在药剂师问题和投资问题中,情绪决策都比理性决策要更倾向于冒险。情绪决策组的被试在药剂师问题中更多地选择的是"偷窃"选项[2],并且在投资问题中更倾向于选择冒险的选项[3]。这些结果再一次说明,情绪偏好和理性偏好对风险决策有不同的影响。

表12-3 情绪组与理性组的决策差异

决策问题	选项	实验条件		χ^2 统计
		情绪组	理性组	
药剂师问题	偷窃	36(33.0%)	16(15.4%)	$\chi^2 = 12.63$
	尝试	70(64.2%)	88(84.0%)	$p < .002$
	放弃	3(2.8%)	0(0%)	
投资问题	风险规避	37(33.9%)	57(54.8%)	$\chi^2 = 9.40$
	风险寻求	72(66.1%)	47(45.2%)	$p < .002$

(引自 Wang, 2006)

上述研究为情绪决策偏好和理性决策偏好之间存在的交互作用提供了进一步的

---

[1] $\chi^2 = 8.94$, $p < .003$
[2] $\chi^2 = 3.88$, $p < .049$
[3] $\chi^2 = 9.40$, $p < .002$

证据,情绪偏好和理性偏好共同决定了最终决策。两种决策模式之间的冲突是非常普遍的,死亡思考也许会帮助人们降低情绪与理性的冲突。

随着近年来神经科学的发展,我们能够清晰地了解情绪偏好与理性偏好相互作用的大脑机制,比如 Goldberg(2001)认为,情绪的激活是从杏仁核开始再传递到其他相关的脑区的,而理性偏好则主要是由前额叶皮质的活动引起的。躯体标记假设认为,前额叶皮质的腹内侧部分可能是两种大脑系统的协调者(Damasio, 1994)。根据躯体标记假说,和与认知相关的脑区(新皮层)相比,与情绪有关的脑区(比如许多皮层下区域)在进化过程中有较长的历史。没有情绪,人们将无法做出决策。而这些情绪是由真实具体的事件结果引起的,比如死亡思考、痛觉、触觉、嗅觉、性体验、吃东西、喝水、跑步、跳舞、赢得比赛、失去社会威望、得到家人的认可,以及其他对个人比较重要的事件结果,一旦发生这些事件,人们对事件的认知预期和期望就会诱发情绪反应。情绪使我们在认知分析无法找到最佳选项时,仍然能够做出仲裁。

12.3 生命史与冒险倾向

对每个人而言,处在生命的不同阶段需要面对不同的生命任务。通常而言,二十几岁的青年面临的重要任务是恋爱成家,而而立之年的成年则需要养育子女。到了七八十岁,人们可能更关注对自己后代的投资。生命史理论认为,在整个生命史中,人们需要根据不同任务的优先性将有限的资源分配到成长、生存、繁殖和学习中。因而,我们所遇到的问题是如何将这些配置做到最优(Kaplan & Gangestad, 2005)。

进化心理学的研究指出,人类的决策和冒险倾向具有领域独特性(Cosmides & Tooby, 1996; Gigerenzer & Selten, 2001; Tooby & Cosmides, 1992; Wang, 1996a, 2007)。冒险倾向的进化过程尤其受到环境中反复出现的、与进化适应性有关的风险的影响。进化的典型风险类别包括觅食、社会交换、亲属交往、择偶、生育、父母投资、组内竞争和组间竞争。

在作者(Wang, et al, 2009)的一项研究中,他们考察了七种生命史变量如何影响人们在五种风险领域中的冒险倾向。这五种风险分别为组内竞争、组间竞争、自然界的风险、为了吸引异性的资源分配、生育与繁衍(Kruger et al. , 2007)。七种生命史变量包括性别、年龄、出生顺序、兄弟姐妹人数、是否为人父母、生育目标和主观寿命预期。

性别。研究者认为,由于男性的寿命比女性短,而适应性的变异度(是否有子女以及有多少子女)又大于女性,因此,为达到特定的目标,男性更加需要冒险。而对于女性来说,她们承担了妊娠和哺育的任务,婴儿的生存在很大程度上取决于母亲的生存,因此女性总体上会表现得更为风险规避。

年龄。生命史中最重要的任务就是在生存与繁衍之间做权衡。当环境的稳定性较低、不确定性较高时,无论是男性还是女性都应该在生命早期寻求更大的风险,从而尽早完成繁衍任务。所以,研究者假设,年轻人比年长的人更加愿意承担风险以获取资源。

是否为人父母。在择偶的竞争阶段,冒险行为可能产生更大的效益。而在获得伴侣后,人生的重点会转向养育后代,此时,冒险的代价增大,并可能会置后代于险境。因此,研究者假设,成为父母后,人们的冒险倾向会降低。

生育目标。从生命史的角度而言,人们的风险决策将取决于生育目标的高低和目标的最后期限(例如,在 40 岁之前要生育三个孩子)。所以,研究者预测,生育资源较多的个体的生育目标可能更高,因此,他们在达到这些目标之前应当会有节制地控制冒险的程度,规避任何可能为之付出生命代价的风险。

兄弟姐妹的数量。研究者认为,兄弟姐妹数量不仅会影响父母的教养方式,也会直接作用于个体的冒险倾向。因为兄弟姐妹之间的互动本身也是家庭生活环境的一部分,兄弟姐妹越多,同辈之间的竞争就可能越激烈,从而增加个体冒险的程度。

出生顺序。从达尔文进化论的角度来看,出生顺序是影响心理发展的重要因素。尽管兄弟姐妹之间具有较高的遗传相关性,且所生活的环境也非常相似,但是他们之间的个性和风险偏好的差异并不亚于陌生人。Sulloway(1995, 1996)认为,出生顺序会影响兄弟姐妹之间对父母投资资源的竞争的策略。一个家庭中的第一个孩子在出生后直接得到父母的全部投资资源,而之后出生的孩子,特别是最后出生的孩子,需要在已有的资源分配格局中找到自己的生存空间,因而在资源获取的策略上可能更加冒险。

主观寿命预期。当环境稳定性较低、寿命预期较短时,风险寻求可能是一个更好的策略(Wilson & Daly, 1997)。而主观寿命预期也可能有相似的作用,那就是认为自己寿命较短的个体可能在某些风险领域更加冒险。

研究者从美国中西部的两所大学招募了 448 名学生被试,年龄从 18 到 50 岁不等,平均年龄为 20.6 岁。他们首先需要完成 Kruger 等人(2007)编制的分类别冒险量表,评估自己有多大可能性做出量表中提到的冒险行为,并评价对每种行为感知到的风险大小及吸引力大小。之后,被试还需提供和生命史变量相关的信息:性别、年龄、出生顺序、兄弟姐妹的数量、是否为人父母、生育目标(想要生育多少个子女),以及主观寿命预期("你有百分之多少的可能性能活到这个年龄?"20—29 岁,30—39岁,40—49 岁,50—59 岁,60—69 岁,70—79 岁,80—89 岁,大于等于 90 岁)。

结果显示,感知到的风险大小只受性别的影响。男性感知到的风险程度显著低于女性感知到的风险程度[①]。其他六个生命史变量均不影响感知到的风险。相反,

---

① $F(1, 446) = 14.08$, $p < .0001$, $\eta^2 = .028$

从事冒险活动的可能性和冒险活动的吸引力两者高度相关,并受到生命史变量的影响。也就是说,生命史变量的不同组合调节着人们在不同领域的冒险可能性。比如,一个家里有三个兄弟的20岁单身汉和一个已婚的30岁独子,他们在不同领域的风险行为上的表现可能是不一样的。

性别的影响。性别是唯一对五个风险领域中的行为有一致影响的生命史变量(见表12-4)。在五个领域中,都是男性比女性更倾向于冒险[1]。

表12-4 五个风险领域中男性和女性的冒险倾向平均数(±标准差)

风险领域	男性	女性	总体
组内竞争	7.88 ± 2.68	6.91 ± 2.44	7.19 ± 2.55
组间竞争	12.24 ± 4.10	10.55 ± 3.55	11.05 ± 3.79
自然界的风险	10.01 ± 2.36	8.79 ± 2.25	9.15 ± 2.34
资源分配	6.49 ± 2.42	5.61 ± 2.13	5.87 ± 2.25
生育与繁衍	6.23 ± 2.49	4.79 ± 2.00	5.21 ± 2.25

(改编自 Wang et al. , 2009)

年龄的影响。年龄对组内竞争[2]和组间竞争[3]领域的冒险倾向有显著的影响。年龄越大的人在这两个领域中的冒险倾向越低。

是否为人父母的影响。只有31名被试有自己的后代。当控制了年龄后,已经为人父母的被试的冒险倾向明显低于尚无子女的被试[4]。这一差异同样具有风险领域独特性,只存在于组内竞争[5]和组间竞争[6]中。

生育目标的影响。平均而言,被试希望最多生育3.6个孩子,最少生育1.7个孩子。最高生育目标能有效地预测冒险倾向[7],即生育目标降低了冒险倾向。这一效应在自然界的风险[8]和资源分配[9]领域中最为明显,对组内竞争[10]和组间竞争[11]的冒险倾向也有一定的预测作用。

---

[1] $F(1, 446) = 12.83, p < .0001$

[2] $F(1, 446) = 7.41, p < .007$

[3] $F(1, 446) = 13.36, p < .000$

[4] $F(1, 444) = 5.83, p < .016, \eta^2 = 0.016$

[5] $F(1, 444) = 6.76, p < .01$

[6] $F(1, 444) = 6.37, p < .012$

[7] $F(1, 446) = 19.28, p < .0001, \eta^2 = .041$

[8] $F(1, 446) = 69.41, p < .0001$

[9] $F(1, 446) = 6.84, p < .009$

[10] $F(1, 446) = 5.15, p < .024$

[11] $F(1, 446) = 6.74, p < .01$

兄弟姐妹数量的影响。兄弟姐妹数量与冒险倾向呈现负相关关系[1]。兄弟姐妹越多,个体越不倾向于冒险。这一效应也具有风险领域的独特性,存在于组间竞争[2]、自然界的风险[3]和生育及繁衍[4]领域。这一结果与预期不符,兄弟姐妹人数的增加并未增加冒险倾向,反而可能使个体学会了妥协与共处。另外,出生于一个大家庭的人也许有较高的生育目标,而较高的生育目标可能进一步降低了冒险倾向。

出生顺序的影响。出生顺序对冒险倾向有显著的作用,长子、中间的孩子和幼子表现出不同的冒险倾向[5]。幼子最可能从事高风险的活动,其次是长子,最后是位于中间的孩子。这一结果说明,幼子更需要通过冒险在已经被分配了的家庭资源中获得自己的那一份资源。出生顺序的效应表现在两个风险领域中:自然界的风险[6]和资源分配[7]。

主观寿命预期的影响。研究者采用如下公式为每名被试计算出其主观寿命预期:

$$主观寿命预期 = 20 + \sum (P_i \times 10)$$

例如,如果一个被试目前是 25 岁,感觉自己肯定会活到 70 岁,但不确定是否能活到 80 岁,确定基本不可能活到 90 岁;他在主观寿命预期中的回答是:100%、100%、98%、95%、90%、80%、50%、5%。根据上述公式算出的主观寿命预期是 $(20+10+10+9.8+9.5+9+8+5+0.5) = 81.6$ 岁。平均而言,被试预测自己能活到 81.0 岁,女性预期自己能活到 81.8 岁,男性预计能活到 79.1 岁,两者差异显著[8]。

统计结果发现,主观寿命预期能有效地预测冒险倾向[9]。主观预期的寿命越短,人们越倾向于冒险。分领域的分析表明,在资源分配[10]、生育和繁衍[11]领域,该效应最为明显。在组间竞争[12]领域,也存在这一效应。

表 12-5 总结了上述研究的发现。

---

[1] $F(1, 446) = 8.78$, $p < .003$, $\eta^2 = .019$
[2] $F(1, 446) = 4.52$, $p < .034$
[3] $F(1, 446) = 8.59$, $p < .004$
[4] $F(1, 446) = 4.21$, $p < .041$
[5] $F(2, 444) = 7.02$, $p < .001$, $\eta^2 = .031$
[6] $F(2, 444) = 7.93$, $p < .000\,1$
[7] $F(2, 444) = 5.29$, $p < .005$
[8] $F(1, 446) = 7.09$, $p < .008$
[9] $F(1, 446) = 13.59$, $p < .000\,1$, $\eta^2 = .03$
[10] $F(1, 446) = 15.97$, $p < .000\,1$
[11] $F(1, 446) = 13.51$, $p < .000\,1$
[12] $F(1, 446) = 5.81$, $p < .016$

表 12-5 生命史变量对冒险倾向的影响

生命史变量	假设	结果	风险领域
性别	男性＞女性	男性＞女性	所有领域
年龄	年轻＞年长	年轻＞年长	组内竞争、组间竞争
生育目标	目标越高，越不冒险	目标越高，越不冒险	生育和繁衍、资源分配、组内竞争、组间竞争
是否为人父母	非父母＞父母	非父母＞父母	组内竞争、组间竞争
兄弟姐妹数量	数量越多，越冒险	数量越多，越不冒险	组间竞争、环境挑战、生育和繁衍
出生顺序	幼子更冒险	幼子更冒险	自然界的风险、资源分配
主观寿命预期	负相关	负相关	资源分配、生育和繁衍、组间竞争

(引自 Wang et al., 2009)

上述研究结果表明,人们的冒险倾向不能一概而论,而是要分风险的种类,并结合生命史的特征加以分析。在所有七个生命史变量中,性别是唯一在各个风险领域都具有相似影响的变量。其他的生命史变量都具有风险领域的独特性。主观寿命预期、年龄和生育目标可以被看作是时间维度上的参照点,它们会左右个体的冒险倾向。出生顺序、兄弟姐妹的数量、是否为人父母可以被视作是资源竞争和资源需求的指标。这些生命史变量对不同领域的冒险倾向具有不同的作用。总之,风险不具有可替代性;风险的价值因人而异。不同领域的风险对处在生命史不同阶段的人有不一样的价值。

12.4 亲代投资决策

生命史中的一个里程碑是成为父母,而亲代投资则是人类进化中普遍存在的一项典型任务。作者(Wang, 2007)在一项研究中考察了父母们对自己家庭社会经济情况的认知如何影响对儿女的投资。

进化的适应性往往取决于一个个体在群体中的相对状况。因此,社会比较是一种必不可少的心理能力。例如,中国人的某种行为特质在进化的过程中之所以能够被保留下来,可能是因为它增加了中国人在局部群体中的相对财富,而不是与非洲人或美国人相比较的相对财富。因此,社会比较的焦点在于人们与局部环境中他人比较的结果。

关于幸福感的研究支持上述观点。研究者指出,主观幸福感(subjective well-being)受到相对财富水平的影响,而非绝对财富水平的影响(Kahneman, Diener, & Schwarz, 1999)。在决策过程中,社会比较的效应也很明显。Solnick 和 Hemenway

(1998)发现,如果一个选项的绝对收入高,另一个选项的绝对收入较低,但相对收入(与对手相比的收入)高,无论是男性还是女性都会选择后者。

作者(Wang, 2007)假设,社会比较对决策的影响应该会受到受益人性别的调节。随着相对财富水平(与邻居相比的主观财富水平)的提高,父母对儿子与女儿的投资会呈现出不同的模式。其深层次的原因在于儿子和女儿在生育变异度(reproductive variance)与潜力两方面都存在明显差异。人类进化的一个普遍现象是男性比女性具有更大的生育变异度,在财富和资源的获取上也存在更大的变异。女性之间在生育子女的数量上和财富的数量上的差别不大。而男性之间在生育子女的数量上和财富的数量上则存在很大的差异。有些男人儿孙满堂,有些则孤寡一生;有些腰缠万贯,有些则一穷二白。因此,父母对儿女的投资是一种风险决策,他们需要在安全选项与冒险选项之间做选择。对儿子的投资比对女儿的投资更为冒险。换言之,投资儿子如同买股票,投资女儿如同买基金。

根据 Trivers 和 Willard(1973)的假设,富裕的家长更可能生育成功的后代,因此会更喜欢儿子,因为儿子变得更加富有且拥有更多后代的机会更大。相反,贫穷的家长会更喜欢女儿,因为女儿在生育上不成功的机会比儿子小。Gaulin 和 Robbins(1991)针对美国女性的研究支持了 Trivers 和 Willard 的假设。然而其他一些研究则得到了相反的结果。比如,Keller、Nesse 和 Hofferth(2001)收集了大量的数据,却未能重复 Gaulin 和 Robbins(1991)的结果。Keller 等人(2001)通过分析有关的多项研究发现,在当今美国,Trivers-Willard 效应仅仅是微弱的,这也许是因为相比进化过程中的条件,当今美国社会的资源更加丰富和充足。根据这一逻辑,在经济情况差异不大的美国群体中,不同父母之间对孩子的财力与生育预期(抱负)应该相似。

作者(Wang, 2007)认为,社会比较不仅是主观的,而且是针对局部群体的。因此,在测量上需要考虑局部群体。相对于与总体的比较,与邻居比较的主观相对财富更可能会影响父母对子女的差异性投资。主观相对财富水平较低意味着家庭经济状况离父母的抱负水平差距较大,因此父母对子女的生育与财富成功的预期也就较高。在这种情况下,投资儿子更可能达到父母的预期,因此儿子会受到偏爱。相反,主观相对财富水平较高则意味着家庭经济情况离父母的抱负水平距离较小,因此父母对子女的预期也就没有那么高。在这种情况下,投资女儿更能保证达到目标,因此父母更可能会偏爱女儿。基于上述分析,主观贫穷可能造成反转的 Trivers-Willard 效应。相反,对于主观期望值很高的富裕家庭的父母,则会出现 Trivers-Willard 效应。例如,父母对孩子在生育和经济方面的期望远远高于平均水平,而自己又有能力辅助子女达到预期,那么就会更加偏爱儿子,从而出现 Trivers-Willard 效应。也就是说,更可能的情况是,贫穷和高度富裕的家庭更可能偏爱儿子,而中等富裕程度的家庭更可能偏爱女儿。

作者(Wang, 2002b,实验3)在中国西北农村进行的一项实地调查发现,当把主观财富情况纳入考虑后,出现了反转的 Trivers-Willard 效应。他用生育间隔反映亲代投资,结果显示,在主观财富水平较低的家庭中,在拥有儿子后的生育间隔显著长于在拥有女儿后的生育间隔,说明父母在儿子身上的投资总量更大。但在主观财富水平较高的家庭中,并不存在这一差异。Wang(2007)延续了这一思路,在美国社会经济层级不明显的农业社区里,进一步探讨了亲代投资的主观社会比较假说。他在美国南达科他州的一个社区里招募了 50 名男性与 50 名女性,他们至少生育了两个孩子。被试的平均年龄为 49.4 岁。

这一研究使用了反映亲代投资的两个常用变量:生育间隔以及出生后是否用母乳喂养至少半年的时间(Gaulin & Robbins, 1991)。研究者同时测量了在每个孩子出生当年的家庭实际收入,以及基于主观比较的家庭社会经济地位。作者根据通货膨胀率对不同年份的实际收入进行了调整。

表 12 - 6 罗列了每个条件中的生育间隔、母乳喂养数据及样本量。以自评的相对财富情况的中点(5 分)为分割点,把被试分为主观富裕组和主观贫穷组。

表 12 - 6　子女性别、主观家庭财富与母乳喂养百分比、生育间隔($M \pm SD$,单位:月)

自变量		母乳喂养百分比	生育间隔	统计量
子女性别	女儿	56.6% ($n = 175$)	37.7 ± 2.51 ($n = 115$)	$\chi^2 = 3.43$ $p < .064$(BF)
	儿子	46.1% ($n = 141$)	39.2 ± 2.72 ($n = 98$)	
主观家庭财富	富裕组	55.0% ($n = 80$)	28.0 ± 3.71 ($n = 50$)	$F = 10.20$ $p < .0016$(IBI)
	贫穷组	50.9% ($n = 236$)	41.5 ± 2.06 ($n = 163$)	
子女性别与主观家庭财富	女儿/富裕	67.3% ($n = 49$)	25.6 ± 4.73 ($n = 31$)	$\chi^2 = 8.34$ $p < .039$(BF) $F = 3.63$ $p < .014$(IBI)
	儿子/富裕	35.5% ($n = 31$)	31.9 ± 6.04 ($n = 19$)	
	女儿/贫穷	52.4% ($n = 126$)	42.1 ± 2.87 ($n = 84$)	
	儿子/贫穷	49.1% ($n = 110$)	40.9 ± 2.96 ($n = 79$)	

(引自 Wang, 2007)

实验的主要发现如下。

(1) 生育女孩之后的平均生育间隔(37.7个月)与生育男孩之后的平均生育间隔(39.2个月)不存在显著差异。然而,从母乳喂养情况来看,有偏好女儿的趋势。56.6％的女儿得到了母乳喂养,而只有46.1％的儿子得到了母乳喂养[①]。

(2) 主观财富水平对生育间隔有显著的影响(主观富裕的家庭为28个月,主观贫穷的家庭为42个月)[②]。无论家庭的实际收入如何,如果家长感知到较低的家庭财富水平,就会延长生育间隔。这一效应对拥有女儿和儿子的家庭都一样。

(3) 与假设相符,把主观财富与孩子的性别同时纳入分析后,发现了儿女有别的母乳喂养模式。在主观富裕家庭中,67.3％的女儿得到了母乳喂养,而只有35.5％的儿子得到了母乳喂养。相反,在主观贫穷家庭中,得到母乳喂养的女儿的百分比下跌到52.4％,而得到母乳喂养的儿子的百分比上升到49.1％,这一交互效应显著[③]。也就是说,主观富裕感增加了人们对女儿的投资,而主观贫穷感则增加了人们对儿子的投资。

有意思的是,实际家庭收入与儿女有别的差异性亲代投资无关。无论孩子的性别如何,实际家庭收入越高,母乳喂养孩子的可能性就越大[④]。

实验结果整体上支持了亲代投资的主观社会比较假说。主观相对财富情况与客观实际财富情况对亲代投资产生了不同的影响。实际收入影响父母对孩子的总体投资,且与孩子的性别无关,但是,主观财富使父母对儿女的投资出现差异。

---

① $\chi^2 = 3.43$, $p < .064$
② $F = 10.2$, $p < .0016$
③ $\chi^2 = 8.34$, $p < .039$
④ $\chi^2 = 4.033$, $p < .045$

第 13 章　文化与决策

风险塑造文化,文化界定风险,人们的风险行为因此也就带上了文化的印记。遗传环境、自然环境和社会环境共同决定着人们的行为。在社会环境的范畴中,家庭与文化形成了塑造价值观、规范行为的内外两大引力场。

——作者

13.1　文化心理学的理论

文化的影响无所不在,却往往难以察觉,就像万有引力,只有当你跳跃的时候才能感到它的存在。然而,在由不同个体组成的群体中不难找到两个不同文化的人,其思维和行为特征的共性比两个同文化的人之间的共性还要高。文化的可融合性自然要远远高于相貌体征的可融合性。尽管如此,不同文化磁场的分布还是无法完全重合的。

那么,文化的异同是否有其基本规律可循? 文化的基本维度和要素是什么? 这些文化的基本维度和要素又是如何适应特定环境中的特定风险? 如何规范风险认知并约束风险行为的?

《论语》中讲"己所不欲,勿施于人"。但相似的教诲,在《圣经》中的表述则为"己所欲,施于人"。由此延伸出的文化行为大相径庭。前者内敛,在行动上多为后发制人;而后者外张,运作上经常先发制人。

古罗马统帅凯撒的名言是:"我来,我见,我征服。"而在东方,汉高祖刘邦发出的壮语则是"威加海内兮归故乡。安得猛士兮守四方。"相比之下,前者扩张海外,后者固守海内。也许正是由于这种文化差异,美国政府把出兵伊拉克说成是要将己所欲之民主施之于他人,而中国的对外政策则强调互不干涉内政。在文化的倾向上,这是一个"所欲"大于"不欲",还是"不欲"大于"所欲"的问题。在思维方式上,中美文化也存在明显的不同。中国文化讲求辩证、玄奥,道理是要"悟"出来的。美国文化则推崇逻辑、求实,知识是在分析和验证中产生的。

文化心理学能够在一定程度上帮助我们了解和理解各国和各民族在文化、行为方式、思维、观念等方面的异同。纵观几十年来有关的跨文化研究,涉及的领域方方面面,比如文化与自我、文化与归因、文化与情绪、文化与思维等等。这些研究都从不同方面发现了心理现象的跨文化差异,并且基于相关的文化价值观对其进行了解释,为我们更好地理解国别差异、进行良好的沟通提供了依据。

然而,相比之下,关于判断与决策的跨文化研究相对较少。Weber 和 Hsee (2000)对 1976—2000 年发表在《跨文化心理学期刊》(*Journal of Cross-Cultural Psychology*)上的 600 多篇论文进行了统计,其中只有 12 篇文章与决策有一定的关联,这些文章仅占全部文章数量的 2%。在这 12 篇中,有 6 篇都刊登在 1991 年的特刊"风险认知与风险决策"上。此外,两位研究者还统计了从 1976 年起刊登在决策领域主流期刊《组织行为与人类的决策过程》(*Organizational Behavior and Human Decision Processes*)和《行为决策期刊》(*Journal of Behavioral Decision Making*)上的论文。对于前者,在 1 000 多篇文章中,只有 4 篇(少于 0.5%)是有关跨文化研究的。后者的情况也很相似,在 200 多篇文章中,只有 3 篇(约占 1.5%)与跨文化研究有关。自 2000 年以后,情况可能有所好转。但一个不可否认的事实是,相比其他领域,研究者还未给予决策与判断的跨文化研究足够的重视。

然而,作为社会人,我们时时刻刻受到文化的影响,文化塑造价值观、界定风险,最终影响的正是人们的判断与决策。因此,与文化对人格或认知的影响相比,文化对判断与决策的影响可能更为至关重要。展望未来,文化与决策的研究应当也一定会得到重视,并得到更加快速的发展。在论述文化与决策关系之前,我们先来看一看文化心理学研究中的一些主流理论。

Hofstede 针对文化差异做了一些具有影响力的实证研究。从管理与组织行为学的角度出发,他对分布在 40 个国家和地区的 11.6 万名 IBM 员工进行了调查。通过对数据的分析发现,民族文化对员工的工作价值观和工作态度的显著影响主要表现在四个基本维度上(Hofstede, 1980):(1)个人主义与集体主义(individualism/collectivism),指的是相对而言人们更加着眼于个人利益还是集体的利益;(2)权力距离(power distance),指一个组织或群体内权力分布和层级关系的差异性,从心理层面上讲,也就是一个文化中的成员对权力不平等性的接受程度;(3)不确定性回避(uncertainty avoidance),意指人们对信息模糊度的容忍性、感受到的由不确定的情境带来的威胁,以及为回避这种模糊性和不确定性而在行为上和制度上采取的措施;(4)"男性"价值观和"女性"价值观(masculinity/femininity),指社会主流价值观所推崇的是以金钱和物质作为衡量成功的标准,还是以关注他人和提高质量生活作为衡量成功的标准。随后的研究在此框架的基础上又增加了一个维度:长远导向与短期导向,指的是人们是着眼于现在还是放眼于未来。

举例来讲,美国员工在所有 40 个国家中的个人主义分数最高,而权力距离的得分低于平均值,不确定性回避得分低于平均值(即对不确定性具有较高的耐受性),"男性"价值观得分高于平均值,在长远导向上则得分较低。与美国员工相比,中国员工更具有集体主义倾向,但权力距离得分较高,对不确定性回避得分居中,"男性"价值观得分接近平均值,而在长远导向上的得分则较高。

中国员工的得分分布似乎反映了中国社会的等级式集体主义以及为人处事的"中庸之道"。中国文化既不主张偏激也不主张退缩。所谓"中庸之道"并不意味着妥协。朱熹的注释是"不偏之谓中,不易之谓庸"。既不走极端,又不易帜、不易主、不易信仰,要有所坚持。不确定性回避在中美文化中的体现应不尽相同。可以推论的是,中国文化中的"玄"使得中国人对信息的不确定性有更高的耐受性;而美国文化的求实性使得美国人对行动和结果的不确定性有更高的耐受性。

Hofstede 的研究具有很大的影响力。几乎所有的跨文化研究都会以此作为研究框架或重要的参考依据。然而,也有研究者指出了其局限(Jones, 2007)。第一,所用的调查方法并不能准确地测量出文化的维度,尤其是所测量的变量均为主观判断。第二,Hofstede 假设,国家内部具有文化同质性,也即一个国家中的所有国民都生活在相同的文化氛围中。然而,对于很多国家而言,它们都由多民族或多种族组成。即使在同一个国家中,也存在不同的文化。因此,这种文化同质性的前提显得较为武断,同时也降低了研究结论的可靠性。与之类似的另一个问题是,Hofstede 忽略了小团体文化对人们的影响。第三,用国家来区分文化并不准确。在一些邻国中,相邻的地区具有非常相似的文化。而在一些国土面积较大的国家中,距离较远的两个地区之间在文化上也存在较大差异。第四,政治因素会左右 Hofstede 的调查结果。在其研究过程中,欧洲正处于冷战期,亚洲、非洲和欧洲还被笼罩在二战阴影中。这些政治环境可能对当时所收集到的数据具有不可忽视的作用。第五,有些问题只收集到了 40 来个被试的数据。如此小的样本量会带来较大的随机误差,从而影响结果的准确性。第六,Hofstede 的所有数据都是在 IBM 公司中收集的。然而,一个公司的数据并无法代表整个国家的文化。这也是 Hofstede 的研究饱受诟病的一点。问卷中的一些条目往往不能真正反映相对应的文化维度,因此测量也存在效度较低的问题。遗憾的是,在其后的研究中,Hofstede 并没有对量表进行信效度的全面检验,或是采用更具有代表性的样本。第七,对于当今快速多变的现代价值观而言,20 世纪七八十年代的数据也许无法准确反映当今的文化现实。更何况,随着全球化进程的加速,不同文化之间互相渗透、互相融合,当年的数据和结论已无法反映出当今文化发展与融合的现实。

在 Hofstede 的工作的基础上,Markus 和 Kitayama(1991,2003)提出了"互依型自我"(interdependent self)和"独立型自我"(independent self)的概念,两者分别是受到东方的集体主义和西方的个人主义文化的影响而形成的自我概念。互依型自我强调集体中人与人之间的互相依存关系,集体的规范和共性融入个体的价值观中(见图13-1)。互依型自我包含更多关联性、归属性和社会性,因此东方人可能在社会认知上也会更多地表现出"你中有我、我中有你"的特点,也就是说在种族识别上可能具有更强的内群体偏好。而独立型自我则更强调独立性、自主性和独特性(见图13-1),因此西方人则可能有更强的竞争意识,在对他人、自己人和混血个体的评估上表现出更为明显的梯度效应。

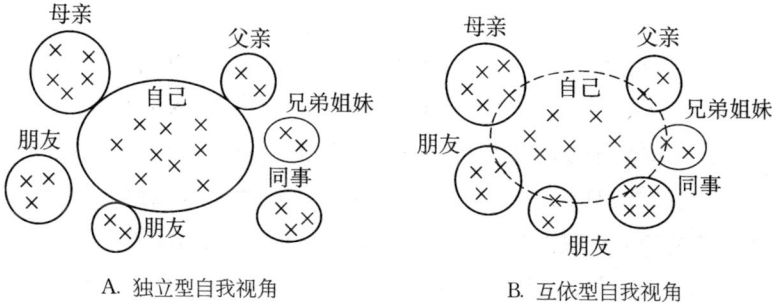

A. 独立型自我视角   B. 互依型自我视角

图 13-1　独立型自我与互依型自我

(引自 Markus & Kitayama, 1991)

此外,脑成像研究的结果也证实了中西方文化中不同的自我概念。研究发现,西方人的内侧前额叶皮层(medial prefrontal cortex)只在表征自我时有激活,而中国人的对应脑区却在表征自我和亲密他人时都会激活(Zhu & Han, 2008; Zhu, Zhang, Fan, & Han, 2007)。

然而,需要指出的是,研究者对于个人主义—集体主义概念的界定仍未达成共识(Mateo, Cabanis, Stenmanns, & Krach, 2013)。Triandis(1989, 1995)认为个人主义—集体主义不是简单的一个或两个维度的概念,而是一个包括很多方面的文化综合体,主要包含:个体对自我的定义、个人目标与群体目标的相对重要性、由个人态度和社会规范决定的个体行为的相对重要性、完成任务和人际关系对个体的相对重要性、个体对内群体和外群体的区分程度等。

据此,Triandis 等人提出了个人主义和集体主义的纵向和横向划分。纵向个人主义认为个体是自主的、独特的,并强调个体之间的不平等性。横向个人主义同样认为个体是自主的、独特的,但是强调的是个体之间的平等性。纵向集体主义认为个人是集体的一分子,不能脱离集体而存在,同时强调集体中个体之间的不平等性。横向集体主义同样认为个人是集体的一分子,不能脱离集体而存在,但它强调的是集体中的人人平等(Singelis, Triandis, Bhawuk, & Gelfand, 1995)。

由此看来,中国文化的集体主义应该是一种纵向集体主义,强调的是"螺丝钉精神"和个人服从集体利益。另外,由于中国文化中复杂的人际关系,这种纵向的集体主义与纵向的个人主义相结合,产生了强烈的攀比心态和小团体主义。

社会决策的主要参照点是社会的参照群体。在一个大集体主义的文化中,这个参照点可能是整个国家(比如国民收入的平均值);而在一个小团体主义的文化中,这个参照点则可能是周边的朋友(比如同学、朋友的年收入)。因此,在一个小团体主义加纵向个人主义的文化中,这个参照点可能是攀比和仇富的对象(比如特权阶层的年收入)。

实验研究也发现,同样是东方人的中国人和日本人,在信任、被信任和团体成员的互动等方面都存在着亚文化差异(Yamagishi, 2011; Yamagishi, Hashimoto, & Schug, 2008)。虽然以往的研究发现在 Hofstede 的框架下似乎中国人比澳洲人具有更强的集体主义倾向,但有研究表明,中国人的合作程度远不如澳洲人。当身处异国时,中国人更不愿意同外国人合作。相反,澳洲人对于本国人和外国人,都可能采取一视同仁的态度(陈晓萍,李纾,2013)。

基于以上分析,我们认为,文化心理学的研究需要重新审视界定文化心理学的维度,并进一步发现或选择具有更高生态效度的文化维度。在这方面,我们可以借鉴一些文化人类学的研究。人类学家克拉克洪(Florence Kluckhohn)和斯多特贝克(Fred Strodtbeck)在文化的价值取向上的工作就是这类研究的一个范例。当太平洋战争尚在如火如荼之时,美国的战争情报处(Office of War Information)就着手组建了一支约 30 人的专家队伍,研究不同文化的价值、民心和士气。其目的之一是为战后占领和管理日本提供帮助。这支包括哈佛大学人类学家克拉克洪在内的研究组通过对日本民族的心理和价值观的分析,向美国政府提出了不要打击日本本土和不要废除日本天皇的建议,并建议修改要求日本无条件投降的宣言。这项有关国策的建议曾遭到罗斯福总统三次严词拒绝。但是美国的学者们不挠不弃地继续上书,直到获得罗斯福去世后接任的杜鲁门总统的批准。

二战后不久,哈佛大学加强了对文化价值维度研究的支持力度,并与洛克菲勒基金会一起资助克拉克洪等人在美国得克萨斯州一片有五个不同文化和种族共存的方圆 40 英里的社区中展开了一项大规模的研究。这项研究的一个主要成果就是克拉克洪—斯多特贝克(Kluckhohn & Strodtbeck, 1961)的五种价值取向模型。如表 13-1 所示,这一模型包括了五个价值维度,每个价值维度又各有三种价值取向。

表 13-1　文化价值取向

价值维度	价值取向		
与自然的关系	顺从	和谐	控制
时间的着眼点	过去	现在	未来
对人的本质的判断	善	混合	恶
活动的目的	顺从自我	完善自我	表现自我
社会关系	等级的	群体的	独立的

人们在这五个维度上的价值权重和取向应该对他们的判断与决策有显著的影响:首先,与自然的关系可能会影响到人们的生态意识;第二,时间的着眼点会影响到人们在跨期决策中更加关注现在还是未来;第三,对人的本质的判断应该会影响信任感以及合作与竞争;第四,社会活动的目的又决定着人们的目标选择和设定;第五,社会中人与人的关系结构可能影响人们的社会认知和对风险的认知。

首先我们来看看美国主流社会在这五个维度上的价值取向。在与自然的关系上美国人认为人类是自然界的主人,在时间的着眼点上他们更关注未来,在对人的本质的判断上大多认为人性的本质上是好的,但是人性的善恶是可以互变的,在活动的目的上美国人追求建功立业,在社会关系上他们提倡独立自主。

对中国人的价值取向的研究不多,因此也缺乏实证依据。以下是作者的大致判断:在与自然的关系、时间的着眼点、对人的本质的判断和活动的目的上,中美文化的价值取向可能十分相似。这种价值取向也反映在中国人的日常话语中。例如,人定胜天;高瞻远瞩,未雨绸缪;人之初性本善;大丈夫修身、齐家、平天下。在社会关系的维度上,中国人更认同等级关系。这在君为臣纲、父为子纲、夫为妻纲的儒家文化中表现得尤为明显。

虽然都着眼未来,但美国人比中国人更看重现在,而中国人比美国人更重视过去的传统。比如,虽然都是为子女的发展着想,美国的家长们更关心孩子们现在的兴趣与快乐,而中国的家长们则更关注孩子们将来的出息。在美国父母乐此不疲地带着孩子们穿梭于各种比赛场馆之间的时候,中国的父母们正在唉声叹气地押送着孩子们往返于各种补习班之间,苦口婆心地教导孩子们要懂得所谓"吃得苦中苦,方为人上人",却不知当得人上人,苦恼更缠身。

尽管有种种不同,中美文化的共性还是相当高的。下面是一个旁证。对阿拉伯人的价值取向的研究表明他们在上述五个维度上的价值取向都与美国人有所不同。比如阿拉伯人大多认为人性有的善有的恶,但无法互相转换。他们认为人类应当顺从自然。他们更尊重传统和古训。在活动的目的上更强调顺其自然和内省。在社会关系上更遵守等级的制约。

在伦理价值的取向上中美文化还存在着另外一些各自不同的偏重。美国文化强调正义、自由、诚实;而中国文化强调仁义、礼仪、善良。美国文化强调人权,而中国文化强调人情。然而,所谓的人性管理需要的是两者兼而顾之。也就是说,人性 = 人权 + 人情。

13.2　判断与决策的跨文化差异

对判断与决策的跨文化差异方面的研究不多,一些研究者考察了风险认知与风险偏好是否具有文化差异。例如,Hsee 和 Weber(1999)分别测量了美国大学生和中国大学生在经济投资方面的风险偏好指数。被试们需要在确定选项和风险选项中做选择。一半被试面临的是获益情境(见表 13 - 2),另一半面临的是损失情境。在损失情境中,确定选项是确定损失一定的金钱,风险选项是有可能损失一定的金钱,也有可能不损失。在做出选择之后,被试需要预测对方文化中的被试会如何选择。

表 13 - 2　风险偏好的测量

确定选项	风险选项
确定得到 400 元	扔硬币决定,正面得到 2 000 元,背面得到 0 元
确定得到 600 元	扔硬币决定,正面得到 2 000 元,背面得到 0 元
确定得到 800 元	扔硬币决定,正面得到 2 000 元,背面得到 0 元
确定得到 1 000 元	扔硬币决定,正面得到 2 000 元,背面得到 0 元
确定得到 1 200 元	扔硬币决定,正面得到 2 000 元,背面得到 0 元
确定得到 1 400 元	扔硬币决定,正面得到 2 000 元,背面得到 0 元
确定得到 1 600 元	扔硬币决定,正面得到 2 000 元,背面得到 0 元
确定得到 20 元	扔硬币决定,正面得到 100 元,背面得到 0 元
确定得到 30 元	扔硬币决定,正面得到 100 元,背面得到 0 元
确定得到 40 元	扔硬币决定,正面得到 100 元,背面得到 0 元
确定得到 50 元	扔硬币决定,正面得到 100 元,背面得到 0 元

确定选项	风险选项
确定得到 60 元	扔硬币决定,正面得到 100 元,背面得到 0 元
确定得到 70 元	扔硬币决定,正面得到 100 元,背面得到 0 元
确定得到 80 元	扔硬币决定,正面得到 100 元,背面得到 0 元

(引自 Hsee & Weber, 1999)

接着,根据被试的答案,研究者计算出每名被试的风险偏好指数以及被试预测的对方文化中人们的风险偏好指数(计算方法见第 3 章)。结果发现,总体而言,中美被试在其他的风险领域(比如健康风险和社会风险)的差别不大,而只是在金钱风险上存在显著的差异。中国被试比美国被试在金钱选择上更加风险寻求。有意思的是,不论是研究者还是被试本身的预测都与这一结果相反,他们都认为美国人在金钱上会比中国人更可能冒险。

研究者认为,被试在预测风险寻求程度时很可能是基于刻板印象。根据刻板印象,人们普遍认为个体主义文化下的美国人更加追求自由、愿意冒险。那么,为什么在实际决策中,反而是中国被试比美国被试更加风险寻求呢?研究者提出了缓冲假说(cushion hypothesis)。他们认为,在中国这样的集体主义文化的社会中,人们与家人、朋友的关系更为紧密。一旦人们在风险决策后遭遇损失或灾难,家人、朋友和同属一个群体的他人会提供有效的援助,因而在一定程度上打消了决策者对可能遭遇的损失的顾虑。相反,在美国这样的个人主义文化中,在遭遇经济损失之后,人们很可能需要独自承担结果、承受痛苦,因此,他们的风险寻求倾向较弱。形象地来说,集体主义中紧密的人际关系好比是一个气垫,在个体遭遇损失后起到了缓冲的作用,使损失不那么致命,因而提升了决策者的风险寻求倾向。而在个人主义文化中,由于不存在这样的气垫,因此,损失带来的后果可能是致命的,从而降低了决策者的风险寻求倾向。

但是,在 20 世纪八九十年代,中美大学生被试之间的经济能力明显不同,中国学生尽管在金钱任务的目标和底线设置上可能和美国学生没有大的差别,但是自身经济现状明显低于美国的被试。美国学生可能在得到社会关系的支持上比中国学生少,但在获得银行贷款和福利方面则有明显的优势。而且,因获得他人的援助而欠下"人情债"在中国文化中也被视为是一种损失。基于以上的种种原因,缓冲的效应即使存在也会大打折扣。而我们认为,20 世纪末中国学生比美国学生在金钱上更为冒险的原因更可能与这两个群体在当时的经济状况有关。三参照点理论(详见本书第6 章)可以对这一现象提供更为直接的解释。

请看以下的例子。假设中美学生在金钱任务上的目标和底线大致相同,但美国学生群体的经济现状高于中国学生群体。也就是说,因为现状不同,参照点之间的距离不同。如图13-2所示,面对两个金钱任务,一个盈利,一个亏损,被试需要在确定选项和风险选项之间做出选择。对美国被试来说,现状到目标的距离较近,而到底线的距离较远。在获益情境下,美国被试应当选择低变动性(风险回避)的选项(方案A),因为它肯定能达到目标而不会有任何与其失之交臂的风险。在损失情境下,美国被试应该再次选择风险回避的低变动性的方案A,因为它没有跌破底线的危险。相反,中国被试在获益和亏损的情境中都应该选择带有风险寻求性的高变动性的方案B。在获益情境中,方案B提供了唯一的获得成功的机会(达到目标)。在亏损的情况下,风险性高的方案B则给了中国被试唯一的避免失败的可能(保持在底线之上)。

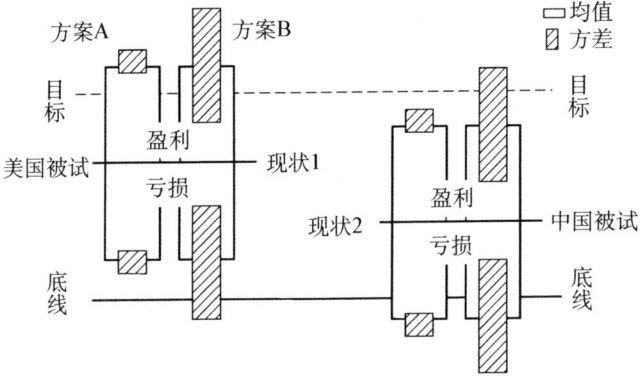

图13-2 中国和美国被试在金钱风险决策上的差异

这一分析表明,不同文化中的人们在行为上的差异并不一定是文化差异本身造成,而是由不同文化中的环境、制度和经济状况之间的差异造成的。例如,Lund和Rundmo(2009)发现,加纳被试对交通风险的概率判断高于挪威被试,且认为交通事故的严重性更高。而挪威被试对有关健康习惯的风险的敏感性更高,比如吸烟、喝酒等。正如研究者提到的,加纳是一个发展中国家,加纳人比挪威人更多地暴露在日常生活的风险之中,并需要更多地为生存而奔波。那么研究者所发现的两个国家的被试在风险认知上差异就不一定是文化的因素在起作用,很可能是生活环境和经济状况在起更重要的作用。因此,在研究跨文化心理学的时候,还需要关注不同文化中的群体之间由非文化因素造成的行为上的差异。

为了了解风险认知的文化差异,Weber、Hsee和Sokolowska(1998)对中国、德国和美国文化中有关风险和风险行为的谚语进行了分析,并让三个国家的评分者对这些谚语进行两种判断：(1)谚语是否涉及经济或社会领域；(2)谚语是否鼓励风险行为。之所以加入德国被试是因为，德国在经济水平上与美国相似，但在部分社会文化方面却与中国相似，比如两者都强调集体主义，都有较为复杂和稳固的人际网络。研究结果表明，中国和德国的谚语比美国的谚语包含更多鼓励风险寻求的信息；美国的谚语不太涉及社会领域的风险。相比美国被试，中国被试更多地认为，这些谚语鼓励人们进行风险寻求行为，但是这种现象仅限于金钱投资领域，在社会风险等其他领域不明显。

上述几个研究均采用了来自中国大陆的被试，还有一些研究考察了香港、台湾地区的被试的风险认知是否也与来自西方国家的被试有所区别。Bontempo、Bottom和Weber(1997)发现，在金钱投资领域，台湾和香港地区的被试知觉到的风险要显著低于西方国家(荷兰、美国)的被试，而台湾和香港两个地方之间的差异不明显。

此外，研究者还考察了人们对不同种类风险的认知。比如，环境污染风险、核电风险、食品安全风险、健康风险等。Englander、Farago、Slovic和Fischhoff(1986)发现，匈牙利被试对大多数灾难的风险认知都要比美国被试低。同时，美国被试更加关注新异的、高科技的风险，而匈牙利人更加关注日常生活中的风险，如火车事故、婴儿出生、汽车事故、电器使用和其他熟悉的科技产品。另一方面，美国人更倾向于关注死亡率低但是可能会引发大灾难的事故，比如核电站事故等，而匈牙利人则倾向于更关注死亡率高的事件，比如吸烟或汽车事故。

Teigen、Brun和Slovic(1988)发现，挪威人对多数风险的知觉低于美国人，而高于匈牙利人。Kleinhesselink和Rosa(1991)对美国人和日本人对科技风险的态度进行了比较，发现日本被试对风险条目更为熟悉但是比美国被试更为担忧。Finucane和Holu(2005)探讨了文化因素对民众对转基因食品的风险认知的影响。数据表明，欧洲人比美国人对转基因食品的接受程度更低，且风险认知更高。研究者认为，上述差异反映了欧洲人与美国人对未知风险的敏感性不同，另外，对政府或民间相关机构不同的信任程度也可能是造成这种风险认知差异的原因。

根据风险认知的文化理论(Douglas & Wildavsky，1982)，风险认知是对特定类型危险的选择性注意，受文化偏差(共有的价值和信念)、社会关系和生活方式的影响。每一种文化都会使人们有选择性地注意一些风险，而忽视另一些风险。该理论将社会文化分为三种类型：(1)平等主义，即人们不相信机构和专家。在这类文化中，人们会更多地关注对社会结构产生威胁的风险。(2)等级主义，即人们信任专家和社会机构提供的风险信息。这类文化中的人们更加关注工业和科技风险带来的机遇。(3)个人主义。这种文化价值观中的人们在风险评估中强调物质利益和经济发展(Dake，1991)

尽管有很多研究证实了文化理论在解释风险认知的跨文化差异方面的作用,也有一些研究者发现,文化理论并无法解释所有风险认知的跨文化差异。例如,研究者并没有发现跨文化风险认知的差异与上述几类文化理念相关(Bouyer, Bagdassarian, Chaabanne, & Mullet, 2001)。Sjöberg(1997, 2000)调查了瑞典和巴西的教师的风险认知,结果发现,虽然两者所处的文化有很大差异,但他们知觉到的风险相似。

为了弥补文化理论的局限,目前,很多心理学研究开始考虑影响风险认知的更广泛的社会因素,比如价值观、性别、种族、情绪、信任和羞耻感等。例如,Bontempo 等(1997)比较了香港、台湾、荷兰和美国被试的风险认知,结果发现,可能的正性结果对台湾被试的影响小于对西方被试的影响,香港居中。而可能的负性结果的影响比较复杂,香港和台湾被试对潜在损失的程度更为敏感,而两个西方国家的被试对潜在损失的概率更为敏感。研究者用不确定性回避来解释上述结果,他们认为,在中国等不确定性回避程度较高的文化下,人们可能较多地受潜在损失的影响,而较少受潜在收益的影响。

在研究跨文化差异的手段上,常用的有文化差异量表和文化符号启动等。与之相对应的风险认知和决策偏好的测量也主要用的是问卷测量法。然而这些方法存在一定的局限。例如,在实验问卷中,所用的金钱数目在两个文化中都一样,比如都是400 元,然而 400 美元对美国被试的意义很可能有别于 400 元对中国被试的意义。简单地将货币进行转化(例如乘以一个系数),也仍然无法反映不同文化背景下的被试们对金钱的心理价值的转换可能存在的不同。

13.3 宗教与风险寻求

信仰是文化不可或缺的一部分。因此,宗教信仰也就成为文化中的一个重要特征。有些国家是以宗教建国的,有些国家是宗教多元的,而另一些国家则可能更为入世、缺少宗教信仰。宗教对行为的约束是显而易见的,但是宗教如何影响风险行为却鲜有研究。

一些学者发现,宗教信仰能够促进亲社会行为(Armstrong, 2006; Irons, 1991; Myers, 2008; Putnam & Campbell, 2010; Shariff, Norenzayan, & Henrich, 2010)。但是,另一些学者则发现,宗教信仰也使人们表现出更多的反社会行为(Dawkins, 2006; Harris, 2004; Hitchens, 2007)。为了解读这种矛盾的现象,有的学者提出,宗教的善恶观是互为依赖的。

Schumann、McGregor、Nash 和 Ross(2014)等人认为,虽然有些人会利用宗教,

给残暴的行为披上宗教的外衣,但是,有时宗教信仰本身也会鼓励暴力的行为。信徒们一般会把自己的宗教信仰与宽容的信念相联系。做一个宽容的人意味着对邪恶不妥协,又能够宽恕有过邪恶行为的人。那么,宗教信仰总体上是会增加冒险行为还是减少冒险行为呢?触犯刑律的行为可以被视为一种高度冒险的行为。因此,了解狱中人员与未触犯法律的大众群体之间是否存在宗教信仰上的差异可能会有助于回答上述问题。

一个有意思的发现是,根据美国司法部联邦监狱局(Federal Bureau of Prisons, US Department of Justice)2006 年的统计报告,在美国的服刑人员中,教徒的比例之高令人吃惊。美国总人口中,无神论者占人口比例约为 6%—10%。但是在服刑人员中,这一比例仅仅为 0.07%。那么,简单地看,这似乎意味着宗教信仰增加了人们的冒险程度和暴力倾向。与此相应的是,在美国 50 个州的犯罪率排名(从高到低)中,佛蒙特州(Vermont)排名第 48,而该州在无神论者的人口比例上却高达 34%。这一发现似乎再次表明,在美国不信教者所占的人口比例越高,该地区的犯罪率就越低。

但问题是,这一解释可能存在其他的混淆变量。也就是说,服刑人员不仅在冒险性和冲动性上可能高于普通群体,而且在其他方面,比如智力、受教育程度、家庭经济情况等方面也与普通群体存在明显差异。

就这一问题,我们做了一个初步的分析。以美国 50 个州的犯罪率为因变量,以教徒在各州的比例为自变量,进行了回归分析。结果发现,教徒比例越高,犯罪率越高。但是,当把受教育程度和家庭平均收入纳入回归分析后,教徒比例对犯罪率的影响消失。进一步分析发现,家庭平均收入在各个州的差异对犯罪率的影响并不显著,而受教育的程度影响了犯罪率。在受教育程度的效应中,是否获得大学或以上学位并未明显地影响犯罪率,而是否获得高中学历则显著地影响了犯罪率。犯罪率在没有高中学历的群体中更高。因此,没有获得高中学历是预测犯罪率的一个有效指标。那么,犯罪率与宗教信仰之间的关系也许受到了受教育的程度的影响。进一步的分析还发现,没有获得高中学历的人,信教的比例更高。而在获得大学或以上学历的人中,无神论者的比例更高。

以上分析表明,首先,受教育程度的确与犯罪率存在负相关关系。也就是说,狱中人员的受教育程度低可能是造成犯罪率升高的更为重要的原因。至于宗教信仰在其中扮演的角色还需要做进一步的探讨。对于今后的研究,一个有意思的问题是,是宗教还是教育更能帮助我们提升决策的质量?从上述分析中我们至少了解到,有些表面看似很直观的解释却是由相对不直观的深层原因决定的。另外,这一分析还表明,教育对减少犯罪、提高决策质量具有积极作用。一系列的错误判断和冲动可能导致犯罪,教育的作用可能正在于帮助决策者提高分析能力,并增强自我控制,从而做出适应性的决策。

13.4　中国文化的实用性

中国文化对决策的影响还体现在强烈的实用性上。因为缺乏宗教对行为的约束,实用性成为儒家文化中对决策成败的重要衡量指标,同时也使得决策的分析更关注风水而非概率,更关注价钱而非价值。

张爱玲在《中国人的宗教》一书中就人们在中国文化中对不确定性的解读做了生动的描述:"对生命的来龙去脉毫不感到兴趣的中国人,即使感到兴趣也不大敢朝这上面想。思想常常漂流到人性的范围之外是危险的,邪魔鬼怪可以乘隙而入,总是不去招惹它的好。中国人集中注意力在他们眼前热闹明白的,红灯照里的人生小小的一部。在这范围内,中国的宗教是有效的;在那之外,只有不确定的,无所不在的悲哀。"对实用性的关注不仅表现在百姓的日常生活中,而且也是中国哲学的一大特征。儒家哲学的实用性既表现在对民众世俗生活的约束,也表现在孔子、孟子等人为帝王们治理国家而不遗余力地出谋划策。这种极度务实而又缺少宗教意识的儒家文化,不免局限了人们的幻想空间,因而也只顾了人们发明创造的能力。这也许是中国上千年来在科学发展与发明上落后的一个原因。汤森路透(Thomson Reuters)公司公布的2015年全球发明创新百强企业名单中,日本39席,美国36席,法国10席,德国4席,韩国3席,瑞士3席,加拿大、瑞典、比利时、荷兰和台湾地区的企业各占一席;而中国大陆企业榜上无名。

《孟子》中记述了一段孟子与齐宣王之间的对话。齐宣王问孟子该如何治理国家,需要以什么样的道德才可以统一天下。孟子的回答是"保民而王,莫之能御也"。一个君王能够做到爱民,也就没有什么人能够抵御他了。齐宣王问:"若寡人者,可以保民乎哉?"孟子回答说:"可。"于是,齐宣王问孟子为什么他认为自己能够做到保民安邦、完成统一大业。于是孟子举了一个只有心理学家才会关注的小事情作为例子。事情的经过大约是这样的:

齐宣王有一天坐在大殿上看见有个人牵着牛从殿下走过。于是就问那个人你牵着牛要去做什么? 那人回答说要用牛来祭神。齐宣王马上要求他放了那头牛,说自己无法忍受看到它那副恐惧发抖的样子,毫无罪过而走向受死的地方。牵牛的人不解地问,那是否意味着要放弃祭奠的仪式? 不料齐宣王说,那怎么可以? 并建议用头羊来替换那头牛。

孟子问齐宣王是否有此事。齐宣王承认确有此事,但不知道自己为何做出了那样的反应。他说，齐国虽小，但我还不至于吝啬到舍不得一头牛。孟子以哲学家的敏锐对齐宣王说，这不是吝啬不吝啬的问题。实际上羊和牛并没有什么本质的区别。接着，孟子继续为齐宣王解惑，他说这一行为正体现了齐宣王的仁爱之道。因为齐宣王看见的是牛，而没有看见羊。这就是所谓的仁术。用《孟子》中的原话便是："无伤也，是乃仁术也，见牛未见羊也。君子之于禽兽也：见其生，不忍见其死；闻其声，不忍食其肉。是以君子远庖厨也。"这一番心理咨询很奏效，齐宣王听后极为高兴，表扬孟子说，别人有什么心思先生都能揣摩到。我原来自己都不知道为什么会这么做，现在突然有了豁然开朗的感觉。在此之后，孟子又对齐宣王宣讲了一番成功立业的帝王术。

一番宏论之后，孟子终于道出了小国在与大国竞争中立于不败之地的关键之处，也是孟子学说中最为闪亮的思想。其核心观点是用仁爱治国。而实施仁爱治国的前提是要让耕者有其田。孟子说："无恒产者无恒心。"没有固定的产业，老百姓就容易冒险作乱，而为了应对这样的局面，又要实施严厉的刑罚，从而使国家的治理陷入恶性循环。

从上面这个"齐桓晋文之事"的故事中，我们充分地看到了中国儒家文化中根深蒂固的实用主义。用羊换牛，没有普世价值，没有生而平等。缺乏原则，或是原则因人而异、因时而异、因物而异、因事而异。这个故事的前半段就像是一则笑话。按其逻辑，也可以说"请不要牺牲那个无辜的农民。"那怎么办呢？"那就杀个小孩子吧。"

对于以羊换牛，孟子看出了其中的非理性。然而令人意外的是，孟子对此的解读却是在为实用主义披上仁术的外衣。但事实是，之所以以羊换牛，与道德无关，而与社会心理有关。只要杀戮不在自己眼前就可以了。"君子远庖厨"不是为了不杀生和不吃肉，而是怕因为见到杀生而倒了吃肉的胃口。这与强调逻辑关系和一致性的西方哲学传统大相径庭。如果苏格拉底或是亚里士多德听到他们东方同行的这番奇谈，估计会瞠目结舌、吐槽为快。然而，圣贤毕竟是圣贤，对民众心理的洞悉让孟子提出了民大于天的仁政理念。但就是这样的理念仍然是出于一种实用理性，爱民不是目的，目的是实现王道乐土。不过，这番论述的真正精华在于那一句千古名言：无恒产者无恒心。这对于当今的经济学理论依然具有指导性的作用。正如经济学家张维迎所言，无恒产者无恒心，无恒心者无信誉。也就是说，环境决定了心理，而心理决定了行为。

综合书中前面各章所述，人类的心智既带着进化遗传的设计，又受到身体内外环境的影响。在生命的历程中，我们合作、竞争、获取资源、积累知识，既享受冒险成功的快乐，也承担了失败的痛苦。在人类生命史的长河中，我们每一个出生的个体都是一个奇迹。我们传递生命、传递理性，也传递了进化的智慧。

参考文献

Ainslie, G. (1975). Specious reward: A behavioral theory of impulsiveness and impulse control. *Psychological Bulletin*, *82*, 463 - 496.

Ainslie, G. (2001). *Breakdown of will*. Cambridge, UK: Cambridge University Press.

Alexander, R. D. (1979). *Darwinism and human affairs*. Seattle, WA: University of Washington Press.

Alexander, R. D. (1987). *The biology of moral systems*. New York, NY: Aldine de Gruyter.

Alicke, M. D., Zell, E., & Bloom, D. L. (2010). Mere categorization and the frog-pond effect. *Psychological Science*, *21*, 174 - 177.

Anderson, C. J. (2003). The psychology of doing nothing: Forms of decision avoidance result from reason and emotion. *Psychological Bulletin*, *129*, 139 - 166.

Anderson, J. R. (1990). *The adaptive character of thought*. Mahwah, NJ: Lawrence Erlbaum Associates.

Anderson, J. R. (1991). Is human cognition adaptive? *Behavioral and Brain Sciences*, *14*, 471 - 517.

Ariely, D., & Simonson, I. (2003). Buying, bidding, playing, or competing? Value assessment and decision dynamics in online auctions. *Journal of Consumer Psychology*, *13*, 113 - 123.

Armstrong, K. (2006). *The great transformation: The beginnings of our religious traditions*. New York, NY: Knopf.

Arnett, J. (1994). Sensation seeking: A new conceptualization and a new scale. *Personality and Individual Differences*, *16*, 289 - 296.

Aron, A. R., Fletcher, P. C., Bullmore, E. T., Sahakian, B. J., & Robbins, T. W. (2003). Stopsignal inhibition disrupted by damage to right inferior frontal gyrus in humans. *Nature Neuroscience*, *6*, 115 - 116.

Aron, A. R., Robbins, T., & Poldrack, R. (2004). Inhibition and the right inferior frontal cortex. *Trends in Cognitive Sciences*, *8*, 170 - 177.

Aron, A., Aron, E. N., & Smollan, D. (1992). Inclusion of other in the self scale and the structure of interpersonal closeness. *Journal of Personality and Social Psychology*, *63*, 596 - 612.

Asahi, S. , Okamoto, Y. , Okada, G. , Yamawaki, S. , & Yokota, N. (2004). Negative correlation between right prefrontal activity during response inhibition and impulsiveness: An fMRI study. *European Archives of Psychiatry and Clinical Neuroscience*, *254*, 245 – 251.

Aumann, R. J. , & Sorin, S. (1989). Cooperation and bounded recall. *Games and Economic Behavior*, *1*, 5 – 39.

Axelrod, R. (1984). *The Evolution of Cooperation*. New York, NY: Basic Books.

Axelrod, R. , & Hamilton, W. D. (1981). The evolution cooperation. *Science*, *211*, 1390 – 1396.

Baldwin, J. M. (1896). A new factor in evolution. *The American Naturalist*, *30*, 441 – 451.

Bar-Anan, Y. , Liberman, N. , & Trope, Y. (2006). The association between psychological distance and construal level: Evidence from an implicit association test. *Journal of Experimental Psychology: General*, *135*, 609 – 622.

Barber, B. (1983). *The logic and limits of trust*. New Brunswick, NJ: Rutgers University Press.

Barney, J. B. , & Hansen, M. H. (1994). Trustworthiness as a source of competitive advantage. *Strategic Management Journal*, *15*, 175 – 190.

Barrett, L. , Dunbar, R. , & Lycett, J. (2002). *Human evolutionary psychology*. Princeton, NJ: Princeton University Press.

Bateman, A. J. (1948). Intra-sexual selection in Drosophila. *Journal of Heredity*, *2*, 349 – 368.

Bault, N. , Coricelli, G. , & Rustichini, A. (2008). Interdependent utilities: How social ranking affects choice behavior. *PLoS One*, *3*, e3477.

Baumeister, R. F. , Bratslavsky, E. , Muraven, M. , & Tice, D. M. (1998). Ego depletion: Is the active self a limited resource? *Journal of Personality and Social Psychology*, *74*, 1252 – 1265.

Baumeister, R. F. , Heatherton, T. F. , & Tice, D. M. (1994). *Losing Control: How and Why People Fail at Self-Regulation*. San Diego, CA: Academic Press.

Baumeister, R. F. , Vohs, K. D. , & Tice, D. M. (2007). The strength model of self-control. *Current Directions in Psychological Science*, *16*, 351 – 355.

Bechara, A. , Damasio, A. R. , Damasio, H. , & Anderson, S. W. (1994). Insensitivity to future consequences following damage to human prefrontal cortex. *Cognition*, *50*, 7 – 15.

Bechara, A. , Damasio, A. R. , Damasio, H. , & Lee, G. P. (1999). Different contributions of the human amygdata and ventromedial prefrontal cortex to decision-making. *Journal of Neuroscience*, *19*, 5473 – 5481.

Bechara, A. , Tranel, D. , & Damasio, H. (2000). Characterization of the decision-making deficit of patients with ventromedial prefrontal cortex lesions. *Brain: A Journal of Neurology*, *123*, 2189 – 2202.

Beggan, J. K. (1992). On the social nature of nonsocial perception: The mere ownership effect. *Journal of Personality and Social Psychology*, *62*, 229 – 237.

Beier, M. E. , & Ackerman P. L. (2005). Working memory and intelligence: Different constructs. Reply to Oberauer et al. (2005) and Kane et al. (2005). *Psychological Bulletin*, *131*, 72 – 75.

Beisswanger, A. H. , Stone, E. R. , Hupp, J. M. , & Allgaier, L. (2003). Risk taking in relationships: Differences in deciding for oneself versus for a friend. *Basic and Applied Social Psychology*, *25*, 121 – 135.

Bell, D. E. (1982). Regret in decision making under uncertainty. *Operations Research*, *30*, 961 – 981.

Belsky, J. , Vandell, D. L. , Burchinal, M. , Clarke-Stewart, K. A. , McCartney, K. , & Owen, M. T. (2007). Are there long-term effects of early child care? *Child Development*, *78*, 681 – 701.

Benenson, J. F. (2014). *Warriors and worriers: The survival of the sexes*. New York, NY: Oxford University Press.

Benzion, U. , Rapoport, A. , & Yagil, J. (1989). Discount rates inferred from decisions: an experimental study. *Management Science*, *35*, 270 – 284.

Bergert, F. B. , & Nosofsky, R. M. (2007). A response-time approach to comparing generalized rational and take-the-best models of decision making. *Journal of Experimental Psychology: Learning, Memory, and Cognition*, *33*, 107 – 129.

Bernhard, H. , Fischbacher, U. , & Fehr, E. (2006). Parochial altruism in humans. *Nature*, *442*, 912 – 915.

Bernoulli, D. (1954). Exposition of a new theory on the measurement of risk. *Econometrica*, *22*, 23 – 36. (Original work published 1738)

Berns, G. S. , Laibson, D. , & Loewenstein, G. (2007). Intertemporal choice—Toward an integrative framework. *Trends in Cognitive Sciences*, *11*, 482 – 488.

Berscheid, E. , Snyder, M. , & Omoto, A. M. (1989). The relationship closeness inventory: Assessing the closeness of interpersonal relationships. *Journal of Personality and Social Psychology*, *57*, 792 – 807.

Bettman, J. R. , & Sujan, M. (1987). Effects of framing on evaluation of comparable and noncomparable alternatives by expert and novice consumers. *Journal of Consumer Research*, *14*, 141 – 154.

Betzig, L. L. (1986). *Despotism and differential reproduction: A Darwinian view of history*. New York, NY: Aldine de Gruyter.

Birnbaum, M. H. , & Schmidt, U. (2008). An experimental investigation of violations of transitivity in choice under uncertainty. *Journal of Risk and Uncertainty*, *37*, 77 – 91.

Bleichrodt, H. , & Schmidt, U. (2002). A context-dependent model of the gambling effect. *Management Science*, *48*, 802 – 812.

Bless, H. , & Schwarz, N. (2010). Mental construal and the emergence of assimilation and contrast effects: The inclusion/exclusion model. In M. P. Zanna (Ed.), *Advances in experimental social psychology* (Vol. 42, pp. 319 – 373). San Diego, CA: Academic Press.

Bohm, P. , & Lind, H. (1992). A note on the robustness of a classical framing result. *Journal of Economic Psychology*, *13*,355 - 361.

Bontempo, R. N. , Bottom, W. P. , & Weber, E. U. (1997). Cross-cultural differences in risk perception: A model-based approach. *Risk Analysis*, *17*,479 - 488.

Bordley, R. F. (1992). An intransitive expectations-based Bayesian variant of prospect theory. *Journal of Risk and Uncertainty*, *5*,127 - 144.

Bordley, R. F. , & Kirkwood, C. W. (2004). Multiattribute preference analysis with performance targets. *Operations Research*, *52*,823 - 835.

Botvinick, M. M. (2007). Conflict monitoring and decision making: Reconciling two perspectives on anterior cingulate function. *Cognitive, Affective and Behavioral Neuroscience*, *7*,356 - 366.

Botvinick, M. M. , Cohen, J. D. , & Carter, C. S. (2004). Conflict monitoring and anterior cingulate cortex: An update. *Trends in Cognitive Sciences*, *8*,539 - 546.

Bouyer, M. , Bagdassarian, S. , Chaabanne, S. , & Mullet, E. (2001). Personality correlates of risk perception. *Risk Analysis*, *21*,457 - 465.

Bowman, C. H. , & Turnbull, O. H. (2004). Emotion-based learning on a simplified card game: The Iowa and Bangor Gambling Tasks. *Brain and Cognition*, *55*,277 - 282.

Boyd, R. , & Richerson, P. J. (2005). The origin and evolution of cultures. New York, NY: Oxford University Press.

Brady, H. E. , & Sniderman, P. M. (1985). Attitude attribution: A group basis for political reasoning. *American Political Science Review*, *79*,1061 - 1078.

Brandstätter, E. , Gigerenzer, G. , & Hertwig, R. (2006). The priority heuristic: Making choices without trade-offs. *Psychological Review*, *113*,409 - 432.

Breiter, H. C. , Aharon, I. , Kahneman, D. , Dale, A. , & Shizgal, P. (2001). Functional imaging of neural responses to expectancy and experience of monetary gains and losses. *Neuron*, *30*,619 - 639.

Brewer, M. B. (1979). Ingroup bias in the minimal intergroup situation: A cognitive-motivational analysis. *Psychological Bulletin*, *86*,307 - 324.

Brewer, M. B. , & Campbell, D. T. (1976). *Ethnocentrism and intergroup attitudes: East African evidence*. New York, NY: Halsted Press.

Briers, B. , Pandelaere, M. , Dewitte, S. , & Warlop, L. (2006). Hungry for money: The desire for caloric resources increases the desire for financial resources and vice versa. *Psychological Science*, *17*,939 - 943.

Bröder, A. , & Schiffer, S. (2003). Take The Best versus simultaneous feature matching: Probabilistic inferences from memory and effects of representation format. *Journal of Experimental Psychology: General*, *132*,277 - 293.

Browne, K. R. (2002). *Biology at work*. New Brunswick, NJ: Rutgers University Press.

Browne, K. R. (2006). Evolved sex differences and occupational segregation. *Journal of Organizational Behavior*, *27*,143 - 162.

Brunswick, E. (1940). Thing constancy as measured by correlation coefficients. *Psychological*

Review, 47, 69 - 78.

Bunker, B. B., Alban, B. T., & Lewicki, R. J. (2004). Ideas in currency and OD practice: Has the well gone dry? *Journal of Applied Behavioral Science*, 40, 403 - 422.

Burke, C. S., Sims, D. E., Lazzara, E. H., & Salas, E. (2007). Trust in leadership: A multi-level review and integration. *The Leadership Quarterly*, 18, 606 - 632.

Burnham, T. (2005). *Mean markets and lizard brains: How to profit from the new science of irrationality*. New York, NY: John Wiley & Sons.

Burnstein, E., Crandall, C., & Kitayama, S. (1994). Some neo-Darwinian decision rules for altruism: Weighing cues for inclusive fitness as a function of the biological importance of the decision. *Journal of Personality and Social Psychology*, 67, 773 - 789.

Busemeyer, J. R., & Townsend, J. T. (1993). Decision field theory: A dynamic-cognitive approach to decision making in an uncertain environment. *Psychological Review*, 100, 432 - 459.

Buss, D. M. (1989). Sex differences in human mate preferences: Evolutionary hypotheses tested in 37 cultures. *Behavioral and Brain Sciences*, 12, 1 - 49.

Buss, D. M. (1994). The strategies of human mating. *American Scientist*, 82, 238 - 249.

Buss, D. M. (1999/2004). *Evolutionary psychology: The new science of the mind*. Boston, MA: Allyn and Bacon.

Buss, D. M. (2005). *The handbook of evolutionarily psychology*. New York, NY: John Wiley & Sons.

Callan, M. J., Harvey, A. J., & Sutton, R. M. (2014). Rejecting victims of misfortune reduces delay discounting. *Journal of Experimental Social Psychology*, 51, 41 - 44.

Callan, M. J., Shead, N. W., & Olson, J. M. (2009). Foregoing the labor for the fruits: The effect of just world threat on the desire for immediate monetary rewards. *Journal of Experimental Social Psychology*, 45, 246 - 249.

Callan, M. J., Shead, N. W., & Olson, J. M. (2013). Personal relative deprivation, delay discounting, and gambling. *Journal of Personality and Social Psychology*, 101, 955 - 973.

Campbell, A., Converse, P., Miller, W., & Stokes, D. (1960). *The American voter*. New York, NY: John Wiley & Sons.

Cantor, N., Norem, J. K., Niedenthal, P. M., Langston, C., & Brower, A. M. (1987). Life tasks, self-concept ideals, and cognitive strategies in a life transition. *Journal of Personality and Social Psychology*, 53, 1178 - 1191.

Caraco, T. (1981). Energy budgets, risk and foraging preferences in dark-eyed juncos. *Behavioral Ecology and Sociobioiogy*, 8, 213 - 217.

Caraco, T. (1982). Aspects of risk-aversion in foraging white-crowned sparrows. *Animal Behavior*, 30, 719 - 727.

Caraco, T. (1983). White-crowned sparrows, foraging preferences in a risky environment. *Behavioral Ecology and Sociobiology*, 12, 63 - 69.

Caraco, T., & Brown, J. L. (1986). A game between communal breeders: When is food sharing stable? *Journal of Theoretical Biology*, *118*, 379 – 393.

Caraco, T. , Martindale, S. , & Whittam, T. S. (1980). An empirical demonstration of risk-sensitive foraging preferences. *Animal Behavior*, *28*, 820 – 830.

Carmon, Z. , & Ariely, D. (2000). Focusing on the forgone: How value can appear so different to buyers and sellers. *Journal of Consumer Research*, *27*, 360 – 370.

Castagnoli, E. , & Calzi, M. L. (1996). Expected utility without utility. *Theory and Decision*, *41*, 281 – 301.

Cauffman, E. , Shulman, E. , Steinberg, L. , Claus, E. , Banich, M. T. , Graham, S. , & Woolard, J. (2010). Age differences in affective decision making as indexed by performance on the Iowa Gambling Task. *Developmental Psychology*, *46*, 193 – 207.

Chernev, A. (2004). Goal orientation and consumer preference for the status quo. *Journal of Consumer Research*, *31*, 557 – 565.

Christ, W. G. (1985). Voter preference and emotion: Using emotional response to classify decided and undecided voters. *Journal of Applied Social Psychology*, *15*, 237 – 254.

Christopoulos, G. I. , Tobler, P. N. , Bossaerts, P. , Dolan, R. J. , & Schultz, W. (2009). Neural correlates of value, risk, and risk aversion contributing to decision making under risk. *Journal of Neuroscience*, *29*, 12574 – 12583.

Clark, A. E. , & Senik. C. (2010). Who compares to whom? The anatomy of income comparisons in Europe. *The Economic Journal*, *120*, 573 – 594.

Cody, M. L. (1966). A general theory of clutch size. *Evolution*, *20*, 174 – 184.

Colarelli, S. M. (2003). *No best way: An evolutionary perspective on human resource management*. Greenwich, CT: Praeger.

Colby, H. A. (2010). *Risk preferences in surrogate financial decision making*. Master Dissertation. The State University of New Jersey.

Connolly, K. , & Martlew, M. (Eds.) (1999). *Psychologically speaking: A book of quotations*. Leicester, UK: British Psychological Society Books.

Conway, A. R. , Kane, M. J. , & Engle, R. W. (2003). Working memory capacity and its relation to general intelligence. *Trends in Cognitive Science*, *7*, 547 – 552.

Cooper, W. S. (1987). Decision theory as a branch of evolutionary theory: A biological derivation of the Savage axioms. *Psychological Review*, *94*, 395 – 411.

Cosmides, L. (1989). The logic of social exchange: Has natural selection shaped how human reason? Studies with the Wason selection task. *Cognition*, *31*, 187 – 276.

Cosmides, L. , & Tooby, J. (1992). Cognitive adaptations for social exchange. In J. Barkow, L. Cosmides, & J. Tobby, (Eds.), *The adapted mind: Evolutionary psychology and the generation of culture* (pp. 163 – 228). New York, NY: Oxford University Press.

Cosmides, L. , & Tooby, J. (1994). Origins of domain specificity: The evolution of functional organization. In L. A. Hirschfeld, & S. A. Gelmen (Eds.), *Mapping the mind: Domain specificity in cognition and culture* (pp. 85 – 116). Cambridge, UK: Cambridge University Press.

Cosmides, L. & Tooby, J. (1996). Are humans good intuitive statisticians after all?

Rethinking some conclusions of the literature on judgment under uncertainty. *Cognition*, *58*, 1 – 73.

Dake, K. (1991). Orienting dispositions in the perception of risk: An analysis of contemporary worldviews and cultural biases. *Journal of Cross-Cultural Psychology*, *22*, 61 – 82.

Daly, M. , & Wilson, M. (1983). *Sex evolution and behavior* (2nd ed.). North Stituate, MA: Doxbury.

Damasio, A. R. (1994). *Descartes' error: Emotion, reason, and the human brain.* New York, NY: Putnam.

Darwin, C. (1871). *The descent of man and selection in relation to sex.* London, UK: John Murray.

Dawes, R. M. (1979). The robust beauty of improper linear models in decision making. *American Psychologist*, *34*, 571 – 582.

Dawkins, R. (1976/2006). *The selfish gene.* New York, NY: Oxford University Press.

Dawkins, R. (2006). *The God delusion.* Boston, MA: Houghton Mifflin.

De Martino, B. , Kumaran, D. , Seymour, B. , & Dolan, R. J. (2006). Frames, biases, and rational decision-making in the human brain. *Science*, *313*, 684 – 687.

DeMiguel, V. , Garlappi, L. , & Uppal, R. (2006). *1/N.* Paper presented at the 2006 European Financial Association Meeting, Zurich, Switzerland.

Denes-Raj, V. , & Epstein, S. (1994). Conflict between intuitive and rational processing: When people behave against their better judgment. *Journal of Personality and Social Psychology*, *66*, 819 – 829.

DeWall, C. N. , Baumeister, R. F. , Gailliot, M. T. , & Maner, J. K. (2008). Depletion makes the heart grow less helpful: Helping as a function of self-regulatory energy and genetic relatedness. *Personality and Social Psychology Bulletin*, *34*, 1653 – 1662.

Dinner, I. , Johnson, E. J. , Goldstein, D. G. , & Liu, K. (2011). Partitioning default effects: Why people choose not to choose. *Journal of Experimental Psychology: Applied*, *17*, 332 – 341.

Douglas, M. , & Wildavsky, A. (1982). *Risk and culture.* Berkely, CA: University of California Press.

Draper, P. , & Harpending, H. (1982). Father absence and reproductive strategy: An evolutionary perspective. *Journal of Anthropological Research*, *38*, 255 – 272.

Dunbar, R. I. M. (1992). Neocortex size as a constraint on group size in primates. *Journal of Human Evolution*, *22*, 469 – 493.

Dunbar, R. I. M. (1993). Coevolution of neocortical size, group size and language in humans. *Behavioral and Brain Sciences*, *16*, 681 – 735.

Dunkel, C. S. , Mathes, E. , & Beaver, K. M. (2013). Life history theory and the general theory of crime: Life expectancy effects on low self-control and criminal intent. *Journal of Social, Evolutionary, and Cultural Psychology*, *7*, 12 – 23.

Dunn, J. , Ruedy, N. E. , & Schweirzer, M. E. (2012). It hurts both ways: How social comparisons harm affective and cognitive trust. *Organizational Behavior and Human*

Decision Processes, 117,2 – 14.

Durham, W. H. (1982). The coevolution of yam festivals and sickle cell frequencies in West Africa. *American Journal of Physical Anthropology*, 57,183.

Dyer, J. S. , & Sarin, R. K. (1982). Relative risk aversion. *Management Science*, 28,8.

Edwards, W. (1954). The theory of decision making. *Psychological Bulletin*, 51,380 – 417.

Einhorn, J. , & Hogarth, R. M. (1981). Behavioral decision therapy: Processes of judgment and choice. *Annual Review of Psychology*, 32,53 – 88.

Ellis, B. J. (2004). Timing of pubertal maturation in girls: An integrated life history approach. *Psychological Bulletin*, 130,920 – 958.

Ellis, B. J. , & Garber, J. (2000). Psychosocial antecedents of variation in girls' pubertal timing: Maternal depression, stepfather presence, and marital and family stress. *Child Development*, 71,485 – 501.

Ellwood, C. A. (1927). *Cultural evolution: A study of social origins and development.* New York, NY: Century.

Englander, T. , Farago, K. , Slovic, P. , & Fischhoff, B. (1986). A comparative analysis of risk perception in Hungary and the United States. *Social Behaviour*, 1,55 – 66.

Epstein, S. (1994). Integration of the cognitive and psychodynamic unconscious. *American Psychologist*, 49,709 – 724.

Erev, I. , Ert, E. , & Yechiam, E. (2008). Loss aversion, diminishing sensitivity, and the effect of experience on repeated decisions. *Journal of Behavioral Decision Making*, 21, 575 – 597.

Erev, I. , Ert, E. , Roth, A. E. , Haruvy, E. , Herzog, S. M. , Hau, R. , Hertwig, R. , Stewart, T. , West, R. , & Lebiere, C. (2010). A choice prediction competition: Choices from experience and from description. *Journal of Behavioral Decision Making*, 23, 15 – 47.

Ert, E. , & Erev, I. (2008). The rejection of attractive gambles, loss aversion, and the lemon avoidance heuristic. *Journal of Economic Psychology*, 29,715 – 723.

Euler, H. A. , & Weitzel, B. (1996). Discriminative grandparental solicitude as reproductive strategy. *Human Nature*, 7,39 – 59.

Eyal, T. , Liberman, N. , & Trope, Y. (2004). The pros and cons of temporally near and distant action. *Journal of Personality and Social Psychology*, 86,781 – 795.

Fagley, N. S. , & Miller, P. M. (1987). The effects of decision framing on choice of risky vs certain options. *Organizational Behavior and Human Decision Processes*, 39,264 – 277.

Farh, J. -L. , Tsui, A. S. , Xin, K. , & Cheng, B. -S. (1998). The influence of relational demography and Guanxi: The Chinese case. *Organization Science*, 9,471 – 488.

Fayant, M. -P. , Muller, D. , Nurra, C. , Alexopoulos, T. , & Palluel-Germain, R. (2011). Moving forward is not only a metaphor: Approach and avoidance lead to self-evaluative assimilation and contrast. *Journal of Experimental Social Psychology*, 47,241 – 245.

Fehr, E. , & Fischbacher, U. (2005). The economics of strong reciprocity. In H. Gintis, S. Bowels, R. Boyd, & E. Fehr (Eds.), *Moral Sentiments and Material Interests: The*

Foundations of Cooperation in Economic Life (pp. 151 - 193). Cambridge, MA: The MIT Press.

Fernandez-Duque, D. , & Wilfall, T. (2007). Actor/observer asymmetry in risky decision making. *Judgment and Decision Making*, 2, 1 - 8.

Ferreira, A. , Marguti, I. , Bechmann, I. , Jeney, V. , Chora, Â. , Palha, N. R. , ... & Soares, M. P. (2011). Sickle hemoglobin confers tolerance to Plasmodium infection. *Cell*, 145, 398 - 409.

Festinger, L. (1954). A theory of social comparison processes. *Human Relation*, 7, 117 - 140.

Fiedler, K. , Jung, J. , Wänke, M. , & Alexopoulos, T. (2012). On the relations between distinct aspects of psychological distance: An ecological basis of construal-level theory. *Journal of Experimental Social Psychology*, 48, 1014 - 1021.

Fiedler, K. , Semin, G. R. , Finkenauer, C. , & Berkel, I. (1995). Actor-observer bias in close relationship: The role of self-knowledge and self-related language. *Personality and Social Psychology Bulletin*, 21, 525 - 538.

Figner, B. , Mackinlay, R. J. , Wilkening, F. , & Weber, E. U. (2009). Affective and deliberative processes in risky choice: Age differences in risk taking in the Columbia Card Task. *Journal of Experimental Psychology: Learning, Memory, and Cognition*, 35, 709 - 730.

Finucane, M. L. , & Holu, J. L. (2005). Psychosocial and cultural factors affecting the perceived risk of genetically modified food: An overview of the literature. *Social Science and Medicine*, 60, 1603 - 1612.

Fischhoff, B. , Slovic, P. , Lichtenstein, S. , Read, S. , & Combs, B. (1978). How safe is safe enough? A psychometric study of attitudes towards technological risks and benefits. *Policy Sciences*, 9, 127 - 152.

Fishburn, P. C. & Kochenberger, G. A. (1979). Two-piece von Neumann-Morgenstern utility functions. *Decision Sciences*, 10, 503 - 518.

Fishburn, P. C. (1977). Mean-risk analysis with risk associated with below-target returns. *American Economic Review*, 67, 116 - 126.

Fisher, R. A. (1930). *The genetical theory of natural selection*. Oxford, UK: Clarendon Press.

Fiske, S. T. , & Pavelchak, M. A. (1986). Category-based versus piecemeal-based affective responses: Developments in schema-triggered affect. In R. M. Sorrentino, & E. T. Higgins (Eds.), *Handbook of motivation and cognition: Foundations of social behavior* (pp. 167 - 203). New York, NY: Guilford Press.

Fiske, S. T. , Cuddy, A. C. , Glick, P. , & Xu, J. (2002). A model of (often mixed) stereotype content: Competence and warmth respectively follow from perceived statues and competition. *Journal of Personality and Social Psychology*, 82, 878 - 902.

Fiske, S. T. , Cuddy, A. J. , & Glick, P. (2002). Emotions up and down: Intergroup emotions result from perceived status and competition. In D. M. Mackie, & E. R. Smith

(Eds.), *From prejudice to intergroup emotions: Differentiated reactions to social groups* (*pp.* 247 – 264). New York, NY: Psychology Press.

Frank, R. H. (1988). *Passions within reason: the strategic role of the emotions.* New York, NY: Norton.

Frederick, S. , Loewenstein, G. , & O'Donoghue, T. (2002). Time discounting and time preference: A critical review. *Journal of Economic Literature*, *40*, 351 – 401.

Frisch, D. (1993). Reasons for framing effects. *Organizational Behavior and Human Decision Processes*, *54*, 399 – 429.

Fujita, K. , Eyal, T. , Chaiken, S. , Trope, Y. , & Liberman, N. (2008). Influencing attitudes towards near and distinct objects. *Journal of Experimental Social Psychology*, *44*, 562 – 572.

Fujita, K. , Henderson, M. D. , Eng, J. , Trope, Y. , & Liberman, N. (2006). Spatial distance and mental construal of social events. *Psychological Science*, *17*, 278 – 282.

Gailliot, M. T. , & Baumeister, R. F. (2007). The physiology of willpower: Linking blood glucose to self-control. *Personality and Social Psychology Review*, *11*, 303 – 327.

Garcia-Retamero, R. , & Galesic, M. (2012). Doc, what would you do if you were me? On self-other discrepancies in medical decision making. *Journal of Experimental Psychology: Applied*, *18*, 38 – 51.

Garter, T. J. , & Gilovich, T. (2010). The relative relativity of material and experiential purchases. *Journal of Personality and Social Psychology*, *98*, 146 – 159.

Gaulin, S. J. C. , & Robbins, C. J. (1991). Trivers-Willard effect in contemporary North American society. *American Journal of Physical Anthropology*, *85*, 61 – 69.

Gaulin, S. J. C. , McBurney, D. H. , & Brakeman-Wartell, S. L. (1997). Matrilateral biases in the investment of aunts and uncles: A consequence of measure of paternity uncertainty. *Human Nature*, *8*, 139 – 151.

Gibbons, F. X. , & Buunk, B. P. (1999). Individual differences in social comparison: Development of a scale of social comparison orientation. *Journal of Personality and Social Psychology*, *76*, 129 – 142.

Gigerenzer, G. & Selten, R. (Eds.) (2001). *Bounded rationality: The adaptive toolbox.* Cambridge, MA: The MIT Press.

Gigerenzer, G. (1994). Why the distinction between single-event probabilities and frequencies is important for psychology (and vice versa). In G. Wright & P. Ayton (Eds.), *Subjective probability* (pp. 129 – 162). New York, NY: John Wiley & Sons.

Gigerenzer, G. (1998). Surrogates for theories. *Theory & Psychology*, *8*, 195 – 204.

Gigerenzer, G. (2002). *Calculated risks: How to know when numbers deceive you.* New York, NY: Simon & Schuster.

Gigerenzer, G. (2004). Mindless statistics. *Journal of Socio-Economics*, *33*, 587 – 606.

Gigerenzer, G. (2008). Why heuristics work. *Perspective on Psychological Science*, *3*, 20 – 29.

Gigerenzer, G. , & Goldstein, D. G. (1996). Reasoning the fast and frugal way: Models of bounded rationality. *Psychological Review*, *103*, 650–669.

Gigerenzer, G., Hell, W., & Blank, H. (1988). Presentation and content: The use of base rates as a continuous variable. *Journal of Experimental Psychology: Human Perception and Performance*, *14*, 513–525.

Gigerenzer, G., Todd, P. M., & the ABC Research Group. (1999). *Simple heuristics that make us smart*. New York, NY: Oxford University Press.

Giraldeau, L.-A., & Caraco, T. (2000). *Social foraging theory*. Princeton, NJ: Princeton University Press.

Glazier, D. S. (2002). Resource-allocation rules and the heritability of traits. *Evolution*, *56*, 1696–1700.

Glöckner, A., & Herbold, A. K. (2011). An eye-tracking study on information processing in risky decisions: Evidence for compensatory strategies based on automatic processes. *Journal of Behavioral Decision Making*, *24*, 71–98.

Goldberg, E. (2001). *The executive brain: Frontal lobes and the civilized mind*. New York, NY: Oxford University Press.

Goldstein, D. G., & Gigerenzer, G. (2002). Models of ecological rationality: The recognition heuristic. *Psychological Review*, *109*, 75–90.

Gollwitzer, P. M. (1999). Implementation intentions: Strong effects of simple plans. *American Psychologist*, *54*, 493–503.

Gonzalez, C., Dana, J., Koshino, H., & Just, M. (2005). The framing effect and risky decisions: Examining cognitive functions with fMRI. *Journal of Economic Psychology*, *26*, 1–20.

Gopnik, A., Griffiths, T. L., & Lucas, C. G. (2015). When younger learners can be better (or at least more open-minded) than older ones. *Current Directions in Psychological Science*, *24*, 87–92.

Green, L., & Myerson, J. (1996). Exponential versus hyperbolic discounting of delayed outcomes: risk and waiting time. *American Zoologist*, *36*, 496–505.

Green, L., Fry, A. F., & Myerson, J. (1994). Discounting of delayed rewards: a life-span comparison. *Psychological Science*, *5*, 33–36.

Greenberg, J., Solomon, S., & Pyszczynski, T. (1997). Terror management theory of self-esteem and cultural worldviews: Empirical assessments and conceptual refinements. In M. P. Zanna (Ed.), *Advances in experimental social psychology* (Vol. 29, pp. 61–136). San Diego, CA: Academic Press.

Greene, J. (2013). *Moral tribes: Emotion, reason, and the gap between us and them*. New York, NY: Penguin Press.

Griskevicius, V., Delton, A. W., Robertson, T. E., & Tybur, J. M. (2011). Environmental contingency in life history strategies: The influence of mortality and socioeconomic status on reproductive timing. *Journal of Personality and Social Psychology*, *100*, 241–291.

Grol, R., Whitfield, M., De Maeseneer, J., & Mokkink, H. (1990). Attitudes to risk taking in medical decision making among British, Dutch and Belgian general practitioners.

British Journal of General Practice, *40*, 134 – 136.

Guitart-Masip, M. , Talmi, D. , & Dolan, R. (2010). Conditioned associations and economic decision biases. *NeuroImage*, *53*, 206 – 214.

Hafner, M. , & Schubert, T. W. (2009). Feel the difference! The influence of ease experiences on the direction of social comparisons. *Journal of Experimental Social Psychology*, *45*, 291 – 294.

Hagger, M. S. , Wood, C. , Stiff, C. , & Chatzisarantis, N. L. (2010). Ego depletion and the strength model of self-control: A meta-analysis. *Psychological Bulletin*, *136*, 495 – 525.

Haigh, M. S. , & List, J. A. (2005). Do professional traders exhibit myopic loss aversion? An experimental analysis. *The Journal of Finance*, *60*, 523 – 534.

Haisley, E. , Mostafa, R. , & Loewenstein, G. (2008). Subjective relative income and lottery ticket purchases. *Journal of Behavioral Decision Making*, *21*, 283 – 295.

Haldane, A. G. , & Madouros, V. (2012). *The dog and the frisbee.* Federal Reserve Bank of Kansas City's 366th economic policy symposium "The changing policy landscape", Jackson Hole, Wyoming.

Haldane, J. B. S. (1932). *The causes of evolution.* London, UK: Longmans, Green & Co. .

Hamilton, W. D. (1964). The genetical evolution of social behaviour. *Journal of Theoretical Biology*, *7*, 17 – 52.

Hanoch, Y. , Johnson, J. G. , & Wilke, A. (2006). Domain-specificity in experimental measures and participant recruitment: An application to risk-taking behavior. *Psychological Science*, *17*, 300 – 304.

Hardie, B. G. S. , Johnson, E. J. , & Fader, P. S. (1993). Modeling loss aversion and reference dependence effects on brand choice. *Marketing Science*, *12*, 378 – 394.

Harmon-Jones, E. , Simon, L. , Pyszczynski, T. , Solomon, S. , & McGregor, H. (1997). Terror management theory and self-esteem: Evidence that increased self-esteem reduces mortality salience effects. *Journal of Personality and Social Psychology*, *72*, 24 – 36.

Harris, C. (2011). You're hired! An examination of crowdsourcing incentive models in human resource tasks. *Proceedings of the Workshop on Crowdsourcing for Search and Data Mining (CSDM) at the Fourth ACM International Conference on Web Search and Data Mining (WSDM)*, 15 – 18.

Harris, C. G. , & Xu, T. (2011). The importance of visual context clues in multimedia translation. *Multilingual Multimodal Information Access Evaluation Lecture Notes in Computer Science*, *6941*, 107 – 118.

Harris, C. , & Wu, C. (2014). Using tri-reference point theory to evaluate risk attitude and the effects of financial incentives in a gamified crowdsourcing task. *Journal of Business Economics*, *84*, 281 – 302.

Harris, S. (2004). *The end of faith: Religion, terror, and the future of reason.* New York, NY: Norton.

Hart, J. , Schwabach, J. A. & Solomon, S. (2010). Going for broke: Mortality salience increases risky decision making on the Iowa gambling task. *British Journal of Social*

Psychology, *49*, 425 - 432.

Hart, J., Shaver, P. R., & Goldenberg, J. L. (2005). Attachment, self-esteem, worldviews, and terror management: Evidence for a tripartite security system. *Journal of Personality and Social Psychology*, *88*, 999 - 1013.

Hartman, R. S., Doane, M. J., & Woo, C. -K. (1991). Consumer rationality and the status quo. *The Quarterly Journal of Economics*, *106*, 141 - 162.

Heath, C., Larrick, R. P., & Wu, G. (1999). Goals as reference points. *Cognitive Psychology*, *38*, 79 - 109.

Helson, H. (1964). *Adaptation level theory*. New York, NY: Harper.

Henderson, M. D., Fujita, K. F., Trope, Y., & Liberman, N. (2006). The effect of spatial distance on social judgment. *Journal of Personality and Social Psychology*, *91*, 845 - 856.

Hendricks, B., Marvel, M. K., & Barrington, B. L. (1990). The dimensions of psychological research. *Teaching of Psychology*, *17*, 76 - 82.

Hershey, J. C., & Schoemaker, P. J. H. (1980). Risk taking and problem context in the domain of losses: An expected utility analysis. *Journal of Risk and Insurance*, *47*, 111 - 132.

Hertwig, R., Barron, G., Weber, E. U., & Erev, I. (2006). The role of information sampling in risky choice. In K. Fiedler, & P. Juslin (Eds.), *Information sampling and adaptive cognition* (pp. 75 - 91). New York, NY: Cambridge University Press.

Herzog, S. M., Hansen, J., & Wänke, M. (2007). Temporal distance and ease of retrieval. *Journal of Experimental Social Psychology*, *43*, 483 - 488.

Hesketh, B. (1996). Status quo effects in decision-making about training and career development. *Journal of Vocational Behavior*, *48*, 324 - 338.

Higgins, E. T. (1997). Beyond pleasure and pain. *American Psychologist*, *52*, 1280 - 1300.

Higgins, E. T. (1998). Promotion and prevention: Regulatory focus as a motivational principle. *Advances in Experimental Social Psychology*, *30*, 1 - 46.

Higgins, E. T. (2000). Making a good decision: Value from fit. *American Psychologist*, *55*, 1217 - 1230.

Higgins, E. T., Roney, C. J. R., Crowe, E., & Hymes, C. (1994). Ideal versus ought predilections for approach and avoidance: Distinct self-regulatory systems. *Journal of Personality and Social Psychology*, *66*, 276 - 286.

Highhouse, S., & Yuce, P. (1996). Perspectives, perceptions, and risk-taking behavior. *Organizational Behavior and Human Decision Processes*, *65*, 159 - 167.

Hill, K., & Hurtado, A. M. (1996). *Ache life history: The ecology and demography of a foraging people*. Hawthorne, NY: Aldine de Gruyter.

Hill, K., (1993). Life history theory and evolutionary anthropology. *Evolutionary Anthropology: Issues, News, and Reviews*, *2*, 78 - 88.

Hill, S. E., & Buss, D. M. (2010). Risk and relative social rank: Context-dependent risky shifts in probabilistic decision-making. *Evolution and Human Behavior*, *31*, 219 - 226.

Hill, S. E. , Rodeheffer, C. D. , Griskevicius, V. , Durante, K. , & White, A. E. (2012). Boosting beauty in an economic decline: Mating, spending, and the lipstick effect. *Journal of Personality and Social Psychology*, *103*, 275 – 291.

Hirsh, J. B. , Guindon, A. , Morisano, D. , & Peterson, J. B. (2008). Positive mood effects on delay discounting. *Emotion*, *10*, 717 – 721.

Hirsh, J. B. , Morisano, D. , & Peterson, J. B. (2008). Delay discounting: Interactions between personality and cognitive ability. *Journal of Research in Personality*, *42*, 1646 – 1650.

Hison, J. M. , Jameson, T. L. , & Whitney, J. P. (2003). Impulsive decision making and working memory. *Journal of Experimental Psychology: Learning, Memory, and Cognition*, *29*, 298 – 306.

Hitchens, C. (2007). *God is not great: How religion poisons everything*. New York, NY: Twelve Books.

Hoch, S. J. , & Ha, Y. -W. (1986). Consumer learning: Advertising and the ambiguity of product experience. *Journal of Consumer Research*, *13*, 221 – 233.

Hock, R. R. (2009). *Forty studies that changed psychology: Explorations into the history of psychological research* (6th Ed.). Upper Saddle River, NJ: Prentice Hall.

Hoffman, M. , Yoeli, E. , & Nowak M. A. (2015). Cooperate without looking: Why we care what people think and not just what they do. *Proceedings of the National Academy of Sciences*, *112*, 1727 – 1732.

Hoffrage, U. , Lindsey, S. , Hertwig, R. , & Gigerenzer, G. (2000). Communicating statistical information. *Science*, *290*, 2261 – 2262.

Hofmann, W. , Friese, M. , & Strack, F. (2009). Impulse and self-control from a dual-systems perspective. *Perspectives on Psychological Science*, *4*, 162 – 176.

Hofstede, G. (1980). *Culture's consequences: International differences in work-related values*. Beverly Hills, CA: Sage.

Hogarth, R. M. , & Karelaia, N. (2005). Ignoring information in binary choice with continuous variables: When is less "more"? *Journal of Mathematical Psychology*, *49*, 115 – 124.

Hogarth, R. M. , & Karelaia, N. (2006). Take-The-Best and other simple strategies: Why and when they work "well" with binary cues. *Theory and Decision*, *61*, 205 – 249.

Hogarth, R. M. (1981). Beyond discrete biases: Functional and dysfunctional aspects of judgmental heuristics. *Psychological Bulletin*, *90*, 197 – 217.

Holroyd, C. B. , Nieuwenhuis, S. , Mars, R. B. , & Coles, M. G. H. (2004). Anterior cingulate cortex, selection for action, and error processing. In M. I. Posner, *Cognitive neuroscience of attention* (pp. 219 – 231). New York, NY: Guilford Press.

Hopcroft, R. L. (2006). Sex, status, and reproductive success in the contemporary United States. *Evolution and Human Behavior*, *27*, 104 – 120.

Hornstein, H. A. (1976). *Cruelty and kindness*. Englewood Cliffs, NJ: Prentice Hall.

Hornstein. H. A. , Masor, H. , Sole, K. , & Heilman, M. (1971). Effects of sentiment and completion of a helping act on observer helping. *Journal of Personality and Social Psychology*, *17*, 107–112.

Houston, A. , Kacelnik, A. , & McNamara, J. (1982). Some learning rules for acquiring information. In D. McFarland (Ed.), *Functional ontogeny* (pp. 140–191). London, UK: Pitman.

Houston, R. G. (1973). Sickle cell anemia and dietary precursors of cyanate. *American Journal of Clinical Nutrition*, *26*, 1261–1264.

Hrdy, S. B. (1981). *The woman that never evolved*. Cambridge, MA: Harvard University Press.

Hsee, C. K. , & Weber, E. U. (1997). A fundamental prediction error: Self-other discrepancies in risk preference. *Journal of Experimental Psychology: General*, *1*, 45–53.

Hsee, C. K. , & Weber, E. U. (1999). Cross-national differences in risk preference and lay predictions. *Journal of behavioral decision making*, *12*, 165–179.

Hu, X. , & Xie, X. (2012). Validation of the domain-specific risk-taking scale in Chinese college students. *Judgment and Decision Making*, *7*, 181–188.

Hu, Z. (2010). *Psycho-Informatics Engineering and an Instance of Its Application: Leader's Trust in Subordinate in Chinese Corporations*. PhD Dissertation of East China Normal University.

Hu, Z. , & Wang, X. T. (2014). Trust or not: Heuristics for making trust-based choices in HR management. *Journal of Business Research*, *67*, 1710–1716.

Hurly, A. T. (2003). The twin threshold model: Risk-intermediate foraging by rufous hummingbirds, *Selasphorus rufus*. *Animal Behaviour*, *66*, 751–761.

Huxley, J. S. (1942/2010). *Evolution: The modern synthesis*. Cambridge, MA: The MIT Press.

Irons, W. (1991). How did morality evolve? *Journal of Religion and Science*, *26*, 46–89.

Jablonka, E. , & Lamb, M. J. (2005). *Evolution in four dimensions: Genetic, epigenetic, behavioral, and symbolic variation in the history of life*. Cambridge, MA: The MIT press.

Jackson, D. N. , Hourany, L. , Vidmar, N. J. (1972). A four-dimensional interpretation of risk taking. *Journal of Personality*, *40*, 483–501.

Jeon, J. , & Buss, D. M. (2007). Altruism towards cousins. *Proceedings of the Royal Society B: Biological Sciences*, *274*, 1181–1187.

Jervis, R. (1992). Political implications of loss aversion. *Political Psychology*, *13*, 187–204.

Johnson, E. J. , & Goldstein, D. G. (2003). Do defaults save lives? *Science*, *302*, 1338–1339.

Johnson, E. J. , Häubl, G. , & Keinan, A. (2007). Aspects of endowment: A query theory of value construction. *Journal of Experimental Psychology: Learning, Memory, and Cognition*, *33*, 461–474.

Johnson, E. J. , Hershey, J. , Meszaros, J. , & Kunreuther, H. (1993). Framing, probability distortions, and insurance decisions. *Journal of Risk and Uncertainty*, 7,35 - 51.

Johnson, J. G., Wilke, A., & Weber, E. U. (2004). Beyond a trait view of risk-taking: A domain specific scale measuring risk perceptions, expected benefits, and perceived-risk attitude in German-speaking populations. *Polish Psychological Bulletin*, 35,153 - 172.

Johnson, J. T., & Boyd, K. R. (1995). Dispositional traits versus the content of experience: Actor/observer differences in judgments of the "authentic self". *Personality and Social Psychology Bulletin*, 21,375 - 383.

Jones, B., & Rachlin, H. (2006). Social discounting. *Psychological Science*, 17,283 - 286.

Jones, L. E., & Iacobucci, D. (1990). The structure of affect and trait judgments of political figures. *Multivariate Behavioral Research*, 24,457 - 476.

Jones, M. L. (2007). *Hofstede-Culturally questionable?* Oxford Business and Economic Conference. Oxford, UK.

Jordan, J. J., Peysakhovich, A., & Rand, D. G. (2014). Why we cooperate. In J. Decety & T. Wheatley (Eds.) *The moral brain: Multidisciplinary perspectives*. Cambridge, MA: The MIT Press.

Josephs, R. A., Larrick, R. P., Steele, C. M., & Nisbett, R. E. (1992). Protecting the self from the negative consequences of risky decisions. *Journal of Personality and Social Psychology*, 62,26 - 37.

Jou, J., Shanteau, J., & Harris, R. J. (1996). An information processing view of framing effects: The role of causal schemas in decision making. *Memory & Cognition*, 24,1 - 15.

Judge, D. S. (1995). American legacies and the variable life histories of women and men. *Human Nature*, 6,291 - 323.

Jung-Beeman, M., (2005). Bilateral brain processes for comprehending natural language. *Trends in Cognitive Science*, 9,512 - 518.

Kacelnik, A., & Bateson, M. (1996). Risky theories — The effects of variance on foraging decisions. *American Zoologist*, 36,402 - 434.

Kacelnik, A., & Bateson, M. (1997). Risk-sensitivity: Crossroads for theories of decision-making. *Trends in Cognitive Sciences*, 1,304 - 309.

Kahneman, D. (1992). Reference points, anchors, norms, and mixed feelings. *Organizational Behavior and Human Decision Processes*, 51,296 - 312.

Kahneman, D. (2002). Maps of bounded rationality: A perspective on intuitive judgment and choice. *Nobel Prize Lecture*, 8,351 - 401.

Kahneman, D., & Tversky, A. (1979). Prospect theory: An analysis of decision under risk. *Econometrica*, 47,263 - 292.

Kahneman, D., & Tversky, A. (1984). Choices, values, and frames. *American Psychologist*, 39,341 - 350.

Kahneman, D., & Tversky, A. (Eds.). (2000). *Choices, values, and frames*. New York, NY: Cambridge University Press.

Kahneman, D., Diener, E., & Schwarz, N. (1999). *Well-being: The foundations of hedonic psychology*. New York, NY: Russell Sage Foundation Press.

Kahneman, D. , Knetsch, J. L. , & Thaler, R. H. (1986). Fairness and the assumptions of economics. *Journal of Business*, *59*, 285 - 300.

Kahneman, D. , Knetsch, J. L. , & Thaler, R. H. (1990). Experimental tests of the endowment effect and the coase theorem. *Journal of Political Economy*, *98*, 1325 - 1348.

Kahneman, D. , Knetsch, J. L. , & Thaler, R. H. (1991). Anomalies: The endowment effect, loss aversion, and status quo bias. *Journal of Economic Perspective*, *5*, 193 - 206.

Kahneman, D. , Slovic, E, & Tversky, A. (Eds.) (1982). *Judgment under uncertainty*: *Heuristics and biases*. New York, NY: Cambridge University Press.

Kalat, J. (2015). *Biological psychology*. Boston, MA: Cengage Learning.

Kanter, R. M. (1977). *Men and women of the cooperation*. New York, NY: Basic Books.

Kaplan, H. S. , & Gangestad, S. G. (2005). Life history theory and evolutionary psychology. In D. M. Buss (Ed.), *The handbook of evolutionarily psychology* (pp. 528 - 551). New York, NY: John Wiley & Sons.

Kaplan, H. S. , Gangestad, S. W. , & Buss, D. M. (2005). Life history theory and evolutionary psychology. In D. M. Buss (Ed.), *The handbook of evolutionary psychology* (pp. 68 - 95). New York, NY: John Wiley & Sons.

Keinan, R. , & Bereby-Meyer, Y. (2012). "Leaving it to chance" — Passive risk taking in everyday life. *Judgment and Decision Making*, *7*, 705 - 715.

Keller, M. C. , Nesse, R. M. , & Hofferth, S. (2001). The Trivers-Willard hypothesis of parental investment: No effect in the contemporary United States. *Evolution and Human Behavior*, *22*, 343 - 366.

Kelley, S. , & Mirer, T. (1974). The simple act of voting. *American Political Science Review*, *68*, 572 - 591.

Kempf, A. , & Ruenzi, S. (2006). Status quo bias and the number of alternatives: An empirical illustration from the mutual fund industry. *Journal of Behavioral Finance*, *7*, 204 - 213.

Kenrick, D. T. , & Luce, C. L. (2000). An evolutionary life-history model of gender differences and similarities. In T. Eckes & H. M. Trautner (Eds.), *The developmental social psychology of gender* (pp. 35 - 63). Mahwah, NJ: Lawrence Erlbaum Associates.

Kenrick, D. T. , & Simpson, J. A. (1997). Why social psychology and evolutionary psychology need one another. In J. Simpson & D. Kenrick (Eds.), *Evolutionary social psychology* (pp. 1 - 20). Mahwah, NJ: Lawrence Erlbaum Associates.

Kenrick, D. T. , Griskevicius, V. , Neuberg, S. L. , & Schaller, M. (2010). Renovating the pyramid of needs: Contemporary extensions built upon ancient foundations. *Perspectives on Psychological Science*, *5*, 292 - 314.

Kermer, D. A. , Driver-Linn, E. , Wilson, T. M. , & Gilbert, D. T. (2006). Loss aversion is an affective forecasting error. *Psychological Science*, *17*, 649 - 653.

Killingsworth, M. A. , & Gilbert, D. T. (2010). A wandering mind is an unhappy mind.

Science, *330*, 932.

Kim, H. M. (2006). The effect of salience on mental accounting: How integration versus segregation of payment influences purchase decisions. *Journal of Behavioral Decision Making*, *19*, 381 – 391.

Kirby, K. N. , & Marakovic, N. N. (1996). Delay-discounting probabilistic rewards: Rates decrease as amounts increase. *Psychonomic Bulletin and Review*, *3*, 100 – 104.

Klein, W. M. P. (1997). Objective standards are not enough: Affective, self-evaluative, and behavioral responses to social comparison information. *Journal of Personality and Social Psychology*, *72*, 763 – 774.

Kleinhesselink, R. R. , & Rosa, E. A. (1991). Cognitive representations of risk perceptions: A comparison of Japan and the United States. *Journal of Cross-Cultural Psychology*, *22*, 11 – 28

Kluckholn, F. R. , & Strodtbeck, F. L. (1961). *Variations in value orientations*. Evanston, IL: Row, Peterson and Co.

Knauft, B. M. (1991). Violence and sociality in human evolution. *Current Antropology*, *32*, 391 – 428.

Knight, F. H. (1921). *Risk, uncertainty and profit*. New York, NY: Hart, Schaffner and Marx.

Koehler, J. J. (2010). The base rate fallacy reconsidered: Descriptive, normative, and methodological challenges. *Behavioral and Brain Sciences*, *19*, 1 – 17.

Koehn, N. F. (2001). Estee Lauder and the market for prestige cosmetics. *Harvard Business School Cases*, *2*, 801 – 362.

Koff, E. , & Lucas, M. (2011). Mood moderates the relationship between impulsiveness and delay discounting. *Personality and Individual Differences*, *50*, 1018 – 1022.

Kohlberg, L. (1981). *The philosophy of moral development: Moral stages and the idea of justice* (Vol. 1). New York, NY: Harper and Row.

Koop, G. J. , & Johnson, J. G. (2012). The use of multiple reference points in risky decision making. *Journal of Behavioral Decision Making*, *25*, 49 – 62.

Kramer, R. M. (1999). Trust and distrust in organizations: Emerging perspectives, enduring questions. *Annual Review Psychology*, *50*, 569 – 598.

Kramer, R. M. , & Lewicki, R. J. (2010). Repairing and enhancing trust: Approaches to reducing organizational trust deficits. *The Academy of Management Annals*, *4*, 245 – 277.

Krasnow, M. M. , Cosmides, L. , Pedersen, E. , Tooby, J. (2012). What are punishment and reputation for? *PLoS One*, *7*, e45662.

Kringelbach, M. L. , & Rolls, E. T. (2004). The functional neuroanatomy of the human orbitofrontal cortex: Evidence from neuroimaging and neuropsychology. *Progress in Neurobiology*, *72*, 341 – 372.

Krizan, Z. , & Bushman, B. J. (2011). Better than my loved ones: Social comparison tendencies among narcissists. *Personality and Individual Differences*, *50*, 212 – 216.

Krueger, J. , Ham, J. J. , & Linford, K. M. (1996). Perceptions of behavioral consistency: Are people aware of the actor-observer effect? *Psychological Science*, 7,259-264.

Kruger, D. J. , Wang, X. T. , & Wilke, A. (2007). Towards the development of an evolutionarily valid domain-specific risk-taking scale. *Evolutionary Psychology*, 5, 555-568.

Kühberger, A. , Schulte-Mecklenbeck, M. , & Perner, J. (1999). The effects of framing, reflection, probability, and payoff on risk preference in choice tasks. *Organizational Behavior and Human Decision Processes*, 78,204-231.

Lagerkvist, C. J. , Normann, A. & Åström, A. (2015). A theoretical description and experimental exploration of tri-reference point theory with respect to food choice. *Food Quality and Preference*, 41,60-74.

Lam, C. K. , Van der Vegt, G. S. , Walter, F. , & Huang, X. (2011). Harming high performers: A social comparison perspective on interpersonal harming in work teams. *Journal of Applied Psychology*, 96,588-601.

Larrick, R. P. (1993). Motivational factors in decision theories: The role of self-protection. *Psychological Bulletin*, 113,440-450.

Larrick, R. P. , Smith, E. E. , & Yates, J. F. (1992). *Reflecting on the reflection effect: Disrupting the effects of framing through thought*. Paper presented at Meetings of the Society for Judgment and Decision Making, November, St. Louis, MO.

Lau, R. R. , & Redlawsk, D. P. (2001). Advantages and disadvantages of cognitive heuristics in political decision making. *American Journal of Political Science*, 45,951-971.

Leach, F. , & Plaks, J. E. (2009). Regret for errors of commission and omission in the distant term versus near term: The role of level of abstraction. *Personality and Social Psychology Bulletin*, 35,221-229.

Ledgerwood, A. , Wakslak, C. J. , & Wang, M. A. (2010). Differential information use for near and distant decisions. *Journal of Experimental Social Psychology*, 46,638-642.

Lejuez, C. W. , Aklin, W. , Zvolensky, M. , & Pedulla, C. (2003). Evaluation of the Balloon Analogue Risk Task (BART) as a predictor of adolescent real-world risk-taking behaviors. *Journal of Adolescence*, 26,475-479.

Lejuez, C. W. , Read, J. P. , Kahler, C. W. , Richards, J. B. , Ramsey, S. E. , Stuart, G. L. , Strong, D. R. , & Brown, R. A. (2002). Evaluation of a behavioral measure of risk taking: The Balloon Analogue Risk Test (BART). *Journal of Experimental Psychology: Applied*, 8,75-84.

Lerner, J. S. , Gonzalez, R. M. , Small, D. A. , & Fischhoff, B. (2003). Effects of fear and anger on perceived risks of terrorism: A national field experiment. *Psychological Science*, 14,144-150.

Lerner, M. J. (1980). *The belief in a just world: A fundamental delusion*. New York, NY: Plenum Press.

Levin, I. P. , & Chapman, D. P. (1990). Risk taking, frame of reference, and characterization of victim groups in AIDS treatment decisions. *Journal of Experimental Social*

Psychology, 26, 421 – 434.

Levin, I. P., Gaeth, G. J., & Schreiber, J. (2002). A new look at framing effects: Distribution of effect sizes, individual differences, and independence of types of effect. *Organizational Behavior and Human Decision Processes*, 88, 411 – 429.

Levin, I. P., & Hart, S. S. (2003). Risk preferences in young children: Early evidence of individual difference in reaction to potential gains and losses. *Journal of Behavioral Decision Making*, 16, 397 – 413.

Levin, I. P., Schreiber, J., & Gaeth, G. J. (1998). All frames are not created equal: A typology and critical analysis of framing effects. *Organizational Behavior and Human Decision Processes*, 76, 149 – 188.

Li, S. (1996). What is the price for utilizing deductive reasoning? A reply to generalized expectation maximizers. *Journal of Economic Behavior and Organization*, 29, 355 – 358.

Li, S. (2004). A behavioral choice model when computational ability matters. *Applied Intelligence*, 20, 147 – 163.

Li, Y. J., Kenrick, D. T., Griskevicius, V., & Neuberg, S. L. (2012). Economic decision biases and fundamental motivations: How mating and self-protection alter loss aversion. *Journal of Personality and Social Psychology*, 102, 550 – 561.

Liberman, N., & Förster, J. (2009). Distancing from experienced self: How global-versus-local perception affects estimation of psychological distance. *Journal of Personality and Social Psychology*, 97, 203 – 216.

Liberman, N., & Trope, Y. (1998). The role of feasibility and desirability considerations in near and distant future decisions: A test of temporal construal theory. *Journal of Personality and Social Psychology*, 75, 5 – 18.

Liberman, N., & Trope, Y. (2008). The psychology of transcending the here and now. *Science*, 332, 1201 – 1205.

Liberman, N., Molden, D. C., Idson, L. C., & Higgins, E. T. (2001). Promotion and prevention focus on alternative hypotheses: Implications for attributional functions. *Journal of Personality and Social Psychology*, 80, 5 – 18.

Lichtenstein, S., Slovic, P., Fischhoff, B., Layman, M., & Combs, B. (1978). Judged frequency of lethal events. *Journal of Experimental Psychology: Human Learning and Memory*, 4, 551 – 578.

Linde, J., & Sonnemans, J. (2012). Social comparison and risky choices. *Journal of Risk and Uncertainty*, 44, 45 – 72.

Liu, W. (2008). Focusing on desirability: The effect of decision interruption and suspension on preferences. *Journal of Consumer Research*, 35, 640 – 652.

Liu, W., & Aaker, J. (2007). Do you look to the future or focus on today? The impact of life experience on intertemporal decisions. *Organizational Behavior and Human Decision Processes*, 102, 212 – 225.

Liviatan, I., Trope, Y., & Liberman, N. (2008). Interpersonal similarity as a social distance dimension: Implications for perception of others' actions. *Journal of Experimental Psychology*, *44*, 1256 - 1269.

Locke, E. A. (2002). Building a useful theory of goal setting and task motivation. *American Psychologist*, *57*, 705 - 717.

Lockwood, P., & Kunda, Z. (1997). Superstars and me: Predicting the impact of role models on the self. *Journal of Personality and Social Psychology*, *73*, 91 - 103.

Loewenstein, G., & Elster, J. (1992). *Choice over time*. New York, NY: Russell Sage Foundation.

Loewenstein, G., & Prelec, D. (1992). Anomalies in intertemporal choice: Evidence and an interpretation. *Quarterly Journal of Economics*, *57*, 573 - 597.

Loewenstein, G., Read, D., & Baumeister, R. F. (2003). *Time and decision*. New York, NY: Russell Sage Foundation.

Loewenstein, G., Weber, E. U., Hsee, C. K., & Welch, N. (2001). Risk as feelings. *Psychological Bulletin*, *127*, 267 - 286.

Loomes, G., & Sugden, R. (1982). Regret theory: An alternative theory of rational choice under uncertainty. *Economic Journal*, *92*, 805 - 824.

Loomes, G., Starmer, C., & Sugden, R. (1991). Observing violations of transitivity by experimental methods. *Econometrica*, *59*, 425 - 440.

Lopes, L. L. (1987). Between hope and fear: The psychology of risk. *Advances in Experimental Social Psychology*, *20*, 255 - 295.

Lopes, L. L., & Oden, G. C. (1999). The role of aspiration level in risky choice: A comparison of cumulative prospect theory and SP/A theory. *Journal of Mathematical Psychology*, *43*, 286 - 313.

Low, B. S. (1998). The evolution of human life histories. In C. Crawford & D. Krebs (Eds.), *Handbook of evolutionary psychology: Issues, ideas, and applications* (pp. 131 - 161). Mahwah, NJ: Lawrence Erlbaum Associates.

Lowenstein, G., & Kahneman, D. (1991). *Explaining the endowment effect*. Working paper: Carnegie Mellon University.

Lu, J., & Xie, X. (2014). To change or not to change: A matter of decision maker's role. *Organizational Behavior and Human Decision Processes*, *124*, 47 - 55.

Lu, J., Xie, X., Wang, M., & Tang, X. (2015). Double reference points: The effects of social and financial reference points on decisions under risk. *Journal of Behavioral Decision Making*, *28*, 451 - 463.

Lu, J., Xie, X., & Xu, J. (2013). Desirability or feasibility: Self-other decision-making differences. *Personality and Social Psychology Bulletin*, *39*, 144 - 155.

Lucas, R., Diener, E., Grob, A., Suh, E., & Shao, L. (2000). Cross-cultural evidence for the fundamental features of extraversion. *Journal of Personality and Social Psychology*, *79*, 452 - 463.

Luce, R. D. (1992). Where does subjective expected utility fail descriptively? *Journal of Risk and Uncertainty*, *5*, 5 - 27.

Lund, I. O. , & Rundmo, T. (2009). Cross-cultural comparisons of traffic safety, risk perception, attitudes and behaviour. *Safety Science*, 47, 547 – 553.

MacArthur, R. H. , & Wilson, E. O. (1967). *The theory of island biography*. Princeton, NJ: Princeton University Press.

MacCrimmon, K. R. , & Wehrung, D. A. (1986). *Taking risks: The management of uncertainty*. New York, NY: Free Press.

MacCrimmon, K. R. , & Wehrung, D. A. (1990). Characteristics of risk taking executives. *Management Science*, 36, 422 – 435.

Maglio, S. J. , Trope, Y. , & Liberman, N. (2013). The common currency of psychological distance. *Current Directions in Psychological Science*, 22, 278 – 282.

Malle, B. F. , & Knobe, J. (1997). Which behaviors do people explain? A basic actor-observer asymmetry. *Journal of Personality and Social Psychology*, 72, 288 – 304.

Malle, B. F. , & Pearce, G. E. (2001). Attention to behavioral events during interaction: Two actor-observer gaps and three attempts to close them. *Journal of Personality and Social Psychology*, 81, 278 – 294.

March, J. G. (1988). Variable risk preferences and adaptive aspirations. *Journal of Economic Behavior & Organization*, 9, 5 – 24.

March, J. G. , & Shapira, Z. (1987). Managerial perspectives on risk and risk taking. *Management Science*, 33, 1404 – 1418.

March, J. G. , & Shapira, Z. (1992). Variable risk preferences and the focus of attention. *Psychological Review*, 99, 172 – 183.

Marcus, G. E. (2000). Emotions in politics. *Annual Review of Political Science*, 3, 221 – 250.

Marczyk, J. (2015). Moral alliance strategies theory. *Evolutionary Psychological Science*, 1, 77 – 90.

Markowitz, H. (1952). The utility of wealth. *Journal of Political Economy*, 60, 151 – 158.

Markowitz, H. M. (1959). *Portfolio selection*. New York, NY: John Wiley & Sons.

Markus, H. R. , & Kitayama, S. (1991). Culture and the self: Implications for cognition, emotion, and motivation. *Psychological Review*, 98, 224 – 253.

Markus, H. R. , & Kitayama, S. (2003). Culture, self, and the reality of the social. *Psychological Inquiry*, 14, 277 – 283.

Martignon, L. , & Hoffrage, U. (1999). Why does one-reason decision making work? A case study in ecological rationality. In G. Gigerenzer, P. M. Todd, & the ABC Research Group, *Simple heuristics that make us smart* (pp. 119 – 140). New York, NY: Oxford University Press.

Martignon, L. , & Hoffrage, U. (2002). Fast, frugal and fit: Simple heuristics for paired comparison. *Theory and Decision*, 52, 29 – 71.

Masicampo, E. J. , & Baumeister, R. F. (2008). Toward a physiology of dual-process reasoning and judgment: Lemonade, willpower, and expensive rule-based analysis. *Psychological Science*, 19, 255 – 260.

Maslow, A. H. (1943). A theory of human motivation. *Psychological Review*, *50*, 370 - 396.

Maslow, A. H. (1954). *Motivation and personality*. New York, NY: Harper and Row.

Mason, W. , & Watts, D. J. (2010). Financial incentives and the performance of crowds. *ACM SIGKDD Explorations Newsletter*, *11*, 100 - 108.

Mateo, M. M. , Cabanis, M. , Stenmanns, J. , & Krach, S. (2013). Esseentializing the binary self: Individualism and collectivism in cultural neuroscience. *Frontiers in Human Neuroscience*, *7*, 1 - 4.

Matthews, J. L. , & Matlock, T. (2011). Understanding the link between spatial distance and social distance. *Social Psychology*, *42*, 185 - 192.

Maule, A. J. (1989). Positive and negative decision frames: A verbal protocol analysis of the Asian disease problem of Kahneman and Tversky. In H. Montgomery & O. Svenson (Eds.), *Process and structure in human decision making* (pp. 163 - 180). New York, NY: John Wiley & Sons.

Mazur, J. E. (1984). Tests of an equivalence rule for fixed and variable reinforcer delays. *Experimental Psychology: Animal Behavior*, *10*, 426 - 436.

McBurney, D. H. , Gaulin, S. J. , Devineni, T. , & Adams, C. (1997). Superior spatial memory of women: Stronger evidence for the gathering hypothesis. *Evolution and Human Behavior*, *18*, 165 - 174.

McClure, S. , Laibson, D. , Loewenstein, G. , & Cohen, J. (2004). Separate neural systems value immediate and delayed monetary rewards. *Science*, *306*, 503 - 507.

McEvily, B. , Perrone, V. , & Zaheer, A. (2003). Trust as an organizing principle. *Organization Science*, *14*, 91 - 103.

McNeil, B. J. , Pauker, S. G. , Sox, H. C. , Jr. , & Tversky, A. (1982). On the elicitation of preferences for alternative therapies. *New England Journal of Medicine*, *306*, 1259 - 1262.

Medin, D. L. , & Edelson, S. M. (1988). Problem structure and the use of base-rate information from experience. J*ournal of Experimental Psychology: General*, *117*, 68 - 85.

Meertens, R. M. , & Lion, R. (2008). Measuring an individual's tendency to take risks: The risk propensity scale. *Journal of Applied Social Psychology*, *38*, 1506 - 1520.

Mellers, B. A. , Schwartz, A. , Ho, K. , & Ritov, I. (1997). Decision affect theory: Emotional reactions to the outcomes of risky options. *Psychological Science*, *8*, 423 - 429.

Mellers, B. , Schwartz, A. , & Ritov, I. (1999). Emotion-based choice. *Journal of Experimental Psychology: General*, *128*, 332 - 345.

Messick, D. M. , & Sentis, K. P. (1979). Fairness and preference. *Journal of Experimental Social Psychology*, *15*, 418 - 434.

Messick, D. M. , & Sentis, K. P. (1983). Fairness, preference, and fairness biases. In D. M. Messick & K. S. Cook (Eds.), *Equity theory* (pp. 61 - 94). New York, NY: Praeger.

Metcalfe, J. , & Mischel, W. (1999). A hot/cool-system analysis of delay of gratification:

Dynamics of willpower. *Psychological Review*, *106*, 3 – 19.

Michalski, R. L., & Shackelford, T. K. (2005). Grandparental investment as a function of relational uncertainty and emotional closeness with parents. *Human Nature*, *16*, 293 – 305.

Miller, G. (2011). *The mating mind : How sexual choice shaped the evolution of human nature*. New York, NY: Doubleday.

Miller, G. A. (1956). The magical number seven, plus or minus two: Some limits on our capacity for processing information. *Psychological Review*, *63*, 81 – 97.

Miller, P. M., & Fagley, N. S. (1991). The effects of framing, problem variations, and providing rationale on choice. *Personality and Social Psychology Bulletin*, *17*, 517 – 522.

Miller, P. M., & Fagley, N. S. (1992). *Framing effects and arenas of choice : Your money or your life?* Paper presented at the annual meeting of the Society for Judgment and Decision Making, November, St. Louis, MO.

Mishra, S., & Fiddick, L. (2012). Beyond gains and losses: The effect of need on risky choice in framed decisions. *Journal of Personality and Social Psychology*, *102*, 1136 – 1147.

Mitchinson, J., & Lloyd, J. (2008). *The book of animal ignorance : Everything you think you know is wrong*. London, UK: Faber and Faber Limited.

Mobini, S., Grant, A., Kass, A. E., & Yeomans, M. R. (2007). Relationships between functional and dysfunctional impulsivity, delay discounting and cognitive distortions. *Personality and Individual Differences*, *43*, 1517 – 1528.

Molden, D. C., Hui, C. M., Scholer, A. A., Meier, B. P., Noreen, E. E., D'Agostino, P. R., & Martin, V. (2012). Motivational versus metabolic effects of carbohydrates on self-control. *Psychological Science*, *23*, 1137 – 1144.

Monterosso, J., & Ainslie, G. (1999). Beyond discounting: Possible experimental models of impulse control. *Psychopharmacology*, *146*, 339 – 347.

Monterosso, J., Ehrman, R., Napier, K. L., O'Brien, C. P., & Childress, A. R. (2001). Three decision-making tasks in cocaine-dependent patients: Do they measure the same construct? *Addiction*, *96*, 1825 – 1837.

Moore, D. A., & Klein, W. M. P. (2008). Use of absolute and comparative performance feedback in absolute and comparative judgments and decisions. *Organizational Behavior and Human Decision Processes*, *107*, 60 – 74.

Morewedge, C. K., Gilbert, D. T., Myrseth, K. O. R., Kassam, K. S., & Wilson, T. D. (2010). Consuming experience: Why affective forecasters overestimate comparative value. Journal of *Experimental Social Psychology*, *46*, 986 – 992.

Morewedge, C. K., Shu, L. L., Gilbert, D. T., & Wilson, T. D. (2009). Bad riddance or good rubbish? Ownership and not loss aversion causes the endowment effect. *Journal of Experimental Social Psychology*, *45*, 947 – 951.

Morrongiello, B. A., Lasenby-Lessard, J., & Corbett, M. (2009). Children's risk taking in a gambling task and injury-risk situation: Evidence for domain specificity in risk decisions. *Personality and Individual Differences*, *46*, 298 - 302.

Moshinsky, A., & Bar-Hillel, M. (2010). Loss aversion and status quo label bias. *Social Cognition*, *28*, 191 - 204.

Muraven, M., & Slessareva, E. (2003). Mechanisms of self-control failure: Motivation and limited resources. *Personality and Social Psychology Bulletin*, *29*, 894 - 906.

Mussweiler, T. (2003). Comparison processes in social judgment: Mechanism and consequences. *Psychological Review*, *110*, 472 - 489.

Myers, D. G. (2008). *A friendly letter to skeptics and atheists: Musings on why God is good and faith isn't evil*. San Francisco, CA: Jossey-Bass.

Myers, M. W., & Hodges, S. D. (2012). The structure of self-other overlap and its relationship to perspective taking. *Personal Relationship*, *19*, 663 - 679.

Nan, X. (2007). Social distance, framing, and judgment: A construal level perspective. *Human Communication Research*, *33*, 489 - 514.

Neale, M. A., & Bazerman, M. H. (1991). *Cognition and rationality in negotiation*. New York, NY: Free Press.

Newell, B. R., Weston, N. J., & Shanks, D. R. (2003). Empirical tests of a fast-and-frugal heuristic: Not everyone "takes-the-best". *Organizational Behavior and Human Decision Processes*, *91*, 82 - 96.

Novemsky, N., & Kahneman, D. (2005). The boundaries of loss aversion. *Journal of Marketing Research*, *42*, 119 - 128.

Nowak, M. A. (2006a). *Evolutionary dynamics*. Cambridge, MA: Harvard University Press.

Nowak, M. A. (2006b). Five rules for the evolution of cooperation. *Science*, *314*, 1560 - 1563.

O'Doherty, J., Kringelbach, M. L., Rolls, E. T., Hornak, J. & Andrews. C. (2001). Abstract reward and punishment representations in the human orbitofrontal cortex. *Nature Neuroscience*, *4*, 95 - 102.

Olson, E. A., Hooper, C. J., Collins, P., & Luciana, M. (2007). Adolescents' performance on delay and probability discounting tasks: Contributions of age, intelligence, executive functioning, and self-reported externalizing behavior. *Personality and Individual Differences*, *43*, 1886 - 1897.

Ordóñez, L. D., Connolly, T., & Coughlan, R. (2000). Multiple reference points in satisfaction and fairness assessment. *Journal of Behavioral Decision Making*, *13*, 329 - 344.

Parks, C. D., & Stone, A. B. (2010). The desire to expel unselfish members from the group. *Journal of Personality and Social Behavior*, *99*, 303 - 310.

Payne, J. W., Laughhunn, D. J., & Crum, R. (1980). Translation of gambles and aspiration-level effects in risky choice behavior. *Management Science*, *26*, 1039 - 1060.

Payne, J. W., Laughhunn, D. J., & Crum, R. (1981). Further tests of aspiration level effects in risky choice behavior. *Management Science*, 27,953 - 958.

Pelham, B. W. , & Wachsmuth, J. O. (1995). The waxing and waning of the social self: Assimilation and contrast in social comparison. *Journal of Personality and Social Psychology*, 69,825 - 838.

Peters, E. , & Slovic, P. (2000). The springs of action: Affective and analytical information processing in choice. *Personality and Social Psychology Bulletin*, 26,1465 - 1475.

Peters, E. , Västfjäll, D. , Slovic, P. , Mertz, C. , Mazzocco, K. , & Dickert, S. (2006). Numeracy and decision making. *Psychological Science*, 17,407 - 413.

Petry, N. M. (2002). Discounting of delayed rewards in substance abusers: Relationship to antisocial personality disorder. *Psychopharmacology*, 162,425 - 432.

Pham, M. T. , Cohen, J. B. , Pracejus, J. W. , & Hughes, G. D. (2001). Affect monitoring and the primacy of feelings in judgment. *Journal of Consumer Research*, 28,167 - 188.

Piazza, M. , Izard, V. , Pinel, P. , Le Bihan, D. , & Dehaene, S. (2004). Tuning curves for approximate numerosity in the human intraparietal sulcus. *Neuron*, 44,547 - 555.

Pietschnig, J. , & Voracek, M. (2015). One century of global IQ gains — A formal meta-analysis of the Flynn effect (1909 - 2013). *Perspectives on Psychological Science*, 10, 282 - 306.

Pillow, D. R. , Zautra, A. J. , & Sandler, I. (1996). Major life events and minor stressors: Identifying mediation links in the stress process. *Journal of Personality and Social Psychology*, 70,381 - 394.

Pinel, P. , Piazza, M. , Le Bihan, D. , & Dehaene, S. (2004). Distributed and overlapping cerebral representations of number, size, and luminance during comparative judgments. *Neuron*, 41,983 - 993.

Pinker, S. (1997). *How the mind works*. New York, NY: W. W. Norton & Company.

Pollatsek, A. , & Tversky, A. (1970). A theory of risk. *Journal of Mathematical Psychology*, 7,540 - 553.

Polman, E. (2010). Information distortion in self-other decision making. *Journal of Experimental Social Psychology*, 46,432 - 435.

Polman, E. (2012a). Effects of self-other decision making on regulatory focus and choice overload. *Journal of Personality and Social Psychology*, 102,980 - 993.

Polman, E. (2012b). Self-other decision making and loss aversion. *Organizational Behavior and Human Decision Processes*, 119,141 - 150.

Polman, E. , & Emich, K. J. (2011). Decisions for others are more creative than decisions for the self. *Personality and Social Psychology Bulletin*, 37,492 - 501.

Popkin, S. L. (1979). *The rational peasant: The political economy of rural society in Vietnam*. Berkeley, CA: University of California Press.

Promislow, D. E. , & Harvey, P. H. (1990). Living fast and dying young: A comparative analysis of life-history variation among mammals. *Journal of Zoology*, 220,417 - 437.

Pronin, E. , Olivola, C. Y. , & Kennedy, K. A. (2008). Doing unto future selves as you would do unto others: Psychological distance and decision making. *Personality and Social*

Psychology Bulletin, *34*, 224 - 236.

Putnam, R. D. , & Campbell, D. E. (2010). *American grace: How religion divides and unites us.* New York, NY: Simon & Schuster.

Pyszczynski, T. , Greenberg, J. , & Solomon, S. (1997). Why do we need what we need? A terror management perspective on the roots of human social motivation. *Psychological Inquiry*, *8*, 1 - 20.

Pyszczynski, T. , Greenberg, J. , & Solomon, S. (1999). A dual-process model of defense against conscious and unconscious death-relates thoughts: An extension of terror management theory. *Psychological Review*, *106*, 835 - 845.

Rachlin, H. , & Jones, B. A. (2008). Social discounting and delay discounting. *Journal of Behavioral Decision Making*, *21*, 29 - 43.

Rachlin, H. , Ranieri, A. , & Cross, D. (1991). Subjective probability and delay. *Journal of the Experimental Analysis of Behavior*, *55*, 233 - 244.

Ragsdale, L. (1991). Strong feelings: Emotional responses to presidents. *Political Behavior*, *13*, 33 - 65.

Raiffa, H. (1982). *The art and science of negotiation.* Cambridge, MA: Belknap.

Rao, L. -L. , Li, S. , Jiang, T. , & Zhou, Y. (2012). Is payoff necessarily weighted by probability when making a risky choice? Evidence from functional connectivity analysis. *PLoS One*, *7*, e41048.

Rao, L. -L. , Wang, X. T. , & Li, S. (2015). Investment choice and perceived mating intentions regulated by external resource cues and internal fluctuation in blood glucose levels. *Frontiers in Psychology*, *5*, 1523.

Rao, L. -L. , Zhou, Y. , Xu, L. , Liang, Z. -Y. , Jiang, T. , & Li, S. (2011). Are risky choices actually guided by a compensatory process? New insights from fMRI. *PLoS One*, *6*, e14756.

Read, D. , & Read, N. L. (2001). An age-embedding effect: Time sensitivity and time insensitivity when pricing health benefits. *Acta Psychologica*, *108*, 117 - 136.

Real, L. (1991). Animal choice behavior and the evolution of cognitive architecture. *Science*, *253*, 980 - 986.

Real, L. , & Caraco, T. (1986). Risk and foraging in stochastic environments. *Annual Review of Ecology and Systematics*, *17*, 371 - 390.

Reb, J. , & Connolly, T. (2010). Possession, feelings of ownership, and the endowment effect. *Judgment and Decision Making*, *2*, 107 - 114.

Reddy, R. (1988). Foundations and grand challenges of Artificial Intelligence: AAAI Presidential Address. *AI Magazine*, *9*, 9 - 21.

Reyna, V. F. , & Brainerd, C. J. (1991). Fuzzy-trace theory and framing effects in choice: Gist extraction, truncation, and conversion. *Journal of Behavioral Decision Making*, *4*, 249 - 262.

Reyna, V. F. , Nelson, W. L. , Han, P. K. , & Dieckmann, N. F. (2009). How numeracy influences risk comprehension and medical decision making. *Psychological Bulletin*, *135*,

943 – 973.

Rieskamp, J. , & Otto, P. E. (2006). SSL: A theory of how people learn to select strategies. *Journal of Experimental Psychology: General*, *135* ,207 – 236.

Risen, J. L. , & Gilovich, T. (2007). Another look at why people are reluctant to exchange lottery tickets. *Journal of Personality and Social Psychology*, *93* ,12 – 22.

Roberts, H. F. (1929). *Plant hybridization before Mendel*. Princeton, NJ: Princeton University Press.

Rohde, I. M. T. , & Rohde, K. I. M. (2011). Risk attitudes in a social context. *Journal of Risk and Uncertainty*, *43* ,205 – 225.

Roiser, J. P. , De Martino, B. , Tan, G. C. Y. , Kumaran, D. , Seymour, B. , Wood, N. W. , & Dolan, R. (2009). A genetically mediated bias in decision making driven by failure of amygdala control. *Journal of Neuroscience*, *29* ,5985 – 5991.

Rosenthal, R. (1976). *Experimenter effects in behavioral research*. New York, NY: John Wiley & Sons.

Ross, M. , & Fletcher, G. J. O. (1985). Attribution and social perception. In L. , Gardner, & A. Elliot (Eds.), *The handbook of social psychology* (3rd Ed. , Vol. 2, pp. 73 – 122). Reading, MA: Addison-Wesley.

Roussanov, N. , & Savor, P. (2013). *Status, marriage, and managers' attitudes to risk*. AFA 2013 San Diego Meetings Paper. Available at SSRN: http://ssrn. com/abstract = 1787381.

Rousseau, D. M. , Sitkin, S. B. , Burt, R. S. , & Camerer, C. (1998). Not so different after all: A cross-discipline view of trust. *Academy of Management Review*, *23* ,394 – 404.

Roy, A. D. (1952). Safety first and the holding of assets. *Econometrica*, *20* , 431 – 449.

Rozin, P. , & Royzman, E. B. (2001). Negativity bias, negativity dominance, and contagion. *Personality and Social Psychology Review*, *5* ,296 – 320.

Ruffle, B. J. , & Sosis, R. (2006). Cooperation and the in-group-out-group bias: A field test on Israeli kibbutz members and city residents. *Journal of Economic Behavior and Organization*, *60* , 147 – 163.

Sagristano, M. D. , Trope, Y. , & Liberman, N. (2002). Time-dependent gambling: Odds now, money later. *Journal of Experimental Psychology: General*, *131* ,364 – 376.

Sako, M. (1992). *Prices, quality, and trust: Inter-firm relations in Britain and Japan*. New York, NY: Cambridge University Press.

Samuelson, P. (1937). A note on measurement of utility. *Review of Economic Studies*, *4* , 155 – 161.

Samuelson, W. , & Zeckhauser, R. (1988). Status quo bias in decision making. *Journal of Risk and Uncertainty*, *1* ,7 – 59.

Sandel, M. J. (2010). *Justice: What's the right thing to do?* New York, NY: Farrar, Straus, and Giroux.

Sarin, R. K. , & Weber, M. (1993). Risk-value models. *European Journal of Operational Research*, *70* ,135 – 149.

Savage, L. J. (1954). *The foundations of statistics*. New York, NY: John Wiley & Sons.

Schneider, S. L. (1992). Framing and conflict: Aspiration level contingency, the status quo, and current theories of risky choice. *Journal of Experimental Psychology: Learning, Memory, and Cognition*, *18*, 1040 – 1057.

Schneider, S. L., & Lopes, L. L. (1986). Reflection in preferences under risk: Who and when may suggest why. *Journal of Experimental Psychology: Human Perception and Performance*, *12*, 535 – 548.

Scholten, M., & Read, D. (2010). The psychology of intertemporal tradeoffs. *Psychological Review*, *117*, 925 – 944.

Schumann, K., McGregor, I., Nash, K. A., & Ross, M. (2014). Religious magnanimity: Reminding people of their religious belief system reduces hostility after threat. *Journal of Personality and Social Psychology*, *107*, 432 – 453.

Schwarz, N., & Clore, G. L. (1983). Mood, misattribution, and judgments of well-being: Informative and directive functions of affective states. *Journal of Personality and Social Psychology*, *45*, 513 – 523.

Scott, J. C. (1976). *The moral economy of the peasant: Subsistence and rebellion in Southeast Asia*. New Haven, CT: Yale University Press.

Shah, J., & Higgins, E. T. (1997). Expectancy-value effects: Regulatory focus as determinant of magnitude and direction. *Journal of Personality and Social Psychology*, *73*, 447 – 458.

Shah, J., Higgins, E. T., & Friedman, R. S. (1998). Performance incentives and means: How regulatory focus influences goal attainment. *Journal of Personality and Social Psychology*, *74*, 285 – 293.

Shamosh, N. A., & Gray, J. R. (2008). Delay discounting and intelligence: A meta-analysis. *Intelligence*, *38*, 289 – 305.

Shanteau, J. (1992). How much information does an expert use? Is it relevant? *Acta Psychologia*, *81*, 75 – 86.

Shariff, A. F., Norenzayan, A., & Henrich, J. (2010). The birth of high gods: How the cultural evolution of supernatural policing influenced the emergence of complex, cooperative human societies, paving the way for civilization. In M. Schaller, A. Norenzayan, S. J. Heine, T. Yamagishi, & T. Kameda (Eds.), *Evolution, culture, and the human mind* (pp. 119 – 136). New York, NY: Psychology Press.

Shepard, R. N. (1984). Ecological constraints on internal representation: Resonant kinematics of perceiving, imaging, thinking, and dreaming. *Psychological Review*, *91*, 417 – 447.

Shoorman, F. D., Mayer, R. C., Douglas, C. A., & Hetrick, C. T. (1994). Escalation of commitment and the framing effect: An empirical investigation. *Journal of Applied Social Psychology*, *24*, 509 – 528.

Shure, G. H., & Meeker, R. J. (1967). A personality/attitude schedule for use in experimental bargaining studies. *The Journal of Psychology: Interdisciplinary and Allied*, *65*, 233 – 252.

Sibly, R. M. , & Calow, P. (1986). *Physiological ecology of animals: An evolutionary approach*. Oxford, UK: Blackwell Scientific Publications.

Silverman, I. , & Eals, M. (1992). Sex differences in spatial abilities: Evolutionary theory and data. In J. Barkow, L. Cosmides, & J. Tooby (Eds.), *The adapted mind* (pp. 533 – 549). Oxford, UK: Oxford University Press.

Silverman, I. , Choi, J. , & Peters, M. (2007). The hunter-gatherer theory of sex differences in spatial abilities: Data from 40 countries. *Archives of Sexual Behavior*, *36*, 261 – 268.

Simon, H. A. (1955). A behavioral model of rational choice. *Quarterly Journal of Economics*, *69*, 99 – 118.

Simon, H. A. (1956). Rational choice and the structure of the environment. *Psychological Review*, *63*, 129 – 138.

Simon, H. A. (1972). *The Sciences of the artificial*. Cambridge, MA: MIT Press.

Simon, H. A. (1990). Invariants of human behavior. *Annual Review of Psychology*, *41*, 1 – 19.

Singelis, T. M. , Triandis, H. C. , Bhawuk, D. P. S. , & Gelfand, M. J. (1995). Horizontal and vertical dimensions of individualism and collectivism: A theoretical and measurement refinement. *Journal of Cross-Cultural Psychology*, *29*, 240 – 275.

Sitkin, S. B. , & Weingart, L. R. (1995). Determinants of risky decision-making behavior: A test of the mediating role of risk perceptions and propensity. *The Academy of Management Journal*, *38*, 1573 – 1592.

Sjöberg, L . (2000). Factors in Risk Perception. *Risk Analysis*, *20*, 1 – 11.

Sjöberg, L. (1997). Explaining risk perception: An empirical evaluation of cultural theory. *Risk Decision and Policy*, *2*, 113 – 130.

Slovic, P. , Finucane, M. , Peters, E. , & MacGregor, D. G. (2002). The affect heuristic. In T. Gilovich, D. Kahneman, & D. Griffin (Eds.), *Heuristics and biases: Psychology of intuitive judgment* (pp. 397 – 420). Cambridge, UK: Cambridge University Press.

Slovic, P. , Lichtenstein, S. , & Fischhoff, B. (1988). Decision making. In R. C. Atkinson, R. J. Herrnstein, G. Lindzey, & R. D. Luce (Eds.), *Stevens' handbook of experimental psychology* (pp. 673 – 738). New York, NY: John Wiley & Sons.

Smallwood, J. , McSpadden, M. , & Schooler, J. W. (2008). When attention matters: The curious incident of the wandering mind. *Memory and Cognition*, *36*, 1144 – 1150.

Smallwood, J. , Ruby, F. J. M. , & Singer, T. (2013). Letting go of the present: Mind-wandering is associated with reduced delay discounting. *Consciousness and Cognition*, *22*, 1 – 7.

Smith, A. (1776). *An inquiry into the nature and causes of the wealth of nations*. London, UK: Routledge and Sons.

Smith, M. J. (1982). *Evolution and the theory of games*. New York, NY: Cambridge University Press

Smith, M. J. , & Price, G. R. (1973). The logic of animal conflict. *Nature*, *246*, 15 – 18.

Solnick, S. J. , & Hemenway, D. (1998). Is more always better? A survey on positional concerns. *Journal of Economic Behavior and Organization*, 37,373 - 383.

Solomon, S. , Greenberg, J. , & Pyszczynski, T. (2004). The cultural animal: Twenty years of terror management theory and research. In J. Greenberg, S. L. Koole, & T. Pyszczynski (Eds.), *Handbook of experimental existential psychology* (pp. 13 - 34.). New York, NY: Guilford Press.

Spector, T. (2012). *Identically different: Why you can change your genes*. London: Weidenfeld & Nicolson.

Stearns, S. C. (1992). *The evolution of life histories*. Oxford, UK: Oxford University Press.

Steinberg, L. , Graham, S. , O'Brien, L. , Woolard, J. , Cauffman, E. , Banich, M. (2009). Age differences in future orientation and delay discounting. *Child Development*, 80, 28 - 44.

Steinmetz, J. , & Mussweiler, T. (2011). Breaking the ice: How physical warmth shapes social comparison consequences. *Journal of Experimental Social Psychology*, 47,1025 - 1038.

Stellman, S. D. , & Garfinkel, L. (1986). Artificial sweetener use and one-year weight. *Preventive Medicine*, 15,195 - 202.

Stephan, E. , Liberman, N. & Trope, Y. (2011). The effects of time perspective and level of construal on social distance. *Journal of Experimental Social Psychology*, 47,397 - 402.

Stephens, D. W. , & Krebs, J. R. (1986). *Foraging theory*. Princeton, NJ: Princeton University Press.

Stone, E. R. , & Allgaier, L. (2008). A social values analysis of self-other differences in decision making involving risk. *Basic and Applied Social Psychology*, 30,114 - 129.

Stone, E. R. , Yates, A. J. , & Caruthers, A. S. (2002). Risk taking in decision making for others versus the self. *Journal of Applied Social Psychology*, 32,1797 - 1824.

Strack, F. , & Deutsch, R. (2004). Reflective and impulsive determinants of social behavior. *Personality and Social Psychology Review*, 8,220 - 247.

Strahilevitz, M. A. , & Loewenstein, G. (1998). The effect of ownership history on the valuation of objects. *Journal of Consumer Research*, 25,276 - 289.

Su, Y. , Rao, L. -L. , Sun, H. -Y. , Du, X. -L. , Li, X. , & Li, S. (2013). Is making a risky choice based on a weighting and adding process? An eye-tracking investigation. *Journal of Experimental Psychology: Learning, Memory, and Cognition*, 39, 1765 - 1780.

Sullivan, K. , & Kida, T. (1995). The effect of multiple reference points and prior gains and losses on managers' risky decision making. *Organizational Behavior and Human Decision Processes*, 64,76 - 83.

Sulloway, F. J. (1995). Birth order and evolutionary psychology: A metaanalytic overview. *Psychological Inquiry*, 6,75 - 80.

Sulloway, F. J. (1996). *Born to rebel: Radical thinking in science and social thought*. New York, NY: Pantheon.

Svenson, O. (1996). Decision making and the search for fundamental psychological regularities: What can be learned from a process perspective? *Organizational Behavior and Human Decision Processes*, *65*, 252 – 267.

Tajfel, H. (1970). Experiments in intergroup discrimination. *Scientific American*, *223*, 96 – 102.

Tajfel, H. (1981). *Human groups and social categories: Studies in social psychology.* Cambridge, NJ: Cambridge University Press.

Tajfel, H., & Billig, M. (1974). Familiarity and categorization in intergroup behavior. *Journal of Experimental Social Psychology*, *10*, 159 – 170.

Tajfel, H., Billig, M., Bundy, R., & Flament, C. (1971). Social categorization and intergroup behavior. *European Journal of Social Psychology*, *1*, 149 – 178.

Takemura, K. (1994). Influence of elaboration on the framing of decision. *The Journal of Psychology*, *128*, 33 – 39.

Talmi, D., Hurlemann, R., Patin, A., & Dolan, R. (2010). Framing effect following bilateral amygdala lesion. *Neuropsychologia*, *48*, 1823 – 1827.

Tan, H.-H., & Tan, C. S. (2000). Toward the differentiation of trust in supervisor and trust in organization. *Genetic, Social, and General Psychology Monographs*, *126*, 241 – 260.

Teigen, K. H., Brun, W., & Slovic, P. (1988). Societal risks as seen by a Norwegian public. *Journal of Behavioral Decision Making*, *1*, 111 – 130.

Thaler, R. H. (1985). Mental accounting and consumer choice. *Marketing Science*, *4*, 199 – 214.

Thaler, R. H, & Johnson, E. J. (1990). Gambling with the house money and trying to break even: The effects of prior outcomes on risky choice. *Management Science*, *36*, 643 – 660.

Thaler, R. H. (1980). Toward a positive theory of consumer choice. *Journal of Economic Behavior and Organization*, *1*, 39 – 60.

Thaler, R. H. (1999). Mental accounting matters. *Journal of Behavior Decision Making*, *12*, 183 – 206.

Thomson, J. J. (1976). Killing, letting die and the trolley problem. *Monist*, *59*, 204 – 217.

Tinbergen, N. (1951). *The study of instinct.* Oxford, UK: Oxford University Press.

Todd, P. M., & Miller, G. F. (1999). From pride and prejudice to persuasion: Satisficing in mate search. In G. Gigerenzer, P. M. Todd, & the ABC Research Group, *Simple heuristics that make us smart* (pp. 287 – 308). New York, NY: Oxford University Press.

Todorov, A., Goren, A., & Trope, Y. (2007). Probability as a psychological distance: Construal and Preferences. *Journal of Experimental Social Psychology*, *43*, 473 – 482.

Tom, S. M., Fox, C. R., Trepel, C., & Poldrack, R. A. (2007). The neural basis of loss aversion in decision-making under risk. *Science*, *315*, 515 – 518.

Tooby, J., & Cosmides, L. (1992). Cognitive adaptations for social exchange. In J. H. Barkow, L. Cosmides, & J. Tooby (Eds.), *The adapted mind: Evolutionary psychology and the generation of culture* (pp. 19 – 136). New York, NY: Oxford University Press.

Triandis, H. C. (1989). The self and social behavior in differing cultural context.

Psychological Review, *96*, 506 – 520.

Triandis, H. C. (1995). *Individualism and collectivism*. Boulder, CO: Westview.

Trivers, R. L. & Willard, D. E. (1973). Natural selection of parental ability to vary the sex ratio of offspring. *Science*, *179*, 90 – 91.

Trivers, R. L. (1971). The evolution of reciprocal altruism. *The Quarterly Review of Biology*, *46*, 35 – 57.

Trivers, R. L. (1972). Parental investment and sexual selection. In B. Campbell (Ed.), *Sexual Selection and the Descent of Man* (pp. 1871 – 1971). New York, NY: Aldine de Gruyter.

Trivers, R. L. (1974). Parent-offspring conflict. *American Zoologist*, *14*, 249 – 264.

Trochim, W. M. K. (2004). *Research methods: The concise knowledge base*. Cincinnati, OH: Atomic Dog Publishers.

Trope, Y., & Liberman, N. (2000). Temporal construal and time-dependent changes in preference. *Journal of Personality and Social Psychology*, *79*, 876 – 889.

Trope, Y., & Liberman, N. (2003). Temporal construal. *Psychological Review*, *110*, 403 – 421.

Trope, Y., & Liberman, N. (2010). Construal-level theory of psychological distance. *Psychological Review*, *117*, 440 – 463.

Trope, Y., Liberman, N., & Wakslak, C. (2007). Construal levels and psychological distance: Effects on representation, prediction, evaluation, and behavior. *Journal of Consumer Psychology*, *17*, 83 – 95.

Tversky, A. (1969). Intransitivity of preferences. *Psychological Review*, *76*, 31 – 48.

Tversky, A. (1972). Elimination by aspects: A theory of choice. *Psychological Review*, *79*, 281 – 299.

Tversky, A., & Kahneman, D. (1981). The framing of decisions and the psychology of choice. *Science*, *211*, 453 – 458.

Tversky, A., & Kahneman, D. (1986). Rational choice and the framing of decisions. *Journal of Business*, *59*, 251 – 278.

Tversky, A., & Kahneman, D. (1992). Advances in prospect theory: Cumulative representation of uncertainty. *Journal of Risk and Uncertainty*, *5*, 297 – 323.

Tyler, T. R., & Lind, E. A. (1992). A relational model or authority in groups. In Snyder (Ed.), *Advances in experimental social psychology*. New York, NY: Academic Press.

Uzzi, B. (1997). Social structure and competition in interfirm networks: The paradox of embeddedness. *Administrative Science Quarterly*, *42*, 35 – 67.

Vigil-Colet, A. (2007). Impulsivity and decision making in the Balloon Analogue Risk-taking Task. *Personality and Individual Differences*, *43*, 37 – 45.

Vohs, K. D., Baumeister, R. F., Schmeichel, B. J., Twenge, J. M., Nelson, N. M., & Tice, D. M. (2008). Making choices impairs subsequent self-control: A limited-resource account of decision making, self-regulation, and active initiative. *Journal of Personality and Social Psychology*, *94*, 883 – 898.

von Neumann, J. , & Morgenstern, O. (1944). *Theory of games and economic behavior*. Princeton, NJ: Princeton University Press.

von Neumann, J. , & Morgenstern, O. (1947). *Theory of games and economic behavior*. Princeton, NJ: Princeton University Press.

Vroom, V. H. (1964). *Work and motivation*. New York, NY: John Wiley & Sons.

Wagenaar, W. A. , Keren, G. , & Lichtenstein, S. (1988). Islanders and hostages: Deep and surface structures of decision problems. *Acta Psychologica*, 67,175 – 189.

Wakslak, C. J. , Trope, Y. , Liberman, N. , & Alony, R. (2006). Seeing the forest when entry is unlikely: Probability and the mental representation of events. *Journal of Experimental Psychology: General*, 135,641 – 653.

Wakslak, C. , & Trope, Y. (2009). The effect of construal level on subjective probability estimates. *Psychological Science*, 20,52 – 58.

Wang, X. T. (1996a). Domain-specific rationality in human choices: Violations of utility axioms and social contexts. *Cognition*, 60,31 – 63.

Wang, X. T. (1996b). Evolutionary hypotheses of risk-sensitive choice: Age differences and perspective change. *Ethology and Sociobiology*, 17,1 – 15.

Wang, X. T. (1996c). Framing effects: Dynamics and task domains. *Organizational Behavior and Human Decision Processes*, 68,145 – 157.

Wang, X. T. (2001). Bounded rationality of economic man: New frontiers in evolutionary psychology and bioeconomics. *Journal of Bioeconomics*, 3,83 – 89.

Wang, X. T. (2002a). A kith-and-kin rationality in risky choices: Empirical examinations and theoretical modeling. In F. Salter (Ed.), *Risky transactions: Trust, kinship, and ethnicity* (pp. 47 – 70). Oxford, UK: Berghahn Books.

Wang, X. T. (2002b). Risk as reproductive variance. *Evolution and Human Behavior*, 23, 35 – 57.

Wang, X. T. (2004). *Hedonic mental accounting and consumer preference*. Paper presented at the Society of Consumer Psychology Conference at the APA (Association of American psychology) Annual Convention, Hawaii, USA.

Wang, X. T. (2006). Emotions within reason: Resolving conflicts in risk preference. *Cognition and Emotion*, 20,1132 – 1152.

Wang, X. T. (2007). Evolutionary psychology of investment decisions: Expected allocation of personal money and differential parental investment in sons and daughters. 心理学报,39, 406 – 414.

Wang, X. T. (2008a). Decision heuristics as predictors of public choice. *Journal of Behavioral Decision Making*, 21,77 – 89.

Wang, X. T. (2008b). Risk communication and risky choice in context: Ambiguity and ambivalence hypothesis. In W. T. Tucker & S. Ferson (Eds.), *Annals of the New York Academy of Sciences*, Vol. 1128: *Strategies for risk communication: evolution, evidence, experience* (pp. 78 – 89). New York, NY: New York Academy of Sciences.

Wang, X. T. , & Dvorak, R. D. (2010). Sweet future: Fluctuating blood glucose levels affect future discounting. *Psychological Science*, *21*, 183 - 188.

Wang, X. T. , & Johnson, J. G. (2012). A tri-reference point theory of decision making under risk. *Journal of Experimental Psychology*: *General*, *141*, 743 - 756.

Wang, X. T. , & Johnston, V. S. (1995). Perceived social context and risk preference: A re-examination of framing effects in a life-death decision problem. *Journal of Behavioral Decision Making*, *8*, 279 - 293.

Wang, X. T. , Kruger, D. J. , & Wilke, A. (2009). Life history variables and risk-taking propensity. *Evolution and Human Behavior*, *30*, 77 - 84.

Wang, X. T. , Ong, L. S. , Tan, J. H. (2015). Sense and sensibility of ownership: Type of ownership experience on valuation of goods. *Journal of Behavioral and Experimental Economics*, *58*, 171 - 177.

Wang, X. T. , Rao, L, & Zheng, H. (in press). Framing effects: Behavioral dynamics and neural basis. In M. Reuter & C. Montag (Eds.), *Neuroeconomics*. New York: Springer.

Wang, X. T. , Simon, F. , & Brédart, S. (2001). Social cues and verbal framing in risky choice. *Journal of Behavioral Decision Making*, *14*, 1 - 15.

Wang, X. T. , Wang, P. , & Daly, M. (2015). Social distance and social discounting: Resource allocation examined in social discounting across cultures. *Unpublished manuscript*.

Wang, X. T. , Zheng, R. , Xuan, Y. -H. , & Li, S. (2014). *The origins of domain specific risk taking*: *Evidence from twin study and meta-analyses*. Paper presented at the annual meeting of the Society for Judgment and Decision Making, Long Beach, CA, USA.

Weber, E. U. , & Hsee, C. K. (2000). Culture and individual judgment and decision making. *Applied psychology*: *An International Review*, *49*, 32 - 61.

Weber, E. U. , Blais, A. -R. , & Betz, N. E. (2002). A domain-specific risk-attitude scale: Measuring risk perceptions and risk behaviors. *Journal of Behavioral Decision Making*, *15*, 263 - 290.

Weber, E. U. , Hsee, C. K. , & Sokolowska, J. (1998). What folklore tells us about risk and risk taking: Cross-cultural comparisons of American, German, and Chinese proverbs. *Organizational Behavior and Human Decision Processes*, *75*, 170 - 186.

Weber, E. U. , Johnson, E. J. , Milch, K. F. , Chang, H. , Brodscholl, J. C. , & Goldstein, D. G. (2007). Asymmetric discounting in intertemporal choice: A query-theory account. *Psychological Science*, *18*, 516 - 523.

Weber, E. U. , Shafir S. , & Blais, A. R. (2004). Predicting risk-sensitivity in humans and lower animals: Risk as variance or coefficient of variation. *Psychological Review*, *111*, 430 - 445.

Webster, G. D. (2004). Human kin investment as a function of genetic relatedness and lineage. *Evolutionary Psychology*, *2*, 129 - 141.

White, K. , MacDonnell, R. , & Dahl, D. W. (2011). It's the mind-set that matters: The role of construal level and message framing in influencing consumer efficacy and conservation behaviors. *Journal of Marketing Research*, *48*, 472 - 485.

Wiederman, M. W. , & Allgeier, E. R. (1992). Gender differences in mate selection criteria: Sociobiological or socioeconomic explanation? *Ethology and Sociobiology 13*, 115 - 124.

Wilke, A. , Hutchinson, J. M. C. , Todd, P. M. , & Kruger, D. J. (2006). Is risk-taking used as a cue in mate choice? *Evolutionary Psychology*, *4*, 367 - 393.

Wilkins, J. F. , & Haig, D. (2003). What good is genomic imprinting: The function of parent-specific gene expression. *Nature Reviews Genetics*, *4*, 359 - 368.

Williamson, O. E. (1994). Transaction cost economics and organization theory. In N. J. Smelser, & R. Swedberg (Eds.), *The handbook of economic sociology*. Princeton, NJ: Princeton University Press.

Wilson, D. S. , & Sober, E. (1989). Reviving the superorganism. *Journal of Theoretical Biology*, *136*, 337 - 356.

Wilson, E. O. (1975). *Sociobiology: The new synthesis*. Cambridge, MA: Harvard University Press.

Wilson, M. , & Daly, M. (1992). Lethal confrontational violence among young men. In N. J. Bell & R. W. Bell (Eds.), *Adolescent risk taking* (pp. 84 - 106). Newbury Park, CA: Sage Publications.

Wilson, M. , & Daly, M. (1997). Life expectancy, economic inequality, homicide, and reproductive timing in Chicago neighbourhoods. *British Medical Journal*, *314*, 1271 - 1274.

Wilson, M. , & Daly, M. (2003). Do pretty women inspire men to discount the future? *Proceedings of the Royal Society of London B (Suppl.) 10*, 1 - 3.

Wilson, M. , & Daly, M. (2004). Do pretty women inspire men to discount the future? *Biology Letters*, *271* (Suppl.), S177 - S179.

Yamagishi, T. (2011). An institutional approach to culture. In X. T. Wang, & Y. J. Su (Eds.), *Thus spake evolutionary psychologists* (pp. 251 - 257). Beijing ,China: Peking University Press.

Yamagishi, T. , Hashimoto, H. , & Schug, J. (2008). Preference vs. strategies as explanations for culture-specific behavior. *Psychological Science*, *19*, 579 - 584.

Yang, Z. F. , & Peng, S. (1999). The conceptualization of Chinese interpersonal trust. *Sociological Studies*, *2*, 1 - 21.

Yates, F. J. , & Stone, E. R. (1992). The risk construct. In J. F. Yates (Ed.), *Risk-taking behavior* (pp. 1 - 25). New York, NY: John Wiley & Sons.

Yechiam, E. , & Ert, E. (2007). Evaluating the reliance on past choices in adaptive learning models. *Journal of Mathematical Psychology*, *52*, 75 - 84.

Zabel, K. L. , Christopher, A. N. , Marek, P. Wieth, M. B. , & Carlson, J. J. (2009). Mediational effects of sensation seeking on the age and financial risk-taking relationship. *Personality and Individual Differences*, *47*, 917 - 921.

Zahavi, A. , Zahavi, A. , Zahavi-Ely, N. , & Ely, M. P. (1997). *The handicap principle: A missing piece of Darwin's puzzle*. New York, NY: Oxford University Press.

Zell, E. , & Alicke, M. D. (2010). The local dominance effect in self-evaluation: Evidence and explanations. *Personality and Social Psychology Review*, *14*,368‐384.

Zheng, H., Wang, X. T., & Zhu, L. (2010). Framing effects: Behavioral dynamics and neural basis. *Neuropsychologia*, *48*,3198‐3204.

Zhu, Y., & Han, S. (2008). Cultural differences in the self: From philosophy to psychology and neuroscience. *Social and Personality Psychology Compass*, *2*,1799‐1811.

Zhu, Y., Zhang, L., Fan, J., & Han, S. (2007). Neural basis of cultural influence on self representation. *Neuroimage*, *34*,1310‐1317.

Zou, X., Scholer, A. A., & Higgins, E. T. (2014). In pursuit of progress: Promotion motivation and risk preference in the domain of gains. *Journal of Personality and Social Psychology*, *106*,183‐201.

Zuckerman, M. (1994). *Behavioral expressions and biosocial bases of sensation seeking*. New York, NY: Cambridge University Press.

Hastie, R., & Dawes, R. M. (2013). 不确定世界的理性选择——判断与决策心理学(第2版). 谢晓非,李纾等译. 北京:人民邮电出版社.

阿城. (1999). 常识与通识. 北京:作家出版社.

陈海贤,何贵兵. (2011). 识解水平对跨期选择和风险选择的影响. 心理学报,43,442—452.

陈晓萍,李纾. (2013). 为什么中国人更不愿意与陌生人合作? 中国管理新视野,7,1—3.

[日]渡边淳一. (2014). 爱情从没进步过. 读者,16,8.

高考,年旻升. (2015). 贫困状态依赖的短视行为研究——兼议"斯科特—波普金之争". 软科学,29,15—18.

郭于华. (2002). "道义经济"还是"理性小农"——重读农民学经典论题. 读书,5,104—110.

国家统计局. (2010). 中国人口和就业统计年鉴. 北京:中国统计出版社.

何贵兵,蒋多. (2013). 任务框架及利他人格对社会折扣的影响. 心理学报,45,1131—1146.

李爱梅,凌文辁,方俐洛,肖胜. (2007). 中国人心理账户的内隐结构. 心理学报,39,706—714.

刘欢,梁竹苑,李纾. (2009). 得失程数的变化:损失规避现象的新视点. 心理学报,41,1123—1132.

王晓田,王鹏. (2013). 决策的三参照点理论:从原理到应用. 心理科学进展,21,1—16.

王晓田. (2013). 决策的三个参照点. 中欧商业评论,11,32—37.

谢晓非,陆静怡. (2014). 风险决策中的双参照点效应. 心理科学进展,22,571—579.

谢晓非,谢佳秋,任静,余松霖. (2009). 逼近真实风险情景下的动态决策. 北京大学学报(自然科学版),45,884—890.

熊冠星,李爱梅,王晓田. (2014). 基于三参照点理论的薪酬差距与离职决策的分析. 心理科学进展,22,1363—1371.

徐惊蛰,谢晓非. (2011). 解释水平视角下的自己—他人决策差异. 心理学报,43,11—20.

严歌苓. (2014). 妈阁城的谜语. 读者,16,18—19.

严万森,李纾,隋南. (2011). 成瘾人群的决策障碍:研究范式与神经机制. 心理科学进展,19,652—663.

曾志. (1999). 一个革命的幸存者——曾志回忆实录. 广州:广东人民出版社,1999.

张维迎. (2011). 反思经济学. 上海交通大学安泰经济与管理学院演讲.

张维迎. (2013). 博弈与社会. 北京:北京大学出版社.

索 引

当代中国心理科学文库

总主编:杨玉芳

1. 郭永玉:人格研究
2. 傅小兰:情绪心理学
3. 王瑞明、杨 静、李 利:第二语言学习
4. 乐国安、李 安、杨 群:法律心理学
5. 李 纾:决策心理:齐当别之道
6. 王晓田、陆静怡:进化的智慧与决策的理性
7. 蒋存梅:音乐心理学
8. 葛列众:工程心理学
9. 罗 非:心理学与健康
10. 张清芳:语言产生
11. 周宗奎:网络心理学
12. 韩布新:老年心理学:毕生发展视角
13. 樊富珉:咨询心理学:理论基础与实践
14. 白学军:阅读心理学
15. 吴庆麟:教育心理学
16. 苏彦捷:生物心理学:理解行为的生物学基础
17. 余嘉元:心理软计算
18. 张亚林、赵旭东:心理治疗
19. 郭本禹:理论心理学
20. 张文新:应用发展科学
21. 张积家:民族心理学
22. 许 燕:中国社会心理问题的研究
23. 张力为:运动与锻炼心理学研究手册

24. 罗跃嘉:社会认知的脑机制研究进展
25. 左西年:人脑功能连接组学与心脑关联
26. 苗丹民:军事心理学
27. 董　奇、陶　沙:发展认知神经科学
28. 施建农:创造力心理学
29. 王重鸣:管理心理学

注:以上书单,只列出各书主要负责作者,最终书名可能会有变更,最终出版序号以作者来稿先后排列。
具体请关注华东师范大学出版社网站:www.ecnupress.com.cn;或者关注新浪微博"华师教心"。

图书在版编目(CIP)数据

进化的智慧与决策的理性/王晓田,陆静怡著.—上海:华东师范大学出版社,2015.12
(当代中国心理科学文库)
ISBN 978 - 7 - 5675 - 4531 - 1

Ⅰ.①进…　Ⅱ.①王…②陆…　Ⅲ.①决策学
Ⅳ.①C934

中国版本图书馆 CIP 数据核字(2016)第 006907 号

当代中国心理科学文库
进化的智慧与决策的理性

著　　者　王晓田　陆静怡
策划编辑　彭呈军
审读编辑　王冰如
责任校对　赖芳斌
装帧设计　倪志强　陈军荣

出版发行　华东师范大学出版社
社　　址　上海市中山北路 3663 号　邮编 200062
网　　址　www.ecnupress.com.cn
电　　话　021 - 60821666　行政传真 021 - 62572105
客服电话　021 - 62865537　门市(邮购)电话 021 - 62869887
地　　址　上海市中山北路 3663 号华东师范大学校内先锋路口
网　　店　http://hdsdcbs.tmall.com

印　刷　者　常熟市文化印刷有限公司
开　　本　787×1092　16 开
印　　张　20
插　　页　2
字　　数　374 千字
版　　次　2016 年 4 月第 1 版
印　　次　2016 年 4 月第 1 次
书　　号　ISBN 978 - 7 - 5675 - 4531 - 1/B·992
定　　价　48.00 元

出　版　人　王　焰